本书为国家社科基金艺术学青年项目（批准号：15CH167）结项成果，由深圳大学高水平大学建设专项资金资助出版

深圳大学艺术学理论丛书

创客文化研究

温雯 著

社会科学文献出版社
SOCIAL SCIENCES ACADEMIC PRESS (CHINA)

丛书总序

自 2011 年艺术学升格为学科门类以来，围绕这一学科领域的建设便迈入了新的历史阶段。也就是在同一年，深圳大学审时度势，申报并成功获批为"艺术学理论"一级学科硕士学位授权点，正式拉开了深圳乃至整个华南地区艺术学理论学科建设和人才培养的序幕。

艺术学理论作为艺术学门类下一个新命名的年轻学科，建什么、如何建，一直是学界同人孜孜不倦探索的热门议题，至今仍不乏许多悬而未决的争议。经过多年的发展，学界普遍达成了一种共识，那就是艺术学理论学科方向应该由艺术史、论、评和交叉与应用理论类学科组成，尤其是当代艺术学所面临的社会语境与过去相比已大相径庭，艺术与创意、科技、商业、生活的结合更为紧密，面向应用和实践的艺术学理论成为一种新的趋势。也正是这种包容性和开放性，使得全国艺术学理论学科形成了"百花齐放"的格局。身处改革开放的前沿阵地和中国特色社会主义先行示范区，深圳大学的艺术学理论学科特色是十分鲜明的，除了基于传统学科形成的"艺术史与文化传承"、"艺术理论与文化创新"和"艺术批评与文化传播"三个方向之外，作为新兴领域的"艺术管理与文化创意"构成了这一学科的亮点与优势。在这里，艺术研究与文化实践不断碰撞出火花，并深深融入城市的创新发展当中。

多年来，深圳大学在艺术学理论学科建设上进行了不断的摸索和尝试，实现了从无到有、从小到大、从弱到强的转变，取得了一系列丰硕的成果。作为学科建设的主要依托机构之一，深圳大学文化产业研究院一直秉持"学术立院、学科强院、服务兴院"的宗旨，始终以学术精进为己任，以推动我国文化创新和学术繁荣为职责。经过各位同人的不懈努力，深圳大学艺术学理论学科羽翼渐丰，体系不断完善，队伍不断充实，人才培养模式获得同行的一致认可。在这样的背景下，我们决定编选出版"深圳大学艺术学理论丛书"，希望借此机会集中检阅和展示最近几年我院在艺术学理论研究中取得的新成绩，为学科的发展壮大贡献绵薄之力。丛书的入选者均为我院在职或曾经在职的研究人员，覆盖了不同年龄段和人才层次，基本上体现了我院作为一个学术群体的学术自觉和研究个性。

整体来看，这套丛书与深圳大学艺术学理论学科的"性格"是十分吻合的，其鲜明的特色是兼顾理论与实践、历史与当下、一般与多样。其中《艺术史论集》（李心峰著）、《艺术批评话语新探》（汪余礼著）、《艺术文化学新探》（黄永健著）分别涵盖了艺术史、艺术批评及艺术交叉理论学科三个维度的研究；《跨界融合与文化创新——文化产业论集》（李凤亮、宗祖盼等著）是产业维度的思考，体现了深圳大学艺术学理论研究在跨学科领域的耕耘，具有前沿性、应用性和专题性；《客家文化艺术研究》（周建新著）和《创客文化研究》（温雯著）则聚焦"客家"和"创客"两大群体的文化艺术创新实践，既有传统的视角，又有现代的观照，代表了深圳大学艺术学理论研究的两个特色方向。可以说，这套丛书有深度、有广度、有跨度，能够比较全面和客观地反映深圳大学艺术学理论学科的建设成就和研究体系。

古有诗云："虽比高飞雁，犹未及青云。"构建具有"中国学派"的艺术学理论体系，是几代艺术学人的共同夙愿，也是深圳大学同人践行初心使命的责任担当。在新的发展时期，我们将不断完善学科建设的思路和目标，继续培养和汇聚一流人才，为中国艺术学理论学科的创新发展添砖加瓦。而这套"深圳大学艺术学理论丛书"的出版，便可看作这份努力的一个注脚。

李凤亮

2019 年 10 月

目　录

图表目录

引　论

城市的形成已有上千年的历史，其发展动力经由宗教、政治和资本转向工业、技术与文化。进入工业化时期以来，伴随着创新理论从技术创新向产业创新系统、区域创新系统和国家创新系统的拓展，发达国家城市积极向高科技城市或创新型城市迈进。然而，在后工业阶段，由于工业污染、城市发展同质化等问题，学者、艺术家和政策制定者引领了以文化为导向的城市振兴运动（culture-led regeneration），并进一步在全球掀起"创意经济"（creative economy）的浪潮。在此过程中，科技与文化在城市的发展中相互交织，融合共生。科技不仅丰富了文化创意与艺术的呈现方式，也赋予了公众评价、互动乃至参与生产的能力，一些文化科技企业如腾讯创建了"用户生产内容"（user generated content，UGC）+"专业生产内容"（professional generated content，PGC）的共创平台。同时，文化也赋予科技新的内涵，如智能手机最重要的功能不再是接打电话，而是拍照、社交、阅读、听音乐甚至工作；大疆无人机不再仅仅是一台飞行仪器，更多的是用来进行航空拍摄，成为电影生产不可或缺的工具。2012年，科技部、财政部、文化部等六部委联合发布了《国家文化科技创新工程纲要》，以实施科技带动战略，发挥科技创新对文化发展的引擎作用；2014年，国务院出台的《关于推进文化创意和设计服务与相关产业融合发展的若干意见》进一步鼓励跨界合作和融合创新，从而优化产业结构，适应经济"新常态"并促进新兴业态的发展。2018年，文化和旅游部被批准成立，我国文化创意产业的发展步入文化与科技、金融、旅游等要素融合发展的新阶段。

与此同时，全球制造业正面临着新一轮变革。各国正通过一系列战略和计划重振本国制造业。例如，英国在 2009 年制定"低碳工业战略"，并与工业界联合启动"英国先进工程国际市场营销战略"；美国分别在 2011 年和 2013 年提出"国家制造业创新网络"计划和初步设计；德国"工业 4.0"计划的目标是建立一个高度灵活的个性化和数字化的产品与服务生产模式，在这种模式中，传统的行业界限将会消失，并会产生各种新的活动领域和合作形式；法国也在 2013 年以打造"新工业法国"之名，推动国家工业复兴计划。2015 年 5 月，国务院印发《中国制造业发展纲要 (2015~2025)》。这是我国实施制造强国战略第一个十年行动纲领，涵盖提升国家创新能力、强化智能制造等重要内容，也意味着国家战略从"中国创造"到"中国智造"的演进。

基于以上背景，伴随 Arduino、3D 打印机等开源技术的发明，连接互联网与现实社会的"创客文化"走入大众视野。纵观创客文化的历史演进，其发展离不开四个背景条件的支撑。

一是技术革新的驱动。Arduino、3D 打印机等开源硬件和桌面制造工具的诞生使得 DIY 和定制产品的成本大大降低，为创客文化的发展奠定了基础。云计算、大数据为创客空间提供最安全可靠的数据储存中心，用户可以随时随地实现不同设备间的数据分享与交流传输；3D 打印技术可以让创客的想法快速成型，并实现小批量生产；物联网也为创客文化提供了信息覆盖面广泛、资讯及时的信息传播和电子商务服务平台。

二是经济发展的需求。当前，互联网经济发展到一定阶段，已经逐渐向现实社会覆盖。2015 年 3 月，李克强总理在政府工作报告中首次提出"互联网+"行动计划，以推动互联网与传统产业的结合，引领创新驱动发展的"新业态"。

三是国家政策的推动。如前所述，在各国纷纷提出重振本国制造业的战略和计划，以及文化创意和设计服务与相关产业进一步融合的背景下，美国与中国分别出台了鼓励创客文化发展的创新、创业政策。2012 年，美国通过《促进创业企业融资法》和《就业法案》，以推动更多大众融资平台出现，为大众创新和创意发明提供资金支持。2015 年，国务院办公厅发布《关于发展众创空间推进大众创新创业的指导意见》，并出台支持高校及科研院所专业技术人员在职和离岗创业等政策，极大地激发了"大众创业，万众创新"的热潮。

四是推崇创新的社会环境。其他社会主体如政府职能部门（如美国国防部、农业部）、企业（如英特尔、谷歌、微软、迪士尼、特斯拉、腾讯、海尔）、学校、图书馆和各类支持中小企业发展的基金也通过提供资助、成立创客空间、举办竞赛和提供知识产权服务等方法促进创客文化的发展。

一　国内外研究视角及主要观点

国外有关创客文化的研究主要聚焦在五个方面。

一是对创客文化的阐释。学者普遍认为，创客文化是 DIY（Do-it-yourself）文化的拓展，可以延伸为 DIWO（Do-it-with-others）或 DIT（Do-it-together），因此，它是一种群体性创造活动，参与者需具备开源共享和知识交流的精神，原本小众的 DIY 文化也由此扩展为社会运动，有了各类参与者（DIY 爱好者、工程师、艺术家、设计师、学校、企业、政府部门等）和开放的活动空间（微观装配实验室、创客空间等）。还有部分学者认为它与黑客精神密切相关，但比黑客精神更接近大众。①

二是创客教育，包括图书馆作为知识创造中心的功能更新以及教育创新研究。有学者认为，创客教育是一种新型的学习方式，② 与 STEM 教育体系和"项目制学习"（project based learning）等教育理念一脉相承，也有学者更为关注创客教育中的参与、自我效能、表现、合作等特性。③ 创客教育可

---

① S. Levy, *Hackers: Heroes of the Computer Revolution* (Vol. 4) (New York: Penguin Books, 2001).

② S. Papavlasopoulou, M. N. Giannakos, L. Jaccheri, "Empirical Studies on the Maker Movement, A Promising Approach to Learning: A Literature Review," *Entertainment Computing* 18 (2017): 57 – 78.

③ S. Katterfeldt, N. Dittert, H. Schelhowe, "Designing Digital Fabrication Learning Environments for Bildung: Implications from Ten Years of Physical Computing Workshops," *International Journal of Child-Computer Interaction* 5 (2015): 3 – 10. D. Fields, V. Vasudevan, Y. B. Kafai, "The Programmers' Collective: Fostering Participatory Culture by Making Music Videos in a High School Scratch Coding Workshop, Interactive Learn," *Interactive Learning Environments* 23 (2015): 613 – 633.

应用在从幼儿园到大学的各个阶段，也可以在教育体系外进行。部分学者通过实验指出，创客教育可以有效地帮助一些由于恶劣的生活环境（如受过虐待或创伤）而面临辍学的学生（"at-risk" students）重塑自信。

三是手工艺。动手制作是手工艺与创客之间的天然桥梁。在数字时代，手工艺的含义也发生了改变。[1] 通过一系列的跨学科教学项目设计，弗兰卡（Franca）和艾福斯（Alves）认为创客文化为联通艺术与科技带来了许多可能性。[2] 阿克塔斯（Aktas）与阿拉贾（Alaca）以土耳其文化遗产手工编织袜子为研究对象，探讨了创客项目"一起来编织"在维持袜子生产方面所起的作用。[3] 斯内克比因斯（Emit Snake-Beings）认为创客文化鼓励实践，并使得初学者得以介入"专家领域"；创客文化和创客空间在全世界范围的出现体现了人类与物质世界重新联络的趋势，它们和 DIY 技术甚至可以被看作技术 – 万物有灵论（Techno-Animist）的践行。[4]

四是创客经济和企业家精神。一些学者强调了工具民主化带来的重要影响——支付一定的会员费或工具使用费便能够使用到个人难以承担购买费用的大型设备，极大地提升了创新的可能性，也使得创客运动成为一种深度参与技术变革的运动。[5] 冯·霍尔姆（Van Holm）细述了创客运动影响企业家精神的三个渠道，包括降低原型生产的成本，提升早期的销售或资金筹措的可能性；吸引更多的人参与产品设计，从而增加企业家"诞生"的机会（如果他们的方案具有市场前景）；创客运动形成了一个浓厚而多元的交流

[1] R. Sennet, *The Craftsman* (London: Yale University Press, 2008).
[2] C. G. Franca, R. A. da S. Alves, "Maker Culture: Articulation between Art and Technology?" In L. G. Chova, A. L. Martinez, I. C. Torres, *Dulearn 16: 8th International Conference on Education and New Learning Technologies*, Barcelona, Spain 7 (2016): 4 – 6.
[3] Aktas and Alaca, "The Co-knitting Project: a Proposal to Revive Traditional Handmade Socks in Turkey," *The Journal of Modern Craft* 10 (3) (2017): 237 – 256.
[4] Emit Snake-Beings, "Maker Culture and DiY Technologies: Re-functioning as a Techno-Animist Practice," *Continuum: Journal of Media & Cultural Studies* 32 (2) (2018): 121 – 136.
[5] S. Nascimento, A. Polvora, "Maker Cultures and the Prospects for Technological Action," *Science and Engineering Ethics* 24 (2018): 927 – 946.

网络，可以产生更多的新点子与创新思维。① 莫罗尼（Mauroner）指出，虽然许多创客项目发起的初衷是基于兴趣或自我实现，但还是有许多新的企业因创客文化而诞生。换句话说，创客运动推动了用户创新。②

五是创客文化与草根创新、社会创新和可持续发展的关系。③ 安特弗劳纳（Unterfrauner）和沃伊特（Voigt）认为创客文化对包容性、教育和环境保护等社会问题将产生深刻的影响。尽管创客们所面临的市场压力和运营问题在一定程度上阻碍了他们的创新动力，但是许多创客的实践颇具启发意义。④ 对此，苏塞克斯大学的阿德里安·史密斯（Adrian Smith）教授也进行了多项研究。

此外，部分学者对中国的开源创新现象进行了探讨。⑤ 创客群体也自发地在诸如《爱上制作》杂志、微观装配实验室或自有的线上平台探讨什么是创客文化、如何构建或运营创客空间以及创客发展的未来。这些网站如同 Wikipedia 一样，成为开源共创的知识池（knowledge pool）。

国内的创客文化研究始于 2013 年，截至 2019 年 8 月，中国知网中以"创客"为关键词的核心及 CSSCI 文献为 749 篇，以"双创"和"众创"为关键词的文献分别为 352 篇和 268 篇。⑥

本书将三类研究文献 Endnote 格式的题录数据分别导入分析统计软件 SATI3.2 中，进行关键词统计，得到关于"创客"研究文献原始关键词 717 个，关于"众创"研究文献原始关键词 947 个，关于"双创"研究文

---

① Eric Joseph Van Holm, "Makerspaces and Contributions to Entrepreneurship," *Procedia-Social and Behavioral Sciences* 195 (2015): 24 – 31.

② O. Mauroner, "Makers, Hackers, DIY-innovation, and the Strive for Entrepreneurial Opportunities," *International Journal of Entrepreneurship and Small Business* 31 (1) (2017): 32 – 46.

③ A. Smith, A. Light, "Cultivating Sustainable Developments with Makerspaces," *Liinc em revista* 13 (1) (2017): 162 – 174.

④ E. Unterfrauner, C. Voigt, "Makers' Ambitions to Do Socially Valuable Things," *The Design Journal* 20 (2017): sup1, S3317 – S3325.

⑤ S. Lindtner, "Hackerspaces and the Internet of Things in China: How Makers Are Reinventing Industrial Production, Innovation and the Self," *China Information* 28 (2) (2014): 145 – 167.

⑥ 该数据已去除重复的文章和新闻报道。

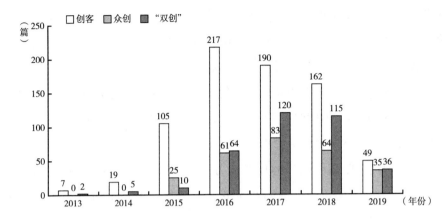

图 0-1 2013~2019 年以"创客""双创""众创"为关键词的文献数量

献原始关键词 1035 个。经过合并相同含义的关键词，如将创客教育、STEM 教育统一为创客教育，选取高频次关键词进行统计（见表 0-1、0-2、0-3）。

表 0-1 "创客"相关文献高频关键词统计

序号	关键词	频次	序号	关键词	频次
1	创客空间	266	13	企业管理	8
2	创客教育	242	14	中华人民共和国	7
3	创客	154	15	对策	7
4	众创空间	73	16	扎根理论	6
5	创客文化	47	17	知识图谱	6
6	创新创业	43	18	"双创"	6
7	创客运动	41	19	文化创意产业	5
8	互联网+	27	20	众创时代	5
9	美国	23	21	案例研究	5
10	核心素养	13	22	艺术家	5
11	生态系统	10	23	跨界合作	4
12	众创	9	24	创客经济	3

表 0 - 2   "双创"相关文献高频关键词统计

序号	关键词	频次	序号	关键词	频次
1	创新创业	78	9	培养模式	4
2	"双创"	44	10	影响因素	4
3	创新创业教育	37	11	服务平台	4
4	互联网＋	8	12	"双创"政策	4
5	小微企业	7	13	众创空间	4
6	创客空间	5	14	对策	4
7	创客	5	15	孵化器	3
8	融合	5	16	创客教育	3

表 0 - 3   "众创"相关文献高频关键词统计

序号	关键词	频次	序号	关键词	频次
1	众创空间	136	9	中华人民共和国	6
2	创新创业	30	10	孵化器	9
3	创新创业教育	23	11	众筹	10
4	创客空间	22	12	创客文化	6
5	创客	22	13	众包	5
6	众创时代	15	14	企业	5
7	创客教育	9	15	创客运动	5
8	互联网＋	8	16	扎根理论	3

　　表 0 - 1、0 - 2、0 - 3 统计结果显示，创客研究的起步先于"双创"、众创研究，而"双创"、众创带动了创客研究，三者你中有我，我中有你。三类文献最关注的都是空间、教育和创新创业，都与"互联网＋"密切相关。而三者的区别在于，创客研究更关注创客文化的起源、表现、影响以及创客运动和创客所形成的生态系统；"核心素养"这一高频词体现了创客教育与当下教育体系的关联；"企业管理"一词则体现了学者已关注到创客为企业组织形式所带来的改变；同时，创客研究涉及"文创产业""艺术家"等高频词，恰好体现"跨界合作"这一高频词，并且出现"创客经济"的端倪；此外，创客也涉及域外研究，体现其国际化特征。"双创"则更侧重于小微企业、服务平台以及政策的研究。而众创研究显示，孵化器与众创空

间有较大的关联，并且侧重于众筹、众包等众创方式的研究。以下即从空间、教育和创客文化等角度对国内的创客研究进行简述。

1. 创客文化与创客运动

大多数学者认为创客文化在美国经历了车库文化、硅谷文化、黑客文化这几个阶段之后传入中国。部分学者指出，创客文化是由创客聚集在创客空间内交流共享、制作创造形成创客氛围，通过沉淀再产生的一种意识形态和精神财富。① 相关研究主要探讨创客文化的溯源、文化特质与文化培育及对策。"创客运动"的研究学者认为创客运动催生了创客文化，从而推动了创客空间的构建，激发了创客教育的发展和大众创新的脚步。此外，学者还对跨界融合、公众参与和问题对策等进行了讨论。

2. 创客空间与众创空间

"创客空间"的相关文献研究与图书馆（特别是高校图书馆）的关联度较高。多数学者从图书馆的创客空间设计规划、图书馆的服务模式等角度探索其实践经验与发展策略。如陶蕾从创客空间的概念出发分析了图书馆与创客空间的关系，指出图书馆"开放、共享、学习、创新"的价值理念与创客空间相契合，是创客空间发展的理想平台；还将美国图书馆创客空间的成功案例划分为创业型、创作型、集中分布型三种类型，为中国图书馆创客空间设计提供了借鉴。② 曾韦靖、刘敏榕则结合高校图书馆的不同资源优势，将图书馆创客空间的服务模式定位为学习研究、创新创业、创新培训三种模式，并提出相应的配套设施建议与规划要求。③

与"众创空间"联系较为紧密的是"创客""生态"等关键词。相关研究者以"创新2.0"为背景，研究众创空间的政策体系、运作肌理、组织架构和生态系统。如陈夙、项丽瑶、俞荣建以杭州梦想小镇为案例，阐释了

---

① 王丽平、李忠华：《高校创客文化的发展模式及培育路径》，《江苏高教》2016年第1期，第94页。黄飞、柳礼泉：《"双创"视域下高校创客文化及其培育路径研究》，《江淮论坛》2017年第5期，第187~188页。
② 陶蕾：《图书馆创客空间建设研究》，《图书情报工作》2013年第14期，第72~76页。
③ 曾韦靖、刘敏榕：《高校图书馆创客空间定位与服务研究》，《数字图书馆论坛》2018年第2期，第33~37页。

众创空间生态系统的概念、特征、功能、结构与运行机制，提出众创空间生态系统的建设对策安排。[①] 雷良海、贾天明运用定量分析的研究方法遴选出2010年至2016年针对众创空间扶持政策的样本文件40份，接着对上海市的众创空间政策进行编码，并将其分为人才型、资本型、服务型和文化型四大类，考察每类政策对创业初期、中期和后期产生的不同实施效果，并根据量化结果提出合理的众创空间政策使用策略。

就众创空间的运行而言，学者主要关注的是资源调配、成果转化、风险评估和互动反馈等方面。其发展应注意因地制宜、知识产权保护以及建立多种服务体系。

3. 创客教育与创新创业教育

"创客教育"的研究内容与图书馆、高职院校、中小学、大学的STEM教育、创新教育存在强相关。多数研究从课程设计、创客核心素养培训、教师培训等角度入手论述其与教学课程的融合方式、发展现状、教育目标与实施路径。傅骞、郑娅峰认为我国的创客教育还处于探索阶段，而创客教育区域推进策略作为基础性策略是创客教育在各个城市发展并普及的关键。[②]

与"创新创业教育"共现强度较高的关键词为"人才培养""高职院校""小微企业"等，表明其主要发生在高等教育或职业教育阶段。学者主要关注高校创新创业人才培养模式、创新创业教育现状以及小微企业的创新创业路径和发展策略。

二　本书的研究思路及主要章节

基于以上研究，本书聚焦创客文化与创新型城市建设，在厘清创客运动的文化基因、核心内容和创新特质的基础上，探究创客文化对文化创意产业

---

① 陈凤、项丽瑶、俞荣建：《众创空间创业生态系统：特征、结构、机制与策略——以杭州梦想小镇为例》，《商业经济与管理》2015年第11期，第36～43页。
② 傅骞、郑娅峰：《创客教育区域推进策略研究》，《中国电化教育》2018年第5期，第61～68页。

及手工艺发展产生的影响，提出创客文化融入创新型城市建设的路径及其未来发展趋势。除引论、结语外，本书共分为六章，分别从创客文化的理论构建、产业发展和未来路径三个层面展开论述。

引论部分阐明了本书研究的问题缘起、研究现状、研究思路和章节安排。第一章为创客文化设定了创新型城市建设的理论和实践背景，分析了创客文化赋能中国创新型城市建设的几个方面，奠定了研究的论述基础。第二章转入创客文化研究的体系构建，在描绘国际创客运动发展的基础上重点分析创客文化的基因和载体。第三章着重对根植于创客文化的创客教育进行研究，依据创客教育的市场规模分析创客文化的商业发展模式及其推动公民数字素养提升和学习型社会建设的社会意义。第四章深入研究创客文化的创新特质，在探讨朴素式创新、草根创新和社会创新等创新理论新发展的基础上，研究创客文化的长尾经济生态及其对可持续发展的推动。第五章从文化创意产业的角度切入，考察创客文化与文化创意产业的承续关系及其在文化和科技融合的趋势下对业态创新的促进作用。第六章以"动手制作"为纽带，探究创客文化为手工艺跨界创新所带来的新技术、新平台和新理念及其赋予数字时代"工匠精神"的新内涵。结语部分对创客文化的公众参与模式、发展路径进行总结归纳，并对创客文化的未来趋势做出展望。

在写作体例方面，全书在每章的论述之后辅以一至两个案例观察，书末附录国内外创客城市概览及英国创客文化调研札记，以期为读者刻画全面、深入且生动的创客文化图景。

第一章　创客：创新型城市文化的缔造者

人生的兴盛来自新体验：新环境、新问题、新观察以及从中激发出来并分享给他人的新创意……国家层面的繁荣（大众的兴盛）源自民众对创新过程的普遍参与。

——埃德蒙·费尔普斯①

创新型城市作为创新型国家建设的重要支柱，在加快转变经济发展方式、探索城市发展新模式、推进国家创新体系建设方面发挥着核心带动作用。目前，国内学者对创新型城市的研究主要集中在创新要素、创新主体、创新路径、创新机制、创新环境和创新评价等方面；国外学者则从经济地理、动力机制等角度对创新型城市进行了探索。俄罗斯学者塔赫马克西普（Tahtmaxep）提出，城市居民具有形成创新角色的潜力，为"大众创新"概念的提出奠定了基础。② 2015 年 1 月李克强总理访问深圳柴火创客空间，随后国务院发布了一系列支持创新创业的政策，在全国范围内掀起"大众创业，万众创新"的热潮。在创新型城市建设的视域下，"创客"作为一种新兴的创新主体扮演了什么样的角色？"创客文化"的形成与创新型城市有什么样的关系，又将发挥什么样的功能？"创客文化"或"众创文化"是否代表了创新型城市发展的新阶段？这是本章试图回答的问题。

---

① 〔美〕埃德蒙·费尔普斯：《大繁荣：大众创新如何带来国家繁荣》，余江译，中信出版社，2013。

② 原文为俄文，转引自郑士贵《城市创新角色的研究》，《管理科学文摘》1997 年第 6 期，第11 页。

一 创新型城市的内涵与发展

（一）创新型城市的理论脉络

进入知识经济以来，"创新"成为意涵最为丰富且使用最为广泛的词语之一。创新代表了人类特有的认识能力和实践能力，是人类主观能动性的最高级表现形式，也是推动社会进步发展的不竭动力。"创新"作为一个学术概念，最早见于美籍奥地利经济学家熊彼特（Schumpeter）1912 年出版的《经济发展理论》（*The Theory of Economic Development*），他对"创新"的理解是要"建立一种新的生产函数"，即生产要素的重新组合……包括开发一种新的产品，采用一种新的方法，开辟一个新的市场，获得或者控制原料或半成品的一种新的来源，以及实行一种新的组织形式。

此后，有关创新的研究逐渐分化成以索洛（Solow）为代表的技术创新学派和以诺思（North）为代表的制度创新学派两个基本分支。[①] 前者强调技术创新和技术进步在经济发展中的核心作用，而后者则认为由于交易成本的存在使得经济增长的源泉来自有效率的制度安排，而非单纯来自技术革新。20 世纪 60 年代以来，新一轮技术革命迅猛发展。美国经济学家华尔特·惠特曼·罗斯托（Walt Whitman Rostow）提出了"起飞"（Take-Off Model）六阶段理论，将一国的经济发展分为六个阶段，依次是传统社会阶段、准备起飞阶段、起飞阶段、走向成熟阶段、大众消费阶段和超越大众消费阶段。其中，起飞阶段以工业化发展为表征；成熟阶段以由劳动密集型产业转向资本密集型产业为特征；大众消费阶段主要经济部门从制造业转向服务业，生产者和消费者开始大量利用高科技，人们在休闲、教育、卫生、社会保障、国家安全等项目上的花费增加。关于超越大众消费阶段，罗斯托认

---

① 黄亮、杜德斌：《创新型城市研究的理论演进与反思》，《地理科学》2014 年第 7 期，第 773~779 页。

为其目标是提高生活质量，但未做进一步阐释。基于马斯洛的需求层次理论，我们或可认为，超越大众消费阶段是注重实现自我的社会，人们对就业方式有更多的选择，如创办企业、成为自由职业者或为非营利机构服务，社会从高度分工向"全技术理念"（holistic technology）回归，即人们更为享受创造所带来的乐趣。①

　　以"国家"和"区域"为主体的创新研究主要体现在"国家创新系统"和"区域创新系统"理论中。1987 年，英国经济学家克里斯托弗·弗里曼（Chirstopher Freeman）在《技术和经济运行：来自日本的经验》一书中首次提出了"国家创新系统"的概念。他认为，国家创新系统是公共、私有部门机构之间的网络。② 弗里曼将日本的经济崛起归结为四大要素，分别是企业的研究与开发、政府的政策引导、教育与培训以及国家产业结构的合理性。③ 美国学者理查德·纳尔逊（Richard Nelson）认为，国家创新系统是通过其相互作用决定一国企业创新绩效的一系列机构，强调国家制度安排的决定性作用。④ 佩特尔（Patel）和帕维特（Pavitt）认为，国家创新系统是决定一国学习新技术的速度和方向的国家制度及其激励机制。⑤ 梅特卡夫（Metcalfe）也认为，国家创新系统是有助于新技术的开发和扩散、有助于政府用以制定和执行政策以干预创新过程的一组机构。⑥ 1996 年，英国卡迪夫

① 黄亮、杜德斌：《创新型城市研究的理论演进与反思》，《地理科学》2014 年第 7 期，第 773～779 页。

② C. Freeman, *Technology Policy and Economic Performance: Lessons from Japan* (London: Frances Printer, 1987).

③ 黄亮、杜德斌：《创新型城市研究的理论演进与反思》，《地理科学》2014 年第 7 期，第 773～779 页。

④ R. Nelson, *National Innovation System: A Comparative Analysis* (Oxford: Oxford University Press, 1993).

⑤ P. Patel and K. Pavitt, "National Innovation Systems: Why They Are Important, and How They Might Be Measured and Compared," *Economics of Innovation and New Technology* 3 (1) (1994): 77-95.

⑥ S. Metcalfe, "The Economic Foundations of Technology Policy: Equilibrium and Evolutionary Perspectives", in P. Stoneman ed., *Handbook of the Economics of Innovation and Technological Change* (Blackwell Publishers, 1995). 王海燕、张钢：《国家创新系统理论研究的回顾与展望》，《经济学动态》2000 年第 11 期，第 66～71 页。

大学的库克（Philip Cooke）教授等在《区域创新系统：全球化背景下区域政府管理的作用》一书中从系统构成的角度对区域创新系统的概念做了界定。他认为，区域创新系统主要是由地理上相互分工与关联的生产企业、研究机构和高等教育机构等构成的区域性组织体系，而这种体系支持并产生创新。①

"创新型城市"概念最早来自国外，相关的英文表述有"Innovative City"和"Creative City"两种。"Innovative City"强调"创新"作为城市发展主要驱动力的理念，以技术创新作为城市经济增长的模式。"Innovative City"是目前西方关于创新型城市研究用得最多、最主流的表述，主要研究将"创新"作为城市经济增长和经济发展的主要驱动力，并将社会发展的新理念和新思想融入城市发展的过程。比特·霍尔（Peter Hall）在《城市文明：文化、科技和城市秩序》一书中阐述了城市和新事物之间的动力关系，发现那些有创新特质的城市往往处于经济和社会的变迁中，大量的新事物不断涌入融合并形成一种新的社会。他认为创新型城市基本上可以分为文化型创新城市、工业型创新城市和服务型创新城市三种类型。② "Creative City"即强调艺术、发明与文化的创新对城市经济和社会的影响，其研究聚焦于对城市面临的问题提出具有创造性的解决方法，并由此带来城市的复兴。③

关于创新型城市的研究，普瑞德（Pred）早在 1966 年就注意到了城市化与专利申请数之间的关系。④ 20 世纪 80 年代中期，瑞典区域科学家安德森（Ake E. Andersson）在关于城市规划的论述中使用了"创新性"（Creativity）一词，以促进创新性和激励创新行为从而实现城市经济发展为

---

① P. Cooke, H. J. Hans-Joachim Braczyk, and M. Heidenreich eds., *Regional Innovation Systems: The Role of Governances in the Globalized World* (London: UCL Press, 1996).

② P. Hall, *Cities in Civilization* (New York: Pantheon Books, 1998).

③ 杨冬梅、赵黎明、闫凌州：《创新型城市：概念模型与发展模式》，《科学学与科学技术管理》2006 年第 8 期，第 97～101 页。

④ 鲁元平、王品超、朱晓盼：《城市化、空间溢出与技术创新——基于中国 264 个地级市的经验证据》，《财经科学》2017 年第 11 期，第 78～89 页。

原则，描述了斯德哥尔摩的未来。[①] 费尔德曼（Feldman）和奥德斯（Audretsch）（1999）发现，在一个城市中，那些有共同科技基础的互补行业聚集在一起，能够推动创新活动的产生。[②] 现代主义者柯布西耶（Le Cothusier）的《未来城市》（*The City of Tomorrow and Its Planning*，1929）批评传统城市，强调要以高层高密度的现代城市加以取代，体现了技术发展对城市规划的影响。[③] 英国学者查尔斯·兰德里（Charles Landry）2000 年出版的《创意城市》（*The Creative City*）一书提出了创意城市的七个要素：富有创意的人、意志与领导力、人的多样性与智慧获取、开放的组织文化、对本地身份的强烈的正面认同感、城市空间与设施和上网机会。他强调文化与创意是创新型城市的关键。[④] 蒋希瑟（H. Chiang）和泰勒（R. Taylor）认为，创新型城市提供了良好的环境和生活设施，拥有大量接受过高等教育的精英人才，从而吸引了大量的企业进驻，形成了集聚效应，促进了创新活动的开展。[⑤]

美国城市经济学家理查德·佛罗里达（Richard Florida）认为，美国的城市要制定出吸引创新人才的政策来支持创新型城市的建设，并提出创新型城市的测评指标——人才（talent）、技术（technology）和包容（tolerance），[⑥] 主张创意阶层是城市发展的关键性资源。美国城市经济学家爱德华·格莱泽（Edward Glaeser）则提出了"3S"理论，认为城市经济发展真正有效的因

---

① Ake E. Andersson, *Kreativitet*: *Stor Stadens Framtid* (Stockholm: Prisma Regionplankontoret, 1985). 章超：《开放而理性：创意产业在中国的思考》，《同济大学学报》（社会科学版）2008 年第 1 期，第 98 ~ 106 页。

② 鲁元平、王品超、朱晓盼：《城市化、空间溢出与技术创新——基于中国 264 个地级市的经验证据》，《财经科学》2017 年第 11 期，第 78 ~ 89 页。

③ 〔美〕理查德·勒盖茨、张庭伟：《为中国规划师的西方城市规划文献导读》，《城市规划学刊》2007 年第 4 期，第 17 ~ 38 页。

④ C. Landry, *Glasgow*: *The Creative City & Its Cultural Economy* (Glasgow Development Agency, 1990). C. Landry and Bianchini, *The Creative City* (London: Demos, 1995).

⑤ H. Chiang and R. Taylor, *Innovation*, *Agglomeration & Creative Cities*, 2007, http: www. sfu. ca/ italiadesign/2007/page/papers/innovation. pdf. 许爱萍：《创新型城市发展模式演化过程研究——基于生态位理论视角》，《开发研究》2013 年第 6 期，第 30 ~ 35 页。

⑥ R. Florida, *The Rise of Creative Class* (New York: Basic, 2002).

素是技能（skill）、阳光（sun）和城市蔓延（sprawl）。"3T"理论强调社会氛围，"3S"理论更强调自然环境，前者与创意城市的内涵更加契合，而后者则在集聚效应、经济波动、激发创新等城市发展的一般性规律方面更加具有借鉴意义。①

2008年，IBM提出"智慧城市"与"智慧地球"的概念，强调互联网等科学技术与城市管理的应用结合，综合来看，智慧城市是以创新型城市为必要基础的一种城市发展体现。美国独立研究机构佛瑞斯特研究公司（Forrester Research Inc.）认为，智慧城市就是通过智慧的计算技术为城市提供更好的基础设施与服务，包括使城市管理、教育、医疗、公共安全、住宅、交通及公用事业更加智能、互通与高效。科米诺斯（Komninos）提出需要依靠城市居民的创造力、大学和科研机构的研发能力，以架构城市的数字空间建设，将智慧城市打造为学习和创新的沃土。②

国内关于创新型城市的相关研究起步于21世纪初，并在国家确立自主创新战略以后趋热，引发了越来越多的关注。对于创新型城市的内涵，国内有以下主要观点（见表1-1）。

表1-1　国内关于创新型城市内涵的主要观点

主要观点	出处
创新型城市建设是一个系统工程，涉及城市运行体系内各个要素的相互作用和共同创新……一个创新型城市的创新能力广泛存在于经济、政治、文化、社会中，包括思想理论、体制、机制、管理等各个方面	胡钰：《创新型城市建设的内涵、经验和途径》，《中国软科学》2007年第4期，第32～38、56页
创新型城市就是依靠人才、知识、技术、资本、环境、文化等创新要素在城市的有效聚集，通过营造良好的社会、经济环境，推动和促进整个城市在新知识运用、新技术突破及其产业化的基础上实现经济社会更大的发展，进而从根本上突破原有的经济增长方式，改变城市发展模式	杨华峰、邱丹、余艳：《创新型城市的评价指标体系》，《统计与决策》2007年第11期，第68～70页

---

① 安树伟、倪君：《"3T"理论与"3S"理论的比较研究》，《区域经济评论》2016年第2期，第127～132页。

② 许庆瑞、吴志岩、陈力田：《智慧城市的愿景与架构》，《管理工程学报》2012年第4期，第1～7页。

续表

主要观点	出处
创新型城市是把创新作为核心驱动力推动其发展的城市，是涵盖技术创新、知识创新、制度创新、服务创新、文化创新、创新环境等全社会创新的一个综合创新体系，通过各种创新主体（企业、高校、科研机构、创新服务机构和政府）之间的交互作用而形成集聚、扩散知识与技术的网络系统	石忆邵、卜海燕：《创新型城市评价指标体系及其比较分析》，《中国科技论坛》2008 年第 1 期，第 22 ~ 26 页
创新型城市是指基于新的城市发展观，具有良好的创新环境与创新文化，并以此支撑创新主体充分利用现有的创新资源实现高绩效创新的复杂创新系统	代明、王颖贤：《创新型城市研究综述》，《城市问题》2009 年第 1 期，第 94 ~ 98 页

　　创新能力评价体系是创新型城市研究的重要内容。目前，国际上对创新城市的研究和评价已形成了较多的成果，最早可追溯到的相关评价是《连线》杂志在 2000 年提出的全球科技创新中心概念和全球科创中心的四大特征。这四大特征包括：第一，营造良好的创新生态环境，形成创新创业氛围影响力；第二，搭建创业支持平台，提供创新创业综合服务力；第三，集聚跨领域创业人才，形成持续发展创新吸引力；第四，构建与社会融合的机制，形成快捷反应的应用力。[1] 在此基础上，联合国在《全球人类发展报告（2001 年）》中首次公布了美国纽约、法国巴黎、英国伦敦、印度班加罗尔等 46 个城市的全球创新中心名单。[2] 查尔斯·兰德利（Charles Landry）提出了城市创新活力评价矩阵，从 4 个方面、9 个指标来衡量城市的创新活力。美国康奈尔大学牵头，与欧洲工商管理学院、世界知识产权组织（WIPO）联合推出了全球创新指数，该指数由 84 个基本指标构成，对全球 142 个经济体的创新能力进行评估和排名，为各国创新政策制定提供参考和建议。[3] 此外，世

---

[1] 严大龙：《科创中心建设背景下高校创新创业人才培养模式探析——以上海高校为例》，《思想理论教育》2018 年第 6 期，第 83 ~ 93 页。

[2] 黄静静、张志娟、李富强：《全球科技创新中心评价分析及对北京市建设启示》，《全球科技经济瞭望》2018 年第 6 期，第 56 ~ 63、70 页。

[3] R. Florida, *The Rise of Creative Class* (New York：Basic，2002). 宋卫国、朱迎春、徐光耀、陈钰：《国家创新指数与国际同类评价量化比较》，《中国科技论坛》2014 年第 7 期，第 5 ~ 9 页。

界经济论坛的全球竞争力指数、澳大利亚创新研究机构（2thinknow）的城市创新指数①（Innovation Cities™ Index）、硅谷创新社区指数（Creative Communities Index）、欧盟委员会《欧盟创新记分牌》和世界经济与合作组织《OECD 科学技术和工业创新记分牌》、洛桑国际管理发展研究院（IMD）的《世界竞争力年鉴》（WCY）、英国罗伯特·哈金斯协会的《世界知识竞争力指数》（WKCI）等也是具有代表性的国外评价指标体系。

国内方面，深圳大学周志民教授在借鉴钻石模型、系统论的基础上开发了"中国城市创意指数"（Chinese City Creativity Index，CCCI），从要素推动力指数（EPI）、需求拉动力指数（DPI）、相关支撑力指数（RSI）和产业影响力指数（III）四个方面来评价城市文化产业竞争力。邓智团等人借鉴了中国城市发展研究会（2013）的"中国城市创新能力科学评价"和中国创新城市评价课题（2013）推出的《中国创新城市评价指标体系》，通过分析比较将一些重要指标纳入城市创新能力评价指标体系中，基本维度是创新投入、创新环境和创新产出；二级指标有 6 个，包括科技投入、人才资源、创新载体、经济社会环境、成果产出和经济社会发展，三级指标 18 个。② 倪鹏飞基于科技创新能力指数、科技实力指数、科技转化能力指数等指标推出了《中国城市竞争力报告》。中国创新城市评价由国家统计局发起，对全国副省级以上城市及苏州共 20 个城市的创新能力进行评价分析，通过建立一套包含 6 个一级指标、30 个二级指标的指标体系，采用统计综合评价方法计算得出城市总体创新指数以及各城市的创新指数水平。③ 中国创新城市评价体系充分参考结合了《欧盟创新记分牌》、全国科技进步统计监测指标体系的评价分析方法，即采用统计综合评价方法，建立包含两级指标的创新城市评价指标体系。一级指标有"创新资源""创新投入""创新

① 陈昭、刘珊珊、邬惠婷、唐根年：《创新空间崛起、创新城市引领与全球创新驱动发展差序格局研究》，《经济地理》2017 年第 1 期，第 23～31、39 页。
② 邓智团、屠启宇：《特大城市创新能力评价模型的建构与应用——基于我国 14 个特大城市的实证研究》，《科技管理研究》2016 年第 12 期，第 52～55 页。
③ 杨雪、高伟丽：《基于区域创新系统的城市创新评价研究》，《天津科技》2018 年第 6 期，第 9～11 页。

企业""创新产业""创新产出""创新效率"，每个一级指标下包括5个二级指标，共30个二级指标。① 由此可见，创新型城市的评价体系是城市的发展基础与发展的必要元素及影响因子之间的细化。

综合以上研究，国外的创新型城市研究更侧重于从城市发展的角度，聚集与创新相关的要素，推动城市的全面繁荣；而国内的创新型城市研究则强调以技术创新为引领的城市发展路径，以城市为节点，构建区域乃至国家创新系统。笔者认为，创新型城市是在新经济条件下，以创新为核心驱动力的一种城市发展模式，一般是由区域科技中心城市发展演变形成，是知识经济和城市经济融合的一种城市演变形态，完善的城市创新系统是创新型城市的主要特征。在集聚和配置创新资源、不断形成自我平衡调整和发展功能的基础上，推动建立创新驱动的集约型城市经济增长，最终实现城市可持续发展。

（二）创新型城市的实践路径

从实践上看，西方对创新型城市的兴趣起源于两个因素：一是应对城市的衰退，二是适应全球化的发展。② 由于现代科学技术的引领和推动，人类社会从工业社会向知识社会转变，城市在国际竞争格局中地位凸显，被注入了更多创新和可持续发展的思考，具有鲜明的时代性。

国际上较早确立建设创新型城市的有北美的亚特兰大、华盛顿等十座城市。曾入选全美十大高科技城市的明尼阿波利斯、亚特兰大、华盛顿、波士顿、圣迭戈、芝加哥、哥伦布、罗利、西雅图、休斯敦，以及加拿大的温哥华、卡尔加里、滑铁卢、多伦多、渥太华、蒙特利尔等也都粗具创新型城市的"风范"。此外，还有一些城市通过侧重发展高端服务业来打造创新型城市，如纽约大力发展金融、保险、管理咨询等对人力资本及知识资本要求极高的生产者服务业，通过知识来提高产业附加值，不断提升

---

① 杨雪、高伟丽：《基于区域创新系统的城市创新评价研究》，《天津科技》2018年第6期，第9~11页。
② 杨冬梅：《创新型城市的理论与实证研究》，博士学位论文，天津大学，2006。

城市的创新力。欧洲的巴黎、慕尼黑、都柏林、伦敦等城市以及比利时的布鲁塞尔、芬兰的赫尔辛基等都曾提出创建创新型城市、高科技城市、技术枢纽城市、创意城市或知识城市。赫尔辛基 2005 年提出把该地区打造成建立在艺术和科学基础之上的世界水平的创新中心。全球十大高科技生活城市中，有东京、首尔、新加坡、香港、特拉维夫五座亚洲城市。在全球最著名的科学城中，有日本的筑波、韩国的大田、印度的班加罗尔。① 根据政府在高科技城市形成与发展中的作用程度和方式不同，世界高科技城市可归并为四种发展模式：政府强制型、政府主导型、政府引导型和自由发展型。②

在国内较早确立建设创新型城市战略的是深圳。2004 年，深圳市委市政府颁布《关于完善区域创新体系推动高新技术产业持续快速发展的决定》；2006 年 1 月，深圳市委市政府颁布《关于实施自主创新战略建设国家创新型城市的决定》。随后合肥、北京、天津、上海、南京五个国家主要科技中心城市也纷纷提出建设创新型城市的目标，并很快进入准备和实施阶段。深圳市提出："深圳建设国家创新型城市，必须立足现有高新技术产业发展优势……成为在某些关键技术、核心领域、战略产业上具有领先优势的城市。要以提升科技自主创新为主线，全面推动思想观念创新、发展模式创新、体制机制创新、对外开放创新、企业管理创新和城市管理创新，使创新的意识、创新的精神、创新的力量贯穿到现代化建设的各个方面。"③ 国务院出台相关政策计划将北京市规划为科技创意中心，"着力推动科技和经济结合，建设创新驱动发展先行区……着力加强科技创新合作，形成全球开放创新核心区；着力深化改革，进一步突破体制机制障碍，优化创新创业生态。塑造更多依靠创新驱动、更多发挥先发优势的引领型发展，持续创造新

① 代明、王颖贤：《创新型城市研究综述》，《城市问题》2009 年第 1 期，第 94~98 页。
② 杨冬梅：《创新型城市的理论与实证研究》，博士学位论文，天津大学，2006。
③ 《关于实施自主创新战略建设国家创新型城市的决定》（深发〔2006〕1 号），2006，http://www.gov.cn/zhengce/2006-01/04/content_5042973.htm，最后访问日期：2019 年 5 月 21 日。

的经济增长点"。①

基于以上实践，李英武认为，创新型城市实践路径可立足区域资源特点与优势制定实践战略计划。② 例如，新加坡提出以知识经济为基础，大力发展创意产业；英国伦敦提出创意产业和传统金融服务业并举；美国纽约以大力发展生产者服务业，打造世界第一金融中心为目标；日本东京、韩国大田分别提出打造亚洲活力城市和科学城，创建亚洲新硅谷的发展方向。杨冬梅等认为，创新型城市可分为政府主导型、市场主导型、混合型三种主要的发展模式。③ 胡钰提出，建设创新型城市的路径是多样的，不同城市应该根据每个城市自身的基础条件，发掘自身建设中的基本原则和规律，提倡从政策导向社会氛围营造转变，加强协同，科学发展。④ 由此，创新型城市是一种由创新驱动的城市发展模式，是知识创新、技术创新和产业创新呈现密集性、常态化特征的城市形态，具有经济社会可持续发展水平高、区域集聚辐射作用显著等特点。回溯城市发展历史，从中世纪城市到工业城市，再到后工业城市以及创新城市，城市发展类型的更迭，根本原因在于城市发展动力的更迭。而创新型城市的提出，正是在城市发展动力以创新驱动代替要素和投资驱动的社会背景下产生的。在创新型城市的各项评价指标当中，文化是其中重要的一环。

（三）中国创新型城市的发展现状

随着城市在建设创新型国家进程中愈加重要，我国科技部于 2010 年印发了《关于进一步推进创新型城市试点工作的指导意见》，明确将创新型城

---

① 《国务院关于印发〈北京加强全国科技创新中心建设〉总体方案的通知》（国发〔2016〕52号），2016，http://www.gov.cn/zhengce/content/2016-09/18/content_5109049.htm，最后访问日期：2019 年 5 月 21 日。
② 李英武：《国外构建创新型城市的实践及启示》，《前线》2006 年第 2 期，第 49~51 页。
③ 杨冬梅、赵黎明、闫凌州：《创新型城市：概念模型与发展模式》，《科学学与科学技术管理》2006 年第 8 期，第 97~101 页。
④ 胡钰：《创新型城市建设的内涵、经验和途径》，《中国软科学》2007 年第 4 期，第 32~38、56 页。

市界定为"自主创新能力强、科技支撑引领作用突出、经济社会可持续发展水平高、区域辐射带动作用显著的城市",提出"加快推进创新型城市建设,对于增强自主创新能力、加快经济发展方式转变、促进区域经济社会又好又快发展和建设创新型国家意义重大"。此后,国家在各个行业及地区的相关政策对创新型城市建设做出的进一步部署与推进,大致可分为以下几个阶段。

试点期(2010～2013年):主要任务包括强化创新功能,加快中关村国家自主创新示范园区的建设,建设国家创新型城市。例如,不断改善人居环境,建设宜居城市(2011);[①] 推进国家创新型试点城市建设,带动形成一批各具特色、充满活力的省级创新型城市,构建特色鲜明、优势互补的创新型城市群,培育若干有国际影响力的区域经济增长极(2013)。[②]

发展期(2014～2015年):强调创新和创业。如引导和鼓励创业创新型城市,完善环境厂房、企业库房、物流设施和家庭住所、租赁房等资源建设,为创业者提供低成本办公场所和居住条件(2015)。[③]

增长期(2016～2017年):提出创新型城市建设的路径。如发挥地方主体作用,加强中央和地方协同共建,有效集聚各方科技资源和创新力量,加快推进创新型省份和创新型城市建设,推动创新驱动发展走在前列的省份和城市率先进入创新型省市行列(2016);[④] 创建国家科技成果转移转化示范区,推动太原国家创新型城市建设,支持具有较好基础的城市创建创新型城

---

① 《国务院关于印发全国主体功能区规划的通知》(国发〔2010〕46号),2010,http://www.gov.cn/zwgk/2011-06/08/content_1879180.htm,最后访问日期:2019年5月20日。

② 《国务院关于印发"十二五"国家自主创新能力建设规划的通知》(国发〔2013〕4号),2013,http://www.gov.cn/zwgk/2013-05/29/content_2414100.htm,最后访问日期:2019年5月20日。

③ 《国务院关于大力推进大众创业万众创新若干政策措施的意见》(国发〔2015〕32号),2015,http://www.gov.cn/zhengce/content/2015-06/16/content_9855.htm,最后访问日期:2019年5月20日。

④ 《国务院关于印发"十三五"国家科技创新规划的通知》(国发〔2016〕43号),2016,http://www.gov.cn/zhengce/content/2016-08/08/content_5098072.htm,最后访问日期:2019年5月20日。

市（2017）。①

调整期（2018～2019年）：随着国际形势的变化和社会发展的必要趋势，创新型城市也向生态型、融合型方向发展。2019年2月18日，中共中央、国务院印发了《粤港澳大湾区发展规划纲要》，明确湾区"9＋2"城市中"深圳发挥作为经济特区、全国性经济中心城市和国家创新型城市的引领作用，加快建成现代化国际化城市，努力成为具有世界影响力的创新创意之都"。②

由此，建设创新型城市已从几个重要城市逐步延伸到成为更多甚至所有城市的发展目标。随着信息技术的成熟发展，关于创新型城市的理论也日趋完善，许多实践也更具借鉴性和推广性。创新型城市在科技的助力之下，在城市建设、创意理念和创新等方面的相关阐释与延展上有所丰富。当下，中国城市根据各自的优势与特征，推动着各自城市创新的进程。现代城市基础生活设施的完善，现代文化科技产品赋予消费者新奇独特的用户体验和人们对产品文化内涵的自觉追求，给文化与科技的融合创新发展带来了前所未有的光明前景和良好机遇。③ 与文化相关的创新也为城市注入更多活力。创新型城市的创新内涵转为文化与科技融合创新，共同促进城市发展。

如今，大数据、云计算、人工智能、物联网等技术的兴起，成为新兴创新型城市的主要特征，也深刻影响着城市文化的发展格局。在信息时代，经济效益不再是城市创新发展的唯一衡量因素，智慧互联、生态宜居、文化繁荣等方面成为城市创新的衡量因素。从互联网到移动互联网，再到物联网，创新型城市已经融入生活的各个方面，并改变着城市中的生活方式。例如创

---

① 《国务院关于支持山西省进一步深化改革促进资源型经济转型发展的意见》（国发〔2017〕42号），2017，http：//www.gov.cn/zhengce/content/2017－09/11/content_5224274.htm，最后访问日期，2019年5月20日。

② 《中共中央国务院印发〈粤港澳大湾区发展规划纲要〉》，2019，新华网，http：//www.xinhuanet.com/politics/2019－02/18/c_1124131474.htm，最后访问日期：2019年5月20日。

③ 李凤亮、宗祖盼：《文化与科技融合创新：模式与类型》，《山东大学学报》（哲学社会科学版）2016年第1期，第34～42页。

新型城市更为注重城市环境，小到产品设计，大到空间规划，绿色环保的生态理念使得创意不仅仅服务于效率，而是更多地服务于健康与可持续发展。"大众创业，万众创新"使得各种小的圈层文化被深度发掘，各种小众创意进入市场，无论是消费者还是投资者，都有了更多的选择；而创意不再局限于性别、年龄，每个人都可以作为创新主体，成为创新型城市建设的参与者。

未来创新型城市的发展必然以科技创新为基础，以文化创新为内涵，并结合不同城市的历史文化背景、空间地理布局与形式政策导向等，向智能化、集约化、网络化、艺术化等方向发展。关于创新型城市未来的发展，可以城市自身为分析主体，从以下两个视角进行展望。

一是自上而下，创新驱动实现跨界融合。

当人类进入全球化以后，任何一座城市都无法孤立于世界而存在。有学者提出，在新的移动互联时代，文化与科技的交融日益广泛和深入，彼此构成了对方生态中不可或缺的部分。要打破狭隘的地域观念，以积极开放的姿态去拥抱全球化，加强与他国之间的文化交流；还要保持对传统文化的基本坚守，以保持民族文化的独立性。[①] 所以无论是自上而下的交流，还是由外到内的交流，平台问题、空间问题、策略问题都是由此拓展出的相关支线问题。比如开放交流平台、创意空间、自贸港口建设，对于创意空间的预留规划、布置问题，以及人才的培养、流通、交流等问题。此外，要解决好融合创新的问题。在城市内部，各种创新要素之间无不暗自涌动，相互跨界融合。无论是科技间的融合组合、文化间的融合碰撞，还是探索文化科技之间的融合与创新，抑或是互联网与制造业的融合，都足以说明，融合创新是未来创新型城市发展的必由之路。特别是创客作为创新型城市的新型构成单元，是创新型城市向全民创新发展的重要组织。在创新型城市发展的过程中，创客文化的形成对扩大城市创新主体，激发城市创新活力具有重要的作用。

---

① 李凤亮、宗祖盼：《文化与科技融合创新：演进机理与历史语境》，《中国人民大学学报》2016年第4期，第11~19页。

二是自下而上，城市创新文化的自觉与内部整合。

当城市形态发展到一定程度时，会激发人们内在的创造需求。随着人们生活水平的提高以及文化水平的提升，大众群体逐步由生存消费转向追求生活品质消费。创新成为这种改善的必经之路。人们不断探索如何更好地生活，这种探索创新的过程必然会形成创客文化。创客文化及其背后的创新能量渗透到生活的各个方面和角落，促进着生活方式的变革和社会向前发展。

随着公民创新意识的逐步提高，"创新"在当下社会发展中的地位也逐步明确。当创新平台的大众化、简易化逐步实现时，全民创新的时代将会到来，创新型城市的创意形式会变得更加多元，创客文化也会逐步内化于大众的创新意识之中。但随着创新群体走向大众化，创意阶层（群体）也将重新划分，形成新的创新结构，从而在创客文化内部进行重新整合，建构形成新的集群分类。随着科学技术的创新或"革命"，创客文化与创新型城市将会相互影响、相互融合，在不断的结构与建构中实现促进创新型城市发展的趋势。创新型城市作为创客文化的"温室"营造着整个创意环境，并保证创意与各行业的联系。而创客文化所包含的文化创意与科技创新相互交织，在其中既作为创新型城市发展的基础，又是创新城市发展的动力，影响着创新型城市的不同发展方面。

二　创客与创客文化的概念解析

（一）创客的来源、特征与类别

《创客：新工业革命》的作者克里斯·安德森对创客的定义是："一群使用互联网和最新工业技术来进行个性化生产的人。"[①] 他们具有"微生产力"，为高度本土化的市场生产高度定制化的产品，并且这些产品也可能通

---

① 〔美〕克里斯·安德森：《创客：新工业革命》，萧潇译，中信出版社，2012。

过互联网而风靡全球。

创客来自消费者。创客们的作品或产品通常是他们所需但在市场上寻觅无果的东西。例如 FacePhone 的发明者龙黎（Atommann），其初衷是为年迈的外婆制作一款按下屏幕上的头像图片即可拨通电话的手机。此外，创客是介入制造业的"创意阶层"。[①] 无论是"超级创意核心"群体还是"从事与创意相关的专业人士"，都可能成为创客。例如，设计师不再满足于在电脑屏幕上绘制图片、构建模型，而是希望生产出实体产品——这一愿望在由无数制造商构成的"云工厂"中并不难实现。另外，公司研发人员也不仅仅满足于为了工作而创造，而是希望基于个人兴趣做出为自己或小众消费者所使用的与众不同的产品。

创客的特点在于制作与分享：其一，他们制作软硬件相结合的作品（即"数字化 DIY"）；其二，他们通常是在线社群的成员，不仅在社群分享制作故事，而且分享源代码、作品原型和知识产权（即开源和"DIWO"——与他人共创）。因此，他们不是独自在车库里敲敲打打的孤独的发明者，而是通过社交网络与其他创客密切联系着。这也是创客发起"新工业革命"的路径。依据莫基尔（Mokyr）的分析，工业革命发端于英国的原因正是不计其数的各种无名手艺人、工程师和艺匠对重大发明（如蒸汽机、电力）进行调整和修补，从这些发明中找到在其专业领域的创新用途。简言之，工业革命从本质上讲即是一场"创客运动"。[②]

创客不同于传统的发明者。发明者追求的是根本性创新，而创客更多的是改造和扩散已存在的技术或是寻找新的应用——他们更可能引发增量创新。从广义上讲，创客并不仅限于技术制作，《爱上制作》杂志的内容就包含了缝补和编织等手工类别。正如安德森所说："喜欢烹饪的是一个厨房里的创客，喜欢园艺的是一个花园里的创客！"[③]

---

① 〔美〕理查德·佛罗里达：《创意阶层的崛起》，司徒爱勤译，中信出版社，2010。

② J. Mokyr, *The Enlightened Economy: Britain and the Industrial Revolution, 1700–1850* (London: Penguin, 2009).

③ 〔美〕克里斯·安德森：《创客：新工业革命》，萧潇译，中信出版社，2012。

依据参与创新、创业的程度不同，可将创客分为以下三个类别。

"Zero-to-Maker"（入门创客）：指刚开始对创客产生兴趣的人，他们有各种背景，可能并不知道如何真正动手做，但是很希望尝试，他们会找到一些创客空间并在里面寻找一些可以指导他们的资源，从而慢慢被带入门学会自己动手制作。

"Maker to Maker"（与创客协作的创客）：指具有专业技能的创客，并会主动学习他们需要的知识，能够认识到创客空间里的其他人是做什么的，而且可以跟他们形成资源互补，愿意一起合作完成团体的项目。

"Maker to Market"（进入市场的创客）：类似于"偶然的创业者"。他们最开始可能只是为了制作自己所喜欢的东西而完成项目，但是当他们向其他人展示自己的成果，其他人说"这个东西很棒，我可以买得到吗"的时候，他们才突然萌生出原来可以把这个项目产品化的想法，从而发展出一个把自己喜欢的东西变成产品的事业，在市场上销售自己创造的产品。

（二）创客文化的意涵

麦考尔（McCall）将"创客文化"定义为：致力于个人制造的专业人士与爱好者形成社群并不断壮大的景象；其制作的作品，可以是技术装置、开源硬件或软件、时装、家庭装饰，乃至任何可用于现实生活中的作品。[①]换言之，创客文化的使命在于使更多的人参与到创新中来，并把新的技术带到人们的日常生活中去。

在 DIY 文化、黑客文化、车库文化和硅谷文化等影响下，创客文化呈现以下几方面的特性。

开放共享。在开放源代码运动的影响下，创客文化秉承开放共享的精神，在线上或线下交流、分享知识与技术，形成"Do-it-with-others"或

---

① L. McCall，"What Is Maker Culture? DIY Roots"，2012，http：//voices. yahoo. com/what – maker – culture – diy – roots – 2810966. html，最后访问日期：2019 年 8 月 27 日。

"Do-it-together"的共创氛围。

新型教育与学习方式。从教育的角度，创客教育与科技教育相关，但其侧重点在于培养学生的数字素养，使他们成为技术的创造者，而不仅仅是使用者。从学习的方式来看，创客文化提倡的是"干中学"，培养以解决问题为导向的思维能力和动手能力。从所获取的学习资源来看，除了课堂和书本知识，还有线上的教育资源和线下的学习交流。通过以上渠道，最终形成自主学习和积极实践的学习型社会。

创新创业。创客文化也与创新创业密切相关。首先，创客文化扩大了创新主体，增加了创新平台，从专业科研人员扩展到普罗大众，从实验室走向车库、创客俱乐部、创业咖啡以及创客学校等社会空间；其次，创客文化拓展了创新领域，从科技创新、企业创新拓展到生活的各个方面，并鼓励来自不同背景的创客跨界合作，推动产业革新；最后，创客文化倡导社会各阶层以节俭式、朴素式创新方式，共同推动社会创新的进程。

社会参与。"大众创业，万众创新"所号召的，即是创业成为新的工作方式，创新成为生活的常态。创客文化呼吁对社会问题的关注和面向社会需求的创新，呼唤工具的民主化以及更多社会主体的参与。因此，创客文化的发展是扩大创新基数，降低创新创业成本，推动"双创"发展的重要路径。

三　创客文化赋能中国创新型城市建设

"创客"及其运动正是熊彼特所说的一种全新的"生产函数"：它在DIY中萌芽，在新的"桌面工具"和开源硬件制造中起步，在分享和交流中扩散，进而将创造的作品推向产品市场，最终成为自下而上颠覆传统工业和实体世界的崭新经济模式。克里斯·安德森直言："如果第二次工业革命意味着信息时代，那么第三次工业革命则代表创客时代。"①

———————

① 〔美〕克里斯·安德森：《创客：新工业革命》，萧潇译，中信出版社，2012。

创客运动既是创新的民主化，也是公众参与创新的典范。一般而言，越是具备创新型城市特质的城市，创客运动的规模和影响就越大。在中国，自 2010 年上海成立"新车间"以来，创客文化在深圳、北京、杭州等创新型城市生根发芽，并在"双创"运动的推动中遍地开花。创客运动与城市发展之间有着非常紧密的相关性，创客文化与创新型城市的内涵具有许多契合的地方，在发展目标上具有内在的一致性，具体可以表现为以下几点。

1. 创新主体的大众化：丰富创新的内涵要旨

创新的主体可以是一个国家、一个城市、一个组织，也可以是个体，而创新的对象则可以诉诸理论、制度、科技、文化、经济、社会、组织等各个范畴。城市创新主体是城市创新资源的拥有者和支配者，创新型城市成长离不开创新主体的共同努力。近代社会之前，创造知识长期被宣称为上流社会的特权。广大民众通常是知识的被动接受者，而非主动的创造者，且能够接受知识的群体极其有限。近现代社会，人民的创造权利得到主张，但有关创新的研究主要聚焦在企业、产业、城市、区域乃至国家层面，诸如"三螺旋"模型将政府、企业和大学及科研院所看作创新的主体，科研人员是创新的最小单元。在信息技术推动下，用户成为越来越重要的创新源和创新主体，创新体系逐渐由"政产学研"转向"政产学研用"。① 创客运动进一步使创新者从"领先用户"或"用户"的角色中挣脱出来，使得"人人"都可创新。从大众成长起来的创客文化使得"创新"不再为少数知识群体所独享，而是随着创客文化的兴起，逐步走向中小学、社区和大众群体之中，从而营造全民创新的城市文化氛围，为创新型城市的建设奠定基础。

当前，中国创新型城市建设迎来最好的战略机遇期。改革开放 40 年以来，全国人民整体生活水平得到改善和提升，城市和农村发生了翻天覆地的

① 谢淳子、李平：《创新民主化：特拉维夫的创新型城市建设》，《特区实践与理论》2015 年第 5 期，第 61~66 页。

变化。随着城镇化进程的不断推进，创新驱动发展已然活跃在城市规划的蓝图之上。以北京、上海、广州、深圳为代表的一线城市向着智慧城市、科技城市、文化城市转型，天津、武汉、成都、南京、杭州等城市迎头赶上，不断吸引着各类人才向城市集聚，这些人才成为创新型城市建设的重要构成。他们频繁现身高交会、文博会、"双创"周、制汇节等现场，参与到城市的创新活动中。此外，越来越多的城市也将培养大众创新意识融入学校创客教育之中，通过举办学生创客节、创客大赛，创办学生创业园等形式，形成高校创客文化圈，为营造城市创意氛围培养"创意阶层"。尤其是以大学生为主体的创客群体在国家政策扶持之下迅速壮大，他们结合所学专业、生活经验，为创客群体及创新思想注入活力。

2. 创新平台的开放化：再造新型城市文化空间

城市是经济活动的集聚地，也是一个巨大的"容器"。城市空间是人类最重要的聚居形式，是市场、产品、劳动力、商人、生产资料的聚集地，也是经济活动中商品流通与资源交换的节点。城市的产生，意味着信息、能量、人员流动的集聚与扩散，通过市场与人的相互作用，城市的各种社会文化功能得以千百倍地扩大。文化空间是城市空间的一种类型，所谓文化空间，不但有适宜文化、艺术和创造的建筑空间和文化活动所需要的基础设施，而且集聚了一大批富有活力的文化机构和企业，形成了一个文化活动的繁盛之地、文化设施的密集之地和文化生产的集聚之地。[①]

创客的创新平台主要有创客空间、众创空间、孵化器和加速器等。创客空间是指开放的创新空间，如向公众开放的实验室或是企业的开放创新平台，是知识创新民主化的重要场所。创客空间的开放源于创客文化中所保留的黑客文化"共享、开放、分散、免费和创造"的核心精神，普遍使用的是社区自治的运行方式，通过分享工具与知识，来进行个人制造。创客们被鼓励积极建立联系，方法包括建立邮件群、维基百科、云存储平台及即时通信。创客们在网络和创客空间里交流想法，一旦形成共识，就可

---

① 花建：《城市空间的再造与文化产业的集聚》，《探索与争鸣》2007年第8期，第26~28页。

以成立项目组。

万众之所以能够创新，除了他们已成为城市创新的主体，还在于开源硬件和桌面制造工具的普及。定义一个创客空间的并不是某种正式的组织结构，而是一系列与开源软件、硬件、数据等要素相关的共享技术、治理过程和价值观。创客运动借助开放平台所提供的开源硬件、3D打印机、激光切割机以及技术和人脉等共享资源，使其创意和作品被尽可能地实现、孵化。

创客文化也有着深远的虚拟传统——黑客们至今还保持着用邮件列表来讨论技术事项的习惯。互联网连通了全球各地的创客，实验室、创客空间或中小学实践课堂也常常使用在线资源，甚至形成"线上教学 + 远程实验"的虚拟空间。互联网与创客文化改变了创新型城市对空间和地缘的要求。拥有活跃的线上创客文化不仅对城市的线下创新活动产生积极影响，也为创新型城市的建设提供了一条新的路径。

3. 创新组织的系统化：提升城市创新服务效率

创客文化正如一剂催化剂，加速城市建设中诸要素环节更加专业化的发展。这其中既包括创客文化自身的结构建设和创新重组，也影响着政策制度和市场环境的营建和改良。

在创客文化自身机构建设和创新重组方面，传统的创新模式主要包括基础创新和应用创新，通常采取自上而下的路径。创新始于内部研发、设计，通过市场最终推向普通用户，在不同的阶段需要召集相关的团队，筹措相关的硬（软）件条件和经费保证产品的生产。一方面，创客运动使得原型制作和小批量生产的成本大大降低，产品开发不再是从公司到市场的线性模式，而是变成一个以创客为主体，依托社区不断完成产品迭代的多向性模式。另一方面，创客文化也可能推动用户与生产者之间的对话，从而形成"大规模定制"的生产模式。此外，众筹、众包等线上平台也为创客实现创意提供了条件。例如，众筹平台可以使项目在策划阶段即直面消费者，检验项目的可行性，并可能在研发初期获得极为关键的资金支持；众包平台则既改变了项目的完成方式，也改变了一些技术持有者的工作方式——他们可以

31

自由选择承接一项或多项工作。

创客文化的影响也体现在相关政策制度制定和市场环境的建设及改良方面。理查德·佛罗里达在谈到创新型城市的"包容性"时是这样解释的：包容在吸引创意人才以及支持高科技产业发展和城市经济增长方面具有关键作用。① 创新型城市就是以科技进步为动力、以自主创新为主导、以创新文化为基础的城市形态。一座更具包容的城市一定拥有浓厚的创新氛围和开放的创新环境，它既为创客这一新兴组织提供了"庇护所"，也是城市创客生态得以形成的方舟。

因此，创客群体的空间集聚为城市发展填补了一块空白。创客文化作为创新型城市的重要组成部分为城市创新文化提供了更多的选择。一个项目从创意产生、资源集聚到产品孵化与融资投产，以及涉及的场地、法律条款等相关要素，都对创新型城市提出更加完善和健全的要求，也影响着创新型城市的建设和规划，引导创新型城市更好、更快、更加科学地发展。这也使得包括政府职能部门在内的城市各个"节点"之间的协同性增强，各个创客团体、创新组织与政府、企业、社区等之间的协同成为创新型城市需要逐步完善和解决的问题。

例如，深圳处于我国南部沿海地区，是我国最早实行改革开放的地区。深圳最早是通过提供廉价劳动力成本的外包加工贸易为主的低端产业发展壮大的，发展过程中随之而来的环境问题、城市发展问题、社会问题日益严重。进入 21 世纪，深圳"资源短缺"的实质问题愈发凸显，由"政策"影响的区域发展优势已成历史。现在，深圳市大力深化改革，先后实行政府部门合并优化等相关创新，大力推进科技创新与文化科技融合的探索，成为中国最早提出并实践的创新型城市。如果说"华强北"的最后一米柜是深圳创客文化的雏形，那么从"A8 音乐"到"大疆无人机"，创客文化在受惠于特区政策的同时深深影响着深圳创新型城市的建设，扮演着政府、企业、社会之间调动（协同）者的角色。与创客相关的政策法规更加健全、科学

---

① 〔美〕理查德·佛罗里达：《创意阶层的崛起》，司徒爱勤译，中信出版社，2010。

和完善，办事、研发流程更加简便。政企学研之间的联系更加紧密，并且这样的创新实践成果正向全国推广和普及。

4. 创新模式的多元化：探索跨界式融合式创新

在创新的业态上，以往我们更注重创客文化的科技属性。随着互联网的普及、数字信息技术的发展以及人们文化消费需求的日益增长，文化产业发展迅猛，业态变化明显。以新媒体、数字技术产业为主，出现了一批新的文化产业和产品形态，产业、行业之间跨界渗透现象明显，成为城市发展的重要构成。[①] 习近平同志在党的十九大报告中论及文化建设时鲜明指出，要坚定文化自信，推动社会主义文化繁荣兴盛；强调今后一段时间文化建设的目标是"坚持中国特色社会主义文化发展道路，激发全民族文化创新创造活力，建设社会主义文化强国"。"文化自信"与"文化创新"，成为党的十九大报告关于文化建设的两个关键词。"文化创新""文化科技融合创新"使得创新结构日趋完善。现代文化科技产品赋予消费者新奇独特的用户体验和人们对产品文化内涵的自觉追求，给文化与科技的融合创新发展带来了前所未有的光明前景和良好机遇。文化科技融合创新产生的经济价值和社会效益，也使其作为经济发展第一引擎的地位愈加凸显。同时，政府产业政策的积极调整、中介机构的主动参与、政产学研跨界频繁互动等，也无不显示文化科技融合创新的向好发展。[②]

在区域创新的合作模式方面，实施区域协调发展战略是新时代国家重大战略之一，是贯彻新发展理念、建设现代化强国的重要组成部分。从最初的西部大开发、振兴东北地区等老工业基地、促进中部地区崛起，到京津冀协同发展、长江经济带发展、粤港澳大湾区建设，无不表明国家对区域内城市间的协作提出了更高的要求。当下，"大众创业，万众创新"正成为区域城市间合作的一种新形式，在促进城市间创新资源合理配置，加

①　李凤亮、宗祖盼：《科技背景下文化产业业态裂变与跨界融合》，《学术研究》2015 年第 1期，第 137~141、160 页。

②　李凤亮、谢仁敏：《文化科技融合：现状·业态·路径——2013 年中国文化科技创新发展报告》，《福建论坛》（人文社会科学版）2014 年第 12 期，第 56~65 页。

快人才、资本、信息、技术等创新要素流动，激活创新主体等方面发挥着重要的作用。

以粤港澳大湾区建设为例，中共中央、国务院印发的《粤港澳大湾区发展规划纲要》明确要构建开放性区域协同创新共同体，提出加快国家自主创新示范区与国家"双创"示范基地、众创空间建设，支持其与香港、澳门建立创新创业交流机制，共享创新创业资源，共同完善创新创业生态，为港澳青年创新创业提供更多机遇和更好条件。在创新型的城市系统中，各子系统之间、子系统与外部环境之间协同均衡发展，城市将形成协同共生、和谐发展的"超循环结构"，推动城市经济社会与资源环境的和谐发展。① 这意味着创客文化将迎来新的发展，结合节俭式创新、草根创新和社会创新等方式，不断促进创新型城市间各要素的联系与协同。

案例观察　深圳创客发展的"四创联动"机制②

2015 年 5 月，深圳市长许勤在政府工作报告中提出，深圳必须"不断强化创新、创业、创投、创客'四创联动'，努力建成更高水平的国家自主创新示范区……到 2020 年，力争国际创新中心建设取得突破性进展，建成 10 家左右具有国际影响力的重大创新平台，引进高层次创新团队 100 个，全社会研发投入超过 1000 亿元，国家级高新技术企业超过 10000 家"。长期以来，创新驱动都是推动深圳政治、经济、社会、文化转型升级的强大力量。从 2011 年提出"推动经济发展从要素驱动到创新驱动转变"，"加快建设国家创新型城市""增强创新驱动发展新动力""争创国家自主创新示范区""打造国际化创新中心"等提法不断给深圳这座城市注入新鲜血液。

---

① 杨冬梅：《创新型城市的理论与实证研究》，博士学位论文，天津大学，2006。
② 原文发表于黄昌勇主编《中国城市文化报告 2017》，同济大学出版社，2017，第 219～230 页。此处有删节。

　　深圳是最早引入《爱上制作》（*Makezine*）杂志旗下创客嘉年华的城市。2015 年 1 月，李克强总理考察深圳柴火创客空间并表示"再添一把柴"，使得全国创客界备受鼓舞。3 月，一则为当年"深圳国际创客周"造势宣传而亮相纽约时代广场的巨幅广告"Make with Shenzhen"更是吸引了全球创客的目光。为全面激发"大众创业，万众创新"活力，深圳创造性地提出强化创新、创业、创投、创客"四创联动"机制，① 明确将创客发展纳入城市综合创新生态体系建设的重点工作，并出台《深圳市促进创客发展三年行动计划（2015～2017 年）》和《深圳市关于促进创客发展的若干措施》等相关扶持政策，积极推动创客运动发展。近年来，深圳举办了国际创客周、Fab12 微观装配实验室年会，成为全国"大众创业，万众创新"活动周的主会场，也在文博会、工业设计大展中开辟创客展台，发起"创客西游——深圳创客游学助长计划"等活动，开展国际创客交流。此外，基于全球"硬件硅谷"的完备创新生态体系，深圳还吸引了美国《连线》（*Wired*）杂志的关注，拍摄了题为《深圳：硬件硅谷》（*Shenzhen：The Silicon Valley of Hardware*）的纪录片，向全球观众展现了作为"未来城市"的深圳在创新、创业、创投、创客发展方面具备的优势和潜力。

　　创客运动的兴起与蓬勃发展是多重因素共同作用的结果，它与创新、创业、创投之间互为观照，共同构成了围绕"创客"这一创新主体的联动机制。"四创"之间的联动机制可以简单地表述为：以创客为主体的"创客文化圈"，以创客创业带动创新、创投资源流动形成的"创业生态圈"和以"四创"综合作用形成的"创新氛围圈"。就内部而言，创客与创新、创业、创投之间亦相互影响、相互作用，共同促进了"四创联动"机制的运转。首先，创客作为创意阶层中一支新兴的力量，既是活跃城市创新氛围的推动者，也是联动和优化社会创新资源的承载者；不仅丰富了创新的内涵要旨，也是城市"综合创新生态体系"建构的重要组成部分。创客之于创新而言，

① 《2015 年深圳市人民政府工作报告》，http：//www.sz.gov.cn/zfbgt/zfgzbg/201611/t20161116_5315081.htm，最后访问日期：2019 年 5 月 22 日。

既是目的也是手段。其次，创客的创新活动要产生广泛的经济效益和社会效益，必须与市场结合，而创业是实现这一路径的主要形式。创客创业有效激活了社会化创新的"长尾"，不仅创造了"创客经济"这一新的经济形式，同时也激发了草根创业的热情。最后，"创投"作为创客运动中不可或缺的资本，是连接创客与创业之间的纽带，尤其在众创空间中，创投资源能够与创客创新活动形成有效对接，是创客创业的催化剂。总之，要实现创客运动持续繁荣发展，"四创"缺一不可。它们各有侧重，互为支撑，将共同推动"大众创业，万众创新"的开展。

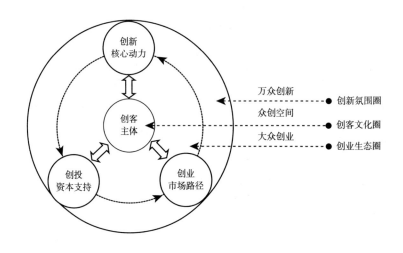

图 1 - 1   "四创联动"概念模型

"四创联动"机制的形成，既是深圳市政府"顶层设计"的结果，也是市场自发形成的必然趋势。因此，我们不仅要从整体着眼，宏观把握"四创联动"的内涵，更要从细节入手，微观深入了解各个部分的内在联系。如上所述，"四创联动"就是把创新、创业、创投与创客联合起来，用高度概括的语言把创新的目标、手段、方法、路径融为一体，将创新政策、创新环境、创新规划、创业计划、创投力量与创客活动综合起来考虑，以期产生"1 + 1 + 1 + 1 > 4"的创新效益。与此同时，"四创联动"的综合效应，必须依赖各创新要素的发挥。从政策的角度而言，"就是要建成一批低成本、开放式、便利化的创客空间载体；形成一批内容丰富、成本低廉、开源共享的软件硬件资源；汇聚一批思想活跃、创意丰富的创客人才；营造一种创客教育普及深入，创客精神发扬光大的城市文化；形成一套内容丰富、形式多样、机制灵活、政策完善的创客服务体系"。而从学理的角度来说，只有创新链、人才链、产业链和资本链有效对接后，"四创联动"才能进一步推动创新转化为现实成果。

与此同时，我们要进一步把握"内部联动"与"外部联动"的关系。一个完整的创客生态链，是包括政府、企业、中介、个人在内的多元主体参与的结果。从内部来看，创客与创投、创业之间形成了一个市场闭环，其中创投更是实现创客从"玩"到市场转换，从小圈子到大圈子的最直接的动力。从外部来看，创客运动是否能够快速持久发展，形成一股社会潮流则很大程度上依赖于政策的推动。因此，推动创客发展不仅要充分发挥市场的力量，更要发挥政府在前瞻规划、政策引导、环境营造等方面的作用，形成市场和政府协同推进创新的格局。而一旦成熟之后，创客发展应再次交给市场、创客和民间。从政策层面来看，深圳促进创客运动的发展还应与深度定制的前沿技术攻关"登峰计划"、创新型企业"倍增计划"、创新型产业空间"扩容计划"、引进高技术人才"孔雀计划"等创新计划形成外部联动，同步进行，扩大"四创联动"的辐射范围。此外，推动"四创联动"，应充分发挥"以大带小"的作用，通过成熟企业与微创企业之间的互动，促进创客运动发展。目前，深圳企业已开始了这方面的探索，如腾讯与华强集团联合推出了"双百亿创客"计划，重点扶持100个重点硬件创业公司。腾讯将集聚孵化、流量、资本、腾讯云等六大互联网要素，提供软性线上资源、流量资源，华强集团则聚集供应链、设计、生产、检测、销售渠道、营销公关六大硬件创业要素，提供供应链、检测、销售渠道等线下资源。

深圳在推动创客发展的"四创联动"上具有多方面的优势，总体表现为经济基础较好、市场发育充分、创新环境优越、社会融合度高、生态环境优势突出等。从创新环境来说，深圳是国内第一个加入联合国教科文组织"创意城市网络"的城市，也是全国首个以城市为单元的国家自主创新示范区，拥有"设计之都"等多张名片，敢于冒险、鼓励创新、追求成功、宽容失败的城市精神也吸引了大量年轻人、全球创客和大学毕业生。2018年，深圳R&D（研发）占GDP比重达到4.2%，大大超过了创新型经济体的公认标准（2.5%）。从创业条件来看，深圳背靠珠三角强大的制造业基地，又是中国高新技术产业的前沿阵地，还是全世界最大的电子集散中心，完备的物流链使深圳成为创客发展的沃土。

但是，我们也要认识到，深圳的创客发展也存在一些问题。一是高校较少，高层次科研载体弱，产学研开展得不充分。例如，美国的硅谷即依托斯坦福大学强大的科研实力以及产学研结合的开放式办学而成为创业者的天堂。二是深圳的创业服务尚未与国际接轨，许多国际创客机构、孵化器或是国际项目都来到深圳进行原型开发，但团队的进一步发展并未在深圳落地。例如，在华强北HAX硬件创业孵化器孵化的项目，最后还是回到硅谷去路演融资。三是深圳面临着来自北京、上海、杭州等城市的竞争，近几年深圳日益提高的消费水平和生活成本，也使它失去了一部分城市魅力和优势。立足国际视野，借鉴国际经验，深圳应充分发挥各主体的功能。其一，发挥政府的宏观导向职能，进行制度创新和平台创新；其二，以企业为主导，着眼应用创新和管理创新，丰富创客实践；其三，教育机构及科研院所进行教学及科研创新，培养创客人才；其四，投融资机构进行金融创新，发展互联网金融，为创客提供资金支持；其五，鼓励图书馆、美术馆等公共文化机构和行业协会结合民间力量进行社会创新，培育创新文化；其六，推动跨区域、跨产业的跨界联动，加强国际化合作与交流，打造国际创客中心。总之，深圳应当充分认识到自身所处的位置，保住已有优势，发挥前海金融优势、科技服务和其他专业服务优势、深港合作优势等，构建具有深圳特色的"四创联动"机制，使创业计划、创投资金、创新环境和创客活动有质量、有活力。同时，深圳也要致力于创客群体的培育。正如刘易斯·芒福德（Lewis Mumford）所说："城市有包含各种各样文化的能力，这种能力，通过必要的浓缩凝聚和存储保管，也能促进消化和选择。"① 一座更具包容的城市一定拥有浓厚的创新氛围和开放的创新环境，它既为创客这一新兴组织提供了"庇护所"，也是城市创客生态得以形成的方舟。

_____

① 〔美〕刘易斯·芒福德：《城市发展史——起源、演变与前景》，宋俊岭、倪文彦译，中国建筑工业出版社，2005。

第二章 创客空间与创客文化基因

"创客运动"中的重大机遇就在于保持小型化与全球化并存的能力；既有手工匠人的原始，又具创新性以及实现低成本的高技术。小处开始，大处成长。最重要的是创造出世界需要但尚未了解的产品。

——克里斯·安德森[①]

人类自会使用工具便开始"创作"。现代意义上的创客行为可追溯到苹果公司的创始人之一史蒂夫·沃兹尼亚克看到《君子》（*Esquire*）杂志上的一篇文章后，自制了可拨打免费长途电话的"蓝盒子"。此后，这种从技术DIY到小批量生产销售的理念在美国西海岸的车库里蔓延开来，并促使其成为硅谷创业公司的摇篮。2001年，麻省理工学院比特和原子研究中心成立了第一家Fab Lab，即微观装配实验室（Fabrication Laboratory），搭建了以用户为中心的应用创新平台。随着Fab Lab网络的扩散，创新的主体从科研技术人员扩展到普罗大众，创客文化逐渐兴起。

一 创客运动的世界图景

时任科技出版社O'Reilly副主编的戴尔·多尔蒂敏锐地捕捉到"创客文化"这一新兴现象。他在2005年创办了《爱上制造》（*Makezine*）杂志，以

[①] 〔美〕克里斯·安德森：《创客：新工业革命》，萧潇译，中信出版社，2012，第3页。

"庆祝如你所愿地玩转科技"[①]，并于 2006 年在加利福尼亚圣马特奥发起了第一届"创客嘉年华"（Maker Faire），使之成为"艺术、手工、工程、科学项目以及 DIY 理念"的狂欢节。[②] 经过 8 年的成长，2013 年全球城市共举办了 100 场创客嘉年华。除了与《爱上制造》杂志联合在纽约、底特律、堪萨斯城、纽卡斯尔（英国）、罗马和东京等城市举办的旗舰和主题活动外，在其他城市（美国、英国、意大利、澳大利亚、韩国、日本、中国）举办的 93 场地方性活动（迷你嘉年华）呈现了各地对国际创客文化的接纳和本土化理解。[③] 到 2017 年，全球城市举办了超过 30 场大型主题活动以及 190 场迷你嘉年华，举办城市包括东京、罗马、深圳、台北、首尔、巴黎、柏林、巴塞罗那、底特律、圣地亚哥和堪萨斯城等，参与人数超过 158 万人次，并有 86% 的观众给出好评。

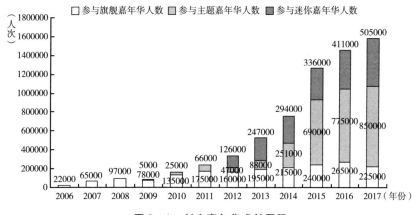

图 2－1　创客嘉年华成长历程

资料来源："A Year of 100 Maker Faires"，2014，《爱上制作》杂志官方网站，http：//makezine. com/2014/01/01/the－year－of－100－maker－faires/，最后访问日期：2019 年 8 月 10 日。

① Lanyon，Charley，"At HackJam，Great Minds Tinker Alike，"*South China Morning Post*，2013，www. scmp. com/lifestyle/technology/article/1262979/hackjam－great－minds－tinker－alike，最后访问日期：2019 年 8 月 10 日。

② Wikipedia "Make（magazine）"词条，http：//en. wikipedia. org/wiki/Make_（magazine），最后访问日期：2019 年 8 月 10 日。

③ "A Year of 100 Maker Faires"，2014，《爱上制作》杂志官方网站，http：//makezine. com/2014/01/01/the－year－of－100－maker－faires/，最后访问日期：2019 年 8 月 10 日。

Fab Lab 是衡量创客发展规模的另一项有力指标。Fab Lab 诞生于麻省理工学院,目前已经有 50 多个国家先后建立了实验室,并形成了 Fab Lab 的全球网络,不仅包括 Fab 基金会予以支持创建的拥有标准设备和服务的实验室,而且还包括其他符合要求的创客空间,它们向公众开放,拥有必需的工具和流程,使得跨区域合作成为可能,并参与到 Fab Lab 的全球网络。一年一度的 Fab 年会在不同的城市举行,并以工作坊的形式展现以新技术为基础的新制造,同时,参会者也会介绍新项目、分享运营实验室方面的经验;会议最后一天则举办高峰论坛,探讨 Fab Lab 全球网络的未来。2016 年 8 月,第十二届全球微观装配实验室国际年会在深圳举办,此次年会聚集了 700 多家 Fab 网络的成员,来自55 个不同国家和地区的 2000 余名创客以"机器制造机器"为主题共同推动Fab2.0 的发展——这意味着在未来,机器不仅可以实现自我复制,而且还可以生产新的工具。多家城市联合发起 Fab 城市网络,其愿景是建设结合"全球互联与本地生产"的自给自足型的城市,并致力于推动城市的数字革命。

(一)创客运动的全球扩散

美国是创客文化最为兴盛的地方。2009 年,美国时任总统奥巴马宣布启动"教育创新行动"(The Educate to Innovate Initiative),目的是提高学生在数学和科学领域的创新能力;2012 年,奥巴马政府计划 4 年内在美国1000 所学校引入创客空间,供学生通过创造进行学习。2014 年 6 月,奥巴马总统举办了第一届白宫创客嘉年华活动,并宣布了一系列支持"创客文化"发展的措施,如支持初创企业和创客空间的发展,提升学生成为创客和创业者的机会;同时,也向创客们征集解决医疗卫生、航空航天技术以及环境保护等与社会经济发展息息相关的问题的新方案。更重要的是,美国的湾区已形成创客生态,包含适宜创新创业的自然条件和产业基础、人才资源以及在车库文化、黑客文化和非主流文化中成长起来的硅谷创新文化。[①] 因

---

① 黄玉蓉、郝云慧:《中国创客生态培育研究》,《福建论坛》(人文社会科学版)2016 年第
10 期,第 124 页。

此，即使面临政府换届，创客生态也依旧维持蓬勃发展的景象。

英国的创客运动可追溯到 19 世纪末 20 世纪初的工艺美术运动（The Arts and Crafts Movement）。工业化大批量生产与维多利亚时期的烦琐装饰使得设计水平急剧下降，设计师们希望恢复中世纪的艺术与手工艺传统，倡导艺术与技术、生活相结合的风格。此后，手工艺作为创意产业的重要门类和人们的日常休闲方式得到持续的重视与发展，许多英国社区建有可共用工具的工作坊，以满足人们手工制作的需求。随着数字化技术的进步，数字化工具的使用也逐渐成为手工制作的重要部分。建于 1999 年的英国第一家创客空间——伦敦黑客空间（London Hackspace）的使命即是为人们提供分享工具与知识的地方。此后，逾百家创客空间在英国陆续建成，主要集中在伦敦、苏格兰和威尔士三地。英国国家科技艺术基金会（National Endowment for Science, Technology and the Arts, NESTA）的相关研究显示，这些创客空间呈现出一分为二的态势：就空间使命而言，有些专注于为会员提供服务，有些则致力于吸引更广大社群的参与；就功能而言，有些关注产品的原型开发，有些重在 DIY 手工制作，有些侧重软件应用，有些则偏向材料研究；就成熟阶段而言，有些已根植于当地社区，有些只是临时性的空间；就形态而言，有些是独立存在的，有些由政府、地产商、大学或第三方机构合作创立；而就年营业额而言，最高为 35 万英镑，最低为 0 英镑。[1] 从苏塞克斯大学科技政策研究所的研究来看，"基于社群的数字制造工作坊"（即"创客空间"）与六大议题密切相关，包括新工业革命，个人制造与大规模定制，制造与创新的民主化，工作、技能与创意的新内涵，工作坊作为一种新的文化、政治和社会运动，以及 GDP 语境下的可持续发展等。[2] 尽管这些议题涉及国家与社会的发展趋势，但正如报告标题的用词"基于社群"，英国的创客运动始终遵循"自下而上"的发展理念。迄今为止，英国尚未从政

---

① Andrew Sleigh et al., *Open Dataset of UK Makerspaces: A User's Guide* (London: NESTA, 2015), pp. 10, 14 – 15.

② Sabine Hielscher and Adrian Smith, "Community-based Digital Fabrication Workshops: A Review of the Research Literature," *SPRU Working Paper Series* (2014): 26 – 44.

府层面发布直接支持创客发展的政策文件。相比之下，第三方机构和非政府组织发挥了较为重要的作用。

以创客社群、创客教育及节展活动为内核，英国的创客生态由基金会、大学、地产商、相关空间（如孵化器、加速器和联合办公空间）以及创意经济共同支持。例如，NESTA 作为英国最大的支持创新发展的非政府组织，在 2012 年联合 Nominet Trust、Mozilla、Raspberry Pi、O'Reilly 等多家机构设置了数字创客基金（Digital Maker Fund），旨在鼓励并帮助年轻一代理解、改造甚至发明技术，而非仅仅做技术的使用者。至今基金已为 14 个创客教育项目提供了 52 万英镑的资助。① 英国文化教育协会（British Council，BC）不但支持了一系列的创客研究项目，而且致力于国际创客运动的推动。例如，协会在 2014 年与金斯顿大学丹尼尔·查宁（Daniel Charny）教授共同发起"创客图书馆网络"（Maker Library Network）计划，以设立创客图书馆的形式联结了英国、南非、土耳其、墨西哥、尼日利亚与乌克兰的设计师和创客；② 2016～2017 年，协会又与深圳国际交流与合作基金会及深圳开放创新实验室共同承办第二届"创客西游 2.0——你好，深圳"计划，以人员互访的方式促进中英双方在创意、设计和制造之间的合作对接。在创意经济领域，英国的创客们也早已以自由职业或成立小型企业的方式加入手工艺、设计、软件和新媒体艺术等领域中。英国设计博物馆一项永久性展览即以"设计师·创客·用户"为名，意图展示设计师、创客与用户三类身份之间互相提供灵感、互相促进的交融。③

在荷兰，有超过五座以上的城市建立了 Fab Lab。其中包括阿姆斯特丹、阿默斯福特、乌得勒支、格罗宁根和登哈格。这些实验室致力于成为传统设计和开源制造的互动热点平台。Waag Society 是 Fab Lab 中令人惊叹的实验

① "Digital Makers"，NESTA 官网，http：//www. nesta. org. uk/project/digital – makers，最后访问日期：2019 年 8 月 10 日。

② "Maker Library Network"，British Council 官网，http：//design. britishcouncil. org/projects/makerlibraries/，最后访问日期：2019 年 8 月 10 日。

③ "Designer Maker User"，Design Museum 官网，https：//designmuseum. org/exhibitions/designer – maker – user，最后访问日期：2019 年 8 月 10 日。

室之一，位于阿姆斯特丹市中心的两座历史建筑里。2010 年 6 月，Fab6 在此举办，开幕活动名为"开源宴会"。宴会为来宾们提供了食材、炊具以及从 instructable. com 网站上得到的食谱——是的，来宾需要自己烹饪、分享食物并上传自己的食谱。在西班牙，加泰罗尼亚高级建筑协会（IAAC）在巴塞罗那成立了一个 Fab Lab，在那里，人们用数控切割机加工的木材组装了一个太阳能微观装配房子。为了推动"社会建设"（social construction）运动，这座房子被放在卡车上巡回展览，而该实验室也成为巴塞罗那城市规划的基地。在日本，创客运动的理念是将造物论（日本的"手工制造"文化）转化为现代创客运动，并推广微观装配实验室和联合办公空间。Loftwork 是一个提供空间设计或者说"创新的创意方法"的公司，它在东京开了首家 Fab 咖啡馆，随后在台北、巴塞罗那、曼谷、图卢兹、京都和新加坡都有了分店。① 日本有一个有趣的禅宗黑客周末活动在佛教寺庙中举办，"素食和冥想"与"编程和头脑风暴"交叉进行。② 为了将不同的创客空间整合在一起，东京艺术委员会赞助了一个名为 Tokyo Fabbers 的平台。③《Fablife：迎接创客新时代》的作者坚信，21 世纪是属于亚洲的，他认为 Fab Lab 是在寻找两个极端的融合，比如比特和原子、数据和产品、虚拟和实体、软件和硬件、地区和全球、技术和生态。由此推断，作者认为 Fab Lab 的核心实际上是亚洲哲学（见图 2 - 2）。

创客运动已在全球蔚然成风，它不仅仅只是在发达国家兴起，印度以及非洲地区的发展中国家也在推动创客项目以满足当地的需求。它为一些欠发达地区的居民特别是年轻人提供工具和学习的机会，因而成为改善社会公平的一种解决办法。创客运动与印度的适用技术运动和因地制宜的文化（jugaad culture）息息相关。南非豪登省艾古莱尼市通过在社区设立多家 Fab

---

① Loftwork 官网，http：//www. loftwork. jp/tw/news/2016/10/20161007＿singapore. aspx，最后访问日期：2017 年 7 月 12 日。

② ZenHack 官网，http：//www. zenhack. jp/about. html，最后访问日期：2017 年 7 月 12 日。

③ Janpantrends 官网，http：//www. japantrends. com/maker－culture－spaces－fab－labs－hackerspaces－tokyo/，最后访问日期：2017 年 7 月 12 日。

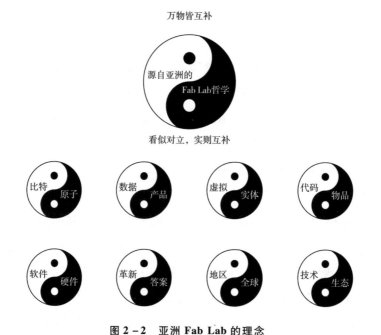

图 2 - 2　亚洲 Fab Lab 的理念

资料来源：〔日〕田中浩也：《Fablife：迎接创客新时代》，梁琼月、潘玉芳、张宇译，电子工业出版社，2015，第 151 页。

Lab 来鼓励民众特别是青少年动手制作科技作品，并成为以"创客改变城市"为主旨的 Fab 城市网络中的一员。

（二）创客文化的中国语境

自 2010 年上海成立"新车间"以来，创客文化也在深圳、北京、杭州等地生根发芽，深圳柴火创客空间、北京创客空间和杭州洋葱胶囊创客空间等先后成立，初步形成北京、上海、深圳三大"创客圈"。北京的创客文化受中关村的影响，倾向于科技创新与创业孵化；上海的创客文化则更注重以兴趣和爱好为基础的制作与分享以及国际交流；而深圳因华强北完善的电子产业链，已被视作创客文化的新中心和产品生产基地，并将依靠城市的科技实力，成为创新、创业的热土。2015 年 3 月，李克强总理在政府工作报告中提出"互联网＋"行动计划和"大众创业，万众创新"的号召，从国家层面推动了我国创客文化的发展，此后，国家推出的政策如表 2-1 所示。

表 2-1 国家层面的"双创"政策

时间	发文单位	政策名称	政策重点
2015 年 3 月	国务院办公厅	《关于发展众创空间推进大众创新创业的指导意见》	基本原则为坚持市场导向,加强政策集成,强化开放共享,创新服务模式;重点任务包括:加快构建众创空间,降低创新创业门槛,鼓励科技人员和大学生创业,支持创新创业公共服务,加强财政资金引导,完善创业投融资机制,丰富创新创业活动,营造创新创业文化氛围"众创空间"应以市场为导向,以政策为依托,以互联网和开源技术为平台,以创新服务模式,提高大众创新创业效率为目标的总体要求和原则贯彻落实
2015 年 6 月	国务院	《关于大力推进大众创业万众创新若干政策措施的意见》	推动大众创业、万众创新,是培育催生经济发展新动力的必然选择,是扩大就业、实现富民之道的根本举措,是激发全社会创新潜能和创业活力的有效途径具体措施包括:创新体制机制,实现创业便利化;优化财税政策,强化创业扶持;搞活金融市场,实现便捷融资;扩大创业投资,支持创业起步成长;发展创业服务,构建创业生态;建设创业创新平台,增强支撑作用;激发创造活力,发展创新型企业;拓展城乡创业渠道,实现创业带动就业;以及加强统筹协调,完善协同机制
2015 年 9 月	国务院办公厅	《关于加快构建大众创业万众创新支撑平台的指导意见》	将"双创"支撑平台划分为"众创""众包""众扶""众筹"四种类型(简称"四众"),汇集众力、众智、众能、众资促进"双创"发展新格局
2016 年 5 月	国务院办公厅	《关于建设大众创业万众创新示范基地的实施意见》	建设任务包括北京市海淀区、上海市杨浦区、深圳市南山区等 17 个区域示范基地,重点完善"双创"政策措施,推进服务型政府建设,扩大创业投资来源,加强"双创"文化建设,构建创业创新生态;清华大学、上海交通大学等 4 个高校和科研院所示范基地;中国电信集团公司、招商局集团有限公司、海尔集团公司、阿里巴巴集团等 7 个企业示范基地(2017 年 6 月建设第二批 92 个"双创"示范基地)

时间	发文单位	政策名称	政策重点
2017年7月	国务院	《关于强化实施创新驱动发展战略进一步推进大众创业万众创新深入发展的意见》	"双创"深入发展是实施创新驱动发展战略的重要载体。主要内容包括加快科技成果转化,如引导众创空间向专业化、精细化方向升级,推动仪器设备开放共享,实施科研院所创新创业共享行动;拓展企业融资渠道;促进实体经济转型升级,如鼓励大型企业全面推进"双创"工作,发布促进数字经济发展战略纲要等;完善人才流动激励机制,如将符合条件的返乡下乡人员创新项目纳入强农惠农富农政策范围等;创新政府治理方式,如持续深化"放管服"改革,办好全国"双创"活动周等
2018年9月	国务院	《关于推动创新创业高质量发展打造"双创"升级版的意见》	主要目标:创新创业服务全面升级,创业带动就业能力明显提升,科技成果转化应用能力显著增强,高质量创新创业集聚区不断涌现,大中小企业创新创业价值链有机融合,国际国内创新创业资源深度融汇

此后,创客运动与"双创"运动交织发展,我国各城市也纷纷从政策上予以扶持,以期通过创客运动推动创新型城市的建设。深圳市提出"创新""创业""创投""创客"的"四创联动"理念;在调研深圳等城市的创客发展后,青岛提出"创新""创业""创客"的"三创"发展战略。许多城市交出了漂亮的"双创"成绩单。如《"双创"何以深圳强?》一书采用联合国的创新创业三元评价方法,从环境支撑、资源能力、绩效价值三个方面对深圳"双创"发展现状进行全面梳理,同时总结经验,分析挑战,并提出促进深圳"双创"发展的对策建议。从其评估指标的选取来看,基本为科技创新或经济发展方面的硬指标,如"资源能力"中的"载体"选取重点实验室、技术中心、孵化器等的数量,以企业年新生率(%)和净企业数量变化率(%)为指标;"绩效价值"主要通过营利和专利两方面来衡量。就评价指标而言,似乎可以脱离创客文化的语境而独立存在。不过,该书也在"'双创'模式更加多元"一章提到个人创客创新,并在"促进深圳'双创'发展的对策建议"一章中中详述"促进文化流动,增强'双

创'战略的文化支撑"。具体而言，包括锻造"双创"所需的创客精神、工匠精神和企业家精神，以及"文化＋"和文化的多样性培育创新创意阶层，从而不断增强深圳文化的多样性和包容性，使文化成为"双创"可持续发展的支撑。①

借此，我们也可以分析"创客"、"双创"与"众创"之间的区别和联系。从政策文件来看，"双创"强调的是创新创业的行为与绩效，"众创"强调的是创新的主体。从"创客"到"双创"和"众创"，一是在"众创"中，创业与创新有着同等重要的地位，而"创客"强调的是创新的应用或创新，如依据说明将作品 DIY 出来，或者针对现实问题提出新的解决方案，在两者的基础上才可能产生创新成果的转化或是成立新的企业，其目标并不是创业；在国内的语境下，创客更多地与"教育"相连，也包括一些个人发明家。二是由于"双创""众创"对创业的强调，使得创新主体从原本需具有一定专业技术背景的"创客"进一步扩大到任何试图创办企业或自我雇用的人，包括利用互联网创业的网商。三是"众创"使原本相对小众的创客文化成为创新创业文化的重要分支，为创客文化发展提供了更大平台。

二　创客文化的基因来源

学者普遍认为，创客文化源于 DIY 文化、车库文化、黑客文化和硅谷创新文化。②

1. DIY 文化

DIY 指 Do-it-yourself，意思是"自己动手做"。事实上，"自己动手做"一直伴随着人类社会的发展，从原始社会的狩猎和采集野果，到农业社会的男耕女织和各类手工艺的发展，无不体现劳动人民依靠双手创造"自给自

---

① 王京生、陶一桃：《"双创"何以深圳强?》，海天出版社，2017，第 152～155 页。
② 丁大琴：《创客及其文化历史基因探源》，《北京社会科学》2015 年第 8 期，第 23～27 页。
徐思彦、李正风：《公众参与创新的社会网络：创客运动与创客空间》，《科学学研究》2014 年第 12 期，第 1790 页。

足"生活的状况。直到人类进入工业社会,机器大规模生产代替了大部分手工制作,人们纷纷放弃了难以维系的传统手工艺,成为工厂流水线上的工人,失去了动手创造的能力和精神。到 20 世纪 60 年代,一方面,过度的分工使得人们陷于无限重复劳动的困境;另一方面,技术研发使得工业品的性能与价格都持续提升。出于对机器奴役的反抗,西方开始兴起自己动手修理家具、修缮房屋、组装电器的社会热潮,并将其上升为生活理念与方式,即鼓励个人创造。由此,此时的 DIY 文化指并非出于物质需要而主动追求的动手制作的精神。陈敏认为,这一时期的嬉皮士运动与 DIY 文化息息相关,而嬉皮士亦可被视作最早的 DIY 一族。他们反对技术发达、物质富裕但精神受到控制的现代技术社会,提出"回到史前",掀起摒弃一切现代文明,自由、过"原始"生活的群居活动。而嬉皮士运动家斯图尔德·布兰德创办了影响深远的《全球目录》(*The Whole Earth Catalog*)杂志,其中介绍了各种手工工具和资源,成为全球嬉皮士用双手建设乌托邦家园的重要指南。[①]

薛红认为,DIY 对现代生活的意义体现在三个方面,包括休闲文化、时尚的创造和自我的凸现。DIY 一族的行为大多与娱乐休闲相关。这种娱乐休闲不仅是消费现有的既定的产品或服务,而是通过与工具和材料的交流,创造出凝练个人感情和劳动的独一无二的作品。同时,网络技术的普及使得个人主页、个人博客也成为 DIY 文化的重要组成部分,每个人都可以成为"作家""评论家""小说家",写下并发表自己的见闻感想,不仅带来了分享的乐趣,也成为个性塑造的组成部分。[②]

约翰·哈特利(John Hartley)将 DIY 文化延伸到公民身份的进化历史中,指自主权脱离地域和民族的束缚,下放到个人的可能性;也就是说,DIY 文化是一种基于文化属性而非对国家或区域的责任而来的自觉性公民身份。当代的参与式文化、交互式媒体和消费者行动主义等特征可

---

① 陈敏:《从消费主义看 DIY 一族的文化实践》,《中国青年社会科学》2017 年第 5 期,第 61~66 页。

② 薛红:《DIY 精神和现代社会》,《青年研究》2001 年第 5 期,第 14~15 页。

以归纳为"DIY 公民身份"——公民的角色不再是被动的媒体观众或是消费者，他们可以形成或加入特定的社团组织，生产并调整他们自己的文化。①

薛红也提出 DIY 文化的悖论，一是当 DIY 行为和理念成为时尚时，就很难逃脱"商业利用"，如"大规模定制"。二是 DIY 对自我的关注和对个人的强调也难逃社会的别样束缚，而完全自由的"个人化"也可能失去原始关联所带来的安全感、从属感和踏实感。笔者认为，DIY 并不代表孤立的个人行为，事实上，DIY 是一种群体行为，并从品味相近、志同道合的群体中获得认同感和归属感；DIY 并不拒绝他人的帮助，反而在与他人的交流与互助中确立自己的社会身份。换句话说，DIY 与 DIWO（Do-it-with-others）并不相悖，而是相通的。②

2. 黑客文化

黑客译自英文 hacker，源于动词 hack，在英语中除了有乱砍、劈等含义外，还可以引申为"干了一件非常漂亮的工作"。③ 一般认为黑客是指精通各种编程语言和各类操作系统，并热衷于研究系统和计算机（特别是网络）内部运作机制的人。黑客的伦理责任就是通过编写开放源代码的程序、推动信息的获取和计算机资源的利用，与人们分享由他们的技术专长带来的好处。④ 随着早期计算机的发明，20 世纪 50～60 年代，第一批黑客出现于麻省理工学院的校园内，之后在斯坦福大学等各大高校和企业实验室发展壮大起来。随着个人电脑的普及和网络技术的发展，"黑客"一词也发生了变迁。由于翻译的原因，黑客与骇客（Cracker，即破坏者）的关系混同，黑客被泛指为各种计算机犯罪分子以及那些未经同意任意进入特定电脑网络的人。但事实上，黑客与骇客有着根本的不同，骇客破解商业软件，恶意入侵

---

① John Hartley, *Key Concepts in Communication*, *Media & Cultural Studies*, 4th edition（London: Routledge, 2011）.

② 薛红:《DIY 精神和现代社会》,《青年研究》2001 年第 5 期, 第 15～16 页。

③ 张际平、陈向东:《黑客文化及其网络学习模式》,《中国电化教育》2006 年第 6 期, 第 5~8 页。

④ Eric Raymond ed., *The New Hacker's Dictionary*（*Jargon File*）, 2002, pp. 339–340.

他人网络并造成损失;① 而黑客则坚持软件的开发、完善及共享。

黑客文化代表了不迷信权威、自由开放、探索创新及反叛的精神。黑客们诞生并成长于开放的互联网,总是试图打破束缚,认为计算机资源应当共享,软件的代码也应该公开,追求自由开放。黑客们会把自己编写的应用程序放到网上,让人免费下载使用。因为喜欢探索软件奥秘,黑客们不断寻找程序与系统的漏洞,并提出具备创新性的解决办法。黑客们具有一定的反叛精神,总是以怀疑的眼光去看待问题。此外,依托互联网,黑客们也在积极开展合作交流,如网上有很多供黑客交流的论坛。虽然因软件而生,但黑客文化并不局限于计算机软件行业,黑客精神可以在任何领域发挥作用。

3. 车库文化

20 世纪上半叶福特公司不断降低汽车生产成本,使美国的工人家庭拥有了自己的汽车,美国成为"车轮上的国家"。当汽车成了普通人的生活必需品,车库就成了每个家庭必不可少的空间。由于美国劳动力成本高昂,很多家庭为了节省费用,都买回一些设备和工具利用自家车库对汽车及家用设备进行保养、维修与改装。美国的车库空间大、工具多,逐渐发展为美国人民发明创造、分享的适宜空间。

有许多著名的公司均诞生于车库。1923 年,迪士尼公司创始人沃尔特·迪士尼在车库创造出了米老鼠的形象;1939 年,斯坦福大学毕业生比尔·休利特和戴维·帕卡德在车库成立了惠普公司;1976 年,斯蒂夫·乔布斯与斯蒂夫·沃兹尼亚克用 1300 美元创业资金在车库生产出了第一台苹果电脑;1994 年,杰夫·贝佐斯在车库创建了亚马逊网上书店;1998 年,时为斯坦福大学研究生的拉里佩奇和谢尔盖布在车库里创立了谷歌公司……②在这一过程中代表着梦想与创造的车库文化逐渐形成,并成为美国文化的重要组成部分。车库的空间性及其体现的动手制作与个性创新在一定程度上对创客的发展产生了直接影响。而惠普所提出的 11 条"车库法则",

---

① 张际平、陈向东:《黑客文化及其网络学习模式》,《中国电化教育》2006 年第 6 期,第 5~8 页。
② 丁大琴:《创客及其文化历史基因探源》,《北京社会科学》2015 年第 8 期,第 23~27 页。

也成为硅谷工作精神的象征之一：

（1）相信你能改变世界；

（2）快速投入工作，保持工具开放，在任何时间工作；

（3）懂得何时单打独斗，何时团结协作；

（4）分享工具和想法，相信你的同事；

（5）不谈政治，不讲官僚（这些在车库里是荒谬的）；

（6）颠覆性的想法不是坏想法；

（7）顾客决定工作是否卓有成效；

（8）发现工作的不同路径；

（9）每天有所作为，如果没有进展，便不能离开车库；

（10）相信合作能成就大业；

（11）发明。①

4. 硅谷文化

坐落于美国西海岸旧金山湾区的硅谷在近几十年的发展中成为能够代表世界高新技术创新发展指标的圣地，硅谷文化在形成中受到了车库文化、黑客精神和反主流文化的影响。由于地理原因，硅谷自然条件适宜，原是成片的果园。"硅谷"一词最早是美国《每周商业》记者唐·霍夫勒在1971年创造的，"硅"和彼时当地很多企业从事的与由高纯度的硅制造的半导体及电脑相关的产业活动有关，"谷"则指圣塔克拉拉谷。1951年，斯坦福大学副校长、无线电工程学教授弗雷德·特曼利用学校土地，建立了斯坦福工业园区，兴建实验室、办公用地和轻型生产基地，后来改名为研究区，积极引入惠普、苹果等研发电子产品的高新技术企业，学校与企业发展相得益彰，为硅谷提供了无穷的动力。

硅谷的成功引起世界各地的模仿，如印度的班加罗尔、中国的深圳。很多人都在探究硅谷成功的原因。早在1994年，加州大学伯克利分校的安娜

---

① John C. Abell，"Rules of the Garage"，https：//www.wired.com/2009/01/rules－of－the－ga/，最后访问日期：2019年3月4日。

李·萨克森尼安写了《地区优势：硅谷和 128 地区的文化与竞争》一书，有趣的是，萨克森尼安在 20 世纪 80 年代写硕士学位论文时原本打算论述硅谷为什么将走下坡路，因为那里生产成本越来越高，[①] 然而事实却是硅谷发展得越来越好，并超越了拥有哈佛大学和麻省理工学院两所著名大学、同时又靠近纽约这样的金融和商业中心的波士顿。追根究底，硅谷之所以成功与其特有的文化有着极大的关系。硅谷聚集了来自世界各地的优秀人才，人人都有创新、创业意识，形成的文化也是一种变革的文化。硅谷的各类企业支持冒险，宽容失败，人员、信息、技术高度流动，竞争与合作并重，注重合作意识。这些文化特性使硅谷成为世界向往的财富奋斗之地。硅谷文化的宽容、创业、合作和风险投资使创客们造物的同时也将创新创意成果转化为创业项目。

在以上几种文化的影响下，创客文化从本质上来看是一种 DIY 和 DIWO 的文化；它汲取了黑客文化中的反叛精神，同时将虚拟空间与现实世界相连；它兼有车库文化中的创新和创业特质，而创客空间为这些创新和创业活动提供了共享的场所、工具以及知识的交流；硅谷的创新生态为创客文化的繁荣提供了一个样本，但创客文化还涉及新型的教育和学习方式，将推动公共参与的社会创新进程。

三　创客空间与众创空间

创客空间是创客文化发展的重要载体。它为创客活动提供物理空间和硬件平台；同时，在线上虚拟社区的技术共享及讨论也大大拓展了创客空间的物理边界。hackerspace. org 网站登记在册的创客空间有 2339 家，活跃的有 1412 家，而 357 家标记为计划中。[②]《爱上制作》杂志将创客空间定义为三

---

① 钱颖一：《硅谷的故事（上）》，《管理与财富》2002 年第 4 期，第 70 ~ 73 页。

② "List of Hacker Spaces"，Hackerspaces 官网，https://wiki. hackerspaces. org/List _ of _ hackerspaces，最后访问日期：2019 年 8 月 10 日。自 2015 年起，该网站在册的创客空间维持在 2000 多家，数据并不持续增长，而是上下浮动，体现了国外创客空间较为稳定的发展。

个方面：具有工具的"物理化制造空间"，具有群体的"人际化共享空间"和具有机制的"社会化服务空间"。[①] 但学者蔻拉（Kera）认为，定义一个创客空间的并不是某种正式的组织结构，而是一系列与开源软件、硬件与数据等要素相关的共享技术、治理过程和价值观。[②]

与"创客空间"概念极为相近的是"众创空间"。根据国务院《关于发展众创空间推进大众创新创业的指导意见》中的定义，众创空间是顺应网络时代创新创业特点和需求，通过市场化机制、专业化服务和资本化途径构建的低成本、便利化、全要素、开放式的新型创业服务平台的统称。[③] 具体而言，它是：比孵化器门槛更低、更方便为草根创业者提供成长和服务的平台；创业者理想的工作空间、网络空间、社交空间和资源共享空间；提供创业培训、投融资对接、商业模式构建、团队融合、政策申请、工商注册、法律财务、媒体资讯等全方位创业服务的生态体系。

政策发布使得众创空间的数量剧增，以致 2015 年被称为中国的"众创空间元年"。2016 年 9 月，我国已有众创空间 3155 家，其中 1337 家通过科技部备案，被纳入国家级科技孵化器的管理服务体系。[④] 2017 年底，众创空间数量增长至 5739 家，提供 105 万个开放式创业工位，每年服务 41 万创业团队和初创企业；空间自身收入达 152.93 亿元，其中服务和投资收入为 78.46 亿元，占总收入的一半以上；备案空间为 1976 家，形成示范效应。[⑤] 2018 年底，我国众创空间已达 6959 家，与 4849 家科技企业孵化器一起，

---

① MakeZine 官网，https：//makezine.com/，最后访问日期：2019 年 8 月 10 日。

② D. Kera，"Hackerspaces and DIYbio in Asia：Connecting Science and Community with Open Data，Kits and Protocols，" *Journal of Peer Production* 2（2012）：1 - 8.

③ 《关于发展众创空间推进大众创新创业的指导意见》（国办发〔2015〕9 号），2015，http：//www. gov. cn/zhengce/content/2015 - 03/11/content_ 9519. htm，最后访问日期：2019 年 7 月 23 日。

④ 毛信慧、叶佳琦：《〈2016 众创空间发展报告〉发布》，《杨浦时报》2016 年 11 月 22 日，第 2 版。

⑤ 科技部：《对十三届全国人大一次会议第 6618 号建议的答复》，2018，http：//www. most. gov. cn/mostinfo/xinxifenlei/jyta/201811/t20181101_ 142510. htm，最后访问日期：2019 年 8 月 10 日。

为 62 万家在孵企业和团队、395 万创业者提供创新创业服务。

2017 年 9 月，在第三届全国大众创业万众创新活动周上海主会场上，科技部火炬中心正式发布《众创空间服务规范（试行）》和《众创空间（联合办公）服务标准》，将众创空间的服务对象定位为以创新为特征的创业团队、初创公司和创客群体；规定了众创空间的主要服务功能，包括创业辅导功能、融资功能、资源对接功能和氛围营造功能；细化了 36 条服务内容并形成标准化条款。众创空间扩大了孵化器的数量，增加了建设主体，营造了创新创业的氛围。①

如此看来，就众创空间与创客空间的比较，前者侧重创业，是孵化器的前端或者其中的一类，联合办公空间是众创空间的重要类别；后者则侧重创客文化的普及和创新的实现，重视空间内工具的分享。当下，创客空间已形成图书馆、学校等公共机构设置与企业、私人建构并存的局面；而依据创客的三个类别，也可将创客空间划分为社区、实验室和孵化器（加速器）三类，分别服务不同的创客阶层。

（一）社区类创客空间

1. 图书馆创客空间

图书馆设立创客空间的意义在于推动图书馆功能从"知识存储中心"到"知识交流中心"乃至"创新中心"的转型；反之，作为传统的公共空间，图书馆也为创客空间提供了理想平台。美国的图书馆尤其重视引进创客空间以推动自身的改革与创新，并促进公众、社区与学校的教育和学习，典型的例子有 Westport 图书馆、DeLaMare 科学与工程图书馆、Allen County 公共图书馆和 Cleveland Central 公共图书馆等。美国图书馆协会（ALA）也在其年会中设置如"正在发展的图书馆创客空间运动"的议题进行讨论。

在数字化和网络化的背景下，中国科学院图书馆从 2006 年就开始探索在学术研究服务的基础上建设信息共享空间，并于 2012 年创建"创意空

---

① 戴丽昕：《众创空间服务规范服务标准出炉》，《上海科技报》2017 年 9 月 19 日，第 A1 版。

间", 使之成为科技协同创新、开放创新与创业的信息服务平台。①这应是我国公共机构对创客空间的最早探索。2013 年 5 月, 上海图书馆"创·新空间"正式对外开放。空间在图书馆三楼, 占地 2000 多平方米, 开放式场地设置了"阅读区域""专利标准服务空间""IC 共享空间""创意设计展览空间""全媒体交流体验空间"五大功能区域。空间不仅提供文献借阅、行业报告和专题数据库服务, 还提供专业制图设备和设计软件以及多媒体触屏 3D 打印等设备; 空间也与同济大学中芬中心、上海设计中心等机构合作举办各类展览和讲座, 激发读者的创意灵感, 并运用工具将想法变为现实。

长沙图书馆新三角创客空间萌芽于 2014 年。在经过平面设计、设备挑选后, 图书馆启动志愿者招募, 通过层层筛选, 选拔了应用物理、航天材料、工业设计、土木工程、电子技术、计算机技术、品牌策划等专业的十位优秀志愿者成为创客空间的第一批创客, 这些创客积极参与了新三角创客空间前期的筹备工作。"新三角"寓意"科技 + 文化 + 创意"甚至更多元素的碰撞组合, 为长沙的创客们提供场地、工具、技术资料以及交流展示的平台, 活动版块包括创意制作、创意培训、创意体验和创意展览。针对普通市民和少年儿童, 新三角分别开设了创艺生活和小小创想家活动, 试图将科技和艺术的理念融入更多市民的生活。

2. 社区自治的创客空间

这是当下最普遍的一种形式, 主要采取创客自治的方式。最著名的例子是 NoiseBridge, 创客们无须缴纳会员费就可以进入, 甚至直接开始工作, 其课程也以免费为主。但全职会员的申请流程较为复杂, 需要得到至少两位现任会员的推荐; 一旦成为会员, 则需要承担维持、改善和管理 NoiseBridge 的责任。大部分社区型创客空间会收取一定的会员费、工具使用费或是课程费以维持运营, 但主要目的是传播创客文化。

---

① 陶蕾:《创客空间——创客运动下的图书馆新模式探索及规划研究》,《现代情报》2014 年第 2 期, 第 57 页。

Artisan's Asylum 成立于 2011 年，改建自马萨诸塞州萨默维尔的一家信封工厂，占地 4 万平方英尺，堪称世界上最大的创客空间。Artisan's Asylum 是一家非营利社区工作坊，其宗旨是支持并推动微观制造的教学与实践。简单来说，Artisan's Asylum 为会员们提供电子、机器人、木工、珠宝等领域的焊接、精密制造、快速成型、数字化制造、纤维艺术、丝网印刷等共享制造工具及设备；同时，为公众提供大量的工具使用或产品制作的课程。空间既有公共工作区域，也有私人的工作室。早在 2013 年，空间内即拥有 40～50 家小型制造公司，约占萨默维尔制造企业数量的 1/3。英国的爱丁堡黑客空间、"建造布莱顿"创客空间和深圳柴火创客空间等也为此类。

SZDIY 由来自 SZLUG（Shenzhen Linux User Group）的 Linux 爱好者于 2009 年创立，是深圳最早成立的创客社区之一。社区成员采用邮件列表交流想法，并在线下定期或不定期举办主题聚会，分享知识、项目、经历、见闻、体会。社区鼓励大家动手协作，解决日常生活中遇到的问题，聚集了众多来自不同领域的技术人才，逐渐形成了"行胜于言"的社区文化。①

3. 商业化创客空间

曾经在商业化上最成功的创客空间是美国的 TechShop。2006 年，依靠从 Maker Faire 上筹集的资金，第一家 TechShop 在硅谷中心的 Menlo Park 成立。同时，专业性与自由化精神并存的 TechShop 以孵化一系列成功的项目震惊世界，如 Square 信用卡读卡器原型和 Embrace 婴儿保暖器。此外，因其提供了各种先进的原型工具、各类技术课程以及与其他创客合作共享的机会，TechShop 还受到政府机构和巨头公司的青睐和支持。例如，美国国防部先进研究项目局鼓励受其资助的研究者们成为 TechShop 的会员以加快创新进程；美国退伍军人事务部每年购买 2000 个会员席位以及 3 种课程，以提供给有需要的退伍军人。

然而，就在它全速扩张之际（美国 10 家，海外 4 家），2017 年 11 月 15 日，TechShop 毫无征兆地宣布破产，关闭了在美国所有的门店。这一举动

---

① "Intro 社区介绍"，http://szdiy.org/intro，最后访问日期：2017 年 12 月 10 日。

震惊了创客界，也将创客空间的商业可持续问题展现于世人面前。未思虑成熟的商业模式给创客空间的发展带来惨痛的教训。在其影响下，深圳柴火创客空间推出 2.0 版本，重在支持专业型创客的发展，并保证能够从教育项目、参股中获利，以实现自负盈亏。

（二）创新实验室

1. 微观装配实验室（Fab Lab）

如前所述，Fab Lab 是麻省理工学院（MIT）第三方专业化服务体系比特与原子研究中心发起的一项新颖的实验——一个拥有几乎可以制造任何产品和工具的小型工厂，它已形成全球网络，并下设多个分支机构。例如，Fab Academy（制造学会）基于 MIT 的课程"如何制造（几乎）任何东西"，提供 19 周的在线学位课程，Fab 基金为地方政府或企业建立 Fab Lab 提供进入全球资本及市场的途径等。同时，Fab Lab 也非常注重本土化，即与当地文化、环境和特定需求融合，实现用户创新。这种经济模式被命名为"制造经济"（Fab Economy）——这是一种适用于任何人的新型经济范式，目的是使"当地生产"与"定制化"替代大规模生产与全球分销体系，需由 Fab Lab、企业/机构和个人共同推动以实现目标。例如，企业可以委托 Fab Lab 来提出一个解决方案，可以获得 Fab Lab 的专家和知识资源；Fab Lab 可以通过 Fab 项目平台来展示社会与商业创新项目，以获得资金支持；个人则可以通过 Fab Lab 获得工具、材料和专业知识，并使个人项目得以成型。除了作为一个制造网络，FabFi 是 Fab Lab 的一个大型技术项目，目的是提供免费的社区无线网络。第一个城市范围的 FabFi 网络在阿富汗设立，并且在社区的维护下正常运行了三年；肯尼亚和美国也在部分社区实现了 FabFi 覆盖。

2013 年，中国第一家全球认证的 Fab Lab 在上海同济大学成立，全称是 Fablab O | 中国"数制"工坊。几年来，中国"数制"工坊先后举办了 100 多期开放夜和 80 多期工作坊、夏令营、培训及游学活动，承办多届教育部"中美青年创客大赛"上海赛区的选拔赛、"海峡两岸青年创客大赛"、"上

海市大学生创客大赛"、"中日韩智能可穿戴大赛"等,举办"STEAM 生态链教育论坛"等,并在深圳、苏州、潍坊等地成立实验室;其中国"数制"乐园实验室及课程也进驻上海科技大学、上海格致中学、苏州领科海外教育学校等。

此外,Fab Lab 也与业界保持密切联系。深圳的第一家 Fab Lab 开放创新实验室(Shenzhen Open Innovation Lab,简称 SZOIL)落户于中芬设计园,由创客大爆炸和深圳市工业设计行业协会共同创建。SZOIL 的四大功能包括:Fab Lab 的推广及 Fab Lab2.0 研究、为创客设计创新创业教育课程、全球创客服务平台以及产业链合作服务。SZOIL 致力于在大规模生产生态体系与小型硬件初创企业之间建立联系,同时也通过结合新型开源方法与深圳当下的制造体系,提升深圳在数字智慧硬件和制造领域的国际地位。2016 ~ 2017 年,SZOIL 承办了"创客西游"和 Fab12 等创客交流及会议活动,并在近年来不断探索农村生态(如 Fab Village 项目)和全球可持续创新项目。

2. 学校及科研院所创办创客空间

大中小学不仅在教学中设置 STEAM 课程,并且与社会创客机构合作设立创客空间。如深圳的平安里学校设置了各种创客实践班。2014 年 11 月,中科院深圳先进技术研究院发起成立中科史太白国际创客学院,旨在为深圳创客提供创新创业培训,指导社会创客与在校创客开展创新项目。

清华大学 iCenter 所依托的基础工业训练中心起源于 1922 年土木工程馆的手工教室,近百年来一直是校内最重要的工程实践教育基地。2009 年,中心建设 iCenter 的雏形——机电工程创新实验室,在工程实践中融入创新创业教育;2010 年成立清华大学学生创新社,开展设计 + 科技创新工作坊、清华 Toyhouse Studio 等实践;2013 年成立国内高校首个学生创客协会和创客空间,提出重点关注创客创新实践和教育模式。2014 年,中心提出 iCenter 的建设理念:第一,i 指以学生为主体,期待学生用创新引领实践,用实践检验创新;第二,i 指 industry,以实际工业产品为导引,应对《中国制造 2025》对人才能力的新要求;第三,i 指 inter-discipline,联合机械学院、信息学院、土木系、美术学院和经管学院等院系,开始智能硬件、机器人和智能交通三个方向的技术创新创业辅修专业；第四，i 指 incubation，开设与企业家面对面课程和挑战性学习示范课程，支持学生开展研究性学习、创业计划和创业模拟活动；第五，i 指 innovation，不少从中心走出的项目走向了更大的舞台，例如丰川动力科技新一代电动汽车变速器项目获得金砖五国创客大赛特等奖第一名、幻腾智能获评《快公司》（*Fast Company*）中国十大创新企业。

（三）创业孵化器

1. 孵化器或加速器

这是国内最为盛行的模式，与创新、创业紧密相连。典型代表有 HAX 硬件加速器。HAX 自 2012 年起在深圳和旧金山两地孵化硬件创客团队，在深圳对其进行 3~6 个月孵化，并给予启动资金、工作场所、原型生产、创业课程、咨询建议等方面的支持。之后，创客团队前往硅谷面向投资人进行项目展示，以获得进一步发展的资金。从 2015 年起，受"双创"运动的影响，中国的创新创业项目申请数量明显增加，HAX 也因此增设中国项目类别，其资金筹集的方式是面向北京、上海和深圳等地的投资机构。深圳前海深港青年梦工厂厚德孵化器等也属此类。

2. 创业咖啡

这是与文化空间最为接近的一种模式。例如，源于中关村的 3W 咖啡已形成集孵化器、创业基金、品牌推广、人才招聘等为一体的完整创业生态体系。在车库咖啡，创业者只需每人每天点一杯咖啡就可以在这里享用一天的免费开放式办公环境，更重要的是可以接触投资人、媒体和其他创业者。如今，3W 咖啡已走出中关村，来到深圳、东莞、杭州等其他城市。此外，很多城市也推出了本土的创客咖啡。

3. 企业开放平台

海尔集团从 2005 年 9 月开始探索"人单合一"的模式，指每个员工应直接面对用户，创造用户价值，从而实现自己的价值。员工不从属于岗位，而是因用户而存在，有"单"方有"人"。在实践过程中，"人"和"单"

又有了新的含义。就"人"而言，首先，"人"是开放的，不局限于企业内部；据 2015 年的数据统计，海尔在册员工数量从 11 万人下降到 6 万人，但与海尔有契约关系的在线员工增至 15 万人，[①] 同时，海尔创业生态为社会提供超过 100 万个就业机会。[②] 其次，员工不是被动执行者，而是拥有现场决定权、用人权和分配权的创业者和合伙人，因此，员工演化为三种身份——创客、小微主和平台主。就"单"而言，首先，"单"是竞争而来的，而非由上级分配的；其次，"单"是引领的、动态优化的，而不是狭义的订单。"合一"则通过"人单酬"来实现，每个人的薪酬来自用户的评价和支付。"人单合一"的模式使企业发生了"三化"——用户个性化、员工创客化和企业平台化。而平台也着力为"人"提供资金支持（如创业融资）、搭建用户与创客的付薪平台、解决小微企业的信用问题，并为其提供强有力的信息技术和信息服务支持。到如今，海尔已经形成包括生态资源平台、海尔互联工厂、海尔创意平台、COSMOPlat 平台和创客实验室等平台构成的开放创新模式。例如，海尔互联工厂为用户提供模块定制、众创定制和专属定制三种方式；海尔创意平台则是吸引设计师、创客和用户共创新产品、新服务的全球创意互动平台。

对海尔转型的研究视角包括无边界企业[③]、网络治理模式创新[④]、开放式创新[⑤]以及超模块平台组织结构[⑥]等，这使"创客"不仅成为集团生态中的一个节点，而且是集团内部的主要人群。海尔也赋予"创客"在

[①] 《海尔集团在"互联网＋"时代的创业转型之路》，2015，新华网，http：//news. xinhuanet. com/local/2015 -05/29/c_ 1115443790_ 4. htm，最后访问日期：2019 年 4 月 10 日。

[②] 王凤彬、王骁鹏、张驰：《超模块平台组织结构与客制化创业支持——基于海尔向平台组织转型的嵌入式案例研究》，《管理世界》2019 年第 2 期，第 129 页。

[③] 刘旭、柳卸林、韩燕妮：《海尔的组织创新：无边界企业行动》，《科学学与科学技术管理》2015 年第 6 期，第 126 ~ 136 页。

[④] 严若森、钱晶晶：《网络治理模式创新研究——阿里"合伙人"与海尔"小微创客"》，《科学学与科学技术管理》2017 年第 1 期，第 5 ~ 15 页。

[⑤] 黎敏：《海尔开放式创新对新型研发机构发展的启示》，《科技管理研究》2017 年第 17 期，第 124 ~ 130 页。

[⑥] 王凤彬、王骁鹏、张驰：《超模块平台组织结构与客制化创业支持——基于海尔向平台组织转型的嵌入式案例研究》，《管理世界》2019 年第 2 期，第 121 ~ 200 页。

"maker"之外的意涵，为其等同于"创业者"进行了背书。同时，海尔也成立了线上和线下的创客实验室，线上平台依旧为创客、企业、众创空间、创投机构、供应链和全网销售渠道提供开放式分享和对接，而线下实验室则联合各省市高校共同搭建的新生代创客学习、活动平台，帮助高校提升学生的创新力和创造力，帮助大学生实现创新创业从 0 到 1 的突破。在开放式创新的模式下，海尔成为物联网时代全球引领的生态品牌，领跑国内智慧家电行业，2010 年入选"全球最具创新力企业 50 强"，2017 年进入世界品牌 50 强。[①]

腾讯推出开放平台汇聚创新资源，并在线下建立企业与当地政府、运营机构三方合作的众创空间，为互联网创业者提供流量、营销、场地、成长等各方面的支持。联想智能云开放平台基于联想智能硬件生态系统，为智能硬件开发者提供全产业链的一站式服务，包括云服务、硬件生产、推广营销、投融资等。京东、淘宝也推出众筹频道。

华强北国际创客中心是为创业者提供一站式服务的综合型创新创业生态平台。中心依托华强电子市场，发起 G90 亚马逊黄金卖家成长计划，力图在 90 天内，通过系统的亚马逊跨境电商多元指导，将现有或初创团队打造成黄金卖家团队。同时，也整合设计、制造、信息、数据和资金等产业要素，打造全方位的产业链生态。

（四）创客空间的运行机制

作为创客文化的物理载体，创客空间的运营是所有创客运动推动者所关心的问题，也是难题。这与创客空间所被赋予的多种期望和多种使命有关。鉴于创客空间的多种形态，创客空间的运营没有放之四海而皆准的准则，而是因地制宜，明确定位，充分利用当地资源和全球网络，以实现有效运营的目的。

---

① "品牌简介"，海尔集团官网，https：//www.haier.com/cn/about_haier/，最后访问日期：2019 年 4 月 10 日。

就社区类创客空间而言，其主要目的是在自给自足的基础上为创客提供制造与交流的空间，传播创客文化。因此，其运营的要素有二：一是充裕的资金来源，可以由基金会、政府、企业等支持，也可能来源于个人捐赠、会费或工具使用费，或是通过项目、活动或课程获得资助；二是有效的管理体系，社区类空间大多采用会员自治的方式。

美国的 Artisan's Asylum 建立了完善的运营体系，并致力于帮助其他空间的构建和运行。Artisan's Asylum 的官方网站还设置了"如何创建创客空间"专栏，建立了一个邮件列表讨论创客空间的运营事务，并定期举办"创客空间运营分享会"，以交流空间的最新动向及所遇到的困难。

空间的联合创始人卡瓦尔坎蒂（Gui Cavalcanti）在《爱上制作》杂志上发文，以自己及其他一些创客空间为案例，探讨创客空间通常的支出项目及收入来源，以帮助创客空间构建一个可持续的商业模式。创客空间的首要支出是房租，Artisan's Asylum 在占地 9000 平方英尺时，每月的房租费用占总支出的 75%，而当下则占支出的 25%～30%。卡瓦尔坎蒂还比较了底特律、费城、萨默维尔和波士顿等地的房租，指出底特律的房租与波士顿的房租相差 2600 倍；因此，卡瓦尔坎蒂认为商业选址非常重要。

管理团队的薪资也是重要的支出项目。当然有些空间如 i3 Detroit 一直依赖志愿者会员管理，但卡瓦尔坎蒂在第二年就雇用了专人管理，并列出了一个创客空间可能会需要的人员，包括财务、CEO、设备管理人、会员服务人员、业务拓展人员、项目经理、市场经理和导师等。创客空间涉及的其他费用还包括物业管理费，水、电、天然气、垃圾处理及网络等费用。

收入方面，首先创客空间最常见的收入来源是会员费，有些空间设定一个等级的会员费，有些如 Artisan's Asylum 则设置了不同等级的会员费，最受欢迎的 24/7 准入会员费为每月 150 美元。然而，Artisan's Asylum 的会员并不多，因为 50% 的场地租给了工作室或是用作物料存储。这一点或许对带有共享空间性质的创客空间更有意义。其次是课程收入。早期，课程为 Artisan's Asylum 提供了 60%～75% 的收入，而当下则贡献了 25%～35% 的收入。最后则是基金和捐赠等，这项收入对创客空间的初期发展特别重要。综上所述，空间正常的净利润应维持在 5%～20%，并建议预留至少 3 个月的运营资金在账户，以备不时之需。①

就实验室类创客空间而言，大多需与企业（或行业协会）、学校或政府紧密合作，以获得长期资金支持。此类创客空间应发挥技术优势，合理规划业务版块，通过课程、交流等项目维持运营，并根植本土，成为社区生活实验室或社会创新中心。

孵化器创客空间则与众创空间类似。关于科技孵化器的运营，学者已经有丰富的研究，重点在于成果转化和创业生态的支持。而孵化器类的创客空间与众创空间相对更具开放性和便利性。转化和孵化成果是它们的核心业务，其次才是面向公众的交流。这类空间也应发掘自身特色，无论是行业特色、空间特色还是理念特色，只有这样才能从原有的孵化器体系和当下的各色创客空间中脱颖而出。

综上所述，创客文化的发展经历了从一开始发生在自家车库的萌芽阶段，到由创客俱乐部、创客空间、创客嘉年华等机构推动的扩散阶段，再到现在政府、企业、教育机构、图书馆共同参与的蓬勃发展阶段。与经济直接相关的创新、创业获得了热切关注。创客不等同于"创业"，以兴趣为基础的制作与分享是其核心精神。因此，创客文化是创新、创业的根基和土壤。同时，它也对整个市场产生影响：当人们不再对主流产品感兴趣，而是倾向于个性化商品甚至热衷于自己参与到产品制作的过程中时，创新、创业才能燃起燎原之势。创客文化使互联网智慧应用于现实世界，人们创作的是现实产品，而不仅仅是屏幕上的像素——这也是创客文化推动"中国创造"转向"中国智造"的根本路径。②

---

① Gui Cavalcanti, "Making Makerspaces: Creating a Business Model", 2013, https://makezine. com/2013/06/04/making – makerspaces – creating – a – business – model/，最后访问日期：2019 年 8 月 10 日。

② 〔美〕克里斯·安德森：《创客：新工业革命》，萧潇译，中信出版社，2012。

案例观察1　中科创客学院：没有围墙的大学①

2015 年 10 月 19 日的全国"双创"周上，李克强总理这样评价创客学院："这是一所没有围墙、没有边界的'大学'，希望你们不断扩大辐射范围，传递更多创业创新的基因密码。"

2012~2013 年，创客文化已经在深圳萌芽。柴火创客空间、深圳湾（ShenZhen Ware）等空间逐渐兴起。由于硬件条件的限制，这些空间找到中国科学院深圳先进技术研究院（以下简称"先进院"），希望能使用他们的实验室并获得硬件支持。在此背景下，先进院在 2013 年成立了创客中心；2014 年 11 月，在深圳市、南山区政府的支持下，先进院正式成立"中科创客学院"（Maker Institute，CAS）。

经过几年的探索，中科创客学院构建了"-1-0-1-N"创新创业生态体系。从 0 到 1 到 N，即是通常的从创意到原型到产业的过程，-1 则是指学院的培育功能，面向青少年和成年人提供创客教育，而教育又将反哺创意、创新乃至创业，从而形成良性循环。2017 年中科创客学院成为国家级创客基地。

由此，中科创客学院的业务主要分为创新教育平台和创业教育平台两个方面。创新教育平台包括面向青少年的创新科学教育体系，面向青年的创新创业培育体系，以及与人力资源和社会保障部劳动科学研究所合作开展的工业机器人职业岗位工程师培养。创业培育平台则采用 4C 模式，其内容有创新创业导师提供的辅导（Coach）；科研和产业方面的支撑（Cornerstone），如实验室、数据的共享；风险资本和产业资本构成的资本（Capital）；以及以品牌建设或活动赛事为主的交流（Communication），如"高交会的第一天"和偏商业化的赛事，目的是给创客以商业化对接。

---

① 据 2018 年 12 月 11 日与中科创客学院副院长张华锋、项目经理王玥的访谈及介绍资料整理而成。

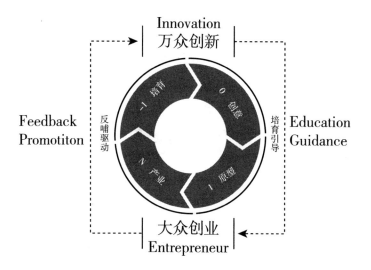

图 2 - 3　中科创客学院的创新创业生态体系

资料来源：中科创客学院提供。

迄今，中科创客学院已经与 30 余所学校机构进行合作，形成九大创新课程及载体，开发超过 300 门"双创"课程，与中小学共建创客实验室、机器人实验室、气象气候实验室以及各种科普类的实验室，年均开展"双创"活动 60 余场；基于红土创客资本投入 2.5 亿元，培育 194 个高新技术项目，18% 的项目成功转化，提供 2500 余个就业岗位，服务 900 余名创业者，服务创客 2.63 万人次。

目前，学院在北京、武汉、长沙、贵阳等 10 个城市设立了分支机构或合作平台，依据各城市的优势确定不同的战略方向。例如，武汉的优势在于通信产业和大数据，学院与烽火集团合作共建"武汉国际创客中心"，致力于"智慧城市"专业基础人才的培养和创新项目培育平台的建设，助力武汉成为全国首个智慧城市。而在乌镇的项目则与平安集团创新投资基金合作，重点发展互联网＋大健康和互联网＋文旅产业。

以打造"国际双创基地"为目标，学院设立了多个重点工程。一是在2017 年 5 月成立"粤港澳大湾区青少年创新科学教育基地"。在先进院和南山区政府的支持下，学院联合香港中文中学联会和澳门科学技术协进会，与

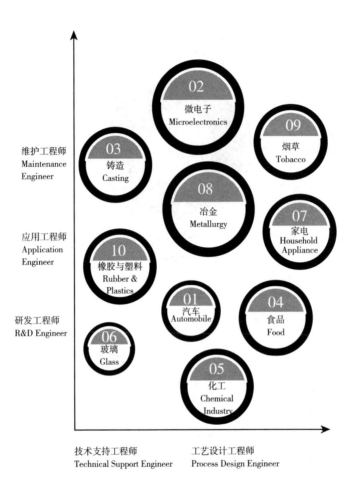

图 2 - 4 中科创客学院的创新教育平台

资料来源：中科创客学院提供。

广州市 21 中、中科先进院实验学校、香港培正中学、澳门培正中学等 30 多所学校共同开展科学教育教研工作，探讨科学教育创新课程新模式，构建粤港澳学生创新研学新模式；共同策划举办科普活动，如创新大赛、全国科普周、高交会等，为师生提供交流展示平台；与香港工商总会、生产力促进局联合探索大湾区青年创业平台建设。

二是与万科打造"中科·万科创客营"大小微企业合作平台。万科提供命题、经费和产业服务，学院提供项目、导师和管理。也就是说，当万科有研发需求如物业的巡检机器人时，学院可以根据其需求组织比赛或创客营并进行评判，如有理想作品，万科即可采购。如此这般，万科便低成本地实现了企业创新的需求。当下，双方已在建筑工程领域、社区、家庭、物流地产项目等方面的智能设备、智能硬件礼品、养老项目和赛艇领域的 VR 应用等方面组织多次创客营。学院也希望将此模式推广到其他企业或社会项目中。

三是构建全国首个"博士后创客驿站"，着眼博士后创客的挖掘与培育、创新实践与创业育成，引导其通过众筹或投资平台走向市场，同时利用创客驿站的溢出效应，最终构建实现社会效益与经济效益相统一的博士后创新创业圈。

四是与斯坦福国际研究院合作开展"中科－斯坦福国际创业营"，拟解决的关键问题有问题、痛点挖掘，商业化潜力分析，技术独创性分析，产品可用性分析，竞争格局分析和团队经历、素养分析。与斯坦福的合作形成了一整套创客的课程体系，可以用于当前大学的创客教育。

五是组织颠覆性未来技术创新大赛。大赛面向未来，以军民融合前沿科技创新的前瞻性、先导性、探索性、颠覆性为根本出发点，激发大众的自主创新意识、创新思维和预见能力，以期遴选具备开拓创新潜力的科研或创业后备人才，为国家急需的"颠覆性技术"发展奠定基础。重点领域包括智能无人系统，生物及交叉科学技术，未来网络信息体系科学技术，先进能源、新型材料及制作技术以及未来先进电子科学技术。

1. 请问创客学院的组织架构是？

院长与副院长来自学校相关部门。成立初期，中心主要为来自社会的创业团队服务，学生创业几乎没有。中心的成立也带动了师生项目产业化的意识和转化的积极性。学院分教育部、活动部和投资部，工作人员有 20 位。

2. 请问创客学院的孵化模式是？

学院目前孵化的项目主要分三类：中科院师生的项目、通过各种创业大赛筛选的创客项目以及博士后创客驿站的项目。依据中科院的技术优势，入驻项目以硬科技为主，而不涵盖互联网或文创产品。

项目入驻由创客学院组织专家进行评审。专家一方面来自学院的导师，考虑的是技术是否有创新性，另一方面是以投资人和企业家为主体，主要考量商业前景。评审委员会导师库大概有 100 多人，每次根据项目的情况邀请专家。目前在园企业有 20 多个。

学院为入驻团队提供为期一年的免费孵化，包括场地、实验设备共享，更重要的是为团队分配创业导师，包括技术导师、商业导师和特聘导师。其中，技术导师都是中科院的老师，许多是带团队的博士生导师；如果要做产品测试，还可以预约导师的实验室。学院主要关注天使轮之前的孵化，一旦获得投资，便意味着项目可以出园了。

比较三类孵化人群项目，目前孵化效果较好的是社会创客或极客类项目，创始人有产品经理的经历，能够完成产品的早期研发和设计的工作，还能够找到市场定位，学院不用投入太多；而高校师生与博士后创业两类项目较为相似，其研发背景较好，但市场化较差，学院的投入要多些，而且周期长，调整产业方向的可能性高，但是一旦孵化出来，效益可能会比创客项目好。

3. 请问创客学院的运营模式是？

中心最早是公益性的，由先进院的基金支持。但现在学院是按照企业的形式，创客教育比较成熟，具有赢利能力；组织活动也会有收入。

项目孵化方面，先进院占股 60%，深创投占股 20%，团队持股 20%。所有项目学院都占股至少 5%，但事实上项目很难退出，目前只有个别项目退出了 1% 左右。其他还有一些资金支持。我们 200 多个项目都退不出来，一方面是项目发展本身的原因，另一方面因为我们是国有控股，所以也有一些难度。

技术导师的花费由创客学院承担，无须项目承担费用。导师参与指导算作学校公共服务的工作内容，是他们在院内考核的一部分，因此老师们也愿意做指导。

另外，我们会承担很多公益性活动，如高交会的创客板块，招商、筛选、展区布置都是我们负责。

4. 请问与其他创客实验室相比，创客学院具有哪些优势？

先进院本身的特性决定了它的特殊性。先进院由深圳、中科、香港共建，机制比较灵活。学院的发展主要依靠深圳和先进院的支持。中科院的很多资源可以进入创客学院，包括实验室资源、师资资源、产业项目资源等。

学院借助中科院的科普职能，形成了系统的科普推广课程，输出中科院的教育理念。所开展的创客营在香港、澳门、深圳等地推行，可以促进学校之间的交流，也使境外学校对国内学校产生积极影响。博士后创业基地是全国首创，项目非常高端，但有时候产业化的难度较大，也存在风险，更像科研成果。

5. 在您看来，创客文化未来会有怎样的发展趋势？深圳又具有什么样的优势？

要求越来越高，原来的玩创比较多，现在商业化更多。国内创客更多倾向于创业，经过创客的热潮后，尽管项目少了，但是我们还是觉得以后项目的质量会越来越高，这几年的"双创"也推动了社会创业创新的发展，促进社会创业的理性发展。

深圳在各个行业都能够有支撑，创业人群数量和质量都比较高，外地大部分都会有优势产业，深圳在各个行业都有优势，会有好的项目。相比来说，深圳有综合优势。

案例观察2 柴火创客空间的众创之路①

2015 年的第一个工作日，位于深圳华侨城创意文化园的柴火创客空间迎来了一位非同寻常的客人——李克强总理。在创始人潘昊等的陪同下，总理饶有兴致地体验了创客团队的作品，并询问了柴火的创立理念及运营方式。当潘昊邀请总理成为柴火的名誉会员时，总理高兴地回应道："好，我再为你们添把柴！"

---

① 拟发表于向勇、李凤亮、余日新主编《百年文创力——文化创意产业案例集》。

一 萌芽期：开源硬件生产中酝酿的创客火种

要谈柴火创客空间，还得从深圳矽递科技股份有限公司说起。在创立矽递之前，潘昊就职于英特尔（中国）有限公司成都分公司。工作一年多后，潘昊便辞职了。一次偶然的机会，潘昊参观了中国美术馆举办的艺术展览，一些新媒体艺术家展示了他们的跨界作品。此次展览对潘昊颇有触动——艺术家也可以借助电子技术进行创作。他的内心隐约察觉到为人们提供便利的科技设备或许是未来的一个发展趋势。

艺术展览中这些创意作品的创作者，与我们今天所热议的"创客"非常接近，即"热爱分享和动手，利用现有的开源平台努力将各种创意和想法转变为现实的人"。这也是潘昊第一次接触这个新兴的创客群体。之后，潘昊加入了 Arduino 在线论坛，这里聚集了全球最活跃的创客，人们通过动手制作，将自己的创意变为现实。从小喜欢捣鼓电子元器件的潘昊被深深地吸引了，每天花大量时间泡在论坛中。时间长了，潘昊发现虽然国外的创客文化已渐成气候，但是创客们经常在将创意原型化的过程中遇到找不到适用硬件的问题。于是，他开始收集创客们的需求，再到国内市场上寻求合适的元器件进行加工，设计出符合创客需求的硬件模块。[1] 潘昊发现深圳拥有非常齐全的电子元器件市场及完整的供应链，能满足各式各样的需求——对于硬件创业来讲，深圳宛如天堂。2008 年，潘昊在深圳成立了一家专注于开源硬件的公司——深圳矽递科技有限公司，英文名为 SeeedStudio，"seeed"比种子的英文"seed"多出一个"e"，寓意"为智能硬件的制作提供电子的种子——电子元器件"。

从创立初始，矽递便明确了自身的市场定位——为小型创新者提供快速开发工具，帮助硬件产品的原型开发、小规模生产和市场推广，从而形成了包括研发、生产、工程品质、供应链、市场运营的完整架构。由于国内外为小型创新者提供电子元器件等硬件产品和服务的公司很少，面对巨大的市场

---

[1] 谢丹丹：《柴火空间：中国创客的"网络社区"》，《中外管理》2015 年第 1 期，第 49~50 页。

需求，矽递通过灵活、敏捷的小批量制造服务帮助独立产品和项目实现创意或者加速迭代推向市场，从而获得了迅猛的发展。2014 年，矽递全球销售额约 1 亿元人民币，并获得 IDG 资本的 A 轮融资。2015 年 9 月，矽递已自主研发和寄卖超过 1000 多种开源模块和控制板等硬件产品，将各种如 NFC、Zigbee 和 BLE 等新兴技术产品以极低的应用门槛提供给创新者，同年获得由深圳市创新投资集团有限公司和 IDG 资本共同完成的 B 轮融资。[①] 目前，矽递在新兴的开源硬件行业中名列中国第一、全球前三，并与 Google、Microsoft、Intel、MTK、FoxConn 等全球 200 多家业务伙伴一起，为超过 200 万名科技创新者提供服务。[②]

在与创客用户的交流中，矽递慢慢意识到共享社区与空间的重要性。深圳有个民间自发形成的制作爱好者团体——SZDIY，一些有软件背景的工程师利用电子邮件列表和在线社区讨论技术问题。他们希望有一个线下空间用于面对面讨论。在当时的中国，很少有人知道创客，且很少有途径使人们能够进行创意、创新的分享，并找到志同道合的伙伴，而国外已有创客空间供创新者们使用。受此启发，矽递在办公室划了一片区域，邀请 SZDIY 成员每周来此讨论交流。

潘昊意识到在中国创建并运营创客空间不能照搬国外发展模式，需要因地制宜、转变经营理念，"打造互动交流平台"可能是未来培育国内创客文化的着力点。在此基础上，2011 年，柴火创客空间在南山区东华园正式成立，目的是为创客提供自由开放的协作环境，提供基础工具鼓励使用者动手制作，举办工作坊鼓励跨界的交流，促使创意的实现乃至产品化。运营一段时间后，空间的限制和偏僻的地理位置使得潘昊考虑将柴火创客空间独立出来，搬到更有利于接触大众和创意群体的地方。2012 年，柴火创客空间入驻华侨城创意文化园，并将空间进行改造升级，引入基本的原型开发设备如3D 打印机、激光切割机、电子开发设备、机械加工设备等，并组织创客聚会

---

① 马芳：《矽递科技获得 1 亿元 B 轮融资》，《信息技术与信息化》2015 年第 8 期，第 10 页。
② "公司介绍"，深圳矽递科技有限公司官网，http://seeed.hirede.com，最后访问日期：2019 年 4 月 20 日。

和各种级别的工作坊，为创客之间的交流和跨界合作提供了一个物理空间。①
2014 年，深圳柴火创客文化传播有限公司成立，旨在打造一个社会创新型
企业。其业务范围不仅仅是运营创客空间，为创客提供创意制作及交流分享
的平台，还将 Maker Faire 和创客教育正式纳入核心业务版块。

至此，柴火创客空间的架构已搭建起来，并成为日后培育创客文化的有
力抓手。

二　新征程：创客文化的传播者

总理访问以后，柴火接待了一批批来自各界的参访者，创客空间也如雨
后春笋般在全国各地出现。在这热闹的背后，如何坚守初衷，如何肩负起传
播创客文化的使命，是柴火不断探索的问题。

（一）空间运营与拓展

柴火创客空间凭借对创客文化的坚守和过硬的空间运营、活动组织能
力，在创客生态圈中拥有了较高的品牌知名度和品牌美誉度，其运营模式成
为许多创客空间的参考。从 2015 年起，柴火创客空间着手调整运营架构，
提出了柴火众创空间落地实施方案，以增加空间搭建平台。

1. 会员分级服务

柴火创客空间通过提供基本的开源设备，为创新制作者提供一个自由开
放的协作环境，同时鼓励不同行业、知识背景的创客进行跨界交流，促进创
意转变为产品。

柴火将服务对象分为两类。一类是普通大众，他们通过参与柴火的工作坊和
分享会，完成从"0"到创客的转变；另一类是已有一定制作基础和经验的创客，
通过使用柴火的设备、场地等资源，使其创造出的产品获得更多成长。对于参与柴
火各类收费工作坊或分享会的体验会员，每次收取 20～100 元的体验费用，会员可
以带走在工作坊中制作的成品；而最高级别的 VIP 会员可自由出入 VIP 室，不限

---

① "创客空间介绍"，柴火创客空间官网，http://www.chaihuo.org，最后访问日期：2017 年
5 月 16 日。

时间免费使用设备和工具，并可优先获得资金、人脉、项目合作等资源。

空间通过举办多种多样的工作坊、分享会、主题沙龙活动，丰富空间活动体系，活跃空间氛围，有助于推动国内创客运动的发展。例如，柴火曾举办激光切割时钟工作坊，参与者在老师的指导下完成手绘草图、电脑精细画图、切割操作等一系列程序。此外，柴火时常邀请创客进行分享，如曾邀请瑞典创客代表团 Makerresan 举行分享会，也带领会员走访兄弟创客空间，如曾造访深圳开放创新实验室、开放制造空间。每年柴火累计举办超过 100 场的分享会和超过 60 场的工作坊。

2. 众创空间输出

众创空间是创客空间在功能及物理空间上的延伸和发展。2015 年 3 月 11 日，国务院发布《关于发展众创空间推进大众创新创业的指导意见》，从国家层面对创业创新给予具体的政策支持，为优秀的创客和创客空间提供政策优惠与扶持。在人人都是创客、人人皆可创业的大环境下，众创空间如雨后春笋一般涌现。拥有一个较大的办公空间、数百万资金，并以此创建一个众创空间并非难事，难的是找到合适的运营模式、方法以及运营团队，从而形成空间的核心竞争力。2015 年 4 月 24 日，柴火创客空间与同样拥有丰富空间运营经验的"一起开工社区"正式联手达成合作，将双方现有资源和运营经验全面整合，对外输出，为更多众创空间或社区提供建设及运营的解决方案，帮助空间轻松起步并快速发展。[①]

柴火由此制定了众创空间落地实施方案，除了"一起开工社区"的参与，落地空间所属的市政府选取当地的优秀第三方合作伙伴，并为空间的建设提供资金支持；通过"1＋1＋1＋1"模式（"柴火"＋"一起开工社区"＋"当地政府"＋"当地第三方合作伙伴"），打造具有当地社会特色，服务于当地社会、经济发展的创客空间。[②]

---

① 《空间搭建社会化创客空间》，柴火创客空间官网，http：//www.chaihuo.org，最后访问日期：2017 年 5 月 16 日。

② 《空间搭建社会化创客空间》，柴火创客空间官网，http：//www.chaihuo.org，最后访问日期：2017 年 5 月 16 日。

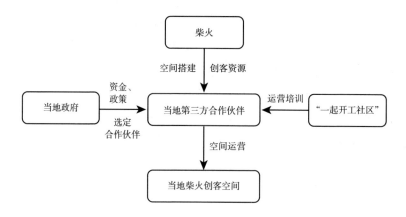

图2-5 柴火众创空间落地实施方案

资料来源：柴火创客空间提供。

目前，柴火和"一起开工社区"已在西安、长沙、青岛、福建、重庆等地帮助当地第三方合作伙伴创建起具有当地特色的创客空间，其中比较典型的是在长沙图书馆建立的新三角创客空间，它已成为一个拥有200多套工具和各类工作坊、创想竞赛的市民创意制作与交流平台。

（二）活动举办与升级

深圳制汇节（Maker Faire Shenzhen）是柴火创客空间获得美国 *Make* 杂志官方授权主办的创客盛会。自2012年引入深圳，制汇节从mini级别一路升级到featured级别，至今已连续举办了五届。制汇节的举办对深圳乃至中国创客文化的培育有着至关重要的作用，不仅在美国Maker Faire总部的地图上填补了中国的空白，而且也为深圳插上了一个精致的"别针"。柴火推动了国内创客运动的发展及创客文化的传播——不仅吸引了来自全球的创客和团队参展，同时把深圳丰富的制造生态圈传播出去，从而建立本地科技创造者与国际交流的平台，让全世界发现深圳，展示深圳作为"全球硬件硅谷"的风采。① 2016年在柴火的帮助下，成都成为Maker Faire在中国落地

---

① 动点科技：《2016深圳Maker Faire 10月21日在海上世界举办》，2016，http：//cn.technode. com/2016maker－faire/，最后访问日期：2017年5月16日。

的第二个城市。

2012 年和 2013 年，第一和第二届 Mini Maker Faire 分别在宝安 F518 创意园和华侨城创意园举办，当时国内创客文化刚刚萌芽，活动规模也有限，参与人数较少。2014 年，第三届 Maker Faire 在蛇口南海意库举办，由 Mini 级别提升为城市级别，规模为前两届的 10 倍，并增设"专业论坛"。这一次的活动使柴火受到了市政府乃至国家科技部的关注，也间接地促成了 2015 年 1 月 4 日国务院总理李克强到访空间。随着总理将柴火作为"大众创业，万众创新"的典范推向全国，Maker Faire 也迎来了发展上的飞跃。

2015 年 6 月 19 日至 21 日，柴火在深圳南山区软件产业基地举办第四届 Maker Faire Shenzhen。此次参展的机构超过 200 家，包括来自国内外的创客空间、创客组织、中小学和高校、个人创客、创业公司和科技巨头。除了主体的展览互动外，本次制汇节还举办了创客论坛、Make Fashion 电子时装秀、Aki Party、机器人格斗大赛等，吸引了超过 19 万人次进场，100 多家海内外媒体对此次活动进行了报道。[①] 令人惊喜的是参展的作品不仅有工程师创作的酷炫的高科技作品，更有半人高的小学生创客制作的略带稚气的创意作品，真正实现了创客不仅仅存在于实验室里的研究人员等高知识水平和高技术含量的工程师之中，也走向民间，出现于生活里每位热爱动手制作、将自己的创意想法转化为实实在在的创意作品的普罗大众之中。

2016 年 10 月，第五届 Maker Faire Shenzhen 以"我的世界，我来造"为主题在深圳南山区海上世界开幕。此次制汇节分为创客市集、工作坊、论坛、表演四大部分，并融合蛇口基因，使深圳城市文化积淀与创客精神相互交融。虽然举办期间受到台风的影响而改期，但参展的创客、团队与进场人数超过 10 万人次，活动广受好评。

柴火创客空间作为 Maker Faire 活动的主要组织者，每年从前期筹办、邀请嘉宾至后期布展、租用场地设备等方面都需要花费大量的资金。作为一个非营利的公益组织，柴火需要寻求多样化的资金来源。目前，举办活动的

---

① 数据由柴火创客空间提供。

资金主要来自矽递、政府补贴以及英特尔、微软等公司的赞助。此外，已举办的六届 Maker Faire，采取完全免费的形式，不收取展位费和门票。出于长期运营的考虑，柴火也正考虑收取一定的参展费和门票用来支持活动费用。

Maker Faire 自 2012 年进入中国以来，对推动中国创客运动、传播创客文化起到了巨大的推动作用。Maker Faire Shenzhen 如同一场狂欢，不仅仅是科技圈和创客圈的交流，实现了科技与商业的对接，也是培养小朋友创意制作兴趣、加强创客与爱好者沟通的平台。柴火创客空间也因此成为引领中国创客运动的风向标，并逐渐发展为国外创客来中国进行创客文化交流的"滩头阵地"。

（三）教育研发与普及

近年来，创客运动在国内发展日益兴盛，创客教育随之兴起。广义上创客教育应是一种以培育大众创客精神为导向的教育形态（Maker Spirit-Aimed Education），狭义上的创客教育则应是一种以培养学习者特别是青少年学习者的创客素养为导向的教育模式（Maker Literacy-Aimed Education）。它存在于正式学习中，更存在于贯穿学习者一生的非正式学习中。[1] 创客教育作为一种新型的教育方式，是传统课堂教育的延伸，具有提高学生创新和创造水平、锻炼学生动手制作等特点，不仅有利于培养创造与创新的能力，而且有利于培养就业创业能力。

柴火创客空间响应"大众创业，万众创新"的国家政策，致力于推动国内创客教育事业，传播创新、实践、开放、分享的文化精神。柴火创客教育知识领域为 STED，即 Science（科学）、Technology（技术）、Engineering（工程）和 Design（设计）四个方面，[2] 并以著名教育家陶行知先生提倡的"在学中做，在做中学"作为其教育理念，鼓励学生在学习造物的过程中掌握知识技能，并通过动手制作将想法变为现实。

---

① 祝智庭、雒亮：《从创客运动到创客教育：培植众创文化》，《电化教育研究》2015 年第 7 期，第 5~13 页。
② 《空间搭建柴火创客教育》，柴火创客空间官网，http://www.chaihuo.org，最后访问日期：2017 年 6 月 8 日。

柴火在创客教育领域的作为主要在两个方面：一是开发教育套件、设计课程体系；二是与中小学合作，将创客课程引入校园，鼓励学生利用开源硬件、基础工具设备、3D 打印机等数字化制造工具进行创意制作。柴火为合作学校提供校园创客教育整体解决方案，其主要内容包括：校园创客空间规划建设、创客教育课程体系、创客教育教学资源、创客教育套件、面向硬件的图形化编程软件、创客师资培训、增值运营服务（包括比赛、研讨会、论坛、项目辅导等）。柴火校园创客空间非常注重创客教育的功能实现及创客文化的环境建设，根据实际空间对功能进行分区，配备相关的工具设备、教育套件，配套课程、教学资源及软件，支持学校开展创客教育课程，从而满足学校教学、学生自主学习、创意讨论、动手实践与展示分享的需要。①

图 2 - 6　柴火创客教育整体解决方案
资料来源：柴火创客空间提供。

2016 年 5 月，柴火与青岛电子学校签署合作协议，共建柴火创客空间青岛电子学校实践基地，这是全国首个柴火创客空间在中等职业学校设立的学生实践基地。目前，柴火创客空间已与国内大量的中小学共建校园创客空间，这些空间分布在深圳、珠海、佛山、北京等城市，对完善我国创客教育事业，促进学生创新创业具有巨大的推动作用。

---

① 资料来自《柴火创客教育解决方案》，柴火创客空间提供。

三 空间建设的新实践：创客梦工厂——x. factory

柴火创客空间经过几年发展，规模由原来位于华侨城创意文化园近 100 平方米的空间扩大到如今在深圳拥有六个厂房，成为国内最具影响力的创客空间之一。柴火通过内部的系列调整，充分考虑对象的具体需求，根据不同层级的创客提供相应的空间支持。

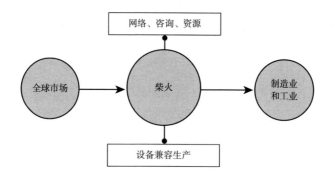

图 2 - 7　x. factory 的使命

资料来源：https：//www. xfactory. io，最后访问日期：2019 年 7 月 23 日。

早在 2014 年，柴火创客空间就已开始酝酿 x. factory 的空间概念，旨在打造跨界共创的创客生态社区，聚合全球创客社区资源，联动全国各地的产业聚集地，推动创客创意项目与本土传统产业升级需求的连接。潘昊设想，x. factory 将为国内创客提供创新创业空间，满足创客敏捷原型制造的需求；搭建创客与供应链资源对接的平台，将全球创客社区内的创新想法、构思嫁接到本地成熟完善的产业链上，促进双方的共同成长。x. factory 是对传统创客空间的再升级，不仅是创客沟通交流、实现原型制造的平台，更是一个生产力平台。创客将创意在 x. factory 落地且小批量制造样品，并通过柴火提供的工厂资源将产品进行大批量生产，进而将产品投入市场。

2017 年 3 月 14 日，柴火选择了圆周率日，也就是 π Day 来举行 x. factory 柴火造物中心的用户内测开幕仪式。空间占地约 1000 平方米，共分创作工坊区（配备有激光切割机、大型机床等设备）、多功能自造区、x. academy 教学区、3D 打印区等。造物中心以"社区、设备、活动、学院、顾问"五大版块为核心，吸引全球的创客入驻，为深圳的制造业输出创意方案；同时，也为全球创客提供柔性制造及按需定制的制造服务。

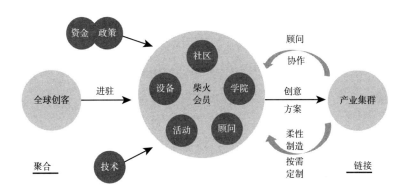

图 2 - 8　x. factory 的业务模式

资料来源：柴火创客空间提供。

　　如果说位于深圳华侨城创意文化园的柴火创客空间为乐于动手制作、对创客文化感兴趣的大众提供创意制作的基本工具和交流的平台，那么 x. factory 则为高阶创客人群和企业提供从概念到产业的全方位服务和支持。x. factory 犹如深圳本土优势产业集群与全球创客的连接点，成为柴火空间建设的新实践。

　　综上，柴火创客空间立足深圳华侨城创意文化园，打造出空间营运、Maker Faire 和创客教育并举的发展路径，不仅夯实了自身发展的基础，也为推动国内创客文化普及做出了巨大的贡献。近年来，柴火试图打造生产力平台，实现创客和生产的对接，其新的造物中心 x. factory 也在有条不紊地发展，将连接全球创客资源，促进创客项目与国际科技产业的深度融合。

　　多年来，柴火始终致力于传播创客文化，为创客打造交流、互动的平台，主办多届 Maker Faire Shenzhen（制汇节），以其卓越的表现服务于国内外专业创客及创业团队，传播创客文化，使得深圳成为全球第七个举办城市级别 Maker Faire 的城市。柴火创客空间从 2011 年创建发展至今，俨然成为中国创客文化的一个"精神符号"，随着国内创客运动日益兴盛，中国创客与国际创客活跃度不断提高，柴火创客空间已成为连接中外创客文化的桥梁。

第三章　创客教育与学习型社会

创客教育是适应社会变革不得不做的选择，是创新驱动发展非常重要的支撑，也是实现大众创业、万众创新的国家战略，是我们在教育领域的一种具体贯彻。

——宋述强[①]

百度指数（Baidu Index）显示，网民对"创客"一词的搜索 2015 年 4 月达到峰值，此后热度降低并呈现较为平稳的态势；而网民对"创客教育"一词的搜索从 2015 年下半年开始便维持了较高的热度，并且总体呈现上升的趋势。创客教育是创客文化的重要组成部分，涉及校内和校外两个维度。在校内创客教育中，中小学创客教育主要侧重（跨）学科与创客教育的结合，着眼于学生科技素养、创新能力的培育；而高校创客教育则侧重（跨）专业与创客教育的结合，着眼于学生的创新能力和创业实践的习练。在校内创客教育尚处于发展期的当下，校外创客机构从课程开发、空间设计等方面给予了重要支持，更有不少创客机构本身便是创新创业的成果，也就是说，许多创客的初创企业选择创客教育作为业务方向。政府、学校、创客机构、科技企业等共同构成了创客教育的生态圈。

---

① 《第四届全国创客教育高峰论坛——创客教育点亮未来》，2018，http：//www.sohu.com/a/260068412_100134151，最后访问日期：2019 年 8 月 20 日。

一　创客教育的发展历程与研究现状

（一）国内外创客教育的发展历程

1. 美国创客教育发展历程

现代意义上的创客教育最早在美国出现。1986 年，美国国家科学委员会（NSB）发布了名为《本科的科学、数学和工程教育》（*Undergraduate Science, Mathematics and Engineering Education*）的报告，这是美国第一个关于 STEM（STEM 为 Science 科学、Technology 技术、Engineering 工程和 Math 数学英文的首字母缩写）教育的政策指导文件。1996 年，美国国家科学基金会（NSF）发布了《塑造未来：透视科学、数学、工程和技术的本科教育》（*Shaping the Future：Strategies for Revitalizing Undergraduate Education*），该报告旨在快速实现振兴本科教育的目标，制定可实施的战略以改善科学、数学、工程和技术的本科教育，并将重点关注 K－12 阶段（幼儿园到 12 年级）STEM 师资的培养。[①]

随着创客运动与创客文化在美国的兴起，美国的创客教育开始走出 STEM 教育而更强调 "创客教育" 一词。2009 年，时任美国总统奥巴马在 "教育创新倡议"（the Educate to Innovate Initiative）中提出 "在未来十年将美国学生的科学与数学学业成就从中等排名提升到前列"。为响应这一倡议，基于通过创客运动改变教育的理念，"创客教育计划"（the Maker Education Initiative，又称 Maker Ed）在 2012 年被提出。[②] 计划的愿景是 "Every Child a Maker"，即 "每个孩子都是创客"，其使命则是通过动手制作的潜能来改革教学，致力于为将创客教育融入学习环境的个人、机构和社区提供培训和资源等支持，如举办工作坊、提供免费的在线资源及出版物、

---

① 金慧、胡盈滢:《以 STEM 教育创新引领教育未来——美国〈STEM 2026：STEM 教育创新愿景〉报告的解读与启示》,《远程教育杂志》2017 年第 1 期，第 17~25 页。

② Maker Ed 官网，https：//makered. org/about/history/，最后访问日期：2019 年 7 月 20 日。

每年举办全国性论坛、通过创造空间计划提供持续的机构支持以及对接地方、区域和国家的创客教育网络等。计划获得高知特信息技术专业服务公司（Cognizant Technology Solutions Corp）、皮克斯动画工作室（Pixar Animation Studios）、戈登和贝蒂摩尔基金会（Gordon and Betty Moore Foundation）、甲骨文（Oracle）、MakeyMakey、英特尔（Intel）等多家企业和机构的资金、技术及人员支持。2014 年，在白宫创客嘉年华活动上，奥巴马呼吁全体国民加入激发创新和鼓励社区发明的行动中来，加速了美国创客教育的扩展与深入。

美国的教育界对此做出了热烈回应。在高等教育界，2014 年，卡耐基梅隆大学在巴克内尔大学、凯斯西储大学和康奈尔大学的支持下发起了创客学校联盟（MakeSchools Alliance），共 48 所大学加入了该组织，探讨创客教育的开展和创客空间建设；同年，卡耐基梅隆大学启动"综合设计、艺术与技术项目"（Integrative Design Arts and Technology，IDeATe），每年有 800 位来自不同专业的本科生参与到 30 门跨学科课程的学习中，如物理计算、智能空间和游戏设计等。① 为提升学生对 STEAM 教育的科学探究兴趣和能力，美国中小学校也开始探索创客教育模式。2016 年，美国 K－12 学校创客教育进入新的发展阶段，全国 1400 多所中小学校校长联合签署《创客承诺》（*Maker Promise*），加入创客教育的行列之中。2016 年 6 月，奥巴马在第三届白宫创客嘉年华上提出高等教育创客教育联盟和区域创客生态系统（Maker Ecosystem），为 K－12 创客教育提供援助。②

2. 英国创客教育发展历程

英国也是最早关注 STEM 教育与创客教育的国家之一。作为世界发达经济体，为了保持自身的国际竞争力与影响力，英国提出了"向上竞争"的

---

① Carnegie Mellon University，"Touché! Choi，CMU Leaders Make Trek to National Maker Faire"，2016，https：//www. cmu. edu/news/stories/archives/2016/june－maker－faire. html，最后访问日期：2019 年 7 月 30 日。韩芳、陈珊：《卡内基梅隆大学创客教育的课程开发：机构、途径与特征》，《电化教育研究》2017 年第 7 期，第 110～116 页。

② 韩芳、陈珊：《美国 K－12 学校〈创客承诺〉的解读及启示》，《现代教育技术》2017 年第 10 期，第 48～54 页。

◇ 创客文化研究

战略目标，其经济发展的未来在于高价值的高新技术制造业和知识密集型服务业。[1] 但英国的科学和创新体系却因 STEM 人才的短缺而受到影响。自 2002 年起，英国的政府部门、基金会及产业联盟发布了一系列政策措施和研究报告，将 STEM/STEAM 教育提升至国家战略的层面，制订了详细的实施计划，并与创客文化一起，构建政府、学校、产业和社区共同参与的创客教育体系（见表 3-1）。

表 3-1　英国政府、基金会、产业协会等就创客教育发布的政策措施及研究报告

年份	部门	政策或报告	主要内容
2002	财政部	《构筑成功:罗伯特评论报告》(*Set for Success: The Report of Sir Gareth Roberts' Review*)[2]	作为国家战略的一部分,在教育中应优先发展科学、技术、工程和技能学科
2004	英国政府	《科学和创新投资框架 2004~2014》[3]	规划了 STEM 的长期战略目标,并为其发展提供雄厚的资金支持
2006	教育和科学部(现为教育部)与贸易和工业部	《STEM 计划报告》(*The STEM Programme Report*)、《STEM 凝聚力计划》(*The STEM Cohesion Programme*)[4]	呼吁各类机构组织更好地协调参与 STEM 教育;将 STEM 与教师、学生、社区等多方面联系起来,具体细分为 11 个行动计划,每个行动计划都确定了一个"牵头组织"作为联络点,将现有计划和资源汇集在一起,并在必要时建立新项目
2011	英国国家科学技术与艺术基金会	《未来一代》(*Next Gen*)[5]	将艺术类课程加入 STEM 教育,将其缩写为 STEAM 教育,强调要培养学生的想象力、创新力

---

[1]　D. Sainsbury, "The Race to the Top: A Review of Government's Science and Innovation Policies", 2007.

[2]　HM Treasury, "Final Report of Sir Gareth Roberts' Review", 2002, http://webarchive. nationalarchives. gov. uk/ + /http://www. hm - treasury. gov. uk/ent_res_roberts. htm,最后访问日期:2018 年 8 月 1 日。

[3]　王小栋、王璐、孙河川:《从 STEM 到 STEAM:英国教育创新之路》,《比较教育研究》2017 年第 10 期,第 3~9 页。

[4]　GOV. UK, "The Steam Cohesion Programme: Final Report", 2011, https://www. gov. uk/ government/organisations/department - for - education,最后访问日期:2019 年 7 月 30 日。

[5]　Ian Livingstone & Alex Hope, "The Livingstone Hope Next Gen" (NESTA,2011), p. 6.

续表

年份	部门	政策或报告	主要内容
2013	英国政府	《英国国家课程:框架文件》(*The National Curriculum in England: Framework Document*)	对中小学教学大纲进行全面改革并要求2014年之后按照新大纲教学,将编程、机器人、科学知识、3D打印、艺术设计等课程融入基础教育之中①
2014	英国皇家学会	《科学与数学教育愿景》(*Vision for Science and Mathematics Education*)	为英国未来20年教育改革绘制了路线图。该报告指出,近些年英国的科学和数学教育质量严重下滑,STEM人力资源的短缺已经制约英国社会与经济的发展,提出必须重视数学和科学教育,将其作为必修课延续至18岁,培育学生的STEM职业意识,提升教师地位等建议②
2014	英国政府	"编码年代"(Year of Code)政策③	5岁以上小孩必须学习编程,这一年也被称为英国编程年
2015	英国创新产业联盟	《创新教育议程:英国下一届政府怎样支持且为何要支持英国的文化和创新学习》(*Creative Education Agenda: How and Why the Next Government Should Support Cultural and Creative Learning in the UK*)④	从国家发展战略出发,呼吁英国政府加大对STEAM教育的支持力度

近些年,英国政府、慈善机构、学术团体和行业协会等对STEM教育、创客教育领域的投资也大幅增加。2012年底,英国国家科学技术与艺术基金会作为英国最大的支持创新发展的非政府组织,联合Nominet Trust、

---

① Department for Education, "The National Curriculum in England: Framework Document", 2013, https://www. gov. uk/government/uploads/system/uploads/attachment_ data/file/381344/Master_ final_national_curriculum_ 28_Nov. pdf.

② The Royal Society, *Vision for Science and Mathematics Education*(London: Royal Society, 2014).

③ 周祝瑛:《前沿 | 全球创客教育新进展》,2018,https://mp. weixin. qq. com/s/ZxIp1cnjOx – DhzzkE2i_8A,最后访问日期:2019年7月30日。

④ 王小栋、王璐、孙河川:《从STEM到STEAM:英国教育创新之路》,《比较教育研究》2017年第10期,第3~9页。

Mozilla、Raspberry Pi、O'Reilly 等多家机构设置了数字创客基金；① 2013 年，英国宣布投资 1470 万英镑用于英国 3D 打印开发项目。② 此外，英国政府开展了如国家科学学习网络、国家科学工程大赛、STEMNET 等项目和行动，使人、企业、学校等多方联动起来，提高社会对创造力培养的意识。英国广播公司（BBC）是英国乃至世界上最大的新闻广播机构之一，其推出的微型可编程计算机 Micro：bit，已成为英国国内乃至全球中小学开展创客教育所使用的工具。③

3. 中国创客教育发展历程

虽然创客教育一词 2013 年才正式在中国出现，但围绕创客活动进行的教育行为却早在几年前就已经出现。回望创客教育的发展历程，可以将其分为三个阶段，分别是萌芽期、探索期和发展期。

在创客与教育最初开始碰撞的萌芽期，一些看似不相连的事逐渐聚集到一起构成创客教育的雏形。④ 2009 年，教育部教育装备研究与发展中心的梁森山在北京将 Arduino 带入中学课堂，北京景山学校吴俊杰、常州管雪沨等最早关注创客的中学教师将 Scratch 引入课堂；2010 年，李大维在上海成立"新车间"；2011 年，温州中学谢作如开设的"互动媒体技术"入选省级精品课程；2011 年后，国外的 STEM 教育理念逐渐传入中国；2012 年，已经在国内各地推动创客教育萌芽起步的谢作如、吴俊杰、管雪沨、梁森山等志同道合的人士同聚北京景山讨论创客教育的发展。此后，创客与教育的联系愈加密切。

2013 年至 2014 年是创客教育的探索期。早期一线创客教育践行者开始

---

① 温雯：《数字化制造、草根创新与可持续发展——英国创客发展特征及启示》，《文艺理论研究》2018 年第 4 期，第 188～195 页。
② 《英国政府将为 3D 打印项目投资 1470 万英镑》，2013，中国新闻网，http://www.chinanews.com/mil/2013/06－07/4907575.shtml.2013－6－7，最后访问日期：2019 年 7 月 30 日。
③ 《火遍整个创客教育圈的 micro：bit 到底是什么？》，2017，中华教育网，http://www.edu-gov.cn/news/88758.html，最后访问日期：2019 年 7 月 30 日。
④ 梁森山：《中国创客教育蓝皮书（基础教育版）》，人民邮电出版社，2016。

积极参与、举办与创客相关的论坛、嘉年华等活动，对创客教育进行大力推广。同时，高校的创客教育活动也逐步开展起来，如 2013 年 11 月，中国发明协会在山东大学主办了首届"中华创客大赛"。2013 年和 2014 年，清华大学先后成立了学生创客空间和创客教育实验室。学术界也开始越来越多地关注创客教育，最早期开拓者如今在创客教育领域已经成为中流砥柱，如傅骞、郑燕琳、祝智庭、杨现民等人，不仅投身实践，也积极探讨创客教育的发展。北京师范大学傅骞 2014 年发表了《当创客遇上 STEAM 教育》，提出 STEAM 教育与创客教育的相遇为 K－12 教育带来变革，创客对 STEAM 教育起到了优化作用，此外重点提到了两者发展中遇到的问题及未来发展方向。东北师范大学郑燕琳在 2014 年发表的《技术支持的基于创造的学习——美国中小学创客教育的内涵、特征与实施路径》一文中，通过对美国中小学创客教育的内涵、特征与实施路径进行理论与实践上的系统探析，指出美国对创客教育的重视，创造、技术与全人发展是其内涵，整合、开放与专业化则是其特征，项目驱动、专业指导、多方支持是其实施路径。2015 年 1 月，华东师范大学祝智庭发表了《创客教育：信息技术使能的创新教育实践场》一文，影响巨大，其提出了创客教育的发展背景、定义、内涵与特性。江苏师范大学杨现民则在 2015 年 3 月发表了影响深远的《创客教育的价值潜能及其争议》，同样对创客教育的起源、概念、理念与价值、国内外发展等进行阐释，指出创客教育拥有巨大潜能及面临的争议与挑战，提出了创客教育实践框架与路径。

　　2015 年，"双创"运动揭开帷幕，创客教育开始进入蓬勃发展期。在高校相关机构的建设方面，2015 年 3 月，温州大学启动"创客学堂"；同年，深圳大学也成立了"深港大学生创新创业基地"，翌年成立了创业学院。①在联盟方面，以由《中国教育报》等机构发起，温州中学、温州市实验中学、深圳第二高级中学等 35 所学校共同组成的中国青少年创客教育联盟，

---

①　温雯：《创客运动与深圳创客之城建设路径》，《深圳大学学报》（人文社会科学版）2016 年第 6 期，第 48～52、84 页。

以及由清华大学、北京航空航天大学等国内外 100 多所高校联合发起成立的国际机器人竞技与创客教育联盟等为代表，全国各地各类创客教育联盟不一而足。在赛事方面，教育部联合其他部门自 2014 年开始举办"互联网＋"大学生创新创业大赛。2015 年，共青团开始举办"青年之声·青春创客"系列活动。同年，工业和信息化部主办的"创客中国"创新创业大赛也首次拉开帷幕。除国务院各部门、国家性质的协会主办的全国或国际赛事外，还有如重庆"国创杯"创新创业大赛、江苏"i 创杯"互联网创新创业大赛、上海国际创客大赛等地方主办的全国性或国际性赛事，而各地区举行的区域性创客赛事更是不胜枚举。在论坛嘉年华活动方面，不仅有中国·创客教育高峰论坛、全国创客教育高峰论坛这样拥有广泛影响的论坛，还有以深圳学生创客节、北京青少年科技创客周为代表在各地举办的创客活动。

在国家创新创业政策的推动下，教育部先后在《国家创新驱动发展战略纲要》（2016 年 5 月）、《教育信息化"十三五"规划》（2016 年 6 月）、《中小学综合实践活动课程指导纲要》（2017 年 9 月新版）、《中小学数字校园建设规范（试行）》（2018 年 4 月）等文件中对创客教育提出了明确的指示与规定，省市等各级政府打开创客教育的大门，逐步在学校、产业等领域实施创客培育计划。各地也进行了更进一步的政策制定与落实，如 2017 年山东省出台了《山东省学校创客教育指导意见》《山东省学校创客空间建设指导意见》等政策，青岛市也相继印发了《关于创新实验室建设工作的指导意见》《关于进一步加强中小学科技教育工作的意见》等文件。创客教育的极大需求带动了创客教育机构的兴起和创客教育课程的开发。

从以上对于美国、英国和中国创客教育发展历程的梳理可以看出，美国的创客教育从基础教育中的 STEAM 教育扩散到高等教育，形成两者并重的局面，在这过程中社会力量起到重要作用。英国则是受制于经济发展过程中 STEM 人才的短缺，由政府、基金会、产业联盟等机构叩响了发展创客教育的大门。而中国则由民间一线的创客教育实践者点燃星星之火，随后政产学研各界丰富了创客教育的内涵与外延、形式与内容，将中国的创客教育推向新的高度。

（二）创客教育的概念体系

1. 国际语境中的创客教育

由于各国的国情不同，创客教育的概念虽有共性但个性也比较突出。美国是创客运动与创客文化的摇篮，也是创客教育的起源地。里茨（Breanne K. Litts）指出美国的创客教育以建构主义（Constructionism）为理论基础，体现为在创客空间中，学生通过动手操作并展示成果证明其自身建构知识并内化知识的过程。[①] 此外，陈珊、韩芳在对美国创客教育深入研究的基础上，指出美国创客教育在现实—虚拟空间中以创客需求为向导，以项目式学习、协作式学习、设计式学习的形式围绕一系列创客项目或创客课程而进行的创造性学习活动，锻炼并塑造学生的创新思维及创造性思维，以适应或引领社会的创新发展。[②]

在韩国，伊纳埃·康（Inae Kang）提出创客教育作为一种新的教育方法，其教育价值及效果与创业精神相契合，学生在其过程中体验了动手创作、与他人分享和开放的精神，最终以有形的产出作为解决问题的具体办法。[③] 换句话说，根植于创客运动的创客教育采用建构主义学习方法，指导学生在真实的生活情境中通过自主探究和创造性实践活动，参与产出可见的结果去解决个人或社会的问题。因此，创客教育强调在以过程为导向的学习环境中培养 "创客心态"，追求与现有教育体系不同的评价。[④] 这些说法强调了创客与创业精神的关联以及创客教育的特征。整体来看，国际上普遍认为创客教育从本质来看更强调建构主义学习模式，即以学生为中心，注重其

---

① Breanne K. Litts, Making Learning: Makerspaces as Learning Environments (Ph. D. diss., University of Wisconsin-Madison, 2015).

② 陈珊、韩芳：《美国创客教育的内涵与特征》，《教育探索》2016 年第 9 期，第 151～153 页。

③ Inae Kang, "Fostering Entrepreneurship by Maker Education: A Case Study in an Higher Education," *Journal of the Korea Convergence Society* 7 (2017): 253–264.

④ Inae Kang, "Exploring the Evaluation Framework of Maker Education," *The Journal of the Korea Contents Association* 11 (2017): 541–553.

创造性、实践性，培养学生的创新思维、分享精神。

2. 创客教育在中国的概念与范畴

学术界和教育界的一些研究者、实践者从不同角度对"创客教育"进行了界定。2013 年初，北京景山学校老师吴俊杰等在《创客教育：开创教育新路》一文中首次使用了"创客教育"一词，并指出在学生中开展创客教育应成为政府大力推动的一项教育行动。[①] 祝智庭教授等指出"创客教育以信息技术的融合为基础，传承了体验教育、项目学习法、创新教育和 DIY 理念的思想";[②] 杨现民教授等将其定义为"一种融合信息技术，秉承'开放创新、探究体验'教育理念，以'创造中学习'为主要学习方式和以培养各类创新型人才为目的的新型教育模式";[③] 刘诗海研究员提出"创客教育是基于创造的一种教学方式，其理论依据是杜威的'做中学'；新颖性和创造性是创客教育的本质特征";[④] 山东理工大学创新创业学院副院长李涛提出，创客教育是创客式教育，而不是培养创客的教育；创客教育通过"创造中学习"培养创新人才，开发和提高学生的创造力，培养学生的开创性个性。[⑤]

以上定义都强调了信息技术、"做中学"以及创造性等必备要素。而深圳市教育局《深圳市中小学创客教育课程建设指南》和《深圳市中小学创客教育实践室建设指南（试行）》对创客教育的定义充满了人文气息：中小学创客教育是一种回归生活的教育，是一种指向创造的教育，是直面生存、表达智慧的综合教育，其教学过程遵循"创造"实践的规律，融合 STEAM

---

① 吴俊杰等：《创客教育：开创教育新路》，《中小学信息技术教育》2013 年第 4 期，第 42 ～ 43、52 页。

② 祝智庭、孙妍妍：《创客教育：信息技术使能的创新教育实践场》，《中国电化教育》2015 年第 1 期，第 16 页。

③ 杨现民、李冀红：《创客教育的价值潜能及其争议》，《现代远程教育研究》2015 年第 2 期，第 25 页。

④ 刘诗海：《创客教育——基于创造的教学方式》，《教育与装备研究》2016 年第 3 期，第 23、25 页。

⑤ 王佑镁：《当前我国高校创客教育实践的理性认识综述》，《现代远程教育研究》2017 年第 4 期，第 20 ～ 31、87 页。

教育理念、项目学习理念，强调独立构建目标、独立应用工具开展创造、共享智慧、优化迭代、形成成果，是能够带来完整思维链条的教育形式，也是一种独特而务实的创新人才培养系统、全人教育系统。

2016 年 2 月，教育部教育装备研究与发展中心举行了创客教育专家委员会会议，与会专家对现阶段"创客教育"的定义达成了初步共识，即"创客教育是创客文化与教育的结合，基于学生的兴趣，以项目式学习的方式，使用数字化工具，倡导造物，鼓励分享，培养跨学科解决问题的能力、团队协作能力和创新能力的一种素质教育"。① 该定义对创客教育的实施背景、手段形式、关键特征、培养目标、性质做了一个全面概括，至此创客教育有了一个通用的表述。此外，创客教育作为一种新兴教育形态，在校内和校外两个场景、基础教育和高等教育两个教育阶段都有涵盖，但在具体实践中存在着差异。

3. 创客教育与相关概念辨析

创客教育并非孤立存在，它与发源于美国的 STEM/STEAM 教育，与我国的素质教育，与高校的创新创业教育一脉相承。创客教育在发展过程中从其他教育形态汲取了有益养分，但也形成了自身特色。

（1）创客教育与 STEAM 教育

STEM 教育发端于美国，代表科学（Science）、技术（Technology）、工程（Engineering）、数学（Mathematics），后来加入艺术（Art），成为 STEAM 教育，重在培养问题解决能力、自主创新能力、深度学习能力和适应未来能力。创客教育与 STEAM 教育都属于跨学科教育，但是相比之下 STEAM 教育更注重培养学生多学科知识与能力融合发展，创客教育更强调"做中学"的创新、分享的造物理念。

华东师范大学杨晓哲、任友群对 STEM 教育和创客教育进行了梳理，两者异同如表 3 - 2 所示。②

---

① 梁森山：《中国创客教育蓝皮书（基础教育版）》，人民邮电出版社，2016，第 143 页。
② 杨晓哲、任友群：《数字化时代的 STEM 教育与创客教育》，《开放教育研究》2015 年第 5 期，第 35 ~ 40 页。

表 3-2　STEM（STEAM）教育与创客教育比较

	STEM（STEAM）教育	创客教育
来源	教育系统发起,社会参与	社会文化引起,教育参与
社会参与	需要	需要
跨学科	强调跨学科	创作过程中需要跨学科
是否解决真实情境问题	强调真实情境的问题,多数来自教师预设	强调真实情境的问题,学生自己发现问题
学生是否需要产出	并非必须	一定要有
是否需要使用数字化工具	并非必须	大部分情况下需要
主要培养的素养品质	跨学科的思维能力,解决问题的综合能力	独立的创造性思维,解决问题的综合能力
教师的主要角色	设计者、组织者、讲授者、引导者	支持者
学生的主要角色	参与者	创造者

如表 3-2 所示，STEM 教育与创客教育有许多相通之处，在许多情境下，创客教育有时也借用了 STEM 的学科体系，但两者的不同在于：STEM 主要在中小学教育体系内实施，侧重跨学科思维能力的培养；而创客教育目前主要在课堂之外存在，相对更侧重创新、创造、动手以及发现、解决现实问题的能力培养。

（2）创客教育与素质教育、核心素养

素质教育侧重思想道德素质、能力培养、个性发展、身体健康和心理健康的教育，比之前单纯强调"考试成绩"的应试教育更加关注培养全面健康发展的人。自 1994 年全国教育工作会议上李岚清指出基础教育必须从"应试教育"转到素质教育的轨道上来，到 2006 年重新修订《义务教育法》，素质教育上升为国家意志，再到 2010 年《国家中长期教育改革和发展规划纲要（2010～2020 年）》出台，实施素质教育最终被提升到我国教育改革发展的战略高度。

2016 年，《中国学生发展核心素养》研究成果在北京发布，可以说是对素质教育改革的深化和推动，使得新时期素质教育目标更加清晰，内涵更加丰富，也更具指导性和操作性；在"究竟要培养学生什么素质""怎么培养"这两个问题上,"核心素养"的提出给予了明确的回应:"核心素养"以培养"全面发展的人"为核心,分为文化基础、自主发展、社会参与三个方面,综合表现为人文底蕴、科学精神、学会学习、健康生活、责任担当、实践创新六大素养。东北师范大学庞敬文、唐烨伟等人对创客教育支持学生核心素养培养的可行性进行分析,并设计了创客教育支持学生核心素养发展的模型,指出可通过结合学科思维层、解决问题层、双基层(基础知识与基础技能)和环境层四个层面,实现创客教育与核心素养培养的对接。[①]

作为顺应互联网时代科技快速发展出现的一种新兴教育形态,创客教育已作为教育科学、教育信息化的一部分被写入国家政策,如教育部 2016 年发布的《教育信息化"十三五"规划》中,就提出要"积极探索信息技术在'众创空间'、跨学科学习(STEAM 教育)、创客教育等新的教育模式的应用,着力提升学生的信息素养、创新意识和创新能力,养成数字化学习习惯,促进学生的全面发展……"创客教育成为助力不同教育阶段的学生实现科技、信息和创新素质提升的一种途径,其与核心素养中所强调的科学精神、实践创新等内容不谋而合。

此后,2017 年教育部发布《普通高中课程方案和语文等学科课程标准(2017 年版)》,进一步明确了学科核心素养和学业质量要求。其中,信息技术课程由信息意识、计算思维、数字化学习与创新、信息社会责任四个核心素养组成,通用技术课程的核心素养则包括技术意识、工程思维、创新设计、图样表达、物化能力五个部分。这两门学科的核心素养要求与创客教育和 STEM 教育有着密切的关联,为创客教育的课程设计提供了依据和参考。

(3)创客教育与创新创业教育

在国外,麻省理工学院依托创业中心的原型车间(ProtoWorks),为该校学生提供了实践学习的机会和空间,并形成完善创新创业教育生态系统。

---

① 庞敬文、唐烨伟、钟绍春、王晓晗:《创客教育支持学生核心素养发展模型研究》,《中国电化教育》2018 年第 5 期,第 69~73、95 页。

其创立的 Fab Lab 亦是遍布全球的创客实验室建设标杆。2015 年，我国政府发出"大众创业，万众创新"的号召，创客教育与创新创业教育被卷入时代发展的潮流，两者也体现在高校层面。据教育部统计，目前全国高校开设创新创业相关课程23000 余门；建设了 19 个国家级"双创"示范基地、200个全国创新创业教育改革示范高校；组建了万名优秀创新创业导师人才库，全国高校创新创业教育专职教师超过 2.6 万人；每年近千所高校的 20 万大学生参与国家级大学生创新创业训练计划。[①] 一些高校的创新创业教育采用KAB（Knowledge About Business）创业教育体系；[②] 而创客教育则侧重电子、工程、艺术、设计等学科的结合，以及面向社会问题或商业契机的整套方案设计；创客教育是创新创业教育的基础——创客教育增加了创新创业的人才储备，在导师的指导下为创新创业搭建实验平台、形成团队，完成原型甚至试生产阶段。

　　许多学校也构建了本校的创新创业教育体系。例如，清华大学将"三创"（即创意、创新、创业）作为整合的视角来考虑，创客教育成为"三创"教育的重要连接点：创客实践是将创意转为现实的途径，同时也创造通向创新创业的机遇。[③] 深圳大学近些年在创新创业教育中实现了从少数向多数、从后端向全过程、从传统向新兴、从独立向协同、从内部到外部的五大转变，其中学生创业园起到重要作用。学生创业园包含手创坊、创业学院等载体，每年选拔学生创业项目，为其提供创业资助及免费的办公场地；不仅联合 40 余家社会创业孵化器及创客空间打造出一体化孵化平台，也依托自身优势为校园创客提供专业服务，如在 2018 年协助 12 个个人创客项目获得深圳市创客专项资金资助。

---

① 《百万"双创"大军汇聚青春梦想"互联网＋"大赛致力打造全球创客平台》，2018，人民网，http：//edu. people. com. cn/n1/2018/1016/c1006 - 30345107. html，最后访问日期：2019 年 7 月 30 日。

② 《KAB 创业教育（中国）项目推广计划》，2011，创业教育网，http：//chuangye. cyol. com/content/2011 - 09/15/content_ 4894576. htm，最后访问日期：2019 年 7 月 30 日。

③ 付志勇：《面向创客教育的众创空间与生态建构》，《现代教育技术》2015 年第 5 期，第 18 ~26 页。

二　我国创客教育的市场规模与城市布局

（一）市场规模

自 2015 年以来，中国的创客教育加速发展。目前，无论是已被纳入国家层面教育发展规划的校内制度化创客教育，还是根据市场需求而出现的市场化创客教育，都已形成蓬勃发展之势。

创客教育市场总体增速快，社会化创客教育赢利模式有待探索。据《中国教育信息化智库报告 2017》的调查分析，在学生基数持续增加、"新生代"家长教育理念和消费理念的变化以及政策利好的积极刺激下，创客教育市场将呈持续增长态势。2016 年创客教育市场规模为 693.64 亿元，2017 年为 750 亿~780 亿元，以复合年增长率为 10% 计算，保守估计，到 2020 年创客教育市场规模将达到 1015.56 亿元。这一数据估算的市场规模仅包括中小学阶段，并未涉及对高等教育阶段创客教育市场规模的统计。而在校外参与上，一线城市更为活跃，选择也多；二、三线城市对创客教育的需求强烈但选择少。在行业公司的发展上，由于资本对创客教育的关注呈上升态势，前期融资易受到青睐，但拿到后期融资甚至挂牌、上市、被收购的公司较少，部分挂牌或者拟挂牌新三板的公司处于连续亏损境地。因此，相关企业需要在赢利模式上进行进一步探索。[①]

制度化创客教育进一步完善，校内创客教育形成正向循环。师资力量方面，在创客教育发展的萌芽期，创客教师多基于兴趣自主加入，而当下我国创客教育教师的培养已形成体系，输出渠道主要来自原有教师再培训和高校培育。一方面，各地教育局在通用技术课、信息技术课、物理化专业课等原

---

① 中国教育技术协会 ET 报告项目组：《教育跨学科发展及其行业兴起（中国教育信息化智库报告 2017）》，中国教育技术协会，2018。

有师资中抽调部分对创客教育有兴趣的老师组织培训进修活动,使得中小学创客教育的师资不断扩大;另一方面,已形成本硕博培养体系的教育技术学学科作为教育形态中侧重技术的软硬件应用性学科,对创客教育理论研究及基础教育教学实践起到重要的促进作用。校内创客教育覆盖的学生数量不断增加,不论是北京、上海、深圳、温州这样的早期创客教育实践地,还是郑州、西安、武汉等后起城市,都在积极地推进创客教育的发展,如郑州市教育局下发《关于切实推进中小学创客教育健康发展的指导意见》,着力打造校园创客教育基地。在国家及各地政策指导下,创客教育在基础教育、高等教育阶段都实现了量与质的飞越。

校内外创客教育资源整合加强,合作模式不断出新。在近年来的创客热潮中,全国范围内涌现了一批有影响力的创客教育机构及配套产品生产及代理企业,如深圳矽递科技、寓乐湾、爱创家、DFRobot、Labplus盛思等。据不完全统计,2016 年,社会上涌现出超过 300 家创客教育初创企业,近两年这一数量持续增加。① 值得一提的是,部分创客教育初创企业也是创客创新创业的结果。在创客教育的发展中,社会力量的参与尤为重要。深圳市作为创客企业最为活跃的地区之一,在深圳市教育科技研究院的推动下,各区均联合 1 家龙头科技企业共同开展创客教育活动。

(二)城市布局

创客教育是创客运动、创客文化与教育的跨界结合,随着近些年来经济社会的发展,在国家政策的引导下,各地区教育局都在积极推动创客教育的发展,各地也相继成立了创客教育联盟。作为一种新兴的教育形态,创客教育在各地进行普及开展时并无固定策略,深圳、温州、上海、郑州等城市都已经形成了自身特色。

---

① 中国教育技术协会 ET 报告项目组:《教育跨学科发展及其行业兴起(中国教育信息化智库报告 2017)》,中国教育技术协会,2018。

1. 全国先发城市——温州、北京、深圳、上海

2013 年，第一届全国中小学 STEAM 教育创新论坛在温州中学举办，可以说是我国创客教育发展的第一个落脚点。此外，北京景山学校、深圳实验学校、上海的张江中学等学校都成为早期创客教育课程的实践者和探索者，目前这些城市已经形成了相对成熟的教学模式和课程体系。

目前，深圳已经创建了 200 个中小学创客实践室和 200 个学生优秀科技社团，重点资助了近 150 门创客教育课程，资助了 1.3 万名（项）学生探究性的小课题，开发了近 1000 门好课程，[①] 连续 4 年举办深圳学生创客节，各区也在积极举办创客赛事。深圳福田区最早提出了教育领域科技创新的"五个一"工程。[②] 在政策层面，深圳市先后出台了《深圳市中小学科技创新教育三年行动计划》《深圳市中小学学科教育与创客教育融合指南（试行）》等相关文件，将创客教育与学科教育进行深度融合，对创客空间、导师、课程、环境进行指导建设，不仅使学生能够接触到最前沿的软件、电子、机械、新能源等科学技术，还能以创客式学习方式进行各个学科的学习。此外，深圳拥有国内其他地区难以企及的硬件配套能力这一独特的优势。在创客教育的发展中，深圳市教育局积极引导企业和社会与学校的创客教育联动发展，支持项目引领，搭建交流平台，优化人才梯队，借助科研机构、企业积极开发创客教育课程。

2015 年，温州市制定《加快推进中小学创客教育发展的指导意见》，提出了创客教育的"五个一"工程，打造出温州的创客教育品牌，将"创客"常态化发展。据了解，温州市从顶层设计、多维合作、创客空间建设、师资

---

① 《改革点燃深圳教育发展引擎，实现教育跨越式发展的时代新篇章》，2018，深圳教育局网站，http://szeb.sz.gov.cn/jyxw/jyxw/201812/t20181226_14949972.htm，最后访问日期：2019 年 7 月 30 日。

② 佟艳婷：《第二届中国 STEM 教育发展大会福田举行　福田力争成引领全国教育改革发展教育强区》，《深圳晚报》2018 年 7 月 3 日，第 3 版。这里"五个一"工程即每所学校开发一门 STEM 课程、建设一个 STEM 实验室、聘任一位 STEM 导师、每年组织一次 STEM 展示活动和要求每位学生每年完成一个 STEM 项目。

培养、创客课程和创客文化六个方面初步形成"温州模式"。^① 目前,温州全市已经设立 120 个创建基地、363 个创客空间,全市中小学校覆盖率已近50%。^②

北京作为中国首都,有着雄厚的科技、文化、教育资源优势,创客教育在各个方面的发展都比较健全。作为创客运动在中国的发源地之一,上海依托城市发达的经济体以及高度的国际化,也成为早期创客教育城市之一。截至 2017 年,上海已在 656 所中小学建设了 1141 个创新实验室,2020 年将实现创新实验室中小学校全覆盖。^③

2. 东部大力推进——杭州、苏州、青岛

2015 年后,在"大众创业,万众创新"的号召下,创客运动不断发展,杭州、苏州、青岛、佛山等东部经济发展水平较高的城市逐渐认识到开展创客教育的必要性,部分学校将创客教育课程纳入中小学课程体系中,对创客空间建设、师资培训、创客实践活动、创客文化氛围营造等给予重视。

例如,杭州市依托互联网产业优势,在中小学创客教育的课程建设方面逐渐形成了自身特色,课程体系架构与阿里巴巴的云平台相结合,实现了在线编译、学习、分享、评价的"互联网+"模式,除了 3D 打印

---

① 郑建海:《教育改革在温州》,浙江教育出版社,2019,第 39 页。其中,"五个一"工程指每校开一门创客课程、建设一个创客空间、聘任一位创客指导师、每年组织一次创客文化活动和每个学生每年完成一件创客作品。"三位一体"的多维合作模式指"教育—政府职能部门"横向合作、"高校—中学—小学"纵向合作、"学校—家庭—社会创客空间"三位一体合作。"1+X+Y"的创客空间建设模式指每个县(市、区)建设 1 个创客实践中心、X 个创客基地、Y 个创客空间。GMC 模式师资培养机制指分三个层次打造创客指导师梯队:一为创客教育专家组,此为领军人物,引领温州创客教育的发展方向;二为创客教育讲师团,此为骨干力量;三为创客教育指导师团队。与此同时,温州还推出了"创客教育名师工作室",通过名师传帮带的方式培养创客教育学科骨干。

② 《〈中小学创客教育区域推进的策略与实践研究〉国家级课题中期验收活动举行》,2018,http://edu.wenzhou.gov.cn/art/2018/6/20/art_1330235_18720570.html,最后访问日期:2019 年 7 月 30 日。

③ 董少校:《上海:创新实验室 2020 年全覆盖》,《中国教育报》2017 年 4 月 27 日,第 03 版。

以外的所有创客教育课程全部用 Scratch 打通，实现了资源的无缝对接。苏州创客教育的开展依托于 STEM 教育。2018 年，苏州市召开 STEM 教育推介会，积极探索建构适合中小学 STEM 课程和创客课程的实施范式与评价标准。

青岛市教育局早在 2015 年就提出开展青岛市中学生"创客校园"主题实践活动，活动包括成立青岛市中学生"创客社"，组建创客导师团，组建中学生创客培训宣讲团，建立创客教育实践基地，开展中学生"创客训练营"，构建创客教育课程体系以及广泛开展如中学生科技创新大赛、商业大赛、"创客达人"设计大赛等创客实践活动。2016 年青岛市创客教育专业委员会成立，建设资源共享平台。自 2016 年开始，青岛市采取了中小学科技节与创客嘉年华相结合的形式，并于 2016 年和 2018 年两次被评选为"全国科技创新示范竞赛项目"。

3. 内地后起之秀——武汉、西安、成都、郑州

武汉、西安、成都、郑州等作为内地省会城市，综合实力较强，近些年在创客教育的推进上也逐渐形成了自己的策略与特色。其中，武汉市在政策制定上做得十分完备，自 2016 年以来陆续印发多个针对创客教育发展的方案和通知。此外，武汉市十分注重师资培训，在常态化普及型培训、专业专长型培训以及高级研修培训三个阶段形成了本地创客教师团队，而由市教育科学研究院主办的"创客教育直通车"已连续举办了六场，成为武汉市中小学创客展示活动一道亮丽的风景线。[①]

成都将创客教育纳入中小学综合实践活动课程，就目前发展来看，郫都区表现亮眼，专门成立了郫都区中小学创客教育领导小组，率先规划建设创客教育体系。2017 年初，郫都区教育局已经在成都石室蜀都中学等 15 所学校试点；2018 年该区所有中小学均开展创客教育课程。目前，郫都区以创客教育、STEM 教育为抓手，一个中心、两大平台、三种方式、四个创新、

---

① 《创客丨"创客教育直通车"进校园科技发明渐成武汉学生必修课》，2018，http://www.sohu.com/a/259814209_459959，最后访问日期：2019 年 7 月 30 日。

五大目标的"12345"教育模式基本形成。①

郑州主要依托中小学的综合实践活动课程与创客教育进行深度融合，同时也积极推动与原有信息技术、通用技术课程的结合，在小学阶段突出"动手、动脑"，在初中阶段突出"创意、创作"，在高中阶段突出"探究、智能化"。在创客空间打造上，通过建设创新性实验室、创新性改造通用技术课教室，给学生一个"造物"的空间。在师资力量建设上，郑州市提出学校的每一位教师都应该是创客型教师，要让教师人人成为创客，校长必须先于教师成为创客。西安市是西北地区的经济中心。2016年，创客教育开始在当地部分中小学萌芽，发展重点在空间建设、校本课程研发方面。

三 我国创客教育的问题与建议

我国创客教育自2013年提出至今，经过六年多的发展，在社会效益、经济效益、文化教育上都取得了一定的成绩，也成为教育界、学术界、相关企业都积极关注的一种教育理念与模式。在中小学阶段，在与原有的通用技术、信息技术相结合的基础上，开设诸如3D打印、机器人课程，编程等课程培养学生的创新意识、批判精神，为未来的发展提供一种兴趣上的选择；而高校的创客教育侧重创意设计、实验教学、工程训练、科技竞赛等，并以创客空间、创客社团等形式开展活动，为创新创业做准备。② 目前，社会上也出现了较多的创客教育机构，比如柴火空间、MASSLAB——创新未来实验室、深圳达飞教育等面向青少年的创客教育类的公司以及面向高校大学生创客的服务机构和孵化平台。

在高等教育阶段，最能体现创客教育成果的方式莫过于各类创客或创新

① 《成都市郫都区深入实施"创客教育"》，2017，http：//bgs. scedu. net/p/13/？StId = st_app_ news_ i_ x636456604540212598，最后访问日期：2019 年 7 月 30 日。
② 中国教育技术协会 ET 报告项目组：《教育跨学科发展及其行业兴起（中国教育信息化智库报告2017）》，中国教育技术协会，2018。

创业大赛。据教育部统计，国内相关赛事已达 100 余场，其中最有影响力的应是 2015 年开始举办的中国"互联网＋"大学生创新创业大赛。2015 年至 2017 年，前后有 2257 所高校的 225 万学子参与该项赛事，产生了 55 万个团队项目。而 2018 年第四届"互联网＋"大学生创新创业大赛参与人数甚至超过以往三年的总和，有来自 51 个国家和地区 2278 所高校的 265 万名大学生、64 万个团队报名参赛。[①] 这些数字印证了中国青年创客精神与创新创业热情的井喷式增长；同时，随着赛事的优化与影响力的提升，参赛项目数量与水平也逐年提高。

然而，由于成长时间较短，创客教育也存在着理论研究不够成熟、课程设计缺乏完整体系、区域发展不平衡、社会认知度有限、师资力量不充足等问题。对于创客教育概念、内涵、理念以及本质等理论探究始终是学界研究的热点问题。总体来看，有关创客教育发展的历史溯源以及实践性、嫁接性研究较多，但具体的理论构建相对薄弱，这在一定程度上削弱了创客教育存在的合理性和影响力，也阻碍了创客教育的实践发展。[②] 在课程设计上，近两年深圳、苏州、广州等地积极开发适用于本地创客教育的课程、教材，但就全国范围来看并未形成统一范式，各地仍处于自发实践阶段。为了推进本地创客教育的发展，各地在培养师资上也颇下功夫，如广州已经开展六期创客教育种子教师培训，武汉已经形成 800 人的创客教师团队，但依然供不应求，创客教师仍存在很大缺口。此外，由于经济发展水平、新思想接受能力以及本地教育部门重视程度的不同，创客教育存在区域发展不平衡的现象。

为解决这些问题，祝智庭和孙妍妍认为在我国创客教育具有以学生为本，促进学生交流合作，发展学生动手能力，推动教育信息化进程的优势；

---

① 《激昂青春梦想　第四届"互联网＋"大学生创新创业大赛完美收官》，2018，http：//www.moe.gov.cn/jyb_ xwfb/xw_ zt/moe_ 357/jyzt_ 2018n/2018_ zt21/18zt21_ mtbd/201810/t20181018_ 351984.html，最后访问日期：2019 年 8 月 16 日。

② 王佑镁等：《触摸真实的学习：迈向一种新的创客教育文化——国内外创客教育研究述评》，《电化教育研究》2017 年第 2 期，第 34～43 页。

应采取多种形式，如设立开放共享的创客中心、提供教师创客教育培训、鼓励新产品研发和推广等推动创客教育的发展，使之成为信息技术的创新教育实践场。① 杨现民和李冀红认为政府应联合企业、公众的智慧从教育环境、教育组织、教育计划、教师队伍等多方面共同推进国内创客教育的发展，以应对其发展环节中的挑战。② 傅骞和郑娅峰认为我国的创客教育还处于探索阶段，而创客教育区域推进策略作为基础性策略是创客教育在各个城市发展并普及的关键。③ 而荆玲玲等提出的建议也颇有启示：一是构建多元激励的创客教育管理模式，二是创建"三维（物理、支持、虚拟）"共享创客空间，三是开发线上线下"知行合一"的创课体系，四是建立教师研修创客技能的循环学习平台，五是培育"四位一体（国家、社会、学习、家庭）"的创客文化体系。④

笔者认为，创客教育并不局限在教育体系内，其主体包括政府部门、学校和社会机构，载体有校内外各类创客空间和创客实验室。创客教育的目的是培养能够发现问题，通过动手和团结协作，运用科学技术解决问题的公民。创客教育的方式包括项目式学习、"干中学"等，成果绩效体现在普及率、赛事、创新创业主体的增加等方面。我国创客教育发展应两条腿走路。一方面，推动创客教育的制度化和体系化，即政府发布指导性文件，投入资源培育师资、开发课程、建设创客空间；学校为执行机构，依据原有体系和现有资源施行教育改革；社会机构输送课程及师资；此外，图书馆和部分实验室也可面向大众提供创客教育课程，前者提供相对普及性质的创客教育，后者则可能开发出分阶段的创客教育课程。另一方面，则是推动创客教育的

① 祝智庭、孙妍妍：《创客教育：信息技术使能的创新教育实践场》，《中国电化教育》2015年第1期，第14~21页。
② 杨现民、李冀红：《创客教育的价值潜能及其争议》，《现代远程教育研究》2015年第2期，第23~34页。
③ 傅骞、郑娅峰：《创客教育区域推进策略》，《中国电化教育》2018年第5期，第61~68页。
④ 荆玲玲、刘庚：《创客教育的内涵要素、问题反思及发展路径》，《教学与管理》2018年第3期，第2~4页。

市场化和社会化，社会主体根据市场需求开发创客课程，目前较多的是针对青少年儿童和技术、手工爱好者的课程，类别包括编程、机器人、人工智能、木工等，市场仍存在着较大的发展空间。

四　数字素养与学习型社会

（一）创客教育与数字素养的培育

20 世纪 80 年代至今，随着现代科学与互联网技术的飞速发展，信息的传播媒介与读取方式发生了巨大改变，大众获取和学习新知识的渠道也从传统纸质媒介逐渐转移到新兴媒体与数字平台媒介，这一变化标志着我国已经步入了数字化时代。在此背景下，全民对数字素养的培育也产生了新的要求。数字素养是公民依靠原生网络获取和处理信息的能力与对待网络环境的表现，包括数字连接、网络消费、数字交流、数字读写能力、网络行为礼仪、网络法律规范、数字公民的权利和义务、网络健康以及网络安全和自我保护九个方面。[①] 其中，数字读写能力（Digital Literacy）是培养公民数字素养的关键，依托数字媒体与多平台设备，公民可以将亲身实践转化为生产性的表达形式，即"阅读"和"创作"。[②] 非线性阅读丰富了人们获取信息和传播的过程，而利用数字化手段创作者可以在一种非正式的创作环境下随时随地发表言论和所思所想，弥合了传统创作模式下大众与精英的鸿沟，实现了用户从"需求端"变为"供应端"的可能。此外，以色列学者阿尔卡来（Yoram Eshet - Alkalai）提出的数字素养概念的五个框架受到广泛认可，即图片-图像素养、再创造素养、分支素养、信息素养、社会-情感素养。[③] 其中，图片-图像素养

---

① 王丹迪：《网络时代的数字公民素养教育》，《中小学信息技术教育》2014 年第 6 期，第 20 页。

② 〔澳〕约翰·哈特利：《数字时代的文化》，李士林、黄晓波译，浙江大学出版社，2014。

③ Yoram Eshet-Alkalai, "Digital Literacy: A Conceptual Framework for Survival Skills in the Digital Era," *Journal of Educational Multimedia and Hypermedia* 13 (1) (2014): 93 - 106.

指读图与用视觉思考的能力；再创造素养可以说是通过整合处理各种媒体信息，创造新的表达形式并利用合适媒体进行输出的能力；分支素养则指驾驭超媒体的能力，即能够用非线性超文本导航来建构知识；信息素养指对信息的质疑能力；社会－情感素养则指用数字手段共享知识与交流情感。

身处数字化、网络化、智能化的时代，创客教育应运而生不足为奇，而创客素养与数字素养的紧密关联也是有目共睹的。其中，数字素养中的数字读写能力与阿尔卡来提出的再创造以及分支素养有着互通之处。数字读写能力需要的创作工具以及获取信息的手段是创客教育中至关重要的内容与方法。从师生角度来看，学生利用数字内容在数字学习平台中下载免费课程、查询知识资料、交流学习心得，教师可以实现线上移动教学、获取教学资源、分享教育经验。而在实践创造环节，学生或在老师指导下或自主探索，利用数字资源与技术完成编程、开源软硬件制作，乃至制造无人机、智能机器人等作品。安徽省合肥市 168 中学教师刘宜萍带领学生共同完成了"预防近视"的创客教育项目，引导项目组成员通过互联网等数字平台确定研究方向，查找问题的解决方案，展示学习成果，应用编程和开源电子设备完善产品功能，并依托 3D 打印机等设备为产品设计外观，最终创造出智能座椅、护眼台灯、手势护眼操等"预防近视"的产品，最大限度地激发了学生的自主学习能力与创造性思维，实现了从接受式学习到探索式学习的转变。[①] 因此，数字读写能力是数字内容越来越丰富的今天大众亟须掌握的核心素养，与创客教育的结合更是培养学生批判思考、动手实践的精髓，随着"数字素养全龄化"的普及与进步，少年儿童和青年群体与数字化"教""学"的融合会呈现新的高度。

（二）创客教育与学习型社会

学习型社会是面向全龄、全民，以终身学习、学习型组织为目标，以多

---

① 刘宜萍：《创客教育中培养"数字化学习与创新"素养》，《中小学数字化教学》2018 年第 5 期，第 53～55 页。

渠道、多时空、多媒体为媒介的教育理念，其中既包括以学校、教育机构为中心的正式教育，又涵盖以社区、图书馆、博物馆等场所为中心的非正式教育。① 在数字化时代的当下乃至未来，学习将成为分布式系统，专注于创造力、创新和个性化需求，成为一种跨越多个场所的网络化活动。② 为积极应对时代与社会发展需要，2010 年教育部出台《国家中长期教育改革和发展规划纲要（2010 ~ 2020 年）》，将创建学习型社会作为教育体制改革的总任务。③ 随后，各地开始着手建设终身学习、终身教育与学习型社会为一体的教育体系，力争将学习型社会打造成为专注于创造力和个性化需求的跨场域、分布式网络，使每个参与学习活动的个体都能利用现有资源共同求知、自主探索。

创客教育的培养模式与学习型社会建设目标完美契合，具体体现在以下几个方面。一是创客教育与学习型社会依托科技相互促进。近年来，科技特别是人工智能等技术领域的发展极大地推动了创客教育与学习型社会发展的进程，教育从业者运用云计算、大数据、人机交互、虚拟现实等核心技术，实现人工智能机器人教学、物联网模块对接平台等新兴教育培养模式，④ 学生可以与人工智能机器人老师无障碍沟通，答疑解惑，还可以运用 WiFi、蓝牙等功能将物品和互联网对接，实现环境数据收集、定位、跟踪与在线管理，完成网络编程与产品设计。技术平台的创新也是学习型社会的有力支撑，通过倡导教师、学生、居民提高信息化素养，掌握使用人工智能技术的能力，大力引进智能代理（DAI）、智能仿真（IST）、智能测评（CAA），⑤

---

① 联合国教科文组织国际教育发展委员会：《学会生存》，华东师范大学比较教育研究所译，教育科学出版社，1996。

② 〔澳〕约翰·哈特利：《数字时代的文化》，李士林、黄晓波译，浙江大学出版社，2014。

③ 中华人民共和国教育部：《国家中长期教育改革和发展规划纲要（2010 ~ 2020 年）》，2010，http：//old. moe. gov. cn/publicfiles/business/htmlfiles/moe/info_ list/201407/xxgk_ 171904. html，最后访问日期：2019 年 7 月 30 日。

④ 祝智庭、单俊豪、闫寒冰：《面向人工智能创客教育的国际考察和发展策略》，《开放教育研究》2019 年第 1 期，第 48 ~ 50 页。

⑤ 朱成晨：《学习型社会与终身教育体系建设：信息化时代的省思》，《电化教育研究》2018 年第 10 期，第 41 ~ 46 页。

开展深度学习、广泛学习，大大增加了大众接触新兴科技知识的机会，体现了社会与居民共进步的发展理念。二是创客教育与学习型社会的学习资源相互激活。学习型社会的打造与终身教育、社区教育等密切相关，在国家相对更为注重正规教育的背景下，创客教育与学习型社会同样鼓励或者说提倡跨领域、跨年龄、跨场景进行自主学习、参与和分享。线下的图书馆、博物馆等公共服务场馆提供的阅读学习与包括计算机、多媒体等技术资源在内的实践空间以及讲座、分享交流会等信息流通网络，还有线上的互联网教育社区、平台都使对新知识、新领域感兴趣的学员能够随时随地学习。这些学习资源已经逐渐走进社区、家庭，无论是社会青年还是家庭主妇、退休老人都可以"物尽其学，学尽其用"。学习资源的相互激活将创客教育与学习型社会融合成一个整体，营造出"人人皆爱学""人人皆可学"的社会氛围。三是创客教育与学习型社会的学习空间相互渗透。① 创客教育不只在学校的课堂中进行，还在社会中的公共图书馆、博物馆、美术馆等机构得到施行，这些公共场馆与空间也是学习型社会的重要阵地，居民在其中学习的过程中无意间与创客教育学习相互碰撞，交流思想，共同进步，不仅促进了知识融合，同时也节约了投资成本与学习空间，一举两得。

因此，创客教育是一种理念的更迭，从以教师为主导的学习转向以学生为主导的学习；是一种学习场所的变革，从课堂的学习转向课外的学习和生活中的分布式学习；是一种学习时间的延展，即"活到老，学到老"。创客教育是数字时代创建学习型社会的必由之路。

案例观察1　香港创客教育初探

感谢南荔工坊丽婷与阿桑的组织，2017 年 10 月 18 日上午，一群来自深圳创客教育、小学和高校的小伙伴从福田口岸踏上香港创客教育探索之旅。

---

① 龚花萍、张愚、蒋雨婷：《图书馆创客空间与学习型社会的契合性分析》，《南昌大学学报》（人文社会科学版）2016 年第 4 期，第 130～133 页。

第一站是位于马鞍山的启新书院，这是一家由英基学校协会创办的私立学校，包括小学部和中学部。我们参访的有两个空间。首先是位于"红门"中心（Red Door Center）二层的创客空间。"红门"的宣传标语是"Make IT Real"，以 IT 技术和现实/实现为核心的倾向可见一斑。据接待我们的 May 讲，这栋 7 层建筑建在一个停车场上，于 2013 年完工投入使用。再去查阅学校官网的介绍也颇有意思：DOOR 原来是 Digital Opportunities on Request 的缩写，表达了开放与可能性；而红色在中国文化中意味着好运。可以将"红门"大致理解为一所学校的信息技术中心，肩负着学校网站、网络、信息系统（如学生之间、家长与教师共同可见的 Seesaw 电子学习档案）、社交媒体、邮件等的运营。而它的特别之处在于：一是将教师在教学中使用新技术作为一种战略及愿景，并提供技术支持和教学指导；二是构建对数字互联的青少年及专业文化的理解，包括公民身份和安全意识；三是为学生提供掌握影视制作、机器人及电子技能的资源。

因此，目之所及是媒体实验室、教师办公室、3D 打印机（包括一台由学生自己组装的机器）、机器人竞技平台、各种塑料螺杆模块、电线、由学校"师傅"自制的工作台、工具储纳箱、Maker Block、Little Bit，还有一些线轴布料和一台缝纫机。有意思的是各个区块的命名也寓意深远，如"Ada"是世界上第一位女程序员的名字，而"Pudovkin"则是蒙太奇理论的创始人之一。

随后我们去参观了在教学楼 4 年级教室公共空间设立的 Year 4 Makerspace。踏进空间，顿时为孩子们的自由、活跃又不乏认真所感染。不少小朋友正在进行自己的"项目"，见到生人观摩拍照也不怯场，还热情地介绍自己的作品。这里有五六间教室，空间布局各有特色，相同的是课桌椅外的游戏垫、豆豆袋和散布在教室各个角落甚至教室外的小朋友；教室门口伫立着几排正在充电的 iPad 以及书架。这里的教学是没有固定教材的，老师会引导小朋友们自己去发现问题、寻找答案，在 making 中获得认知。

最后，在美味下午茶的相伴下，May 向我们介绍了学校的探究性课程体系。孩子们会在动手实践中获得各种技能，但最重要的是态度（attitude）的养成。

学校的创客教育是从教师的培训开始的，尔后孩子们先是去尝试一些布料缝补（包括使用 Lilypad 制作的可穿戴设备）、模块拼接的技能，然后会尝试 3D 建模与打印，更进一步则是基于 Hummingbird 的编程以及机器人教学。

这些模块和工具可能内地的中小学也都具备，但是否有启新这样的战略理念、体系设置和使用效率，我还不太清楚。最让我感慨的是学校对学生自由探索能力和性格品质的培养。例如墙面上关于"幽默""热情""勇敢""创意""感恩"的画作，"想想'狗是否知道它是一只狗？'""说说'如果有人拥有了你的大脑，他/她是否会变成你'"的板报，以及教室内的张贴"错误是学习旅程的一部分，别害怕犯错，它会帮助我们学习和成长，它是通向成功的路径"。

第二站是号称香港"最全面"创客空间的 Maker Bay，果然与我的直观感受一样。Maker Bay 地处香港中心地段（油塘），空间宽阔、设备齐全，甚至包含一个 DIY Bio - Hong Kong Community Biolab。

Maker Bay 的外在与英国的 Makerversity、Machines Room 等"联合办公空间 + workshops"的设置类似。走走看看后，我们在 Hot Bench 区围成一圈坐下。Yeada 介绍了空间的创始人和创立宗旨，即为创意人群（企业家、科学家、工程师、设计师、建筑师、艺术家、手工艺人）提供一个工作、实验及合作的空间。在我们所坐的地方，曾经诞生过一款 Formula E 电动概念车。为海洋垃圾来源及流向研究开发的电子元器件（由 Seeed 生产）、测试空气中的有毒气体装置等，都是空间的一些有趣项目。Maria 重点介绍了空间的创客教育项目，如赛马会"感·创·做"大本营。空间针对创客教育从 1~6 年级课程体系进行了构建，包括所需掌握的数字技能及思维能力。Maria 认为，创客教育者所扮演的角色应该是 4C——教练、联结者、合作者和沟通者；她也分享了实践中遇到的一些挑战，如课程时间短、学生较多、课程老师并不乐于尝试"干中学"的理念等。空间的智囊团成员 Paul 也非常热情地回答了我们的问题，譬如，当请他阐述香港校内与校外创客教育的发展情况时，他明确表示，像启新那样从学校内部推动的少而珍贵，大都还是创客机构与学校以合作的方式去推动。

在我看来，Maker Bay 可能是香港创客文化的一个 powerhouse。功能方面，它包括木工、生物、编程、原型制作、教育和节展，如今年开始举办的 Citizen Science Faire；主题方面，它倡导问题与兴趣导向并举，如玩具制作、女孩技术创新（Technovation）、环境保护、新能源汽车乃至人工智能等；地域方面，它把孩子们带去美国路演；服务人群方面，既有极客会员，也有实习生和中小学生；合作方面，它与科技企业（艾睿电子）、香港数码港、世界自然基金（WFF）、银行等都有合作项目。

从大家做创客教育的经历可以得到两点关于教育的小小体会。一是 Maria 说的，小朋友面对陌生的老师时，会去"欺负"老师，试探他/她的底线；二是关于有些小朋友没有那么多的想法，一方面可能是因为他们觉得与自己关系不大，如环境保护，他们会觉得是离自己很遥远的问题，另一方面可能是他们习惯了老师将知识"喂"给自己。

最后，再次感谢南荔的精心组织，也感谢两家香港机构耐心、细致又热忱的接待和讲解。

案例观察2 中国海洋大学的"专创融合"建设[①]

1. 能否请您简要介绍海创 Lab？

"海创 Lab"是中国海洋大学文学与新闻传播学院依托文化创意产业管理专业构建的创客空间。以文化创意为特色，以共享为理念，以服务本科实践教学为己任，海创 Lab 面向全校学生开放，旨在提升大学生在文创领域的创新、设计和动手能力。

海创 Lab 目前已经开设的工作坊有 3D 打印工作坊、激光雕刻与剪纸工作坊、（视频）微电影工作坊、海报工作坊、古陶与拓印工作坊、篆刻工作坊、手绘工作坊、（平面设计）校园文化产品设计工作坊、文化遗产创意工

---

① 据 2019 年 3 月 30 日与中国海洋大学文学与新闻传播学院副教授、"海创 Lab"创始人孟岗老师访谈整理而成。

作坊等。空间开放以来受到了广大师生热切的关注。同学们积极参与空间的文创活动，创客导师们也投入了极大的热情。

2. 能否请您介绍海创 Lab 的发展历程？

2016 年 5 月，我们开始着手筹备学院的创客空间。海创空间获得了来自学校教务处支持的第一笔建设经费。依靠这些经费，我们采购了 3D 打印机、激光切割机以及相关材料。设备到位之后，我们开始以工作坊的形式对学生进行细致的技术培训。

同时，老师们也开始探索如何将专业课程教学与海创空间进行对接：第一，在专业教师带领下进行各种主题的工作坊教学，如篆刻、拓印、海报制作、视频制作、3D 打印等；第二，开设依托于创客空间的实践课程，如"书法与创意设计""海洋文化创意"等；第三，尝试将专业课程的实践课环节安排在创客空间内，如在文化传播学实践课部分，鼓励学生通过制作手工杂志来体验媒介生产的过程。

创客空间之所以能够成为激发和培育创意的地方，最重要的因素是人，在海创空间里则是老师和学生。创客空间不应该是一个只有设备的物理空间，而是一个汇集人才的社区。文化产业管理专业老师因为大多从事理论研究和教学工作，在指导学生动手制作方面并不擅长。为了改变这种情况，"海创空间"邀请校外专家来给学生们进行技术指导。例如，邀请了擅长拓印篆刻的山东大学周怡教授来指导学生如何刻章和拓印。周老师的授课让同学们体验到了传统文化的魅力。两名学生写上这个课的感悟文章在校报副刊发表。同学们不断探索用激光切割机与拓印结合，制作出各种新奇的文创产品。此后，创客空间还邀请了台湾著名文创设计师林昆范老师、著名版画家张白波老师以及本地设计师来对学生们的文创设计进行指导。

创客空间应该是以学生为主体的学习空间，教师是学生们的引导者、协助者和支持者。目前，创客空间已经在学生各方面能力培养尤其是动手能力、文创设计、创业思维提升等方面起到越来越突出的作用。

现在，"海创空间"取得了一些值得欣慰的成就。2017 年 6 月，海创空间开展的文创活动及其研发的产品受到前来视察的国务院副总理刘延东的肯定和鼓励；2017 年，空间培育的两个学生创业团队取得了"国家级大学生创新创业训练计划"的资助；2017 年以来，学生结合"文化市场营销学"、"文化传播学"和"文创产品设计"课程，在创客空间内利用已有的各种设备，设计并制作了各种创意十足的文创产品，如校园主题文化帆布袋、创意礼盒、书签、马克杯、创意卡贴、校园卡通玩偶等。不少团队的文创产品在校园文化市场内获得了不错的反响，极大地提升了学生们创新的自信心。在谈到海创空间的意义时，有一位同学的话很有代表性："我们作为文管专业的学生最需要的就是文化创新思维，而创客空间能够让我们思维发散开来并让我们的创意得到实现，真正让文化以各种形式'活起来'。"

3. 请问海创 Lab 的发展可分为几个阶段？

从 2016 年 5 月到现在，海创空间已经有差不多三年的发展历史。2016 年 5 月到 2017 年 6 月，是创客空间的初创期。作为国内文科院系发展出来的第一批创客空间，我们缺乏可资借鉴的经验。我们更多是依据国外创客空间的介绍引进一些如 3D 打印机、激光切割机等设备，师生对于这个新生事物充满期待，一些老师比较主动地参与创客空间的组织与教学工作。在这个阶段，我们开展了一系列的工作坊，并逐渐感受到数字制造在文创设计领域的潜力。

2017 年 6 月到 2018 年 6 月，可以定位为创客空间的瓶颈期。虽然取得了一些教学方面的成就，但我们还是开始感受到各种意想不到的困难。在创客空间管理方面经验的欠缺，整个学校创客文化氛围的淡漠，现行学校管理体制在创新创业教育师资上的欠缺，让创客空间的运作遇到了瓶颈。

从 2018 年 6 月到现在，我们迎来了新的发展契机。海创 Lab 作为学院级别的创客空间，开始和校级创客空间 i + Ocean 合作。i + Ocean 的另一个身份是中国海洋大学教务处领导下的大学生创新教育实践中心，在空间规模、经费、管理人员、学生构成方面，都比学院级别的海创 Lab（海创空间）要好很多。我们原本一直要做的创意木工项目，因为经费和场地的限制，无法在海创 Lab 展开。后来 i + Ocean 同意与我们合作，给我们在 i + Ocean 留下了一块地方用来进行创意木工项目。我们从校外聘请了非常专业的木工创客与校内导师一起指导学生。我个人同时作为 i + Ocean 创客空间的导师，参与了多项大学生创新引导项目的指导。

4. 请问海创 Lab 现在的组织与人员架构是什么?

在海创 Lab 最初规划阶段，我们文化产业管理专业的几位同事与学院实验室管理员志愿组成了校内导师与管理团队。我们计划通过工作坊的形式来开展教学活动。

早期的组织架构设想是让专业教师参与，但教师的待遇问题没有得到解决，学生管理团队又有较高的流动性，因此目前只有教师志愿者和实验员参与空间的管理，工作坊也因为教师的缺席而大多无法落实，空间造血功能缺失。2018 年我们做出的重大举措是将空间活动融入学校的创客空间 i + Ocean，开展创意木工坊项目，引进外部导师，并将创意木工的课程正式升级为学校通识课程。

5. 请问海创 Lab 链接的有哪些校内及校外的资源?

作为具有专业特色的学院级别的创客空间，海创 Lab 成立的时间要早于 i + Ocean。早在海创 Lab 成立之前，校内关注学生创新创业的部门有教务处、团委、就业指导中心。但是没有创客空间作为创新生态的基础，各部门资源无法落实到学生创新实践中。海创 Lab 在成立之初获得了教务处的大力支持，教务处提供经费给我们购置了 3D 打印机、激光雕刻机、热转印机等各种设备。海创 Lab 孵化了大学生创业团队和国创团队，国创团队获得了就业指导中心的创业经费。总体而言，海创 Lab 的成果包括学校创客市集和青岛市的创客市集、大学生创业团队、围绕课堂进行的文创设计以及创新创业活动，逐渐将影响扩展到整个学院乃至学校，建构了学校的创客文化氛围。

中国海洋大学创客空间系统如下:

属于团委系统的 O-Lab: O-Lab 学生创新创业实验室位于大学生活动中心，是由中国海洋大学和校友孙焱共同出资打造的学生创新创业开放平台。O-Lab 学生创新创业实验室参照社会创业咖啡模式，在为学生免费提供场地和环境支持的同时，进一步采取与大学生创业服务公司等企业合作的模式，为学生创新创业活动提供市场、融资、注册等全面指导与服务。据了解，中国海洋大学团委在对清华大学 X-lab 平台、同济大学创业谷及 3W 咖啡、柴火创客空间等国内高校和社会创业平台进行实地调研的基础上，提出了学校 O-Lab 学生创新创业实验室建设方案。该项目方案于 2015 年 7 月获得学校通过后，经过半年多的场地改建和设备调装，项目整体于 2016 年 4 月 7 日试运营。O-Lab 场地面向全校师生和学生组织开放申请使用，支持开展创意分享、校园沙龙、项目路演等创新创业及创意文化相关活动，以打造开放的校园交流互助平台，活跃校园创新创业氛围，推动学生创新创业工作开展。[1]

属于教务处系统的 i + Ocean 创客空间：中国海洋大学创新教育实践中心建设的 i + Ocean 创客空间位于行知楼，2018 年初，校长办公会研究决定将该楼负一层车库改造为学生的创客空间。i + Ocean 创客空间将为创新引导专项和创新班提供智慧化实践场所及工位，共享加工设备、共享耗材、远程网络预约会议室、共享实验水池等，并积极对接社会资源，加速项目成长、孵化，推动形成代表性、标志性创新成果。当下，i + Ocean 创客空间正逐渐成为海大学子动手实践、热衷创新、实现梦想、分享喜悦的天地。[2]

6. 请问海创 Lab 在发展过程中遇到过哪些困难？是如何解决的？

空间管理上的困难。克莱顿·克里斯坦森在《创新者的窘境》中说："在机构的初创阶段，大多数工作的开展得益于它的员工资源。几个关键人员的加入或离开都可能对其成功与否产生深远的影响。但随着时间的推移，机构的能力轨迹逐渐转向其流程和价值观。在员工们通力合作成功解决重复出现的任务的过程中，流程开始被确定下来。而随着商业模式的形成，哪些类型的业务将成为发展的重点逐渐明确，价值观也将得以建立。"海创 Lab 作为一个初创的学院级别的创客空间（从 2016 年开始运营），在其发展的

① 《中国海洋大学 O-Lab 学生创新创业实验室揭牌》，2016，华禹教育网，http://www.huaue.com/unews2014/2016420164719.htm，最后访问日期：2019 年 8 月 1 日。
② 《中国海大 2019 年度 SRDP - 创新引导专项启动暨首期 iOcean 创新班开班》，2019，中国海洋大学新闻网，http://xinwen.ouc.edu.cn/Article/Class3/xwlb/2019/01/10/85335.html，最后访问日期：2019 年 8 月 1 日。

过程中遭遇到各种类型的困难和挑战。其中很重要的一个是作为一个关注于创新教育的机构，海创 Lab 仍在找寻一个"强有力的流程和价值观"，或者日本管理学家野中郁次郎所说的隐性知识的有效生产与管理模式。

创客师资上的困境。师资上的困境是我们发展创客教育的一大瓶颈。现有的高校师资奖励激励制度让大多数教师埋头写论文，对需要花费时间和精力的实践教学避而远之。而且，大多数从应试教育中脱颖而出的高校教师，缺乏应有的创新创业实践经验，因此，仅仅是纸上谈兵似的教育方法不能够给学生真正有效的指导。对此，我们的解决方法是从业界引进真正具有创新创业实践经验和创客精神的导师来与校内导师一起指导学生。

以高校教师为主体推动创客教育，其中很关键的因素是打造师生共创的团队。而高校层面的创新教育不能满足于自娱自乐，而应该能够在专业领域中有所突破，这需要教师本身不断进行知识和能力的更新，发展建构广博专业知识的能力。

内森·弗尔在《创新者的方法》中提到了两个方法。第一种方法是建立一个试验室或特定团队将创新者的方法应用于新想法中；除了相关的工程技术专家外，试验室还配有设计思考及精益试验方面的专家。第二种方法是培养大量协助创新团队的个人，帮助他们构建专门知识。

我们在推动以文创为突破点的专创融合的过程中感到作为专业教师需要不断提升相关专业知识。过去两年来，我们以创客空间为支撑，将校外的艺术家、设计师、匠人与学生一道结成创新团队来推动创新实践。2017 年，我们邀请了精通书法题跋和篆刻艺术的周怡教授来创客空间围绕拓印、篆刻进行文创工作坊的教学。在导师们的指导下，大学生们通过实际的动手体验，能够更深入地理解传统文化的魅力并将其作为文化创新的契机。

学生创客精神的不足。对大多数海大的学生来说，他们是应试教育培养出来的大学生。大多数学生在动手能力、实践能力、创新创业意识方面相对欠缺。有很多学生将学术发展视为出路。所以，我们最初设置的不少工作坊，大多数同学参与的热情不够，或者是浅尝辄止。对于这个问题，我个人的经验是要通过课程改革的形式将专业教学与创客教学融合起来。通过创客教学法、创客市集等各种手段，激发大学生的创新创业意识和企业家精神。

7. 请问您创办并推动海创 Lab 的动力及目的是什么？

文化产业管理专业长期以来实践教学的欠缺，导致学生创意实践能力和自信心不足。文化产业管理专业本科人才培养水平与创新创业背景下社会对文化创意人才的需求有着明显的差距。有感于此，我们认为只有通过创客空间以及创客教学法等的革新推动人才培养模式的革新，才有希望为社会培养出优秀的专业人才。

创办并推动海创 Lab 的动力首先来自高校创新创业的宏观背景——中国高校创新创业教育被认为是提高高校教育教学质量的关键举措。2015 年 6 月，国务院出台关于"大众创业，万众创新"的若干政策措施。创新创业教育理念的提出，是为改变高校传统教育中对学生创新能力和创业意识的忽视而造成的学生综合能力下降的局面，并改善高校及教师的传统教学管理、态度及方法。当创意创新创业成为时代主题的时候，以大学生的培养为着力点，以高校创新创业教育为抓手，是提升全民创新能力和水平的有效途径。因此，国家出台了一系列鼓励高校进行创新创业教育的政策。从各地的实施来看，国家层面的顶层设计的确发挥了引领作用。各种以创新创业为主体的比赛遍地开花，高校开设了专门的创新创业基础课程，各类创新创业基地在逐步建设，针对学生的各级创新创业项目研究也全面铺开，关于创新创业专门性的研究机构也在很多高校中成立，创新创业教育成果逐渐成为衡量高校及教师教育教学水平的重要标准。所有这些都表明，中国高校教育对创新创业教育的贯彻和落实的确是在踏踏实实地进行。作为高校教师，我们也深深感觉到，创新创业教育的开展，正在改变中国高校教育的格局。提升大学生的创新创业能力，对培养符合社会需求的创新创业型人才具有深远意义。[①]

此外，创办并推动海创 Lab 的动力还源自对于文化产业管理专业人才培养的需求。相对于其他专业，文化产业管理专业在人才培养目标定位上本就

[①]　赵建昌：《高校创新创业教育与文化产业管理专业发展融合机制》，《大学教育》2019 年第 1 期，第 168～170 页。

比较强调对学生创意创新能力的培养。2004 年，教育部在山东大学、中国传媒大学、中国海洋大学、云南大学四所高校试点文化产业管理本科专业。2011 年教育部修订的本科专业目录正式将其纳入其中，授予管理学或艺术学学士学位。目前，我国已有 100 多所高校开设文化产业管理专业。但由于我国文化产业管理专业学科建设起步晚、经验少，培养的人才与市场需求脱节。向勇在《文化产业导论》中说道：文化产业管理本科专业建设的核心目标是培养创意经理人，这种创意经理人才具有文化产业的专业思维，这种专业思维表现在创意管理、符号（象征）价值创造和授权经营模式上。①

培养具有创新能力的复合型人才，是文化产业管理专业的属性，而实践教学是关键。实践教学一方面可以加深学生对理论知识的理解与掌握，增强运用所学知识解决实际问题的能力，以实现从知识到能力再到素质的转化；另一方面可以激发蕴藏在学生身上的潜在的创新意识和实践意识，锻炼学生的实践操作能力。文化产业管理专业人才的培养尤其应注重培养学生的实践能力，从而真正实现创新型、复合型人才的培养目标，为我国文化产业发展储备一流人才，发挥人才智库的作用。②

作为全国第一批文化产业管理专业的教师，我们长期以来感受到在专业人才培养和教学方法方面的痛点。这也是我们为什么想通过开设创客空间，以创客教学法的方式改变文化产业管理专业在教学上普遍存在的重理论轻实践的现状。

学者张国超曾做过一个文化产业人才需求情况的调查，结果表明国有文化企业对市场营销人员和文创研发人员的需求要超过对管理人员的需求。③张国超进一步指出了高校文化产业管理专业教学方法上重理论轻实践的问题：文化产业管理应用性专业的性质和交叉学科的特点决定了其培养目标主

---

① 向勇：《文化产业导论》，北京大学出版社，2015。
② 苏琼：《创新创业背景下文化产业管理专业实践教学体系优化探析》，《大庆社会科学》2019 年第 1 期，第 139～140 页。
③ 张国超、唐培：《文化产业管理专业人才培养模式改革》，《北京教育学院学报》2015 年第 5 期，第 45～49 页。

要是既懂文化又懂经济管理的复合型人才。文化产业管理专业毕业生应具备文化产业领域的综合职业能力和全面素质，能在文化生产、文化管理、文化市场营销等工作一线从事策划、生产、核算、控制等技术工作和管理工作。

因此，文化产业人才的培养不能采用传统的课堂教育方式，而应寻求一种创新与突破。然而，我在调研过程中发现，绝大多数高校对于文化产业管理专业人才的培养依旧沿用传统的授课方式，缺乏对学生创新思维与能力的培养。很多教师在授课中照本宣科，将原本富有启发性的知识变得枯燥无味，知识传递效果大打折扣，也不利于学生复合型知识结构的形成。实践环节较为薄弱：受学科本位的影响，目前文化产业管理本科专业的教学强调文化产业理论学习，以文化产业学科体系为线索，重点传授学科前沿的理论知识。这种人才培养模式能充分发挥专业教师的主导作用，在较短的时间内把文化产业管理知识系统地传授给学生，学生可能基础较为牢固，增强了自我适应的能力。但这种人才培养模式"重理论、轻实践"，"重知识积累、轻动手操作"，缺乏对实践中创新能力的培养。实践教学环节存在形式少、比重小、内容窄、实验设施陈旧等问题，严重影响学生实际技能的形成，实践基地的建设严重滞后于人才培养的需要。

文化产业管理专业实践教学的缺失，使学生缺乏必备的实际技能。正如苏琼所分析的，在实践教学模式方面，高校当前主要有两种模式：一是以案例教学为主的课内实践教学；二是以集中实践、企业观摩为主的课外实践教学。然而，在实际执行过程中，很多实践教学活动浮于形式，多以参观观摩为主，真正让学生运用理论进行实践操作的训练环节远远不够。[①]

当前高校创客教育的困境：实践教学质量的保障体系有待完善。从目前文化产业管理专业师资队伍来看，文化产业管理专业教师往往缺少一定的从业经历和实践经验，实践教学师资多为外聘教师，这也为实践教学管理带来

---

① 苏琼：《创新创业背景下文化产业管理专业实践教学体系优化探析》，《大庆社会科学》2019年第1期，第139~140页。

了难题。在实践教学激励考核方面，由于实践教学工作量较少，实践教学资料多而繁杂，很多老师不愿意承担实践教学任务。因此有必要制定与实施一套实践教学质量标准和评价体系，引导更多师生积极参与到创新创业实践教学活动中来。[①]

高校教师之所以不愿意参与创新创业实践教学，当前高校对于教师以论文考核导向是主要原因。高校专业教师平时忙于教学与写论文，参与创新实践的时间很少。我们认为，高校创新教育在模式创新上可以借鉴企业界的经验，比如谷歌的20%创新时间制度。

谷歌的"20%时间"工作方式，允许工程师拿出20%的时间来研究自己喜欢的项目。语音服务（Google Now）、谷歌新闻（Google News）、谷歌地图（Google Map）上的交通信息等，全都是20%时间的产物。但是，许多人都对这个概念有误解：该制度的重点在于自由，而不在时间长短。20%时间制最为宝贵的地方不在于由此诞生的新产品或新功能，而在于人们在做新的尝试时所学到的东西。绝大多数的20%时间项目都需要人们运用或学习日常工作之外的技能，也常需要他们与工作上不常打交道的同事相互协作。即便这些项目很少能够演变为令人眼前一亮的新发明，却总能产生更多精干的创意精英。[②]

当前对于高校创新创业的研究大多从学生的角度来思考问题。很少有人思考高校教师参与创新教育，对教师自身有什么价值。而这个问题才是教师参与创新创业教育的直接动力。

对于如何改善实践教学，学者苏琼的观点比较典型，即搭建校内外实践教学平台，打造开放性实验室。一是加强校内专业实验室建设。比如，加强文化体验中心、巧手妙作实验室（拼布、装裱）、非遗创客实验室、文化创意活动策划实验室等专业实验室，为专业实践教学提供场地与空间。二是加

---

① 苏琼：《创新创业背景下文化产业管理专业实践教学体系优化探析》，《大庆社会科学》2019年第1期，第139～140页。

② 〔美〕埃里克·施密特：《重新定义公司：谷歌是如何运营的》，靳婷婷、陈序、何晔译，中信出版社，2015。

强校外实践教学基地建设。在校外实践教学基地建设中，一方面，要坚持专业对口、能高质量指导学生、能开展深度合作的标准；另一方面，要重视与实践教学基地的互利双赢，充分利用高校科研、人才培训的优势为实践基地提供各种服务。① 我认为苏琼低估了高校创客教育的复杂性。实际上，加强校内专业实验室建设，不能仅仅依靠增加各种门类的实验室场地和空间等硬件方面的条件，同时应该从知识管理和隐性知识生产的视角来加强创客空间的管理，培育学校的创客文化，建构一个"强有力的流程和价值观"。

高校创办创客空间以及在高校推行创客教育的意义在于提升创新创意的意识，培育创客思维和企业家精神。

8. 请问海创 Lab 未来的发展目标和路径是什么？

通过不断迭代的创新管理方法，将海创 Lab 打造成一个具有平台性质的开放的创新生态。培育出几个带有专业特性的工作坊，打造师生共创的文创设计研发团队，成为青岛市乃至山东省文创研发的基地。希望海创 Lab 不断扩大对本地的影响，能够扮演类似麻省理工学院媒体实验室那样的角色。

---

① 苏琼：《创新创业背景下文化产业管理专业实践教学体系优化探析》，《大庆社会科学》2019 年第 1 期，第 139～140 页。

第四章 创客创新与城市可持续发展

可持续发展是这样的发展，它既满足当代人的需求，又不损害后代人满足其需求的能力。

——世界环境与发展委员会《我们共同的未来》，1987

在以技术创新、企业创新、国家创新体系等为核心的创新理论发展中，朴素式创新（又译作节俭式创新）、草根创新和社会创新等创新方式逐渐进入研究者的视野，并共同创造一个可持续发展的未来。

一 创新理论的新进展

（一）朴素式创新的理念与范式

朴素式创新可溯源至 20 世纪 50 年代的"适用技术"运动。印度的精神领袖甘地往往被认为是适用技术运动之父，但是甘地本人并没有为这一概念命名。甘地提倡小型的、本地的、主要基于乡村的技术，以帮助印度的乡村自力更生。他反对那些仅仅使极少数人得益的技术，因为其后果是纵容企业以大多数人失业为代价来获取利润。最早提出"中间技术"一词的经济学家舒马赫（E. F. Schumacher），正是在对印度和缅甸等发展中国家的研究过程中，逐渐明晰了适用技术的基本原则，并在 1973 年出版的《小而美》（*Small is Beautiful*）一书中予以论述，其要旨即产品开发需符合当地的经济和资源等条件。1975 年，印度经济学家雷迪（Amulya K. N. Reddy）指出，适用可以是低中高技术，只要满足经济、社会、环境目标即可。2010
年，《经济学人》杂志也推出面向新兴市场的创新专刊，研究了 GE 的
MAC800 心电图仪、塔塔的 NANO 汽车和比亚迪的锂电池汽车研发。[1] 2012
年，《简约创新》（*Jugaad Innovation*）一书出版，Jugaad 意指"突破各种限
制条件，用有限资源即兴设计有效的解决方案"；作者认为 Jugaad 与中国的
自主创新、美国的 DIY 一脉相承。[2] 此后，NESTA 发布研究报告《我们的
节俭未来：印度创新体系的启示》（*Our Frugal Future：Lessons from India's
Innovation System*）；[3] 斯坦福大学开设"面向末端购买力的企业设计"课程；
圣克拉拉大学也设立了节俭式创新实验室。

时任雷诺和日产两大汽车企业 CEO 的卡洛斯·戈恩在 2006 年提出朴素
式工程（frugal engineering）的概念来描述印度工程师开发产品的能力，即
"使用更少的资源获得更多的东西"。[4] 陈劲等总结了朴素式创新的概念：
"朴素式创新是针对新兴市场中的 BOP 消费者所进行的一种资源限制型创新
模式；该模式借助对消费者需求的充分了解，通过创新商业模式、价值链、
生产流程和产品设计等，降低产品及其价值链的复杂程度和成本，提供质量
合格的、耐用易用的、能满足需求的产品或服务；朴素式创新的优势在于提
供了一个优秀的价值主张，即同时实现低成本和满足客户对产品质量和设计
等的期望。"[5] 鲍德（Bound）和桑顿（Thornton）认为，朴素式创新应具有
四个特征：质优价廉、从产品延伸到服务、重新设计而非简单改造以及可使

---

① Economist，"Special Report on Innovation in Emerging Market：First Break All the Rules," *The
Charms of Frugal Innovation* 1 （2010）.

② N. Radjou, J. Prabhu and S. Ahuja, *Jugaad Innovation：Think Frugal, Be Flexible, Generate
Breakthrough Growth* （San Francisco, CA：Jossey-Bass, 2012）.

③ K. Bound, W. Thornton, *Our Frugal Future：Lessons from India's Innovation System* （London：
NESTA, 2012）.

④ M. Aschmoneit, D. Janevska, Closing the Gap between Frugal and Reverse Innovation：Lessons
Learned from the Case of the Tata Nano （Ph. D. diss., Linkopings University, 2013）.

⑤ 陈劲、王锟、Hang Chang Chieh：《朴素式创新：正在崛起的创新范式》，《技术经济》2014
年第 1 期，第 2 页。

用前沿科技。[1]

多位学者分析了朴素式创新的宏观和微观驱动力。宏观方面，一是资源的匮乏和环境危机加强了人们的节俭消费及环保意识；二是发达市场的经济危机使得研发预算缩减，企业更为注重开发满足人们生活需求而非奢侈欲望的商品；三是新兴经济体在全球经济中的贡献越来越大，人们生活水平的提高也对产品和服务质量提出新的要求；四是互联网等新技术的发展降低了知识获取和创新的门槛，为朴素式创新提供了机会。微观方面，消费者的购买力有限、分销渠道缺乏和上游产品创新的资源限制及制度缺失也推动了朴素式创新的发展。[2]

国外学者也总结了朴素式创新的方法流程。第一步是了解客户需求，针对新兴市场中 BOP 客户的需求，以最低的成本实现最大的价值；第二步是自下而上的创新，即将客户纳入开发的过程进行全新设计，而非单纯简化或去掉原有设计中的功能；第三步是赋予组织灵活性，设置跨职能部门或以项目为导向的团队，以推动朴素式创新的发展；第四步是链接外部资源进行开放式创新，实现共创并进一步激发小微团队或用户的力量。由此，朴素式创新的意义在于：首先，面向 BOP 用户，并且将其看作生产者和供应商整合到价值链中，有利于实现社会的公平化和民主化；[3] 其次，减少资源利用，创造商业机会，促进社会可持续发展。[4]

---

[1] K. Bound, W. Thornton, *Our Frugal Future: Lessons from India's Innovation System* (London: NESTA, 2012).

[2] 详见 K. Bound, W. Thornton, *Our Frugal Future: Lessons from India's Innovation System* (London: NESTA, 2012). B. C. Rao, "How Disruptive is Frugal?" *Technology in Society* 35 (2013): 65 – 73. R. Tiwari, C. Herstatt, "'Too Good' to Succeed? Why Not Just Try 'Good Enough!' Some Deliberations on the Prospects of Frugal Innovations, Working Paper, Technology and Innovation Management," Technische Universitat Hamburg-Harburg, 2013. 陈劲、王锟、Hang Chang Chieh：《朴素式创新：正在崛起的创新范式》，《技术经济》2014 年第 1 期，第 1~6、117 页。

[3] H. N. Kahle, A. Dubiel, H. Ernst, "The Democratizing Effects of Frugal Innovation: Implications for Inclusive Growth and State-building," *Journal of Indian Business Research* 5 (2013): 220 – 234.

[4] N. Radjou, J. Prabhu, and S. Ahuja, *Jugaad Innovation: Think Frugal, Be Flexible, Generate Breakthrough Growth* (San Francisco, CA: Jossey-Bass, 2012).

2008 年，在斯坦福大学"为极端需求设计"（Design for Extreme Affordability）的课堂中，教授要求学生们设计出一个只需要传统 1% 成本的婴儿保温箱，以帮助每年诞生的 1.5 亿早产儿和出生时体重偏轻的婴儿。当时，市场上的婴儿恒温箱售价高达 2 万美元，并需要其他设备持续供电支持，以及专业受训的护士操作。华裔女生陈姿谕（Jane Chen）与团队走访了印度和尼泊尔的偏远农村，发现成本并非核心问题。当地并不缺乏外界捐赠的保温箱，却因为电力不稳或无人会使用而使其躺在医院的角落无人问津；同时，医院和保温箱的可及性是另一个问题，从家中跋涉到城里的医院，往往需要好几个小时，往往会延误治疗时机。由此，团队开发出可携带、易操作又完全不需要电力的婴儿保温睡袋（Embrace Infant Warmer）。他们发现一种熔点正好是 37℃ 的蜡，将蜡包加热融化后放进保暖包里，蜡在逐渐凝固的过程中缓慢放热，从而将 37℃ 维持整整 6 个小时。毕业后，团队继续将作业完善，制作出原型并投入量产，致力于将其送达贫困落后地区有需要的母亲手中。至今，Embrace 已帮助了 22 个国家超过 30 万的新生儿，并有近万名医疗人员接受了培训，近 2 万名母亲接受育儿教育。[①]

从斯坦福课堂到可以上市的产品，团队足足花了三年时间，并从美国搬到了印度。尽管实现了公益愿景，但从卖给大医院、私人诊所到印度政府，商业模式似乎难以为继。基于从婴儿保温睡袋得到的良好反馈，团队意识到保持理想的温度能使婴儿们睡得更好。由此，团队利用公司现有的技术，设计出"Little Lotus"婴儿睡袋，采用受 NASA 太空衣启发的专利布料，让宝宝处于恒温状态。这一次，"Little Lotus"的商业推广采用了"买一捐一"的模式，产品收入用来支持捐赠给发展中国家的产品，此举既获得了初为人

---

① 《Embrace 创始人 Jane Chen：一个曾经的课堂作业成就了拯救 20 万新生儿的创业》，http：//dy.163.com/v2/article/detail/DBU3NSKN05198R53.html，最后访问日期：2019 年 5 月 13 日。

◇ 创客文化研究

母的女性们的共情，也为共济社会增添了力量。①

综上所述，朴素式创新既是一种发展理念，也是一种创新范式。纳维·拉德友（Navi Radjou）等总结出朴素式创新的六大原则，即在逆境中寻找机会、以少博多、灵活思考和行动、保持简单、服务边缘客户和遵从内心。② 就方法而言，它是一种综合性创新，包括应用创新、制度创新、社会创新；它不仅仅以企业为主体，大众也是创新过程的一部分；它不仅仅是新兴市场的需求，也是发达国家追求可持续发展的必然途径。目前，国内研究主要体现在对西方理论的总结，并将其作为面向新兴市场、经济"新常态"的路径。国内案例分析及理论总结较为缺乏，仅有芮正云、方聪龙关注到农村创业者的节俭式创新行为，以江苏、浙江的"淘宝村"为创业样本，分析互联网嵌入、双元机会开发与农村创业者节俭式创新之间的关系作用。③事实上，朴素式创新与"大众创业，万众创新"密不可分。

（二）草根创新的渊源与实践

草根创新是一种与精英主义相对的创新方式，指创新不只发生在政府、高校或企业的实验室中，由科学家和研发人员完成，在日常生活中，特别是在面对一些现实问题的情况下，大众也可能提出创新性解决方案。这一行为可以是个人对自己或周边问题的解决，也可以是多人共同为更为普遍的问题自下而上地提出新颖解决方案，且这些人也是方案的实施者或者会跟进实施的全过程。④

草根创新的研究源于包容性增长和金字塔底层阶级（Bottom of Pyramid，

---

① Little Lotus 官网，https：//littlelotusbaby. com/pages/about - us，最后访问日期：2019 年 8 月 24 日。
② 〔印〕纳维·拉德友、贾德普·普拉胡、西蒙·阿胡亚：《朴素式创新：节俭、灵活与突破式增长》，陈劲译，清华大学出版社，2015，第 27 ~ 142 页。
③ 芮正云、方聪龙：《互联网嵌入与农村创业者节俭式创新：双元机会开发的协同与平衡》，《中国农村经济》2018 年第 7 期，第 96 ~ 112 页。
④ Adrian Smith, Andrew Stirling, *Grassroots Innovation and Innoration Democracy* （Brighton：STEPS Centre, 2016）.

126

BOP）创新研究。阿德里安·史密斯（Adrian Smith）等在 2017 年出版了《草根创新运动》（*Grassroots Innovation Movements*）一书，对与草根创新相关的社会运动进行了历史溯源（见表 4 − 1）。[①]

表 4 − 1　草根创新的历史背景与现实表现

运动	背景	表现
南美适用技术运动（20 世纪 70 年代至 80 年代）	政治动乱，社会动员，国家镇压； 债务危机，经济重组，工业部门流失； 发展型 NGO 与环境关注的增长； 与完全的政治动员相对，在社会项目领域充分展现行动主义	具有特定形式和适宜规模的技术成为当地社区寻求自主发展的工具； 通过实践项目来提升社会责任感与团结精神； 社区参与、传统知识与原住民族权利； 技术成为发展的工具，并关注资源使用和环境影响
英国公益生产运动（20 世纪 70 年代中期至 80 年代中期）	制造业衰退，新自动化机器及工具诞生并普及，失业率上涨； 重新架构并重新配置服务业、金融业和海外的工业资本； 工会、政府当局、社区和理工院校的草根社会主义； 倡导和平、环境和女性的新社会运动； 新自由主义思想的逐渐兴起和制度化	为社会目的和环境而非为利益和军事应用的设计、创新与生产； 工作场所的民主与强化技能、以工人为中心的技术； 参与式设计，社区介入和技术开发的民主化； 技术宣传，另一种经济战略，国家支持
印度人民科学运动（20 世纪 70 年代至今）	印度的自由运动，甘地式村庄自给自足，尼赫鲁式重工业化发展； 针对社会弱势群体的科技政策； 关于开放印度市场和引进知识产权体系的辩论； 城市与农村穷人及有关环境的社会运动	通过普及适用科学技术，提高本土资源和能力的价值； 在城区范围形成合作和集体生产体系； 当地层面的规划、组织和协调； 升级传统生产部门并组织工人（如食品加工、手工艺、建筑和能源）
印度蜜蜂网络运动（20 世纪 80 年代至今）	印度草根阶层中传统知识的创造力与财富逐渐显现； 草根阶层遭遇改造技术发展的挫折； 20 世纪 90 年代到 21 世纪初印度的新自由主义开放事业； 印度的新兴创新事业与机构	对草根的创造力和知识给予充分认可； 为草根创新者改革并推广创新机构； 搜寻发明，赋予知识产权、商业化资源和市场营销支持； 为草根的发明创造能力提供公平恰当的奖励

---

① Adrian Smith, Marinano Fressoli, *Grassroots Innovation Movements*（London and New York：Routledge, 2017）.

续表

运动	背景	表现
巴西社会技术网络运动(21世纪前20年)	与工党、卢拉总统任职(2004年起)相关的社会运动,确保参与式发展与共济经济获得国家支持; 债务危机,非均衡的经济增长,长期的社会不平等; 关注到20世纪90年代的适用技术	超越单独的适用技术项目; 社会技术作为赋权社区为当地发展做出贡献的参与过程; 重新设计科技政策议程以涵盖社会技术计划; 适宜大范围复制和改造的特殊社会技术组合; 技术民主化,并为促进团结开发工具
黑客空间、微观装配实验室和创客空间运动(21世纪初至今)	自由软件运动以及随后的黑客和创客运动; 可获取的数字化制造技术; 硅谷企业家精神和技术乐观主义; 非稳定的工作,共享办公,自由职业以及社会企业家精神; 跨领域合作,对等合作与开放性	开源,对等协同设计与制作; 个人化制造,大规模定制,技术与企业家精神; 技术民主化与拆解、修理和改装的权利; 动员可持续发展; 制造的去中心化

从创客运动的角度,国外的草根创新一方面促进了创客社群的形成,如创客空间的自发形成和自我治理,另一方面草根创新是创客群体的主要行为特征。

以美国的 Noisebridge 为例,其命名源于一种测试系统对噪音反应的电子元件。Noisebridge 在 2007 年由米奇·阿特曼(Mitch Altman)创立,是一个为编程、硬件、手工、科学、机器人、艺术和技术爱好者提供设施及工作机会的空间。空间坐落在旧金山 Mission Street 的一家店铺楼上,入口的铁门颇不起眼,内部也只有两个教室那么大,却具备了创客空间所需的各种切割、焊接工具及 3D 打印机等,拥有光学实验室、真菌实验室、生物科技实验室、冲洗照片的暗房甚至云计算实验室。正对着入口的是一堵堆满废旧电脑或音乐器材的"南墙",以供人们就地取材。人们不需要成为会员即可在此工作、学习或是开设课程。而全职会员则意味着更多的责任,如支付 40～80 美元/月的会员费以及负责维持、改善和管理空间;成为全职会员的过程也较为烦琐,需得到两位全职会员的推荐。空间主要依靠捐赠来维持运营,[①] 并获得如"最佳开源游乐场"或"最佳黑客游乐场"的称号,其会员也获得如 Usenix 安全会议和国际密码学会议等顶级学术会议的最佳论文奖。[②]"无为而治"的理念下蕴含着三大价值观:彼此友好、求同存异以及"制作民主"(Do-ocracy)。

布莱顿的 Build Brighton 是英国最早成立的创客空间之一。2009 年,米奇·阿特曼造访了布莱顿的创客社群(一个机器人小组)和在数字与设计产业工作的朋友,鼓励他们一起创建 Build Brighton。在成立之初,Build Brighton 只有 30 位会员,他们在联合办公空间租下一个房间,每逢周四在一起制作,逐渐积累了一些电子仪器、激光打印机等工具。2010 年,Build Brighton 参加了全球创客挑战(Global Maker Challenge),凭借一个帮助孩子通过发音来拼写单词的玩具猫头鹰而获得亚军并获得更为广泛的关注。到 2017 年,Build Brighton 已有 100 多位会员,管理采用自治的方式,运营费用来自会员们的捐赠。

笔者造访 Build Brighton 之时,正是一个周四的开放夜。会员们热情地展示了他们正在进行的项目。例如,一位在机场工作的修理工程师利用废弃的电脑零件自制了一台 3D 打印机,造价仅 100 英镑。一位在布莱顿大学念设计硕士的年轻人自己做了一张触控交互桌子,还不断地征询大家的意见,想把它商业化。一位中年大叔兴致勃勃地从书包里拿出一只小熊和一堆图纸,说这是他给女儿做的玩具,手嘴可以动,可以在他不在家的时候陪伴他的女儿聊天、学习;图纸是项目的电路图,也是他和女儿一起完成的,上面有蜡笔绘制的电路。

爱丁堡的第一家创客空间 Hack Lab 也是如此。Hack Lab 采用会员自治的方式,会员费 25 镑/月,工具使用费另算。当被问及这些费用是否足以支

---

① Noisebridge 官网,https://www.noisebridge.net/wiki/About,最后访问日期:2019 年 8 月 24 日。《探访美国创客空间之 Noisebridge:无为而治的黑客俱乐部》,雷锋网,https://www.leiphone.com/news/201406/us – hackerspace – tour – noisebridge.html,最后访问日期:2019 年 5 月 16 日。

② Wikipedia "Noisebridge" 词条,https://en.wikipedia.org/wiki/Noisebridge,最后访问日期:2019 年 8 月 10 日。

持空间的运营时，一位被误认为是空间经理的创客会员答道："这里没有赢利目标，大家就是分摊一下房租，有些工具是学校或一些机构捐赠的，若是购买的也可以从使用费收回；除此之外几乎就没有别的大支出了。"① 正是这种自治的方式使得草根创新在空间中自由生长。

而位于谢菲尔德的 Access Space 更是开放到没有会员制度，流浪汉也可随时走进空间，制作一件物品或学习一项技能。空间 50% 的参与人员是艺术家、学者、创意技术人员、程序员、科学家和学生，另外 50% 的人则来自社会的边缘，如残疾人、流浪汉、刑满释放人员、难民甚至患有精神疾病的人群。空间通过使用免费、开源软件和循环利用的笔记本电脑来维持低碳节能的可持续发展，但它传播技能的容量在不断扩大。②

除了这些面向本土的草根创新空间，英国也有不少面向世界的草根创新项目。如建筑慈善组织 AzuKo 即致力于提升弱势社群的生活条件。创始人和总监 Jo Ashbridge 对人道主义、救灾援助和可持续发展等议题充满热情，她曾在越南建立单间避难所、撰写灾后临时避难所指南，也在南亚研究过低收入社区的土制建筑。

自李克强总理提出"使草根创新蔚然成风、遍地开花"后，国内学者对草根创新理论及农民创新实践进行了研究。天津财经大学创新与创业研究中心（原名"民间创新研究中心"）历经 10 年，组织大学生深入我国近 30 个省份的农村，搜集民间创新项目 2000 余项，如惯性助力自行车、可将雨水优劣分流的雨水井和彩金沙画等，不仅绘制出我国的民间创新地图，还努力帮助发明创造与市场对接。③ 秦佳良、张玉臣通过搜索关键词"草根创新""民间创新""基层创新""农民创新"等，获得 407 个初始的案例样本，随后在装配式制造创新类别中使用敏化概念及最大差异抽样法，最终确定了 10 个农民草根创新案例。这 10 个案例来源于辽宁、江苏、湖南、四

---

① 与 Hack Lab 会员座谈，座谈时间：2017 年 3 月 1 日。
② Access Space 官网，http://access-space.org/about/，最后访问日期：2019 年 8 月 24 日。
③ 《天津财大历经 10 年绘制的中国民间创新"活地图"出炉》，2012，http://cxcy.tjufe.edu.cn/info/1103/1229.htm，最后访问日期：2019 年 5 月 14 日。

川、云南、山西、河南、广东、山东和北京的乡镇地区，产品包括温室大棚太阳能取暖器、荸荠采集机、超级油菜、多功能净烟灶、增强型防水剂、自行车呼吸机、香蕉树粉碎还田机和无污染秸秆造纸新法等。通过对 10 个案例的分析，作者总结了草根创新的资源驱动、社会驱动和生态驱动三种模式；同时，强调了草根创新的"修补"（Bricolage）或朴素方法，以及草根创新与可持续发展的关系。湛泳、刘萍也列出国内外的草根创新典型案例，并提出推动草根创新的四大路径：一是加强科普教育，提升草根群体的科学素养，如成立草根学习网络组织，有针对性地开展创新创业培训；二是立足本土需求识别创新机会，并结合本土资源和技能进行创新；三是搭建草根创新平台，获得外部组织支持，其中，外部组织既可指创新孵化空间如众创空间，也可指公益组织，还可以是互联网平台；四是完善政策基础与市场激励，推动创新成果转化，例如开展草根创新大赛，降低草根创新融资风险，推广草根创新成果等。这些措施与创客运动的发展路径不谋而合。

　　在政策层面，我国的"大众创业，万众创新"已形成汇集发布解读平台，其适用人群包括科技人员、高校毕业生、农民工、退役军人、失业人员、留学人员、小微企业等，涵盖了部分弱势群体。此外，也出台了一些针对退役军人、农民工返乡的专门政策。① 然而，在实践过程中还存在着一些不足：一方面，针对农民工、退役军人和失业人员等技能提升的相关措施尚在少数；另一方面，草根创新的显示度还有待提升，相互借鉴、通过民众智慧解决社会问题的网络和机制尚未形成。

　　与朴素式创新相比，草根创新与朴素式创新均强调在资源稀缺的情况下面向 BOP 阶层的创新和自下而上的创新过程。两者的区别在于：首先，"草根"表征与主流精英相对的弱势群体，而朴素式创新的阶层意涵相对较弱；其次，草根创新强调嵌入群体的传统知识、经验和技能，而朴素式创新则强调按需重新设计；最后，草根创新的主要目标是满足自身需求或改善自身经

---

① "大众创业，万众创新"政策汇集发布解读平台，http：//www.gov.cn/zhengce/zhuti/shuang chuang/index.htm，最后访问日期：2019 年 8 月 24 日。

济社会条件，而朴素式创新并不强调这一点，因其主体不一定是草根阶层而更具普遍性及经济性。

（三）社会创新的过程与探索

由于全球化、工业化、城市化、信息化的飞速发展和公民社会的崛起，各国政府、国际组织及社会机构也积极地在技术与经济领域之外进行社会创新的探索与实践。

社会创新指"在社会各个领域、各种组织中实践创新和创业精神，实施有效的管理，在解决社会问题、满足社会需求的同时促进组织和整个社会的发展"。[①] 其特征主要表现在三个方面。一是创新目标的社会导向性。杰夫·摩根等列出社会创新的重点领域，包括人口老龄化、贫富差距、医疗、青少年心理、犯罪、气候变化等，都非单纯技术创新可解决的问题，而亟待全社会的共同努力。[②] 二是创新主体的多元性。社会创新的主体不仅是企业和研发人员，政府、非营利组织和公民个人都应积极地参与创新活动。三是创新实践的优先性。社会创新最重要的是实践，即"通过实际行动来改变社会"。[③] 司徒·康格等则列出社会创新的 12 个阶段，包括概念研究、探索开发、样本开发、试验性研究、高级开发、项目实验、项目定型、田野检测、操作系统开发、展示项目、宣传、实施。当然，实际的操作可能会越过一些步骤。[④]

尽管对于社会创新的定义和理论框架还存在着争议，但学者一致认为，

---

① P. Drucker, *The Frontiers of Management*: *Where Tomorrow's Decisions Are Being Shaped Today* (New York: Truman Talley Booka/Plume, 1999)；纪光欣、岳琳琳：《德鲁克社会创新思想及其价值探析》，《外国经济与管理》2012 年第 9 期，第 1~6 页。

② 〔英〕杰夫·摩根、张晓扬等：《社会硅谷：社会创新的发生与发展》，《经济社会体制比较》2006 年第 5 期，第 1~12 页。

③ P. Drucker, *The Frontiers of Management*: *Where Tomorrow's Decisions Are Being Shaped Today* (New York: Truman Talley Booka/Plume, 1999)；纪光欣、岳琳琳：《德鲁克社会创新思想及其价值探析》，《外国经济与管理》2012 年第 9 期，第 1~6 页。

④ 〔加〕司徒·康格、赖海榕：《社会创新》，《马克思主义与现实》2000 年第 4 期，第 35~37 页。

社会创新是一个多学科交叉的研究领域，并鼓励经济学、管理学、社会学、人类学、设计学等多学科的介入与争鸣。[①] 一些学者从社区设计的角度关注生活实验室（Living Lab）、微观装配实验室（Fab Lab）、媒体实验室（Media Lab）和社会创新实验室（DESIS）等在推动跨界合作与社会创新中的作用。[②] 这些空间正属于更广意义上的创客空间的范畴。

2010 年，中央编译局比较政治与经济研究中心和北京大学中国政府创新研究中心等学术机构发起"中国社会创新奖"，每两年举办一届，迄今已成功举办 3 届，共有 600 多个项目参与申报。在该奖项的影响下，广州在 2016 年举办首届广州社会创新奖，并在 2017 年首次发布广州社会创新指数，计划培育孵化一批社会创新家。国际非营利组织创行中国 Enactus 也在全国范围内发起社会创新大赛。奖项与大赛的设置不仅鼓励了面向现实问题的民间创新实践，也增强了其显示度，促进创新的扩散与经验的学习。

安特弗劳纳（Elisabeth Unterfrauner）和沃伊特（Christian Voigt）认为，创客们具有解决社会问题的内生动力，主要表现在教育、包容性和环保主义三个方面。创客的教育目的包括教育孩童，改变消费者和生产者之间的关系从而推动创客型经济，在正统的教育体系中增加"干中学"的学习方法，以及提升技能以增强就业能力和竞争力。创客所追求的包容性指创客空间对公众的开放性，或是为社区（特别是弱势群体）创造更多的机会。而环保主义主要包括回收利用、修理文化、升级改造以及循环经济。以下从深圳罗湖社会创新空间、广州一起开工社区和香港 MaD 创不同协作有限公司三个案例来探究社会创新与创客文化的关联。[③]

1. 深圳罗湖社会创新空间

罗湖社会创新空间（以下简称"创新空间"）位于深圳市历史最久的城

① 〔英〕杰夫·摩根、马瑞:《社会创新理论：理论能否赶超实践?》，《国外理论动态》2015年第 7 期，第 99~112 页。

② 娄永琪:《NICE 2035：一个设计驱动的社区支持型社会创新实验》，《装饰》2018 年第 5 期，第 34~39 页。

③ Elisabeth Unterfrauner & Christian Voigt, "Makers' Ambitions to Do Socially Valuable Things," *The Design Journal* 20 (2017): sup1, S3317–S3325.

区罗湖区，占地面积为1000平方米。空间采用"官方扶持、专业运行、资源共享、公众获益"的运营方式，由政府提供场地及部分运作资金，光合春田社会组织联合发展中心负责管理和运营，其宗旨是为罗湖区的初创社会组织提供与办公、活动、培训相关的服务，以及平台、技术、资金等多方面的支持，解决并改善罗湖区的社会问题，引领社会创新。

自2015年7月成立以来，创新空间经历了从"孵化器"到"支持平台"再到"公益生态营造者"的角色转换。2015年至2017年是创新空间的起步阶段，其业务内容主要是对初创企业进行一对一业务咨询与能力培训，根据企业定位、成长与发展的不同阶段定制专属配套服务，帮助解决企业的办公场地、活动经费、技术能力等问题，并通过财务管理、法律援助等服务促使企业在建设初期就走上规范化的管理之路。

2017年至2018年是创新空间的转型升级阶段。这一时期，空间致力于通过自身积累的资源与渠道为社会组织建立社会关系网络，完成在地资源的转换与获取。通过创新空间的"牵线搭桥"，入驻组织可获得项目资助与业务对接方面的内外部支持；入驻组织获得成长后也将反哺网络，对后入驻的初创企业给予支持。

2018年至今，创新空间进入行业推动阶段，定位为"罗湖区公益生态的营造者"，营造良好的罗湖区公益生态，充分支持在地社会组织的可持续发展，推动行业整体的繁荣共生。

空间构建了组织赋能、资源链接、行业推动三大业务板块（见图4 - 1），也承担了一些参访交流和项目参赛等外延服务。

2015年至2017年，创新空间推出"项目种子启动基金"计划。该计划虽然满足了入驻社会组织对市场调研、业务探索、品牌建设与咨询管理等方面的需求，但是也存在着无法对优秀项目进行有针对性的资金扶持等问题。由此，创新空间推出了"项目小额资助"计划，以支持培育型组织和优秀的公益项目及其品牌建设。迄今，创新空间已经发布了4期项目资助计划，达到与满足了30家社会组织的项目实践目标与品牌建设需求，资助总额为114万元。2018~2019年度受资助的社会组织与资助金额如表4 - 2所示。

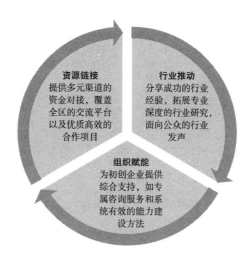

图 4 - 1　罗湖社会创新空间的主要业务板块

表 4 - 2　2018～2019 年度罗湖社会创新空间获得资助的社会组织、项目及金额

单位：万元

序号	组织名称	项目名称	资助金额
1	深圳市罗湖区中小学家委联合会	Young Leader 青少年品格养成	5
2	深圳市善解童贞青少年成长关爱中心	善解童贞——儿童性健康教育课程	5
3	深圳市罗湖区家政行业协会	罗湖家协育婴师培育计划	3
4	深圳市罗湖区懿米阳光公益发展中心	家庭女创客——布衣女匠创业运营计划	3
5	深圳市学习困难关爱协会	社区儿童学习能力情况调研	3
6	深圳市罗湖区融爱脑瘫家庭关爱协会	"走出隐性生活"	3
7	深圳透视社会组织财务服务中心	新时代罗湖区社会组织财务管理规范提升计划	3
8	深圳市罗湖区四健荟青少年发展中心	绘本魔法师——魔法绘本悦读探索营	3
9	深圳市罗湖区晴晴言语康复服务中心	深圳市听障儿童现状调研	3
10	深圳市罗湖区博法法律服务社	法制阳光 模拟法庭进社区普法项目	2

资料来源：罗湖社会创新空间《2018～2019 年度项目小额资助计划评审结果》，2018，https：//mp. weixin. qq. com/s/UOiYxi03edQZOR5O8s6wkQ，最后访问日期：2019 年 5 月 14 日。

从表 4 - 2 可以看出，受资助的项目多为公益性质且与社区生活联系紧密，能够激发居民共同参与的积极性，同时也树立起良好的组织形象。在这些项目中也不乏与创新创业相关的活动，如懿米阳光公益发展中心申报的

"家庭女创客——布衣女匠创业运营计划"就是面向罗湖区创业妈妈们展开的专业培训活动。该计划主要招收有创业意愿但时间被家庭生活碎片化且有一定缝纫技能的家庭女性，通过 10 期的培训课程学习创业政策、创业知识、缝纫技能，掌握沟通、管理店铺技巧，促成其职业规划。作为公益发展中心的核心项目，该计划从 2016 年 9 月首次开展，至今共招收学员 100 余名，创造营业额 18 万余元，产出购物袋、枕头、文件袋等布衣作品 8000 多件，参与其中的家庭女性摇身变成了家庭创客、社区讲师，改变着家庭女性的日常生活轨迹，也推动了"大众创业，万众创新"的前进步伐。[1]

空间的另一项目"跨界人力资源对接——全职妈妈成为家门口社工"由光合春田与罗湖区中小学家委联合会联合发起。通过召开研讨会探讨全职妈妈的群体特征、职业规划特点，对全职妈妈参与社会工作可能存在的困难提出建议与反馈。与会机构根据人力资源的对接情况与业务范围对全职妈妈提供各种各样的帮助与支持，如联合其他社会组织协助全职妈妈了解公益行业，提供媒体运营、义工队、兼职讲师等岗位。其中东晓街道的社区管理者与创新空间的工作人员还将全职妈妈社工问题纳入"民生微事实服务类项目"，开设了能力建设课程，通过创造再就业与灵活的就业机会，提升全职妈妈的自我认同感，并有效缓解了全职妈妈因承担家庭琐事和处理家庭关系而产生的情绪问题。[2]

罗湖社会创新空间是孵化社会组织和社会创新项目的新型孵化器，目前深圳市其他行政区和周边城市也成立了类似的孵化组织，如南山区社会创新促进会、龙岗社会创新中心、恩派（NPI）公益组织发展中心、Can＋众创空间公益创客平台等。同时，成立社会组织也成为创业的新路径。越来越多的年轻人致力于将事业扎根于公益及社会领域，这也是国际青年成长的趋势。笔者认为，社会创新空间还可以与更多的文化创意及科技资源合作，提

---

① 《罗湖懿米阳光启动 2.0 版布衣女匠项目：家庭女创客新阵容粉墨登场》，2019，http：//mini.eastday.com/a/190312200503533.html，最后访问日期：2019 年 5 月 14 日。
② 罗湖社会创新空间：《一场关于"全职妈妈与社工"的讨论会》，2018，https：//mp.weixin.qq.com/s/T43SULV26lzKOH3JRa9X5Q，最后访问日期：2019 年 5 月 14 日。

升社区品质，解决更为普遍的社会问题。例如，未来＋学院与深圳开放创新实验室在 2017 年 1 月共同发起"开源村工作坊"，旨在通过互联网、开源硬件和数字化加工等为农村进行可持续发展改造。项目选址在惠州潼湖新光村。第一期工作坊通过实地考察，起草了一份"水—科技未来村庄"的提案，拟从水、农业、科技/文化三方面推动村庄的发展。第二期工作坊则由英国创客 Jo Ashbridge 负责，主题是如何重新设计并利用新光村的闲置老宅。Jo 在网上多个平台发起"重塑被遗忘的新光村建筑"设计竞赛，吸引了 12 个国家的 32 个创意提案，最终成果也在当地展览，获得村民们的广泛关注和认可。[①] 目前，项目还在持续进行中。

2. 广州一起开工社区

一起开工社区（YITOPIA. CO）位于广州市荔湾区，由蔡延青等人创立，2013 年 10 月正式对外开放。社区的实体空间是在工业旧厂房遗址的基础之上改造建设起来的，由两层楼组成，最初占地面积为 700 平方米，后经扩建达到 1700 平方米。截至 2018 年，社区共招募会员 1.6 万多名，平均年龄在 15～35 岁，其中 60% 为具有创新创业意愿的创业者，40% 为来自各行各业的专业型人才。[②] 会员们在社区分享创业经验、传授技能技巧、寻求合作伙伴，其宗旨是"为组织赋能，让创新落地"，为创新创业者提供工作场地，帮助其灵感变现与项目实践，倡导合作共赢、交流共享的流动办公方式，培育跨界社群、多元开放的价值导向，传递可持续发展的社区生态观。YITOPIA 是"Yi + Utopia"的合体，呈现社区的乌托邦色彩。

在社区成立初期，创始人阿菜借鉴国外成功案例经验，采用联合办公空间的经营模式，即通过流动办公的形式（按天和小时计费），为创业者提供可以自由支配的时间与场地，但后来发现大部分创业者更喜欢在咖啡区洽谈业务或办公，并不愿按时付费。2014 年 3 月，阿菜将经营模式调整为"线

---

① FuturePlus：《新光村，一个走向国际的开源村 Xinguang, an international OpenSourceVillage》，2017，http：//www. sohu. com/a/142699652_ 742704，最后访问日期：2019 年 5 月 14 日。

② 《召集全国 1500 名会员共建一起开工社区》，2014，追梦网，http：//www. dreamore. com/projects/13879. html，最后访问日期：2019 年 5 月 14 日。

上线下，共创共享"。目前，社区的线上交流渠道有"一起开工官网"①、
"一起开工小站"②、"一起开工 App"、"一起开工公众号"和"一起开工微
博"等；线下有免费办公区、活动区、阅读区、会议室、工作室、工作坊
等功能区域。当下，50%的会员是注册会员，可免费获取线上资源、展示个
人作品；还有50%的会员是付费会员，个人会员每年需缴纳 328 元，而企
业会员每年则需缴纳 888 元，即可享受办公区的流动工位和社区咖啡区提供
的免费咖啡。③ 2015 年，"一起开工社区"推出"社区智囊团"项目，按照
解决问题的步骤与流程设计了跨界工作坊，会员可针对项目执行过程中出现
的问题召集不同领域的伙伴一起解决，增强了社区内部的知识交流，提高工
作效率。2017 年 1 月，社区又推出"共创官平台"，所有的会员都可接受共
创官课程的培训，社区会面向共创官提供能力提升以及有效的匹配与输出服
务，获得结业资格的共创官均可成为项目的主导者，掌握社区资源。相比其
他由政府主导的创新空间和企业机构，这里少了层级关系和组织边界，而更
加注重聚焦在工作本身的共创环境氛围与运作流程，从而形成一套高效匹配
的运行模式，重构了创新空间的组织形态。

作为以"共创"为主题的联合办公空间，一起开工面向企业和社群提
供两方面的服务。

一起开工向会员们提供各类培训课程，2018 年 4 月在汕头大学开展
"创新思维在商业或社会项目中的应用"工作坊，提出"学生通过自学探
索适合自己思维的方法"和"以解决问题为中心而不是以学习技能和知
识为中心"的自主学习方式。④ 近年来，社区还启动陈家祠"青年绘"涂
鸦项目，从声音、符号、食物、物件、自选主题五个维度来解读和诠释
岭南文化，最终历时 18 个小时，在陈家祠的一面 60 平方米的墙体上描

---

① 一起开工官网，https://www.yitopia.co/join_us.html，最后访问日期：2019 年 8 月 26 日。
② 豆瓣一起开工小站，https://www.douban.com/people/78825883/，最后访问日期：2019 年 8 月 26 日。
③ 一起开工官网，https://www.yitopia.co/join_us.html，最后访问日期：2019 年 8 月 26 日。
④ 一起开工社区：《从 1 到 0：汕头大学在高校双创教育的新探索》，2018，https://mp.weixin.qq.com/s/rIN3vR3wmmG6_I4VoMTBOg，最后访问日期：2019 年 5 月 15 日。

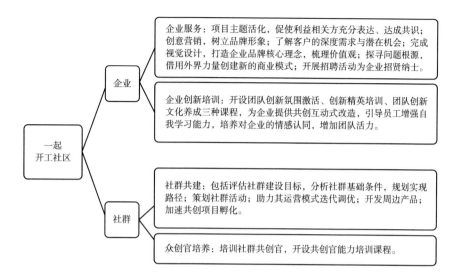

图 4 – 2　一起开工服务体系

绘出岭南记忆。[①] 社区进一步将此次活动主题延伸为互动博物馆项目，居民可以将照片、影像、物品、录音等形式的对老广州的记忆提交至邮箱，也可以报名参与策划成为策展人中的一员，在"青年绘"活动中搜集到的素材也将以重组的形式重新呈现在大众面前。如此，大众成为参与者、策划者甚至管理者，提升了一座城市的凝聚力、文化感知力与参与力。

　　一起开工社区有别于其他空间的另一特征是汇聚了不少公益和社会创新组织，如一公斤盒子、Cape、Bottle Dream、荒岛图书馆＋真人图书馆、JA、广州创业周末等。一公斤盒子是一起开工社区的入驻会员，办公地点就在社区内部，作为公益型社会组织，该企业一直关注乡村教育，解决贫困地区乡村学校教学与物资问题。创始人安猪从在乡村旅行中多背一公斤文具和图书赠予沿途学校开始，借助互联网社区力量形成网络，发动 30 个公益活动，为全国 1500 余所乡村学校提供志愿者服务。如今，一公斤盒子的概念已经拓展为"一公斤"就是"一节课"，其中包含 36 个学生需要使用的教学工

---

　　① 　一起开工社区：《陈家祠不再只有"陈家祠"》，2015，https：//mp.weixin.qq.com/s/FU7a – 11l7VHM05C3u9No7A，最后访问日期：2019 年 5 月 15 日。

具，一公斤盒子的提供者还会为这些工具配备使用指南，帮助教师完成教学工作。① 2015 年 9 月，一公斤盒子在一起开工社区举办了"设计思维实践工作坊"，参与者可以与设计师一起为一公斤盒子提供设计方案，最终进行成果汇报与展示。公益型企业的入驻使一起开工社区成为微公益理念的传播者，通过平台多个渠道扩散公益活动的消息，鼓励人们参与公益事业，逐步扩大公益组织的社会影响力。此外，一起开工社区也为原本喜欢"打游击战"的公益组织提供了固定的活动场地和办公空间，凝聚了创新氛围，优化了创新环境。

当然，最值得一提的还是 Bottle Dream，它的创始人正是一起开工社区的联合发起人蔡延青（阿菜）。成立于 2011 年 6 月的 Bottle Dream 是国内首个社会创新平台，起初该平台的运营目的是发布不同职业身份的年轻人（他们被称为"创变者"）致力解决社会问题的亲身经历与创变故事，以此吸引更多人参与到社会创新中来。蔡延青在搜集创变者题材的过程中发现了国外的联合办公空间模式，因此萌生出建立一起开工社区的想法，所以，Bottle Dream 对一起开工社区的成长起到了极为重要的铺垫作用。2014 年 5 月，Bottle Dream 与一起开工社区共同发起了"一起开瓶·创变者计划"，邀请 15 位跨界导师和 40 名社会创新青年历时 3 个月通过"超优质跨界课程 + 联合办公空间支持 + 常驻导师指点 + 众筹平台"的创新孵化模式，对已有创新项目的创业者进行集中培训与经验指导，力图使创业契机落地。② 该计划的实施使那些因为资金、人脉、发展机会或缺而无法创业的"隐形人"的需求得到满足，成为一名真正的创业者，为社会输送有效资源和创新动力的同时打通了社会创新内部的闭塞环节，增加了创新创业生态系统的弹性与活力。

一起开工社区的运营模式以社群为主体，以内容为核心，坚持去中心化

---

① 《中国创新社会公益项目 I：一公斤盒子》，http：//www. ricedonate. com/news_ 108. html，最后访问日期：2019 年 5 月 15 日。

② 《一起开瓶·创变者计划：专注社会创新的创业孵化项目，寻找 40 位好青年》，2014，豆瓣，https：//www. douban. com/event/21657302/，最后访问日期：2019 年 5 月 15 日。

的工作原则，通过线上线下的社群互动交换信息、开发新项目或新产品，最终形成互享互利式的关系链。这一运营模式正符合创新生态系统价值共创的特点：系统中的各个主体打破边界进行跨组织合作，获取开放式资源，在这个过程中，资源的提供者与接受者共同参与创新并获得满足感，价值就被创造和体现了出来。[①] 一起开工社区的会员来自不同领域、不同地区，性别、年龄和专业背景也不尽相同，但是他们通过共享知识、技术、能力，相互依赖，相互协作，建立共同目标，开发出新的产品和服务，他们是资源的提供者也是接受者。不少成员在社区官网的"说说你眼中的一起"话题中留言，如"'一起'是一个资源整合的平台，与身边的世界进行高效地连接，这是我们的头脑风暴思维碰撞的互助社区"（来自会员 Zero 的留言），"在交流中见证了彼此的成长"（来自会员 Cindy 的留言）。由此，成员间通过互帮互助解决了问题，帮助了他人，在想法不断完善和进步中发挥自我效能，也收获了来自他人的尊重和认可，创造出的新产品和项目如若投入市场也会为研发者带来利润收益，最终实现自我价值、创新价值和经济价值的价值共创。

3. 香港 MaD 创不同

MaD 创不同（Make a Difference）成立于 2009 年，是一个以香港为创作基地的非营利组织，是一个发掘社会创意潜能、结识跨界 Changemakers（变革者），回应社会挑战的地区性协作平台。2014 年之后，香港当代文化中心协助成立了 MaD 创不同协作有限公司，来自文化艺术、社会创新、教育、商业等领域的 8 位资深工作者组成非受薪的董事会。[②] MaD 创不同受到多个政府机构的支持，合作伙伴包括香港艺术推广办事处、商务及经济发展局

① 戴亦舒、叶丽莎、董小英：《创新生态系统的价值共创机制——基于腾讯众创空间的案例研究》，《研究与发展管理》2018 年第 4 期，第 24～36 页。

② 成员包括香港当代文化中心主席及创不同协作主席黄英琦、亚科资本有限公司创办人及行政总裁陈觉忠、DotAsia 行政总裁钟宏安、Ashoka Thailand 副总监 Phonchan（Newey）KRAIWATNUTSORN、资深艺术教育家刘天明、香港理工大学设计学院副院长萧竞聪、资深艺术教育家杨秀卓、声音掏腰包创办人及执行董事杨阳。

（创意香港办公室）、渠务署、教育局、效率促进组、起动九龙东办事处①、民政事务局、香港艺术馆、政府新闻处、香港投资推广署、康乐及文化事务署和运输署等；同时，也受到多个基金会的资助，如更好明天基金、CNature基金会、何晶洁家族基金、文艺复兴基金会、RS Group、香港赛马会慈善信托基金、叶氏家族慈善基金、经纶慈善基金和滴水基金会等；还有些支持来自公营机构、商界、本地及海外创意单位、社会创新组织、教育机构和非营利组织。② MaD 创不同的终极目标是公众参与解决社会问题，其宗旨可以概括为四个方面：一是为永续生活而创作，通过创意行动，致力于在本地、亚洲及国际层面创造更公平、更环保、更快乐的社会；二是重视多样性与共存，抱持开放的态度，以同理心理解差异，促进跨界、跨代、跨部门的信任及协作；三是专注建设性行动，相信个人及集体的促变能力，联结Changemakers 走进社区，一砖一瓦地推行计划；四是推动创意生态发展，凝聚新一代的创意人才及初创项目，坚持良心协作及永续实践。

　　香港 MaD 创不同的主要项目有"MaD Festival"（MaD 年会）以及"艺术走进社会"、"可持续城市生活"、"社会创新"、"共创城市"、"在地研习"、"实地考察"、"教育推广"、"培训"等，其中最知名的是 MaD 年会。MaD 年会创办于 2010 年，至今已成功举办 9 届。年会邀请 16 岁至 35 岁从事艺术、剧场、建筑、设计、媒体及社会创新的青年，参与为期两天半的讲座、工作坊、游览等活动，围绕设定的活动主题交流思维、在地实践，以希冀他们为社会、文化、环境、科技等领域带来改变。2019 年 1 月 12 ~ 13 日，MaD 年会——2019 彳亍光年资助计划在香港中环大馆举办。6 组从事音乐、设计、塑胶再造等工作的创意团队前往中国内地及台湾、日本、印度和乌克兰进行创意实践与深度交流，并以"用音乐推动对长者的关注""反思过度速食时尚消

---

① 由多个不同界别专业人士组成的起动九龙东办事处于 2012 年 6 月 7 日正式成立，负责引领、督导、监督和监察九龙东的发展，将之转型为另一个核心商业区，以支持香港的经济增长和加强香港在全球的竞争力。
② 香港 MaD 创不同：《关于 MaD》，http：//www. mad. asia/about？lang = cn，最后访问日期：2019 年 5 月 16 日。

费""应对塑料废物危机新思维""传统产业再创新""创意设计改造儿童成长环境""永续发展专注厨余升级再造"6个子议题分享实践成果,同时征集时装设计、环保设计、平面设计与音乐不同形式的创意与改造项目计划书,与6支团队和来自各个城市与国家的创意爱好者共同讨论。[①]

此外,创不同还包含赛马会创不同学院、做好嘢实验室及亚洲文化交流等项目。其中赛马会创不同学院创办于2012年,是MaD全年计划之一,由香港当代文化研究中心主办,香港赛马会资助。来自香港和亚洲的青年可以报名参与话题讨论。2017年的主题为"社区资助计划",学院将活动地点选在土瓜湾"十三街"一带,探讨在地资源的转换与更新,邀请社区达人分享自己的故事与社区治理经验,还尝试以音乐为媒介介入社区,改善居民生活。做好嘢实验室是由MaD创不同和恒基兆业共同举办的年度重点活动,自2011年起发动社会群体组建工作坊以推动社会关怀。例如,2015年做好嘢的活动主题为"盛夏物语",参与者以家庭为单位走进田野和菜园,运用收集到的素材创作与大自然联结的艺术品。2017年的活动地点在成都,嘉宾与创意实践者共同探索城市建筑和永续设计,并进行作品展示与评比,获胜的队伍可获得MaD年会门票,并向其他Changemakers分享自己的项目。[②]

2017年4~7月,在香港赛马会慈善信托基金的资助下,创不同与社会创新实验室、康乐及文化事务署康乐事务部、青少年综合发展中心联合发起公园实验室项目。项目以九龙最大的康乐公园美孚荔枝角公园作为研究对象。公园总占地面积17.65公顷,分三期发展,提供公众游泳池、体育馆、公共图书馆等文体设施。其庞大的规模和临近居民区的位置使之成为理想的实验场所。因此,设计师、社区组织及市民组成了一个28人的研究团队,对公园进行了一系列社区探索及共创实验,以深度认识社区需要,为市民心目中的理想公园提案。该项目分为社区考察、设计建设雏形和实验室总结三

---

①　香港 MaD 创不同:《关于彳亍光年》,http://madfestival.mad.asia/zh-hans/about-grounded-odyssey/,最后访问日期:2019年5月16日。

②　香港 MaD 创不同:《做好嘢实验室 2015(盛夏物语)》,2015,http://www.mad.asia/programmes/mad-good-lab/124,最后访问日期:2019年5月16日。

个阶段，组织了 12 个工作坊，设计了"黑夜公园""亲水公园""听·说公园""人宠共融公园""飞跃道公园体验"5 种实验雏形，其中"亲水公园"和"人宠共融公园"的实验方案通过了政府审批，已经落地实施。这些项目充分采纳了居民的意见，通过公众参与活动与系统和社区利益相关者建立联系，通过观察—访谈—意见收集—原型实验这一过程帮助政府和管理者了解社区与公民需求，在改善现有的公园服务，释放公园潜力的同时培养了社区凝聚力和集体意识。[①]

MaD 创不同作为协作赋能式的社会平台吸引大众共同解决社区面临的困难或问题，原本在社区生活中处于被动地位的居民主动参与社区治理、社区服务等工作，从服务对象变为服务主体，从制造问题变为解决问题，在这一过程中居民与 MaD 创不同合作的组织机构相互配合，集思广益为社区营造出谋划策，建立了彼此之间相互信任的关系，居民增强邻里互动的同时，也为 MaD 创不同本身带来良好的社会影响力与外界口碑，从而聚集更多社会组织输出社会资源，为社会赋能、为参与创新的大众赋能，形成社区、居民与组织相互吸引、协作共赢的局面。

此外，MaD 创不同在实施计划、执行项目的过程中一直坚守的是参与式设计的原则与方法，即一种基于对使用者的反思与考量，使开发者与使用者以开放性、互动性的做法共同规划，参与建设的设计方法与思路。近年来，很多组织平台也会通过社交媒介组织、召集具有创新思维的设计师与创意爱好者，围绕一个主题提出创新方案并带领社区居民参与创意实践，但创意思路与灵感的来源还是设计师，缺乏居民自主和自发式的创作与创新。而 MaD 创不同则更重视以大众为主体，采取"问题来源于生活，方法取之于大众，设计师服务于大众"的方式进行项目的实施与执行。每个参与社区营造的项目都会成立"大众智囊团"，由居民设计产生创新方案，并参与改造与完善，在这一过程中大众的创新意识快速被激发，创新能力大幅度提

---

① 香港 MaD 创不同：《赛马会"创不同"社会创新实验室、公园实验室@荔枝角公园》，2017，http://www.mad.asia/programmes/mad-social-lab/96，最后访问日期：2019 年 5 月 16 日。

高，个人的创新思维也得到锻炼。因此，参与式设计是培养大众创新思维的关键。目前，已有 12 万多人参加过 MaD 创不同主办的活动，分享项目超过 100 个，实施项目超过 600 个。伴随着 1 万多个散布于亚洲 160 个城市的 MaDees（创不同人），MaD 创不同已然成为亚洲颇具影响力的创意平台。①

综观朴素式创新、草根创新和社会创新三个概念，三者都提及面向社会和自下而上的创新，存在一定的交叉，但也有不同的侧重点：朴素式创新强调的是以少博多的创新理念与范式，草根创新强调的是草根阶层起决定性作用，而社会创新则强调解决社会问题和全社会的参与。简单就三者所覆盖的范围来看，朴素式创新的范畴大于草根创新，而社会创新的范畴又大于朴素式创新。在创客运动中，创客行为通常在这三类创新中均有体现。总体而言，创客的创新可视为贯穿朴素理念的社会创新，草根群体是其关注的主要对象和重要主体，但其创新领域可扩展到任何经济社会领域。

二 可持续发展的新议程

"可持续发展"是全球共同奋斗的目标，也是我国科学发展观的重要组成部分，可从自然资源的可持续利用、生态环境的持续良好、经济的可持续发展和社会的全面进步来解读。有关可持续发展的研究极为丰富，自 2007 年以来每年在国内就有 2 万~3 万篇文章发表，研究范畴包括理论内涵、指标体系、区域、城市、旅游、农业、贸易、金融、技术、环境、生态等，然而，对创客对可持续发展可能做出的贡献还少有认识。创客所推崇的利用现有材料进行创造、提倡本土制造与创新的理念或将使"可持续发展"理念从生活中的少浪费、不污染转向生产领域更为积极的循环经济的发展。

当创客运动强调互联网智慧向现实世界的转化，或是比特与原子的结合时，实现转化和结合的媒介——材料——便成为重点。一方面，新材料是各

---

① 香港 MaD 创不同：《关于 MaD》，http://www.mad.asia/about? lang = cn，最后访问日期：2019 年 5 月 16 日。

国争先发展的战略型新兴产业，而在创客界，材料多在设计领域被探讨。英国伦敦大学学院成立了"制造研究院"（Institute of Making），建立起材料图书馆，收集了一些如气凝胶、磁液和透明混凝土等有意思的材料；来自任何学科的师生都可以在此观察、触摸、研究和讨论这些材料，并将它们用于从分子、建筑、合成皮肤到宇宙飞船的实践。① 全球设计的顶尖学府——英国皇家艺术学院也成立了研究团队来探索创客们选用材料的动机。研究成员 James Tooze 认为，设计学院及教师肩负着将可持续发展理念融入教学与实践的责任。在设计师进行概念构想时，就应该考虑到材料的选择和使用，以及产品结束生命周期后的处理或再利用是否最大限度地减少了对环境的破坏。②

在英国布莱顿大学矗立着一间 Brighton Waste House，85% 的建材都来自废料，包括 500 张旧唱片、2000 个磁盘、4000 个录像带、近 2 万把牙刷等。它不仅是展示品，也是一个能够长期使用，切切实实能展览、能上课的地方。房子所要传达的理念是废弃物与建造中的循环经济，换句话说："世界上本没有垃圾，它们只是放错了地方。"

2019 年 4 月，第三届深圳设计周暨环球设计大奖在深圳市当代艺术与城市规划馆开幕。围绕"设计可持续"主题，设计周在 12 天内举办 49 场活动。例如，环球设计大奖在传统的视觉传达、工业产品、建筑设计、市内设计和时尚设计门类外，特设"可持续发展特别奖"。来自荷兰的设计师和艺术家丹·罗斯加德（Dann Roosegaarde）的作品《Windvogel》获得该项大奖。Windvogel 是一种可以发电的"风筝"，采用特殊的纤维线制作而成，通过电缆连接到地面站，当"风筝"随风飘动，电缆来回推拉产生并转换为电力；一个"风筝"可以供应 200 户家庭的能源。同时，漂浮时发出绿光的电缆也创造了独特的视觉效果，呈现绿色能源的美感与诗意。该项设计已与深圳的科技公司合作应用开发，并已在中洲湾的 C Future City 项目中应用。③

---

① 与制造研究院研究人员 Liz Corbin 的访谈，访谈日期：2017 年 3 月 24 日。
② 与英国皇家艺术学院教师 James Tooze 的访谈，访谈日期：2017 年 3 月 14 日。
③ 《可持续发展特别奖获得者丹·罗斯加德：深圳环球设计大奖推动我们畅想未来》，2019，深圳设计周官网，https://sz.design/news/238.html，最后访问日期：2019 年 5 月 17 日。

　　设计周还在南山博物馆举办"对未来的善意——设计可持续案例展"，涵盖"时尚与配饰""产品与包装""建筑与空间"三大主题的设计作品，其实践主要体现在以下几个层面：一是通过设计理念的创新，加强产品的使用表现，使一件产品做到物尽其用，如采用可自然降解材料，通过对蔬菜不断地观察与复刻做成的 Graft 蔬菜系环保一次性餐具，仿佛被赋予了生命；二是在"循环再利用"理念的指导下，对回收材料进行二次创作，如再造衣银行、回收面料连衣裙或泳衣、建材废料回收椅子和凳子等；三是对原生素材的挖掘和对新兴的、跨界的设计媒材的探索，如采用回收的一次性塑料杯与排气管、环保涂料、音响和音乐播放器创作的装置作品；①四是关注人与城市之间的关系，如呼吸避难所以及为地震频发国家设计的可移动服装店。

图 4 - 3　再造衣银行

　　资料来源："深圳设计周：对未来的善意——设计可持续案例展"，2019，南山博物馆微信公众号，https：//mp. weixin. qq. com/s/ZFGYpLcXrptFurt091zLpA，最后访问日期：2019 年 5 月 14 日。

---

① "对未来的善意——设计可持续案例展"，2019，深圳设计周官网，https：//sz. design/events/weixingzhan/125. html，最后访问日期：2019 年 5 月 17 日。

2015 年 9 月，联合国可持续发展峰会在纽约召开，会议旨在从 2015 年到 2030 年以综合方式彻底解决社会、经济和环境三个维度的发展问题，转向可持续发展道路。会议通过 17 个可持续发展目标，具体包括：（1）消除贫困；（2）消除饥饿；（3）良好健康与福祉；（4）优质教育；（5）性别平等；（6）清洁饮水与卫生设施；（7）廉价和清洁能源；（8）体面工作和经济增长；（9）工业、创新和基础设施；（10）缩小差距；（11）可持续城市和社区；（12）负责任的消费和生产；（13）气候行动；（14）水下生物；（15）陆地生物；（16）和平、正义与强大机构；（17）促进目标实现的伙伴关系。① 2016 年，格申菲尔德在罗马制汇节的主题演讲中表示，创客运动将支持达成所有的可持续发展目标。在 Fab Academy、瑞士洛桑联邦理工学院、柴火创客空间等创客空间和高校的支持下，联合国于 2017 年开始举办 iSDG 全球大学生创新营，旨在将全球的有志青年联结起来，提供先进的方法、技术和导师资源，支持学生们进行团队协作，为可持续发展目标提供创新的解决方案并应用于现实世界中。首届 iSDG 全球大学生创新营在深圳举办，来自清华大学、美国哈佛大学、瑞士洛桑联邦理工学院、日内瓦大学、英国爱丁堡大学等国际知名院校的近 150 名师生在 6 天时间里针对 17 个目标中的零饥饿、健康、能源、气候变化、水下及陆地动物等 9 个领域提出了创新的解决方案，如健康检测 App，"喝吧"儿童智能水杯，太阳能项目，为环卫工人等提供廉价早餐的移动餐柜，通过人工智能将个人与某种濒危动物匹配从而引起人们对这些动物的关注的"Another Me"（另一个我）项目，以及帮助儿童认识城市并描绘他们心中未来城市的"Brain City"套间。② 这些项目也将优先选择在深圳孵化。

此外，在联合国开发计划署的支持下，嘉士伯基金会在 2017 年发起

---

① Sustainable Development Goals Knowledge Platform，https：//sustainabledevelopment. un. org/，最后访问日期：2019 年 8 月 26 日。
② 柴火创客空间：《联合国可持续发展目标项目工作坊 & 分享会 United Nations SDG Workshop & Presentation》，2018，http：//www. sohu. com/a/217723091_ 183156，最后访问日期：2019 年 5 月 17 日。

UNLEASH 全球青年创新集训营，已分别在丹麦和新加坡举办了第一届和第二届活动，每届召集 1000 名全球顶尖创新人才，为可持续发展目标提出方案。2019 年 11 月，UNLEASH 2019 在深圳举办，有 1200~1500 名全球优秀人才汇聚鹏城，为实现可持续发展目标提供新的方向。

阿德里安·史密斯等认为创客空间可在多个方面促进可持续发展，例如，可持续设计与系统原型开发，孵化变废为宝的产业，成为修理咖啡馆和"重生"项目的家园，构建对制造、修理、再利用与可持续感兴趣的社群，为当地的可持续发展组织社会创新工作坊，培育后消费者的身份、价值与材料文化等，[①] 归纳起来即是从可持续项目的开放和社区构建来实现的。例如，英国的社会企业 Remakery 通过举办工作坊，教会人们修理家具、电子产品等，并将修理后的物品低价出售。其宗旨是在社区中"分享技能、遏止浪费、节约金钱、创造就业"。清洁修理后的笔记本电脑售价为 30~89 英镑，鼠标 3 英镑一个；还有一些修理后焕然一新的家具售价仅 40 英镑。

三　山寨文化与开源创新

在深圳的华强北电子市场获得全世界创客瞩目时，"山寨"也成为与"开源创新""开放创新"密切相关的话题。"山寨"一词源于广东话，指占山为王的地方，相对于"庙堂""主流"，有不被官方管辖的意涵。2008 年可谓中国"山寨文化"年。2008 年 12 月 2 日，中央电视台《新闻联播》节目以"山寨手机争夺低端市场"为题分析了山寨手机流行的原因，[②] 并指出"从 2003 年开始出现山寨手机到各种山寨产品，'山寨'一词已经从经济行为逐渐演变为一种社会文化现象"。[③] 随后，《人民日报》在 12 月 23 日

---

① Adrian Smith, Marinano Fressoli, *Grassroots Innovation Movements* (London and New York：Routledge, 2017).

② 曾军、曾丽君：《来自文化深层的回响——2008 年人文学术热点扫描》，《探索与争鸣》2009 年第 1 期，第 31~35 页。

③ 白烨：《新变中的异动与思索——2008 年文化热点综述》，《南方文坛》2009 年第 3 期，第 116~120 页。

刊发《2008，山寨来了》一文，《光明日报》在 12 月 30 日刊登《山寨文化：良药还是病毒》，不仅体现主流媒体对山寨文化现象的关注，也呈现专家学者以及部分网友的不同声音。学术界有关"山寨"的讨论也在 2009 年迸发，"山寨文化"入选 2008 年文化或人文学术热点，甚至成为文化安全的热点问题。① 许多学者建议从产品和文化两个角度来看待"山寨"。有意思的是，当时的讨论更偏重从文化的角度探讨在网络技术发展的赋能下，主流媒体遭遇挑战，草根表达得以释放的状况。当然，其中包括"山寨"被过度强化吸附、与主流文化是否真正形成对抗，是模仿还是创新等诸多问题。作为新兴文化潮流，大部分学者还是持宽容态度，希望从多学科的角度对其进行分析，并提出引导其去粗取精、去伪存真，向主流文化发展的期望。此外，学者也从消费社会的角度分析山寨的"反抗"意义。其中从法律角度的分析尤为重要。方恩升指出，山寨手机并未侵犯主流手机厂商的发明和实用新型专利权，但侵犯了其外观设计专利权及商标权；而部分山寨文艺作品和山寨建筑侵犯了著作权。②

有关山寨产品的研究则延续了更长的时间，特别是山寨手机产业。例如，陶厚永等运用扎根理论构建了山寨模式的形成机理，认为山寨模式的形成前提是进入壁垒消失和市场需求形成，其核心是快速反应能力和价格优势，而企业不断增长的实力为山寨模式的发展提供了动力保障。③ 何哲等认为山寨手机产业是一种服务型制造，其出现是市场需求、技术发展、全球产业变革和政府管制等多种因素的作用结果；山寨手机产业已形成核心企业推动、快速需求呼应、完善的第三方服务和完备的价值诉求网络，具有典型的新兴制造模式的特征。④ 周江华等基于对山寨手机产业的研究，从技术和商

---

① 苏娟：《近年来国家文化安全热点问题分析》，《江南社会学院学报》2009 年第 4 期，第 41～44 页。

② 方恩升：《法律视角中的山寨现象》，《河北法学》2009 年第 11 期，第 2～12 页。

③ 陶厚永、李燕萍、骆振心：《山寨模式的形成机理及其对组织创新的启示》，《中国软科学》2010 年第 11 期，第 123～135、143 页。

④ 何哲、孙林岩、朱春燕：《服务型制造的产生和政府管制的作用——对山寨机产业发展的思考》，《管理评论》2011 年第 1 期，第 103～113 页。

业模式两个角度构建了面向金字塔底层（BOP）市场的破坏性创新理论框
架。[1] 简兆权等认为山寨模式在既有产业体系的边缘地带构建独特的价值网
络，以提升市场反应速度，获得成本优势，同时与上下游生产厂家形成
"垂直联盟"，为创新提供了良性动力。[2] 沈于等则对"山寨"与"品牌"
之间的博弈进行了探讨。就山寨手机的发展而言，2006 年联发科对手机原
件进行整合，推出 Turn Key 解决方案，不仅从技术上极大地降低了手机生
产的门槛，也从信誉或品牌上为山寨手机提供了最基本的质量保证。由此，
山寨产品被消费者接受得益于中间产品的品牌化。但是，作者也提出，山寨
模式虽不是侵权产品，但也并非长久之计，政府应积极引导山寨厂商转变经
营方式，向正规厂商转型。[3] 苏晓华等以中国山寨手机产业为例，运用扎根
理论，提出"灰色合法性"的概念，并据此分析非正规经济中组织场域的
形成。[4] 王晨筱等将山寨手机产业作为低端颠覆性创新的典型案例，构建了
其颠覆性创意产生、颠覆性创新产品开发、侵蚀非主流市场、占据主流市场
四阶段扩散过程模型。[5]

　　深圳市作为国际创客中心，除了其创新创业的肥沃土壤，有着"中国
电子第一街"美誉的华强北电子市场也是国内外创客津津乐道的重要话题。
在改革开放初期，由于国内电子工业的空白，华强北以毗邻香港的区位优
势，成为我国最早的电子元器件、电器零部件的进口集散地。为第一时间抢
到货源，许多电器生产商将工厂或研发中心就近设在附近，由此，华强北初
步形成了完整的电子产品研发、生产和销售体系。前店后厂的高效运转造就

---

[1]　周江华、仝允桓、李纪珍：《基于金字塔底层（BoP）市场的破坏性创新——针对山寨手机
　　 行业的案例研究》，《管理世界》2012 年第 2 期，第 112～130 页。

[2]　简兆权、伍紫莹：《价值活动重组与垂直联盟——山寨模式下的创新启示》，《科学管理研
　　 究》2015 年第 2 期，第 69～72 页。

[3]　沈于、王宇：《中间产品"品牌化"与最终产品"山寨化"》，《产业经济研究》2015 年第
　　 2 期，第 68～78 页。

[4]　苏晓华、徐云、陈云君、刘莉：《非正规经济中组织场域形成及其制度创业研究——以中国
　　 山寨手机产业为例》，《管理案例研究与评论》2017 年第 1 期，第 1～19 页。

[5]　王晨筱、周洋、陆露、张庆普：《颠覆性创新四阶段扩散过程模型——基于液晶电视机与山
　　 寨手机案例》，《科技进步与对策》2018 年第 22 期，第 1～7 页。

了从"一米柜"后不断走出亿万富翁的财富神话,华强北也成为中国电子产业的风向标。

在 2005 年到 2010 年,华强北对手机产业的发展也做出了重大的贡献,诞生了诸多没有品牌但款式繁多、功能各异的"杂牌"手机;并且专为满足中国客户需求的双卡双待手机最先是在山寨市场上出现的,现已成为主流品牌手机的通用功能之一。由于对主流手机品牌的模仿,这些手机被称为"山寨"手机。一些产品固然有抄袭模仿之嫌,但"山寨"恶名之下涌动的还有开放创新的生态。在这片知识产权并不被重视的灰色地带,形成的是一套低成本、高效率、低风险的生产经营模式。

随着全国电子产业的发展和自主创新能力的增强,加上电子商务的发展,绝大多数电子元器件的交易可以在线上完成,华强北逐渐失去了区位和先发优势。然而,在消费者与生产者界限逐渐模糊,大规模定制迸发的时代,华强北所积累的敏捷制造与快速生产经验将为其带来新的机遇。曾在华强北浸染几年而后在学校开创社区创客教育事业的郝云慧表示:"过去的繁荣发展为今天的华强北留下了大量的创客人才……华强北的个人制造体系可以说是创客运动 2.0 版本或更高的升级版本……华强北的创客在一个有成熟体系的地方开展发明创造……早已经与产业、商业实现了天衣无缝的对接。"[①]

关于节俭创新、微创新的话题也不免引起知识产权与开源创新两种模式之间的争议。知识产权的商业模式已为大家所熟知,它不仅被看作文化创意产业的核心内容,也依旧是衡量一个国家技术创新能力的指标。而开源与分享是创客文化的核心价值观,也是创客活动的必要条件。大部分创客都乐意分享他们的技术成果,并鼓励其他人在成果的基础上进行创新——这也是创客促进社会创新的路径。事实上,开源不仅仅是一种精神理念,也是一种商业模式。以特斯拉向所有人开放其专利技术为例,其源头是不满足电动汽车在整个汽车市场小于 1% 的占有率。在特斯拉认为市场足够容纳所有人的前

---

① 访谈实录见章后案例观察。

提下，它希望竞争对手以及用户能够参与到推动电动汽车发展的进程中。苹果、腾讯等公司也通过搭建开放平台来汇聚第三方创新，也就是"众包"模式。① 因此，以开源和分享为核心理念的创客文化正在打破以知识产权为主导的局面。这一趋势对发展中国家尤为重要。例如，依据蒙哥马利（Lucy Montgomery）和波茨（Jason Potts）的论述，相对较弱的知识产权制度在理论上对创意产业生产者和消费者都起到一定的竞争优势作用。②

案例观察　华强北：从山寨到中国品牌③

1. 请问华强北具体指哪一块区域？与华强电子市场、赛格电子市场等的关系是什么？

1980 年，深圳经济特区成立。当时国家工业亟须发展，而作为改革开放的窗口，发展电子工业成为深圳的当务之急。

最早来到华强北投资建厂的央企是中国航空技术深圳有限公司（简称"中航技"），因为进入深圳很早，所以得到了如今华强北路西面到华富路几乎所有地块，达 10 万多平方米。1980 年，中电公司建设了 20 层的深圳电子大厦，这座大厦不仅是当时华强北的第一高楼，也是当时深圳乃至全国的最高楼。电子大厦于 1981 年 1 月 20 日开工，很快便成为当时电子行业的龙头老大。

如果说中航技与中电公司为华强北奠定了基础，那么使华强北扬名的，则是华强公司。华强公司的前身是一家粤北的军工企业，它是当时广东省技术最先进的企业，在 1978 年迁入深圳后改名华强，寓意中华民族富裕强大，产品也从军用电台改成民用家电，并且获得了 15 万平方米的土地，也就是

---

① 〔美〕拉马斯瓦米、高哈特：《众包 2：群体创造的力量》，王虎译，中信出版社，2011。

② L. Montgomery, J. Potts, "Does Weaker Copyright Mean Stronger Creative Industries? Some Lessons from China," *Creative Industries Journal* 1（2009）：245 - 261.

③ 据 2019 年 5 月 18 日与深圳尼皮斯创客技术服务有限公司创始人、深圳大学创业者联盟副秘书长郝云慧的访谈整理。

位于如今华强北路东面的大半个街道。而市政府在规划建设道路时，就将华强公司附近的一条路命名为华强路。以深南中路为界，分为华强北路和华强南路，今天的华强北主要是指华强北路步行街。

经过几年的发展，电子信息行业开始进入资源整合、整体开拓的时期。1985年，电子工业部决定在深圳成立办事处，整合分散的小电子企业，进一步推进电子行业的市场化运作，于是成立了深圳电子集团公司，后更名深圳赛格集团公司。赛格集团成立后，整合到旗下的公司有桑达、华强、康佳、爱华、宝华等117家电子企业。

当时，芯片作为国家工业发展的核心环节，其交易程序需要半年至一年，而且只能在每年春天北京的供销会议上上报、分配。在这样的背景下，赛格集团决定办一个深圳的电子配套市场，解决芯片交易难的问题。1988年3月28日，老赛格大厦一楼的一小半区域被分隔成1400平方米的赛格电子配套市场。市场开业后，生意意想不到的火爆。不到两年，整栋老赛格大厦八层楼全部被电子配套市场占据。因为空间受限，集团决定拆除老大厦，于是建成了今天的赛格大厦，取代了电子大厦成为深圳第一高楼。后来，1996年到2000年，华强公司决定将几栋厂房改建成华强电子世界，规模4万平方米，是华强北营业面积最大的电子市场。之后，时代广场、远望数码城、都会电子城、新亚洲电子城等相继开业。

国家电子行业的快速发展，尤其是电子商务的快速发展，对传统的电子市场造成了巨大的冲击，赛格集团及其旗下电子企业所经营的传统的电子市场模式日渐衰落，而华强公司虽然仍在经营电子市场，但其凭借华强电子网、华强文创、方特乐园等新业态成功实现了转型。

2. 华强北的发展大致经历了几个阶段？

华强北的发展历史大致可以归为六个阶段。

1978年至1985年，来料加工阶段。早期来到华强北的企业基本上都是从来料加工开始做起，穿表链、组装收录机……只要能赚钱什么活都做。有了资金基础后，开始与外企成立合资公司。同时，各种投资也纷至沓来，各种电子企业如雨后春笋般纷纷成立。

1985 年至 1993 年，电子产品交易阶段。电子信息行业开始进入资源整合、整体开拓的时期。1985 年，电子工业部在深圳成立深圳电子集团公司（后更名为深圳赛格集团公司），集团整合分散的小电子企业，进一步市场化运作，并试水电子交易市场且大获成功。

1994 年至 2005 年，工业区升级为商业街。1993 年前后，华强北路仍是厂区的模样，唯一的商场是位于深南大道边的天虹百货。1994 年 7 月 17 日，万佳百货在华强北正式开业并获得巨大成功，成为华强北商业的中心。在万佳百货带动下，华强北的商业价值被激活，这条路开始由一个工业物流园区真正变成现代商业街，女人世界、曼哈商城、顺电等各类商城纷纷进驻，原本的工业厂房纷纷改造成商业物业。到 2005 年，平均每天有 50 万人次的客流汇集到华强北。

2005 年至 2010 年，全球山寨手机生产销售基地。2005 年前后，国家对手机政策松绑，手机生产的审批制改为核准制，降低了手机制造商的入行门槛。同时期，台湾的联发科公司研发出一款将手机主板、软件集成到一起的 MTK 的手机芯片。基于这种芯片，只要加上外壳和电池，就能装配出一部手机。由于华强北有着完整的产业链，山寨机的制造便水到渠成。这些手机不仅风靡全国，也远销东南亚、中东、非洲等地。"华强北"与"山寨"一时间全球知名。

2010 年至 2014 年，历史最低谷期。2010 年苹果 3G 智能手机上市，标志着山寨机开始全面衰败，华强北也因为地铁 7 号线的修建而封路。华强北街区经历了历史以来的最低谷。

2015 年至今，硬件硅谷，未来城市。2015 年以来，随着中国"大众创业，万众创新"和全球创客运动的兴起发展，华强北独有的元器件交易市场和小批量制造供应链体系，让其成为全球瞩目的硬件硅谷、创客天堂。

3. 华强北鼎盛时期是什么样的？

在 20 世纪末 21 世纪初的 20 多年间，华强北确实发展得很好，甚至可以用繁荣和疯狂这两词来形容。据一些老商户的描述，那里每天都像是在赶集，每个市场里面，人和人都是挤在一起挨着站的，可以想象到当时的繁荣景象有多么疯狂。我 2015 年时在华强北待过一段时间，其中一个老商户讲过一段故事，他说，当时的市场那是一"柜"难求。一节柜台的转让费，就要 30 多万，在那个年代 30 多万是什么概念呢？当时一套房都不值 30 万，但一节一米二的柜台转让费就要这么高，而且还不是你想租就能租到的。为了找到一节柜台，你要到处去打听，还要到处去求人，不是那么容易。那么一节柜台，一年能赚多少钱呢？据说，做得好的，一米二长的一节柜台一年的销售额可以达到 8000 万元，那 8000 万在那个年代简直就是一个天文数字。

当时华强北的生意多么好做，我的一个朋友也讲过一个故事，当年他还在深圳大学，是一个外地来的刚入学的大学生。当时，他从外地来，总觉得自己在学校是受歧视的，朋友很少。后来他偶然得知，在华强北可以赚到钱，所以他就决定去华强北闯一闯。最初去的时候他也占不到柜台，只能是找到一个老乡的柜台，腾出一点角落给他用，然后他就从最开始卖光盘做起，一步步做大，很快就赚了很多的钱。也就是在那个年代，他虽然还只是一个在校的大学生，但已经是一个小富翁了。到后来，他有了自己的工厂、自己的研发队伍，开始做自己的品牌产品，而且我亲眼所见，他研发出的一些产品，是远远超过市场现有同类产品的功能的，用他的话说，这些产品是两三年以后才会在市场中大量出现的，我们做产品的就是要早，早才能活得好。当然他本人也早已成为亿万富豪了。

这些就是华强北的过去，它孕育出了无数的亿万富豪，也孕育出了大量知名的独角兽企业。如今走进华强北赛格电子市场，还会有些老人家会给你讲腾讯和阿里巴巴的故事。当年马化腾先生是在赛格电子市场内销售传呼机的，也是在那里研发出了最初的 QQ 通信软件……当年马云先生也经常西装革履出现在市场中，拿着传单向人们推销他的中国黄页。"当年我们都瞧不起他，认为他是骗了，现在是想认识都高攀不起了，而且还就是因为他搞的淘宝，才把我们的生意击垮了……"

4. 那时华强北赚钱容易的原因是什么？

这与那个年代的时代大背景是密切相关的。在改革开放之初，中国的电子工业是相对空白的，是有待发展的。作为国家的重要战略，国家大力推动电子工业的发展。但是在当时，中国国内并不具备这些电子元器件的科研生产能力，所以很多的电子元器件、电器零部件都要靠进口。而这些东西是通过香港进入大陆的，恰好深圳与香港毗邻的那个地方就是深圳福田口岸，也就是在华强北的旁边。

这个地方就自然而然成为中国最早的电子元器件、电器零部件进口集散地，也就是如今华强北的所在地。大量的电子元器件、电器零部件全部通过这里才能进一步发送到全国各地。那么为了优先抢到货源，很多电器生产商就把生产工厂或研发中心就近设在了附近。这样一来，华强北就逐步形成了一套完整的电子产品研发和生产体系，包括元器件交易、科研单位、科研人员、生产工厂、进出口贸易等。由此可以推算，华强北这么小的一个地方，却供应着整个中国的电子元器件、电器零部件，支撑着整个中国的电子工业。可想而知，这里每天售出的数量应该达到多么大的量级，这些站柜台的商户参与其中可以赚到那么多的钱，就不难理解了。

5. 那么华强北为什么现在衰落了呢？

华强北曾经的辉煌是由当时所处的时代大背景决定的，同样，其衰落也与这个时代的大背景密切相关。一方面，随着国家的高速发展，中国已经可以自己研发生产绝大多数的电子元器件和电器零部件了，当年那种主要靠进口的历史状况已经不复存在了。华强北因为历史原因而拥有的优势也随之不存在了。另一方面，随着电子商务的兴起发展，尤其是阿里巴巴和淘宝网的兴起，原来作为物理空间的集散地，它的价值正在受到互联网电子商务的冲击，虽然线下交易依然发挥着重要作用，但是绝大多数的电子元器件、电器零部件交易已经可以在线上完成了。这两方面共同导致华强北不如从前了。

6. 您如何看待山寨？又如何看待山寨电子产品？

山寨当然是一种不好的行为，山寨行为会侵犯到版权和专利拥有者的合法权益。但是因为山寨的过程与学习的过程类似，所以在看待山寨时，一定要把山寨与学习区分开来。山寨有时会被投机者利用，来侵犯版权所有者的合法权益，但也会被一些专利流氓用来保护自己的垄断利益，或者作为一种不正当竞争手段来铲除小微竞争对手，披着打"山寨"的外衣侵吞他人同类产品的合法权益。

例如，在产品设计包装领域，山寨包装存在着明显的模仿抄袭行为，但在技术领域却很难界定。比如你学会了某项技术，这是正当合法的，但是说你山寨了某项技术时，就有些难以判定了。技术本来就是公共的，我们可以说学会技术有先后，但不能说某项技术只能归特定的人所有。因此，如何看待山寨的电子产品，这个问题确实相对复杂，不太容易解释得清楚，我们可以从三个故事来探讨。

第一个故事，在触屏智能手机没有问世之前，手机市场被诺基亚按键手机占据了大半份额，但是同时期，深圳华强北的电子卖场中，已经出现了触屏"诺基亚"手机。后来，我专门问过当年生产这一类触屏手机的从业人员，问他们当时这个触屏智能手机是怎么发明的？是不是山寨了哪个品牌？他们的回答是，当时的MP4生产技术已经十分成熟，那么将诺基亚的手机按键功能，与MP4的全屏触屏功能相结合，便"山寨"生产出了触屏的智能"诺基亚"手机。在后来的几年，品牌手机方才开始研发生产触屏智能手机。那么在这个故事中，究竟是深圳的手机生产工厂山寨了别人的触屏手机技术，还是那些所谓的品牌厂商山寨了深圳手机生产商的领先技术，这个问题是存在争议的。

第二个故事，是我听华强北修手机的一位朋友讲到的。他说，曾经的老式苹果手机，在修手机的时候，其中有一条排线很容易挂断，而只要一挂断那条线就需要重新换屏，带来更大的麻烦。一位华强北的手机维修老师傅，为了手机维修更方便，就把这条排线做了改良，后来没多久这一改良也成了苹果公司的专利。那么在这个故事中，也很难说得清楚，究竟是谁山寨了谁的创意。

第三个故事，是关于曾经风靡全球的扭扭车的故事。在2016年1月，也就是圣诞节前夕，亚马逊强制下架了来自中国的、当年最热门圣诞礼物——扭扭车，原因是中国厂商集体对Razor公司构成侵权。事实上，扭扭车并不是Razor公司发明的，而是它以购买专利的名义，从另一个同样没有发明扭扭车的想象家手里买来的。Razor 公司买的是什么专利呢？是来自一个美籍华人 Shane Chen 的构想。Shane Chen 最初只画了一个草图，提出一个概念，用电池驱动两个轮子，中间有一个可以扭动的轴承，并且通过陀螺仪自动调节平衡。虽然在中国和美国申请了专利，但这个产品他委托了很多个工厂来设计生产都没有成功。后来，一位杭州的大学老师借鉴了这个概念，把自动调节平衡改为机械调节平衡，进而和厂商合作，才真正把这个产品设计和生产出来。这位大学老师成立了杭州骑客公司，也在中国和美国成功申请了发明专利和外观专利。换句话说，扭扭车之所以能够从一个简单的想法转化为一个实际产品，关键在于杭州这位老师对于机械调节平衡技术的发现和采用。而市场上现在销售的扭扭车也都是根据机械调节平衡技术展开大量生产的，而并非依据 Shane Chen 构想的自动调节平衡车。从这个故事中就更能够体会到所谓"山寨"的复杂性，究竟是谁山寨谁，谁对谁构成侵权，不太容易解释得清楚。

7. 您如何看待山寨基地华强北？

华强北是中国电子产品第一街，确实存在着不少模仿抄袭行为，例如在新一代苹果手机还在美国运往中国的海上时，华强北商铺就已经出现了高仿的版本，所以赋予它"山寨基地"的称号也不为过。但其实我们在批评它山寨的同时，更应该去分析它背后蕴藏的力量，即是什么能让它具有如此强大的山寨能力？

首先，华强北山寨背后蕴藏的是一种具有强大优势的开放创新环境。经过 30 年的发展，华强北自然形成了一套成本更低、效率更高、风险更小的生产经营模式，而这个模式正是为其提供强大山寨能力的基石。但山寨只是它的结果之一，事实上它对中国乃至世界的正面价值，远比山寨本身带来的负面影响大得多。

其一，它能够把创意快速转化成实际产品。以扭扭车为例，从 2014 年 8 月骑客公司突破扭扭车技术难题，不到 6 个月时间里，扭扭车不仅完成了从创意到实际产品的转化，迅速形成一个涵盖珠三角 500 个以上生产工厂、上千经销商的稳定的生产经营销售生态体系，并透过互联网、社交媒体和跨境电商快速风靡欧美乃至全世界。

其二，对硬技术公司来说，市场转化成本非常低。以扭扭车为例，骑客公司并没有为此大兴土木、大设厂房，而是通过低成本授权的方式，既快速实现了经济收益，又借助了众多生产工厂和经销商的力量，让自己的发明快速覆盖国内外市场。

其三，抱团互助开放的生产经营生态体系降低了所有参与的机构和个人的风险。以扭扭车为例，若不是遭到 Razor 公司、Shane Chen、亚马逊的突袭，那么几乎所有的从业者都会稳赚不赔。生产工厂因其具有规模小、灵活度高的特点而能够有效避免大规模压货带来的风险；经销商因为采用贴牌生产、先下单再出货的经营模式，能够有效避免囤货带来的风险；对于骑客公司而言更是轻资产运营，风险微乎其微。

其四，实现了资源与人力的共享。以扭扭车为例，从创意的产生到产品的最终销售，整个过程就是一个优势互补、分工协作、开源生产、共享市场的成熟系统。骑客公司优势在于创意与研发，生产工厂的优势在于高效快速生产，经销商的优势在于掌握国内国外、线上线下的既有营销渠道。因此，大家的合作实现了优势互补、分工协作、开源生产、共享市场，在最大限度上实现了社会资源与人力资源的共享和优化配置。

与之相比，在传统的生产经营模式中，一款新产品从创意转化成实际产品要耗费几年的时间。而在这样一种成本更低、效率更高、风险更小的共享经济模式中，只要几个月的时间就能完全实现。一款扭扭车在不到两年的时间里，便从最初简单的创意变成风靡全球的炫酷产品。

其次，华强北的山寨背后蕴藏的是一种比较成熟的新型市场模式——利基市场。事实上，华强北早已经成为全球利基市场的拓荒者和主力军。当长尾遇到大规模业余化①和开放创新，很多小而美的公司会井喷式地发展起来，他们做的是什么事情呢？他们做的就是传统企业看不上的也无暇顾及的

---

① 大规模业余化是《人人时代：无组织的组织力量》中提到的一个关键概念，意思是很多内容不再是专家生产的，而是"业余者"或者大众生产的，比如博客、朋友圈等。

细分市场，即利基市场。他们会以非常快的速度和更加个性化的服务将这部分利基市场填充起来。他们不否定也不反对行业内有传统的主流商业机构存在，而是积极开发小众细分市场，以利基市场佼佼者的姿态，与行业内的传统主流商业机构形成互补，共同构成百花齐放的产品市场。

华强北正是由这些小而美的从业者共同组成的。以扭扭车为例，这些小而美的生产工厂、经销商并不敌视 IOHawk、Jetson 等扭扭车品牌的存在，而是努力开拓细分的利基市场。例如，根据儿童的使用特点制造出儿童版扭扭车；为了满足音乐人炫酷追求而生产出自带蓝牙音箱与跑马灯的扭扭车；为了满足用户的夜间需要，制造出自带夜间照明功能的扭扭车；为了让初学者降低害怕程度，生产出自带手扶杆的高稳定性的扭扭车；等等。正是因为有华强北的这些小而美的从业者的加入，才创造出了丰富多彩的个性化扭扭车，才在最大限度上满足了消费者的个性化需求。只是，这些在利基市场的开发或者微创新，在补充主流品牌消费市场的同时，也在分享着原本可能属于主流生产商的蛋糕，因此他们并不受主流品牌生产商的欢迎，甚至会经常受到主流品牌生产商以打"山寨"为名义的排挤和封杀。

在全球经济增速放缓的今天，世界各国都在努力寻找新的经济增长驱动力。毫无疑问，利基市场的发展一定会成为未来全球经济发展的一个新的增长点，甚至这个利基市场的经济体量会超过传统的主流商业机构创造的经济体量。那么在这个方面，华强北率先具备了开拓利基市场的生产经营体系，实际上也率先开拓了包括扭扭车在内的多种产品的利基市场。

最后，华强北山寨背后蕴藏的是未来个性化定制时代的全新运行机制。伴随全球经济进入后工业化时代，福特式的流水线工业生产体系已经造成了大量的产品过剩，大家不再愿意去使用千篇一律的产品，而开始追求个性定制的产品。尤其近些年，随着互联网的深入发展，个人受制于时间和空间的局限正被逐步打破。通过互联网，个人几乎没有找不到的信息，也几乎没有得不到的东西。同时，创客运动席卷全球，开源硬件和数字制造正在蓬勃兴起，个人使用开源硬件和数字制造工具正在快速成为可能，以至于李克强总理及美国前总统奥巴马等都对创客运动推崇备至。开源制造和数字生产的使用，将进一步打破一个人的能力局限。创客运动正在催生一种新的开放创新环境。

在这样的开放创新环境中，人人创造、个性化定制正在成为可能。个人想要制造个性化的东西，不必再像从前那样去学习使用各种不同种类的工具，不必再去学习如何焊接电路板，如何赋予各种电子元器件功能，而只要从互联网上简单编辑或者直接下载一个数据包，然后通过3D打印机或者激光切割机就能一键制造出来；只要使用更加生活化的编程语言，甚至只对模块化的开源硬件进行简单拼装，就能实现自己想要的个性化功能。而这些开源运动中的行为，也随时可能冒犯到既得利益集团的利益，因此以"山寨"之名，堵创客运动之实，也成了知名品牌方惯用的伎俩和说辞，乃至于全世界依然还在理论上纠结于这样的开放创新环境是否能成为一种真正实际的经济引擎。

但在大家争论之时，这样的开放创新已经在华强北成为现实，而且已经成为一种成熟的产业常态。更重要的是，华强北的厉害之处不仅在于它拥有全球最完善、最便利的个性化定制的硬件基础体系，更在于它的产业基础已经超越了个性化定制的手工作坊时代，而直接将世界带入了个性化量产的时代。华强北经过30年的发展，自然形成了一套低成本、高效率、低风险的生产经营模式和一套稳定成熟的共享经济模式，这让华强北已经自觉或不自觉地对以个性化产品为核心的利基市场做出了比较成功的尝试和探索。而这种自发共享的生产经营模式和对利基市场的探索经验，更是赋予了华强北个性化量产的能力和支撑体系。以扭扭车为例，正如上文提到的华强北根据不同消费群体的不同需求，开发出了儿童版、音乐人版、夜间使用版等种类繁多的个性化扭扭车版本，并均已实现了个性化的量产。

换言之，华强北在包括扭扭车在内的新产品的生产经营过程中，已经实现个性化的量产，而且这种个性化量产又是以低成本、高效率、市场共享、多方共赢的方式实现的。不得不说，华强北在个性化量产方面，也为世界的未来发展探索出了一种可以借鉴的成功模式。因此，将华强北冠名"未来个性化量产时代的开创者"，也不足为过。

总体而言，华强北30多年的发展过程，虽然始终都存在着山寨行为，始终都伴随着"山寨基地"的恶名，但是这些都只是表象之一，它从根本上已经不再是"邯郸学步"了，如今的华强北已经从过去的所谓山寨，迈入了自具优势、自主生产、开放共享的全新阶段。也希望我们华强北这些小而美的生产经营个体能够挺直腰板，不再被"山寨"一词困扰，而是自觉认知自己，认识到自身的强大，鼓足自信，领航全球发展。

事实上，在受到创客运动的启蒙后，一些未来新趋势纷纷受到各国重视，成为各国政府和业界认真研究的未来经济发展模式。在中国更是以"大众创业，万众创新"作为国家发展的指导意见，各地众创空间如雨后春笋般纷纷建立。但当社会各界还在探讨如何推进众创、"双创"，以及由于用力过度而产生泡沫的时候，华强北已经围绕这些方面，打造出了一个成熟的、经得起大家考验也更值得全世界参考和借鉴的成功模式。深圳也因此成为全球创客公认的创客之都。

8. 那么是不是如您所说，山寨只是表象之一或者结果之一，华强北已经从所谓山寨迈入了自具优势、自主生产、开放共享的全新阶段呢，它是不是真的孕育出一些品牌呢？

华强北在过去30多年的发展中，孕育出了大量知名的企业，甚至可以说，深圳今天的大中型企业，几乎都起源于华强北，或者与华强北存在着千丝万缕的联系。除了上文讲到的腾讯和阿里巴巴，还有很多知名企业也是从华强北元器件市场起家的，例如大族激光最初是华强北的一个激光经销商，柴火创客空间的母公司矽递科技也是依托华强北成长起来的。

不仅是国内品牌，还有一些海外品牌也源自华强北，例如一年在非洲卖出1亿部手机的传音科技，排名法国手机市场第二位的Wiko手机，等等。

9. 那么华强北的现状是怎样的，未来又会怎么样？

华强北对于许多电子背景的国际创客而言，似乎还是心目中的"圣地"。我曾陪同一位美国创客同游华强北，对店家的英文水平颇感吃惊，她的答复是：接触多了就会了。

华强北的现在与过去比，确实是显现了很大的衰落趋势。那么它究竟是怎么样的现状,未来究竟会走向何方?我们看到网上很多的声音都在说,华强北已经衰落了,就像北京的中关村电子一条街一样,唱衰的声音很多。但是,如果仔细分析华强北现在具备的种种条件,认真分析清楚华强北的历史发展和来龙去脉的话,或许就不会这样想了,或许还是能够对华强北未来的发展抱乐观态度。

为什么乐观?一件事物的繁荣与衰败,要根据未来的社会发展大趋势来判断。从未来的发展趋势来看,世界经济发展必然将走向个性化定制的方向,或者可以用个人制造、人人时代一类的词语描述未来时代。如果是用未来的个性化定制这样一个发展趋势来对应判断今天华强北的情况的话,我们是有十足的理由相信华强北能够在未来重新制胜,甚至是引领未来世界电子产业的发展。

为什么有如此大的自信呢?这是由华强北自身具备的条件决定的。过去的繁荣给今天的华强北留下了一套完整的体系,包括元器件交易、科研资源、生产工厂、进出口贸易等。这一套完整的产业链体系,目前与国际上正在兴起的开源运动、创客运动需求是高度相符的,并且与未来更进一步的个性化定制时代发展需求也是高度相符的。

那么,开源运动、创客运动或未来的个性化定制时代,其运行机制应该是怎么样的呢?或许,它会有几个特征。第一个特征,从生产环节来讲,过去的"生产"是生产者的行为,但未来的"生产"应该是要求消费者参与到生产环节的,也就是说生产者要按照消费者指定的要求来进行生产,而不是像现在的生产者仅仅根据自己对市场的需求判断来生产,生产出来之后再销售给消费者。第二个特征,从消费环节来看,未来的消费者追求的不再是直接购买一个成熟的产品形态,而更多的是希望能够参与到产品的研发生产过程中,因为这个过程本身就是一种精神文化消费,是可以带来精神愉悦的,消费者是愿意为这个参与过程付出更高价格的。因此,在未来的个性化定制时代,生产者与消费者之间的界限并不是清晰分明的,消费者在作为本来消费者的同时,更希望能够成为参与其中的"生产者"。事实上,随着开源运动、创客运动的深入发展,一些新的变化和条件正在快速形成,消费者参与产品的研发生产正在成为现实，即所谓人人时代正在到来。

那么一些新的变化和条件具体指的是什么呢？就是生产资料的进一步公开化、大众化。过去，消费者之所以愿意花钱去买一个成熟的产品，是因为他们并不懂得这个产品是如何制造的，或者自己并不具备高效率制造这个产品的条件，所以只能通过"交易"来获得。而随着互联网的发展，信息资源的获取越来越容易，同时随着硬件功能的集成化和模块化，技术资源的获取也变得越来越容易。例如，制造一部手机，如今不用再像过去那样，所有的功能都要自己研发，而只需要去市场买来屏幕、主板、摄像头等各类零部件，然后依照着网上的教程自己拼装，即可制造出一部手机。

所以，生产资料的进一步公开化、大众化，是未来个性化定制时代的根本推动力，也是当今开源运动、创客运动兴起的基础条件。从这方面来讲，华强北有着独一无二、得天独厚的优势。

一方面，这里依然是全球最大的元器件集散地之一，各种各样的电子元件、集成化电子模块唾手可得。比如，当年深圳市大疆创新科技有限公司汪滔先生在香港读书期间，就经常去华强北购买一些其他市场上得不到的无人机配件，再比如说很多音响设备发烧友也会经常光顾华强北，去淘一些通过别的途径很难得到的配件，包括现在经常在华强北看到的很多外国人士，其中有相当一部分是国外的创客，他们是特意来深圳华强北买元器件的，因为在他们自己所在的国家找不到，而且在网络上也未必能找得到。所以华强北在这方面的地位是无可比拟的。

另一方面，华强北现在的生意虽然不好做了，但是还有很多老商户依然留在华强北做生意。这些商户大多数都身怀绝技，而且多数都自己拥有工厂，所以对电子产品的研发生产各个环节都十分熟悉。而且即使是新进入华强北的人，很多都是从维修起步的，通过维修掌握了电子产品的很多信息，当然包括很多类似"黑客"的人也依然存在于华强北的某些角落。所以说，过去的繁荣发展为今天的华强北留下了大量的创客人才。这些人对电子产品的熟悉程度，决定了他们在整体上的创造研发能力要高于欧美发达国家的创客们。而且华强北存在着不少专门帮别人做代开发的商铺，也就是说你想做一个什么样的产品，只要告诉他们产品概念和功能，在谈妥价格之后，他们就可以用最短的时间帮你把产品研发出来，然后交付于你。而他们会说这个产品是你研发的，不会与你争抢专利权。甚至更进一步，在你对产品雏形满意之后，可以直接委托其给你批量生产。从研发到小批量生产，再到量产，他们能够提供完整的一条龙服务。所以从这个层面来说，华强北现有条件是高度符合未来个性化定制时代的需求条件的。甚至可以说，华强北早已步入个性化定制时代，其过去在做的事情，就已经是在个性化定制了。

此外，华强北独特的商业运作体系也是高度符合未来个性化定制时代要求的。在传统的大工业生产制造中，研发生产销售的基本流程是，想要让一款产品最终走向市场需要经历漫长的过程。首先要自建团队苦苦研发，研发成熟后要申请专利保护，然后再交付生产，生产之后再通过各种分销渠道销售，这个过程通常要耗费一年甚至几年的时间，而且即使是耗费如此多的精力，产品也未必能够在市场上获得成功。而在华强北的商业运作体系当中，研发者在研发完成后，会迅速地在自己的工厂或朋友亲戚的工厂进行小批量试产，然后在很短的时间内，这些产品就会出现在自己或朋友的柜台上面去试卖，如果市场反应乐观，那么他们就会迅速加大生产，产品会在极短的时间内出现在华强北家家户户的柜台上面，成为爆款，同时也会大量出货到国内其他地区和海外。而这一个流程是高度符合未来个性化定制时代所需工艺流程的特点的，即周期短、风险低、效率高。

所以，无论是从信息资源或技术资源大众化角度来看，还是从现存的生产消费形态而言，华强北都已经具备了相对成熟的符合个性化定制时代需求的商业运作体系，它有足够的实力和条件在未来的个性化定制时代走在全球最领先的行列。

以当今正在兴起的开源运动、创客运动为例，其基础条件就是生产资料的公开化、大众化。事实上，如今华强北吸引了世界各地的创客慕名而来，甚至落地周边开展创客研发，在这个方面华强北已经体现出了它的优势。

如果说欧美发达国家的创客运动现在只是一种小作坊的 1.0 版本的话，那么华强北的个人制造体系可以说是创客运动 2.0 版本或更高的升级版本。

欧美的那些创客，还处在以兴趣为导向的时代，三五个兴趣爱好者发明创造，捣鼓出一些小创意，如果刚好运气好被投资人看上了，或者在众筹平台筹到款了，那么就有可能让自己的产品成功走向市场，但其实绝大多数人的创意最终都依然只停留在兴趣层面，无法走向真正的市场化。

但是华强北不一样，在过去的几十年，那些商户同样是一个小团队、一个小微企业，甚至就是三两个人，同样以创客的小团队的形式在做研发和生产，但是他们跟欧美发达国家的创客的不同之处在于，欧美的那些创客是在自己的家里、车库里头或者一个小圈子里，开展自己的发明创造。而华强北的创客在一个有成熟体系的地方开展发明创造，这个地方就叫作华强北。另外一个不同之处在于，欧美发达国家现在的创客运动，依然是一种兴趣导向的行为，而华强北的创客运动早已经与产业、商业实现了无缝对接。所以，从本质上讲，华强北的创客运动体系，是领先于国际创客运动浪潮的。甚至可以说，华强北的创客运动形态，是现在全球最领先的一种形态，是创客研发、生产与商业运作完全连通的。

相信无论是在今天的创客运动时代，还是在未来的个性化定制时代，只要政府正确规划，加强对华强北现有商户的培训和引导，例如使消费者愿意付费参与生产的这些新变化，让商户逐步尝到甜头，让商户们进一步清晰自己的优势和未来个性化定制时代的机会，那么相信华强北有足够的条件重新崛起，在未来一定会再创辉煌。事实上，当地政府在这个方面已经迈出了一大步，例如，将华强北街区进行了升级改造，打造了以"文化＋科技"为主要发展内容的地下商业步行街，其背后蕴藏的逻辑就是，要以华强北既有的科技优势去探索满足以大众为主要消费者的文创消费需求。

第五章　创客经济与创意产业迭新

创意产业最重要的地方在于它们扮演了这样的角色：在普通大众中鼓励知识的增长和创造性参与，使之成为复杂的开放性创新系统的一部分。

——约翰·哈特利[①]

一　创意产业的理论与趋势

（一）从"文化工业"到"创意产业"

20世纪初期，大众媒介日渐发达，以霍克海默和阿多诺等德国学者为代表的法兰克福学派在20世纪40年代提出了"文化工业"（cultural industry）这一概念，认为文化工业为满足消费而批量生产标准化的商业文化，不仅使得文化毫无个性可言，也改变了人们的生活，让人们逐渐对新兴的科学技术和传播手段产生过度的依赖，从而对其进行了批判和否定。然而，法兰克福学派的批判并没有阻挡文化产业（cultural industries）在全世界范围的发展，各个文化行业与市场经济的联系日益密切。文化逐渐演化成更具有产业性质和消费符号性质的"文化产业"，同时也褪去批判性而变得中性。

20世纪80年代起，越来越多政府官员、学者和企业关注到文化产业的

---

① 〔澳〕约翰·哈特利：《创意产业读本》，曹书乐、包建女、李慧译，清华大学出版社，2007，第16页。

作用。1994年，澳大利亚政府在《创意国度》这一政策文件中首次提及创意产业，但并未引起国际社会的广泛关注。1998年，英国创意产业工作组确立了创意产业作为一种国家产业政策和国家经济发展战略的地位，并对其做出如下定义："源自个人创意、技巧及才华，通过知识产权的开发和运用，具有创造财富和就业潜力的产业。"[1] 由于各国的经济、文化背景等国情的不同，对文化产业的定义和解释也不尽相同，从概念使用来看，就有文化产业（中国、法国、芬兰、韩国）、创意产业（英国、澳大利亚、中国香港）、文化创意产业（德国、中国台湾）、版权产业（美国）、娱乐观光业（日本）、内容产业（韩国）等相似概念。随着文化产业在全球各地产生越来越多的回响，文化产业的内涵和外延不断扩展。文化产业不仅关注个人创意力，也关注版权的运作；不仅关注文化元素的延续，也关注文化的传播和商业化价值；此外文化产业也由文化产品、文化内容、文化服务等领域拓展到了知识版权、经济法律、创意阶层、政策战略等领域。

在经济发展达到一定水平，文化成为各国对内稳定增长速度、对外争夺国际话语权路径的背景下，文化产业已然成为各国发展的重要战略。例如，美国建立起以版权产业为核心的文化创意产业帝国；加拿大构建了内外兼修的多元文化发展战略；英国作为老牌文化创意产业强国在科技的支撑下长盛发展，据联合国《创意经济展望：创意产业国际贸易趋势》报告显示，其创意增长主要来自"Createch"领域，即融合了Creativity（创意）和Technology（科技）的设计、新媒体等行业；[2] 法国在强势政府下构建了文化创意产业发展的完善支撑体系，如2012年文化部牵头推出了《文化例外2号法》协调行动报告，落实数字时代保护知识产权、鼓励文化创新的全国协调系统；[3] 日本以"酷日本"为核心战略，从推动海外

① "Creative Industries Mapping Documents 1998"，https：//www. gov. uk/government/publications/creative–industries–mapping–documents–1998，最后访问日期：2019年1月14日。
② 《联合国〈创意经济展望〉报告出炉，我们先替你读了读》，2019，言之有范微信公众号，http：//www.sohu.com/a/291506255_182272，最后访问日期：2019年8月26日。
③ 《法国：文化政策紧随数字变革》，2017，文木微信公众号，http：//www. sohu. com/a/124562357_534379，最后访问日期：2019年3月26日。

"酷日本"热潮的形成、促进海外"酷日本"贸易的发展，以及推动国内
"酷日本"消费提振三个方面有序开展；韩国通过"韩流"等文化输出使
得新兴文化创意产业迅速崛起；印度也通过"宝莱坞"成为文化娱乐与消
费大国。

21世纪以来，数字化浪潮出现，互联网革命克服了法兰克福学派所批
判的文化工业"标准化"的弊病，使得文化可以实现个性化基础上的生产，
从而将文化产业推进到了新的发展阶段。① 各国也纷纷推出各种举措促进互
联网时代文化创意产业的发展。韩国政府为了推进韩国文化产业的全方位综
合振兴政策，促进创造经济良好发展，提升国家品牌形象，于2009年5月
成立了隶属韩国文化体育观光部的韩国文化产业振兴院（Korea Creative
Content Agency，KOCCA）。CT（Culture Technology，文化科技）融合发展是
韩国文化产业振兴院的核心事业之一，KOCCA支持包括广播、视频、游戏、
音乐和表演等内容领域的规划、生产和供应链技术的研发工作。② 英国在
2009年国际金融危机和2017年脱欧未决之际，分别发布了《数字英国》和
《英国数字战略》两大国家战略，以期打造世界级的数字基础设施，帮助政
府、企业和公民在数字时代获益，以稳定国家发展、夯实国家竞争力。2017
年英国文化、传媒和体育部（Department for Culture，Media & Sport）正式更
名为数字、文化、传媒和体育部（Department for Digital，Culture，Media &
Sport），简称仍为DCMS，可见英国政府在组织层面上对数字技术与文化创
意产业深度融合的推动。③

（二）"中国创造"：文化产业、文化科技融合与数字创意产业

改革开放40年来，中国文化产业的发展经历了预热期（1978～1999
年）、初创期（2000～2005年）、体制改革攻坚期（2006～2011年）和高速

---

① 张晓明：《从"文化工业"到"文化产业"》，《光明日报》2013年8月1日，第2版。
② 韩国文化产业振兴院官网，https://www.kocca.kr/ch/main.do#，最后访问日期：2019年3
月23日。
③ 闫德利：《数字英国：打造世界数字之都》，《新经济导刊》2018年第10期，第28～33页。

发展期（2012 年至今）四个阶段。① 2000 年，中共十五届五中全会在《中共中央关于制定国民经济和社会发展第十个五年计划的建议》中首次使用了"文化产业"这一概念，标志着我国对于文化产业的承认和对其地位的认可，具有重要的意义。受到西方"创意产业"发展战略的影响，许多城市出台了"文化创意产业"相关的政策，但近年来又回归到"文化产业"这一核心理念。究其根本，"文化产业"与"创意产业"均指代以"文化""创意"为核心要素和产出的产业，但"创意"相对强调个人的创造力，而"文化"则涵盖一个国家的历史文明和当代的价值主张，当然，"创意"也包含对传统文化的创造性转化和创意呈现，"文化"也可能发生内涵引申和创新表达。"创意产业"赋予了"文化产业"新的意涵，而"文化产业"更为符合我国坚持"文化自信"、建设"文化强国"的战略部署。

2009 年，国务院发布《文化产业振兴规划》，这是我国首个文化产业的专项规划。规划指出发展文化产业的意义，即"文化产业是市场经济条件下繁荣发展社会主义文化的重要载体，是满足人民群众多样化、多层次、多方面精神文化需求的重要途径，也是推动结构调整、转变经济发展方式的重要着力点"。《规划》提出"文化创新能力进一步提升"等目标，其中，"文化创新"包括文化体制机制创新，文化创新体系的形成，文化原创能力的提高，数字化、网络化技术在文化领域的应用，以及文化企业装备水平和科技含量的显著提高；同时，还提出发展新兴文化业态，采用数字、网络等高新技术，推动文化产业升级。

2012 年被称为"中国文化科技融合年"，文化产业呈现"融合"态势，涌现出"文化＋科技"、"文化＋旅游"以及"文化＋金融"等发展模式。5 月，科技部会同中宣部、财政部、文化部、广电总局、新闻出版总署联合印发了《国家文化科技创新工程纲要》，目标是文化和科技深度融合，科技创新成为文化发展的核心支撑和重要引擎；同时，设立首批 16 家国家文化

---

① 金元浦：《我国文化产业发展的历程与趋势》，《中国国门时报》2018 年 10 月 29 日，第 3 版。

和科技融合示范基地（2014 年设立第二批 18 家基地），包括北京中关村、上海张江以及天津滨海高新区等国家级文化和科技融合示范基地。随后，文化部出台《文化部"十二五"文化科技发展规划》，国务院出台《关于推进文化创意和设计服务与相关产业融合发展的若干意见》，均体现文化产业从单个产业部门到与其他产业的互融互促，这与国际上创意产业朝创意经济和创意社会发展的趋势不谋而合。

21 世纪以来，人工智能、信息技术、数字网络、3D 技术、可穿戴设备、虚拟现实（VR）和增强现实（AR）等技术快速形成了新一轮的科技革命浪潮。早在 2007 年，中国学者周志强和夏光富在讨论中认为这种在数字化和网络化环境下的文化创意产业业态可被称为"数字创意产业"，具体是指"建立在文化资源基础之上，运用现代数字技术、网络技术、现代通信技术和大众传播技术，主要以人（个体或团队）的精神创造力、技艺才能为动力的企业及其以数字化、网络化生产方式进行的文化价值的创造、传播和交易等活动，也包括运用文化创意和新技术提高传统文化产业附加值的活动"[1]。李凤亮等指出，在第三次科技革命的助推下，文化产业的发展呈现平台信息化、内容虚拟化、消费体验化、产业跨界化和贸易国际化五大特征。[2] 第一，数字化技术推动了文化产品的创新，文字、声音、图片、影像的数字化成为不可阻挡的发展潮流，影视、动漫在拍摄、加工等环节，借助电脑、多媒体、三维动画、数字特效、数字摄影及数字音乐等复合数字化技术，既能提高产品的质量，又能增强产品的播出效果。第二，数字化技术搭载文化内容，推动文化科技企业的成长。如腾讯、华侨城、华强等企业以文化为核心，用科技手段进一步发展新兴文化业态。第三，数字化技术助力文化产业升级。例如，数字图书馆、数字博物馆、数字艺术馆等通过大数据的挖掘和使用，大大提升了产品的生产能力和服务能级。以敦煌建设的莫高窟

---

① 周志强、夏光富：《论数字创意产业》，《新闻爱好者》（理论版）2007 年第 12 期，第 14 ~ 15 页。

② 李凤亮、宗祖盼：《中国文化产业发展：趋势与对策》，《同济大学学报》（社会科学版）2015 年第 1 期，第 65 ~ 73 页。

数字展示中心为例，游客可获得更为全面的感官体验，同时也减少了对洞窟的破坏。第四，互联网传播渠道和多屏社会极大地改变了文化内容的生产和消费方式。

2016 年，《"十三五"国家战略性新兴产业发展规划》正式在官方层面提出"数字创意产业"这一概念，与新一代信息技术、高端制造、生物、绿色低碳产业一起成为"十三五"规划中五大国家战略性新兴产业之一。数字创意产业的发展目标是，"到 2020 年，形成文化引领、技术先进、链条完整的数字创意产业发展格局，相关行业产值规模达到 8 万亿元"。① 具体措施包括：创新数字文化创意技术和装备，如提升创作生产技术装备水平、增强传播服务技术装备水平，完善数字创意"双创"服务体系；丰富数字创意内容和形式，如促进优秀文化资源创造性转化，鼓励创作当代数字创意内容精品；提升创新设计水平，如强化工业设计的引领作用、提升人居环境设计水平；推进相关产业融合发展，如加快重点领域融合发展、推进数字创意生态体系建设。

此后，文化部在 2018 年 1 月出台了《关于推动数字文化产业创新发展的指导意见》，旨在全面发展"互联网 + 文化"战略下的新模式、新业态、新趋势和新方向。在随后的十三届全国人大一次会议上，腾讯公司董事会主席马化腾提交了《关于推动"科技 + 文化"融合发展打造数字文化中国的建议》，提出建设产业发达、文化繁荣、价值广泛的"数字文化中国"。② 据国家统计局 2018 年发布的数据，2017 年全国规模以上文化以及相关企业有5.5 万家，营业收入达到 91950 亿元，比上年增长 10.8%，增速提高 3.3 个百分点；其中以"互联网 +"为主要形式的文化信息传输服务业营业收入7990 亿元，增长 34.6%；文化及相关产业 9 个行业中，7 个行业的营业收

① 《国务院关于印发"十三五"国家战略性新兴产业发展规划的通知》，2016，中国政府网，http://www.gov.cn/zhengce/content/2016 - 12/19/content_ 5150090.htm，最后访问日期：2019 年 2 月 11 日。
② 《马化腾两会议案：推动"科技 + 文化"融合，打造数字文化中国》，2018，腾讯网，https://xw.qq.com/cmsid/20180304A0L51M00，最后访问日期：2019 年 3 月 23 日。

入实现增长，其中实现两位数增长的行业分别是新闻信息服务（收入 5927 亿元，增长 26.7%）和创意设计服务（收入 7565 亿元，增长 18.7%）。① 由于数字技术的普及，互联网成为生产和传播文化产品的主要载体，互联网企业成为文化内容最大的渠道运营商以及内容提供商。腾讯 1998 年诞生于深圳，是一家以互联网为基础的科技与文化企业，涉足电影、文学、动漫、游戏等多个内容产业。在 2018 年的 UP 大会上，腾讯集团宣布从"泛娱乐"向"新文创"进行战略升级，即从以游戏为核心转向文娱产业链的开放生态，强调产业价值与文化价值的统一。② 近几年来，以民间力量为主的新媒体兴起，对传统媒体造成了强烈的冲击，形成了全新的文化生态和传播平台。互联网背景下平台协作化的文化生态系统让文化产品的生产者和消费者更加融合（生产消费者），专业化生产者（PGC）和非专业化生产者（UGC）的界限模糊并产生了更多跨界合作，文化创意产业与传统实体经济产业相互渗透，逐渐形成"互联网＋"的创意产业文化生态圈，我国正逐步从创意经济过渡到创意生态的新阶段。

（三）文化创意产业的未来与挑战

《创意经济与文化：创意产业的挑战、变革与未来》（*Creative Economy and Culture：Challenges, Changes and Futures for the Creative Industries*）一书分析了创意经济发展的三大态势。一是人人，即创意产业并不仅限于受训的艺术家或是创客阶层，而可能是每一个人的实践；二是事事，即创意产业不仅仅是一个经济现象，而是涵盖了所有生产行为，包括价值生产、社会创新和文化运动；三是处处，也就是说创意产业没有时间和地点的边界，它已不是发达国家的专利，在发展中国家如"金砖国家"（BRICS，即巴

---

① 《2018 年前三季度全国规模以上文化及相关产业企业营业收入增长 9.3%》，2018，国家统计局官网，http://www.stats.gov.cn/tjsj/zxfb/201810/t20181031_1630608.html，最后访问日期：2019 年 2 月 12 日。

② 张达：《从"泛娱乐"到"新文创"，是腾讯开放生态的延伸》，2018，https://36kr.com/p/5130776，最后访问日期：2019 年 3 月 31 日。

西、俄罗斯、印度、中国、南非）和"薄荷国家"（MINT，即墨西哥、印度尼西亚、尼日利亚、土耳其）等，文化与科技的实践从根本上改变了人们的生活方式。

该书提出了创意经济发展的三大挑战。一是控制与自由。首先是技术控制，当前我们面临的最重要的技术控制就是互联网。有关"互联网社会"的研究在推行一个由用户而非公司或政府控制的开放获取、可负担的和可靠的系统，但在现实中，有关数据隐私、数据安全等问题对创意产业提出了挑战。其次是政治控制，即"东方"与"西方"的较量，以及在一些宣称"民主"的国家，民主也已经被富裕精英阶层、游说集团和大型企业所控制。最后是商业控制，包括知识产权与开源共享之间的斡旋，以及大企业对小企业的兼并等。因此，作者认为"自由市场"并不是终极目标，"均衡市场"才是；在"均衡市场"中，大企业的调控和生产与全民范围的知识分享和扩散是彼此牵制而又共生共存的。

二是可持续性。首先是环境污染，如创意产业如何应对全球变暖、汽车排放、森林减少等环境问题，尤其是工业生产和数字技术发展所带来的工业污染和电子垃圾处理问题。其次是信息的泛滥，人们被淹没在过剩的信息供给中，失去了对信息的掌控权，甚至失去了辨别真伪的能力。最后是人类的"惰性"。在当下的语境，劳动发生了两个转向："知识密集型"的创意经济所涵盖的创意的、智慧的和勇敢的工作曾经是"有闲"阶级的特权，但如今富裕阶层往往更为忘我工作、更缺乏休闲时间；而穷苦阶层主要是由失业、移民（特别是没有工作签证的人们）等因素造成。因此，创意经济应提供给社会更多的就业方式和机会。

三是分歧，如经济差距、政治分歧、文化分歧和创意分歧。经济差距指贫富差距，它会一直存在，所以重点在于总体情况是否在逐渐得到改善；政治分歧指不同政党之间对国内人民和外部"威胁"的不同执政理念；文化分歧指宗教、种族、乌托邦思想等；创意分歧指政府政策关注的是"创意"和"文化"，还是"贫富差距"。作者认为，"贫富差距"并不是经济发展的动力，政府需要着力促进"创意"和"知识"的民主化，以推动经济社会的持续发展。

2018 年，联合国贸易和发展组织发布了《创意经济展望：创意产业国际贸易趋势》（*Creative Economy Outlook and Country Profiles*），该报告认为快速的全球化、技术化和社会化进程，模糊了创意产业中产业和部门、工具和渠道以及市场和需求之间的界限；创意想法、商品、服务、媒体和互联网之间的互动关系也随之越来越复杂且具革新性；数字技术将强有力地影响未来的创意经济，尤其是发展中国家的创意经济。①

一方面，数字时代来临，信息得以在商业端和顾客端流通，从而颠覆了以往的市场秩序。"共享经济"（sharing economy）的兴起即是典例，在线平台协调了产品和服务的供需，体现在创意产业之中则是数字报纸、数字音乐等平台受用户订阅量和在线广告利润的驱动提供创意服务（creative service），这种"自由流动"（free flow）无疑既是挑战也是机会。另一方面，全球地理空间之间的贸易、物流、政策和基础设施之间的不平衡，限制了创意产品和服务的流通。时至今日，在网上售卖创意产品是件越来越容易的事情，但在许多发展中国家，把商品从 A 地运到 B 地仍是一件难事，也正是因为基础设施的不完善，即便有较高的互联网普及率，许多发展中国家也难以在数字时代形成活跃的文化产品和服务市场。

该报告认为，下一步数字经济的发展，必须要借力于数字革新和新的技术，比如人工智能、虚拟现实和区块链等技术。根据当前的技术，AI 可以在 24 小时内制作出电影预告片，而以往的人工剪辑需要一个月的时间。这也会给未来的劳动力市场带来影响：网页设计师、程序员、市场营销人员将会有更多的就业机会；好的品位、创意思维能力和解决问题的能力将成为日后创意人员必备的"软实力"。技术将打开一国创意经济的一扇窗，但创意经济能走多远、达到什么样的高度，需要市场需求、政策、资金、技能等各方面的综合支撑。

---

① UNCTAD，"Creative Economy Outlook and Country Profiles"，2018，https：//unctad. org/en/PublicationsLibrary/ditcted2018d3_ en. pdf，最后访问日期：2019 年 8 月 26 日。

2019 年 8 月，科技部等六部门联合印发《关于促进文化和科技深度融合的指导意见》，打通文化和科技融合的"最后一公里"，激发各类主体的创新活力，通过加强共性关键技术研发、完善创新体系建设、加快成果产业化推广、提升文化装备技术水平等重点任务，科技将全面影响文化的生产、消费和传播。[①] 因此，文化创意产业将迎来更为数字化、技术性的未来，一方面，这些技术也将为传统文化、非物质文化遗产的保护与传承带来新的路径；另一方面，新技术也将不断地对文化创意产业产生"创造性破坏""数字化颠覆"，使文化创意的业态推陈出新、欣欣向荣。

二　从创意产业到创客运动

数字创意产业的发展使得文化与科技的边界更为模糊。文博会上逐渐出现创客版块，而创客运动中也不乏艺术家、设计师的身影。那么，在文化与科技的不断融合中，创客文化是否代表了创意产业新的发展方向？

（一）从创意阶层到创客

在英国文化、传媒和体育部（DCMS）发布强调"个人创造力"的创意产业定义后，利德比特（Charles Leadbeater）和奥克利（Kate Oakley）也为一个新兴阶层打上"独立人士"（或自雇人士）的标签，并认为这一阶层是创意产业发展的驱动力。[②] 然而，身份和工作的独立性并不会使独立人士成为"孤独的企业家"。[③] 相反，他们必须把个人价值观与合作相结合，并且独立人士是一个创意社区的成员，他们通常都熟练掌握一门专业学科知识，

---

① 《科技部等六部门印发〈关于促进文化和科技深度融合的指导意见〉的通知》，2019，中国政府网，http://www.gov.cn/xinwen/2019－08/27/content＿5424912.htm，最后访问时间：2019 年 8 月 30 日。

② C. Leadbeater, K. Oakley, *The Independents*: *Britain's New Cultural Entrepreneurs* (London: Demos, 1999).

③ C. B. Schoonhoven, E. Romanelli, *The Entrepreneurship Dynamic*: *Origins of Entrepreneurship and the Evolution of Industries* (Stanford, CA: Stanford Business Books, 2001).

如绘画、设计、摄影或动画制作，这些技能对创作来说至关重要。但是他们需要把这些技能与制片人、布景设计师、演员、音乐家甚至投资方的技能结合起来。创意社区可以为独立人士提供想法、协议、技术支持、场地以及对接市场的机会，不过，他们在促进团结与合作的同时也可能引发对立与竞争。[①] 凯夫斯（R. E. Caves）认为具有多元技能的"民间团体"（motley crew）是生产综合创意产品如电影的核心。[②]

同样，佛罗里达（Richard Florida）认为"创意阶层"是来自不同行业背景的非常具有创造力和创新精神的群体，他们也因此需要更多的生活设施和更为宽容的生活环境。[③] 他把创意阶层分为"超级创意核心"与"创意专业人员"两个组成部分，认为两者之间的区别在于前者致力于发现问题，后者致力于解决问题。因此，超级创意核心基于技能而专业人员以服务为导向。"创意阶层"的理念也受到了等同于"精英主义"的批评。因此，在佛罗里达为城市设计者创造的"3T"理论中，"创意阶层"转化为一个更为通用的词语——"人才"，指受过高等教育且有创意能力的优秀人才。在秉承"一个城市拥有数量越庞大的人才（或者说'创意阶层'），城市的经济变化越发达，并充满升级与活力"的假设（也可能是事实）下，"创意阶层"的研究推动了创意经济与创意城市学术研究的进展。[④]

此后，坎宁安（Stuart Cunningham）与希格斯（Peter Higgs）设计了一个"创意三叉戟"（Creative Trident）模型来解析创意人才的构成，即创意工作者包括三个方面：从事创意产业的专业艺术家和创意个人，在创意产业中提供管理、秘书、行政和财务服务的支持人员，以及在非创意部门工作的

---

① C. Leadbeater, K. Oakley, *The Independents: Britain's New Cultural Entrepreneurs* (London: Demos, 1999).

② R. E. Caves, *Creative Industries: Contracts Between Art and Commerce* (Cambridge: Harvard University Press, 2000).

③ R. Florida, *The Rise of the Creative Class: And How It's Transforming Work, Leisure, Community and Everyday Life* (New York: Basic Books, 2002).

④ R. Florida, *The Flight of the Creative Class: The New Global Competition for Talent* (Harper Business, 2005).

创意个人。① 而哈特利等通过对消费者微生产力的研究与"生产型消费者"的研究，认为创意经济可能不仅仅依赖优秀的艺术家、专业的设计师和"专家生产"模式，而是基于全人类的创造力。②

是否人人都是创意者？答案是肯定的。英国文化、传媒和体育部并没有将创意指定给某一特定人群。冯·希普尔（von Hippel）提出的创新民主化的概念率先认识到"领先用户"在产品创新中的关键作用。③ 2006 年诺贝尔经济学奖获得者埃德蒙德·菲尔普斯（Edmund Phelps）对部分国家在 1820 年至 1960 年取得经济繁荣的原因进行分析，发现参与创新的主观意愿、探索激发草根经济的活力等现代价值观念是自主创新的根源。个人的构思、研发新产品和新工艺，或解决现实中的问题，都是财富急剧增长的原因，也是每个人在有意义的工作、自我实现与个人成长方面的成就。④ 自发的社会网络力量在克莱·舍基（Clay Shirky）的《人人时代：无组织的组织力量》一书中也是清晰易见的，他认为社会性工具不仅让"每个人"都可以成为记者、编辑或摄影师，而且他们的集体行动也可能推动真正的社会变革。⑤ 这些研究直接推动了现代"创客运动"的兴起。

克里斯·安德森认为，创客是指"通过使用互联网技术与现代工业技术进行个人制造产品的群体"。⑥ 他将创客分为三种类型：一是从 0 到 1 的创客，他们希望学习使用工具来进行个人制造；二是从创客到创新，他们具有各自感兴趣的领域并与其他创客开展项目合作；三是从创客到市场，他们

---

① S. D. Cunningham, P. L. Higgs, "Creative Industries Mapping: Where Have We Come from and Where Are We Going?" *Creative Industries Journal* 1 (1) (2008): 7 – 30.

② John Hartley, Wen Wen, Henry Siling Li, *Creative Economy and Culture: Challenges, Changes and Futures for the Creative Industries* (London: Sage Publications, 2015).

③ E. von Hippel, "Democratizing Innovation: The Evolving Phenomenon of User Innovation," *Journal für Betrieb – swirtschaft* 55 (2005): 63 – 78.

④ E. Phelps, *Mass Flourishing: How Grassroots Innovation Created Jobs, Challenge, and Change* (Princeton University Press, 2013).

⑤ C. Shirky, *Here Comes Everybody: The Power of Organizing Without Organizations* (Penguin Press, 2008).

⑥ C. Anderson, *Makers: The New Industrial Revolution* (Crown Business, 2012).

期望将产品卖给公司或通过创业的途径将产品商业化。虽然创客运动强调开源数字制造,但《爱上制作》杂志内容还是涵盖了手工艺、艺术和设计等诸多门类。同样,众筹平台 kickstarter 也在为电影制作募集资金,前面提到的 instructable 也提供菜谱。如此看来,创客可能是"每个人"!在创意经济的背景下,"创客"是读者也是评论家,是观众亦是作家,是音乐爱好者又是制作人。而在超越创意经济的明确边界之外(如果存在此边界的话),创客将互联网智慧在现实世界中运用自如,其目的是 DIY(自己动手制作)/DIWO(与他人共制作)/DIT(一起制作),或者为现实生活中的一个问题提供一个(替代的)解决方案。

　　创意经济中的"独立派"和"创意阶层"都是专业人士甚至是企业家,但创客以业余爱好者和非专业人员为主。换句话说,这不是他们工作的必要部分,但也有可能成为主导部分。这三种创客类型构成了一个金字塔结构:其底部由"0 到 1 创客"组成,"从创客到创新"在中间,"从创客到市场"则在最顶端。然而在中国,"创客"往往等同于"创新者"和"企业家",呈现倒金字塔结构(见图 5 - 1)。

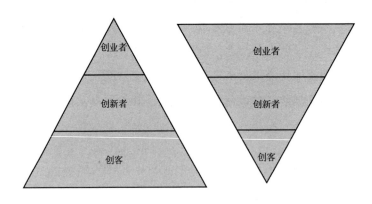

图 5 - 1　创客的金字塔结构与中国创客的倒金字塔结构

　　国家发展和改革委员会发布的《2015 年中国大众创业万众创新发展报告》白皮书显示,2015 年有 443.9 万新公司注册,增长率为 21.6%,即每天就有 1.2 万家公司注册,或每分钟诞生 8 家初创企业。而 2016 年的报告则指出，创新创业浪潮已向纵深发展。例如，当年有 71 家互联网公司估值超过 10 亿美元，进入 "2016 年独角兽俱乐部"。① 大学在校生、毕业生、海归、技术研发人员和返乡农民工是这支队伍的中坚力量。对于 "创意阶层" 来说，这并不是一条新兴的职业发展道路，其本身的职业特点就是 "工作组合"（work portfolio）。因此，拥有实体工具并践行知识分享的创客很可能成为新的 "创意阶层"。斯但丁等学者注意到这种工作具有不稳定性，也就是说工作保障不是由公司或机构（事业单位）提供的，而是由个人技能决定的，那么大众创业的号召也应意识到创业的失败概率是很高的。② 大众创业需要更好的支持机制来支付初创期的投资和 "失败" 的代价，或者鼓励企业家以 "节俭" 的方式创新，而不是采用中国发展创意经济时的 "择优" 策略。③

（二）从创意空间到创客空间

英国文化、传媒和体育部指出，创意产业以 "聚集" 为特征，并且 "当一些创意商业形成集群，即一组相互竞争又相互合作的企业在特定地点聚集在一起，从而拉动了对专业劳动力和供应链网络的需求时，它们会愈加繁荣"。④ 一些学者对好莱坞电影电视生产的研究证实了这一点。⑤ 然而，笔者认为用经济领域的 "集群" 来概括文化聚集的形态是不全面的，应加上城市规划中的 "社区" 概念和文化研究中的 "场景" 概念，三者共同构成

---

① 《发改委发布〈2016 年中国大众创业万众创新发展报告〉》，2017，中宏网，http：//finance. china. com/domestic/11173294/20170919/31473024. html，最后访问日期：2019 年 8 月 25 日。

② G. Standing, *The Precariat：The New Dangerous Class*（London and New York：Bloomsbury, 2011）.

③ M. Keane, *China's New Creative Clusters：Governance, Human Capital and Investment*（London：Routledge, 2011）.

④ DCMS, *Creative Britain：New Talents for the New Economy*（UK Department of Culture, Media and Sport, 2008）.

⑤ A. J. Scott, "The Other Hollywood：the Organizational and Geographic Bases of Television-program Production," *Media, Culture & Society* 26（2）（2004）：183.

创意地点的形态框架。笔者的论点是，以文化为导向的城市更新和以节展活动、夜经济为表征的"创意交换的结点"（即"场景"），以及文化与经济在这些地点的不断交互构成了城市的创意图景。[1]

尽管奥康纳认为"自发性的"集群不太可能像城市规划、房地产开发和文化那样成为城市战略规划的核心驱动力，但"集群"还是成为中国创意产业发展中的主流方式。这包括积极在城市建设动漫基地、LOFT 公园和创意园区等举措。[2] 其中，诸如动漫基地、影视基地等创意集群，多是在国家和地方相结合的层级扶持支持体系下建设而成的，与城市产业规划息息相关。在城市更新、文化再造的背景下，我国也形成了一批具有特色的创意产业园，如北京 798 和深圳华侨城创意文化园均由工业遗产改造而来，通过对硬体空间进行系统性重新装修，营造园区文化调性，再合理引入相关文化创意企业等各类业态，令老旧厂房焕发新的光彩。越来越多的文化创意园区不仅仅聚焦于产业，它们也走入寻常百姓的生活之中，成为人们生活的有机组成部分。例如近年来，"文化旅游"成为新的热点，即通过保留文化和历史品位，同时提供传统（如中国戏曲和茶）和西方消费（如戏剧和咖啡），将历史街区重新打造为文化旅游景点，其中较为著名的包括成都的宽窄巷子、上海的田子坊等。此外，部分园区还启动了社区发展的进程，吸引游客和当地居民参与展览、节日等活动，华侨城创意文化园即采用了这种方式。一些地理位置不太好的园区聪明地利用活动引入创意团队和参与者，之后再选择创意团队进驻，如深圳南山区蛇口的 G&G 创意社区和价值工厂（iFactory）都是较好的例证。

2014 年甚至更早开始，浙江省出现了一种"以区域性空间再造和增长要素集聚为主要特征的城市化模式——'特色小镇'"，特色小镇在较小的空间尺度里量身定做产业发展规划，聚合高端产业、优良生态、优质生活

---

[1] W. Wen, "Scenes, Quarters and Clusters: The Formation and Governance of Creative Places in Urban China," *Cultural Science Journal* 5 (2) (2012): 8 - 27.

[2] M. Keane, *China's New Creative Clusters: Governance, Human Capital and Investment* (London: Routledge, 2011).

区，形成"产、城、人、文"四位一体的发展模式。① 特色小镇强调产业、创意，并不一定归属于创意产业之中，比如余杭梦想小镇、西湖云栖小镇、余杭艺尚小镇等。但是打造特色小镇的思路或许可以用于打造创意生态社区之中。

有关创客空间的各种类型，我们已在第二章中详述。那么，创客空间与文化创意产业空间的关联如何呢？在国际上，创客空间是"一个与社区活动息息相关的物理空间"，人们可以在这里会面并共同为项目而工作。其"社区属性"与中国的实际情况高度契合。常见的创客工具，比如3D打印机，其最初的目的是服务家庭，不需要很大的空间来承载，但计算数控机（CNC）、激光切割机等制造设备都需要较大的空间来容纳。因此，在拥有私人车库用于敲敲打打还不那么普及的中国，可以共享使用的创客空间更为重要；尤其是在创意阶层聚集的城市，不断上涨的房价更促使人们寻找开放的、可供集体使用的创客空间。

作为全球知名的开源硬件服务商，Seeed Studio（矽递科技）建立的柴火创客空间，提供了创客空间与文化创意空间互动的典型案例。柴火创客空间最先萌芽于矽递科技办公区的一个角落，随着它的成长壮大，它向深圳的"创意心脏"——华侨城创意文化园（OCT LOFT）递交了入驻申请，希望能使电子、工程与艺术家、设计师和音乐家们聚集在一起，互相碰撞出火花。出人意料的是，OCT LOFT在诸多候选入驻机构中，优先同意了柴火的入驻。2015年1月4日李克强总理考察柴火创客空间并成为其荣誉会员后，柴火成为园区最受欢迎的机构之一。

其他的文创产业园区也设置了创客空间，作为文创产业领域创业者的孵化器。例如，深圳大学城创意园构建了一个从创客集装箱（为创业者免费提供一年的办公空间）到创客盒子（孵化器），再到东莞松山湖生产力大厦（加速器）的生态系统。深圳蛇口的价值工厂在2016年的深圳文博会上也

---

① 周晓虹：《产业转型与文化再造：特色小镇的创建路径》，《南京社会科学》2017年第4期，第12～19页。

发起名为"创客森林"的项目，取森林"多样性、依存性和兼容性"的特征，构建三百六十行行行相互合作的创客生态。在深圳龙岗区还有一个2013文化创客园，事实上，它就是文化创意产业初创企业的孵化器，为初创公司提供公共研发场地、小批量生产、知识产权保护、品牌推广、创业辅导等服务。

蔻拉（Kera）认为，定义创客空间的不是硬件设施，而是分享技能、自治过程和与开源软件、硬件及数据相关的价值观。^① 创客空间的建设与创意产业园区的建设不同，后者需要政府、房地产开发商、大学和创意阶层的共同努力；而创客空间需要的是拥有开放、共享、交流与合作价值观的人通力合作，更具有灵活性和相互赋能性。由此，创客空间不仅将技术要素带入创意产业，并且鼓励跨界合作，帮助创意空间"进军"图书馆、科技馆、大学和中小学，激发起更多的创意创新活力。

（三）从文博会到创客节展

自从文化成为城市发展"第五次浪潮"中的新资产，^② 文化遗址的修复和文化活动的开展也成为城市更新的灵丹妙药。城市中的文化节展可能通过"欧洲文化之都"和联合国教科文组织"创意城市网络"等国际城市网络获得系统展现。"欧洲文化之都"网络的目的是加强"欧洲公民"的身份认同，繁荣"欧洲文化"。获得"欧洲文化之都"称号的城市不仅有机会展示自身在文化领域的积淀和创新，也能吸引更多的文化艺术人才、爱好者，从而获得更大的影响力。相比之下，联合国教科文组织的"创意城市网络"则更加开放（至少申请城市不限于欧洲），这些城市必须表现出将创意产业作为城市主要发展战略的决心。目前，该网络已经涉及56个国家116个城市，聚焦于七大领域——工艺品和民间艺术、设计、电影、美食、文学、音

---

① D. Kera, "Hackerspaces and DIYbio in Asia: Connecting Science and Community with Open Data, Kits and Protocols," *Journal of Peer Production* 2 (06) (2012): 1 - 8.

② J. Montgomery, *The New Wealth of Cities: City Dynamics and the Fifth Wave* (Aldershot: Ashgate, 2007).

乐、媒体艺术，其目的在于加强文化交流，促进成员间创意企业的合作。深圳作为中国第一个"设计之都"，推出了"深圳创意设计奖"，旨在将深圳设计推向国际舞台。上海是中国第二个"设计之都"，致力于加强与网络中其他城市的国际交流。它也推出了"未来生活创意设计奖"，该奖项汇集了世界各地的作品。自 2013 年以来，其"设计之都活动周"取代了之前的"创意产业活动周"。

中国创意产业在本土影响最大的活动是文化创意产业博览会。出乎意料的是，它最早于 2006 年 5 月出现在深圳这一改革开放先驱但是又被称为"文化沙漠"的地方。该活动被命名为中国（深圳）国际文化产业博览会（以下简称"深圳文博会"），它是中国唯一一个被国际展览业协会（UFI）认证的国家级文化产业博览会。以"改革开放四十周年"为主题，2018 年第十四届深圳文博会的主会场依旧设置在深圳会展中心，共设 1 个综合馆和时尚设计、影视动漫游戏、新闻出版、数字文化、艺术品、非物质文化遗产、工艺美术和"一带一路"国际馆共 8 个专业馆；分会场 67 个，分布在深圳的各个行政区域；该届文博会共有 2308 个各级政府代表团、企业和机构参展，全国 31 个省、区、市及港澳台地区连续九次参展，海外参展单位 130 家，来自 42 个国家和地区。中国北京国际文化创意产业博览会（ICCIE）始于 2006 年，以"国际盛会"为标志，其使命是"以最高的国际和专业标准来呈现一个精彩且市场化、标准化的博览会"。"上海国际创意产业活动周"也始于 2006 年，该活动由各区轮流举办以提升影响力，如上文所述，自 2013 年起由"设计之都活动周"接管。除了主要城市之外，文博会还在山东、陕西等多个省市举办。然而，和中国的"动漫节"一样，文博会被批评不聚焦和同质化。

"制汇节"和"Fab 峰会"是创客们的标志性盛会。深圳也是中国第一个承办"制汇节"和"Fab 峰会"的城市。从 2012 年的一场小型展会开始，"深圳制汇节"现在已经成为城市级别的主题展会。2015 年，作为"双创"周的主会场，"深圳制汇节"迎来了近 20 万的游客量峰值。2016 年，"深圳制汇节"尽管由于台风而延期举行，但仍有 6 万名游客前来参观；由于与"双创"周的分离，这次的主题又回归到了"好玩"和"有趣"。2017年，"深圳制汇节"在深圳职业技术学院举办，并提出"Maker Pro"的概念；2018年，"深圳制汇节"选址蛇口海上世界文化艺术中心，提出"面朝大海一起造"的口号。此后，成都、西安等城市也举办"制汇节"，并加入了城市要素。如西安制汇节上展出了非物质文化遗产动态风筝、汉代的造纸工坊以及"轱辘大车"等。

深圳也是首届"全国大众创业万众创新活动周"（简称"双创"周）的主会场。2016年，"双创"周也掀起了一场"创客风暴"。国务院总理李克强组织了一次全球创业领袖论坛，邀请了"全球超级大脑"的参与者：蒂姆·库克（苹果公司首席执行官）、拉尔夫·威格曼（德国设计奖主席）、马云（阿里巴巴首席执行官）、马化腾（腾讯首席执行官）和潘昊（矽递科技有限公司首席执行官）等人参加。"双创"周展示了技术、产品、工艺等方面的创新成果，并组织了黑客马拉松、研讨会等活动。科技部表示"（双创周的）幕布永远不会落下"——这些成果还将通过微信公众号来推广。

此外，还有学校制汇节、创客嘉年华和黑客马拉松等活动在城市中蓬勃开展。中国最大的在线创客社区——DFRobot和电视节目"创客星球"共同发起了一项创客大篷车项目。2015年5月25日，满载机器人、无人机、3D打印机和创客项目的车队离开上海，前往北京、深圳、南京、成都、温州等地，历时1个月，行程超过7000公里。其中最有意义的是前往中国农村地区，为年轻一代提供接触现代技术和工具的机会。

创意产业活动和创客活动之间的关系是显而易见的。自从2015年以来文博会开始设立创客专场。2016年文博会分支之一——荔园分会场（深圳大学）以"开源创新，创客荟萃"为主题。中国高新技术成果交易会和深圳国际工业设计博览会也为创客项目提供了空间。在某种程度上，创客嘉年华与创意集市有些相似，只是创客嘉年华更多地关注技术、互动、参与所带来的乐趣。

由此，我们可以看到创客运动将创意产业的"人人"又推进了一步。

如果说创意的作品是音乐、视频，那创客的作品则多需要的是实实在在的物品。创客为线上创意与实体世界的连接提供了桥梁，也为创意产业与其他产业的融合提供了机会。换句话说，创客运动为文化创意产业新兴业态的发展提供了技术、内容来源和平台。

三 创客经济介入新兴业态

（一）基于网络的创客经济

"创客文化"不仅推动社会创新，也直接对经济产生作用。如第三章所述，创客教育是创客运动中最具经济潜力的部分，也是推动创客文化发展的根本途径。除此之外，创客空间或创客文化更重要的功能是通过"软创新"和"微创新"活动孵化更多的创新项目和企业。一方面，创新不仅仅发生在技术领域，"主要影响产品和服务感官知觉、审美情趣、知识认知的非功能性表现"[1] 的软创新越来越受到重视；另一方面，正如德鲁·博迪和雅各布·戈登堡在其《微创新：5 种微小改变创造伟大产品》一书中所说，"创新并非来自天马行空、惊世骇俗的发明，并不意味着都是惊天动地的改造，而多是通过在现有框架内进行微小改进，对细微之处优化形成的质变，结果却非同凡响、创意无限"[2]。

国内学者对创客经济概念的解读主要从经济学理论的视角出发。闫振坤、潘凤认为创客经济是以创客为核心，以产品为载体，以项目众包、成果产出、产业集成为内容的多种经济形态之和。创客是创意的制造者，而新创意又会催生出新技术，开拓新市场，通过商品流通创造新利益。从项目研发、孵化到产品批量化生产再到形成产业链这一过程都与经济产出和回报关

---

① 张京成：《文化科技融合助推产业升级——2012 文化科技论坛专家观点摘编》，《中国文化报》2012 年 12 月 4 日，第 11 版。

② 〔美〕德鲁·博迪、雅各布·戈登堡：《微创新：5 种微小改变创造伟大产品》，钟莉婷译，中信出版社，2014。

系密切，于是这些与创客活动相关的经济行为被统称为创客经济。① 郑昊分析创客经济概念的形成因素后指出，创客经济将研发生产、开源社区、众筹平台、创客空间统一为一个整体，从而形成"初始研发—小规模生产—直达用户手中"的新商业模式。②

因此，互联网是推动创客经济发展的重要路径。尽管创客们可以在创客空间的陈列架上或是创客市集销售自己单个的、定制的或是成批的产品，但是，Kickstarter、Pozible 和 Indiegogo 等才是创客商业模式不可或缺的部分。自 2009 年成立以来，Kickstarter 已筹集到超过 35 亿美元的资金，极大地支持了个性化产品的生产和创客文化、创客经济的发展。不仅如此，以之为起点的创业公司不计其数。创业团队不仅在众筹网站上获得资金支持，并且对产品进行事前营销，培养了客户（粉丝）市场。

由此，创客经济是通过"网络"来组织的。首先，创客依照由互联网传播的技术攻略制造产品，同时也在互联网上分享自己的创新。其次，创客产品多是跨界合作的成果：工程师、设计师、艺术家、教育家等来自不同行业背景的人依据共同的兴趣形成项目团队，合作完成作品。最后，网络是获得资助、进行批量生产（如阿里巴巴网站上聚集了大量的供应商和制造商）和销售产品的平台。谢莹等通过对深圳"创客圈"的考察也发现，创客经济与全球生产链密切相关，并从知识分享、生产组织方式以及人力资源的优化等方面对地方生产系统产生积极影响。③

创客们通常并不期待去替代主要的制造商，而是对主流产品进行补充，给予消费者更多创意和解决方案的选项，他们的目标是市场的长尾部分。更重要的是，创客的身份从消费者转变为生产者，而他们所引发的创新与投入巨大的公共或私人研发实验室的创新一样重要。与长尾理论的"卖得少以

---

① 闫振坤、潘凤：《广东发展"创客经济"的 SWOT 分析及政策导向研究》，《科技管理研究》2016 年第 8 期，第 32～36 页。

② 郑昊：《创客经济：制造业经济转型与发展的创新驱动》，《现代经济信息》2017 年第 15 期，第 24～36 页。

③ 谢莹、童昕、蔡一帆：《制造业创新与转型：深圳创客空间调查》，《科技进步与对策》2015 年第 2 期，第 59～65 页。

卖得更多"理念相似，创客经济崇尚的是"用得少以做得更多"。由此，查尔斯·利德比特在其新作《节俭的创新者：小本经营创造改变》中指出，有动机的创意群体是创新的主要来源，他们通常以改善一个处于边缘或弱势的社群的生存条件为目的去创造："动机"和"社群"与"创意"同等重要——并且其成果可能是全球性的。[①]

（二）创客经济催生新兴业态

文化创意产业新兴业态的研究始于对新兴文化产业的探讨。祁述裕等从生产和消费两方面提出广义新兴文化产业的内涵，包括在高新技术推动下出现的新的文化行业，以及基于新的文化理念、新的消费观念所出现的文化消费方式。[②] 随后，新兴文化业态（行业）接连出现在2007年中共十七大报告和2009年国务院发布的《文化产业振兴规划》当中，意指"网络信息技术与数字技术推动下不断衍生的新兴文化行业"，如移动多媒体广播电视、网络广播影视、手机广播电视等。2012年2月，《国家"十二五"时期文化改革发展规划纲要》提出"积极发展和壮大出版发行、影视制作、印刷、广告、演艺、娱乐、会展等传统文化产业，加快发展文化创意、数字出版、移动多媒体、动漫游戏等新兴文化产业"。同年7月，为适应"文化新业态的不断涌现"，国家统计局对其2004年制定的《文化及相关产业分类》进行了较大的修订，增加了数字动漫制作、游戏设计制作和增值电信服务等类别。11月，中共十八大报告中再次提出"促进文化和科技融合，发展新型文化业态，提高文化产业规模化、集约化、专业化水平"，对文化产业的发展提出新的要求。

无论是新兴文化产业，还是文化产业新兴业态、文化新业态或新型文化业态，所指都是在科技发展推动下文化创意产业的业态创新。从文化与科技

---

① C. Leadbeater, *The Frugal Innovator：Creating Change on a Shoestring Budget*（New York：Palgrave Macmillan, 2014）.

② 祁述裕、韩骏伟：《新兴文化产业的地位和文化产业发展趋势》，《马克思主义与现实》2006年第5期，第97~101页。

的融合创新谈起，不仅技术的发展和应用丰富了文化的呈现形式、传播方式和商业模式，文化也赋予了科技新的内涵和意义。随后，跨界融合的范畴扩展到文化与金融、文化与旅游等多个领域，以及文化创意与设计服务对制造业的引领和提升。由此，传统文化产业与新兴文化产业的边界在产业发展中逐渐消退，文化产业自身的边界也在向社会经济其他领域渗透的过程中越来越模糊。

目前，学界对文化创意产业的业态创新尚无一致的界定。肖荣莲认为："新兴文化业态是在原有业态自我扩张和融合其他产业的基础上形成的，并且具有文化与科技相互融合、文化业态自身之间融合、以文化创意和创新为基础、集群化发展等特点。"[①] 邓向阳等提出文化产业的新业态可划分为全新业态、融合业态和改造业态三种类别。[②] 花建从资源整合、服务平台、科技研发和跨业融合四个方面阐述了文化产业新业态的发展趋势。[③] 李凤亮等也认为，文化创意产业的新兴业态具有技术依托、内容为王、多元载体和跨界融合四个特征。[④] 由此可见，学界基本认同文化创意产业的业态创新可从内容、技术、平台和跨界这四个方面进行考量，而创客经济从个人到组织层面对这四个方面均有介入。

1. 创客创意丰富文化创意产业原创内容

回顾英国文化、传媒和体育部对"创意产业"的定义，[⑤] 个人创意（individual creativity）是产业的根本要素，也是新兴业态发展的内在动力源

---

① 肖荣莲：《新兴文化业态与文化的多元化发展》，《学术交流》2010 年第 3 期，第 182 ~ 184 页。

② 邓向阳、荆亚萍：《中国文化产业新业态创新模式及其发展策略》，《中国出版》2015 年第 16 期，第 78 ~ 81 页。

③ 花建：《互联互通背景下的文化产业新业态》，《北京联合大学学报》（人文社会科学版）2015 年第 2 期，第 27 ~ 30 页。

④ 李凤亮、宗祖盼：《科技背景下文化产业业态裂变与跨界融合》，《学术研究》2015 年第 1 期，第 137 ~ 141 页。

⑤ DCMS，"Creative Industries Mapping Document 1998"（UK Department of Culture, Media and Sport, 1998）．

泉。马克·哈奇认为，创客运动最大的未开发资源，即是"创意阶层"① 的空闲时间和可支配收入。② 事实上，创客运动的宗旨是解放全民的创造力，推动草根创意的实现，而不仅限于"创意阶层"。

通过对数家创客空间活动的参与式观察和对创客的访谈发现，个人创客项目一般基于个人兴趣，或面向现实的需求，或来自对商机的发现。创客的产品通常被称赞创造出经济的长尾，为文化创意产业提供源源不断的内容源泉，为业态创新提供内容支撑。英国金斯顿大学的设计学教授丹尼尔·查宁（Daniel Charny）与设计师詹姆士·凯瑞根（James Carrigan）发起 Fixperts 计划，鼓励有创意、有技能的"修理专家"（fix experts，即简称为 fixperts）为"修理合伙人"（fix partners）量身定制解决方案。"修理合伙人"可以是需要帮助的群体，或者是发现自己或他人生活中的问题、希望改变现状的群体。由此，Fixperts 的项目库里不乏为老奶奶制作的穿袜器、为使用假肢者制作的手机套、为肢体动作不便但热爱厨艺的人制作的厨具等。③ 在这一过程中，创客们真真切切地拥抱了现实生活，不仅用创意解决问题，而且用创意让生活更便利，减少"将就"。不仅因乐趣而创造，更因自己的同伴而创造，从而增强了社区乃至社会的凝聚力。Fixperts 的解决方案力图简单、实用，设计过程也被制作成视频上传至官方网站上进行可视化传播与分享，使得他人能够依照解决方案制作出自己的实用版本。尽管商业化并不是该计划的目的，但许多方案都具备商业化潜质，有些 fixperts 也把作品进行普适性改进，在众筹网站上小试身手。

邓向阳等指出，居民多元化、个性化需求可促使新资源的开发和新产

---

① 〔美〕理查德·佛罗里达：《创意阶层的崛起》，司徒爱勤译，中信出版社，2010。佛罗里达笔下"创意阶层"的工作涉及制造新理念、新科技、新内容；包括了所有从事工程、科学、建筑、设计、教育、音乐、文学艺术以及娱乐等行业的工作者，这些人具有创新精神，注重工作独创性、个人意愿的表达以及对不断创新的渴求；与文化艺术、科技、经济各方面的事物，都有着不可分割的关系。

② 〔美〕马克·哈奇：《创客运动——互联网 + 与工业 4.0 时代的创新法则》，杨宁译，机械工业出版社，2015。

③ Fixperts 官方网站，http：//fixperts.org/，最后访问日期：2018 年 5 月 22 日。

品的产生，以满足少数群体的需求；而这一少数群体经过积累形成稳定的消费群体的过程，就是一种基于需求的新业态萌芽、成长的过程。[①] 创客运动中，创客们即是如此，通过对生活的观察，利用自身的创意满足小众市场需求，为文化创意产业提供了新的内容源泉并促进了文化创意产业的业态创新。

2. 创客技术促进文化创意产业技术开发与应用

随着互联网、新材料等技术的飞速发展，文化与科技融合态势明显，技术因素已经渗透到了文化创意产业产品生产、传播、消费的各个环节，在改造提升传统文化创意产业的同时催生出新兴业态，并成为文化创意产业发展的重要驱动因素。以深圳企业雅昌为例，即是以技术为依托，从高端印刷企业转型为涵盖艺术印刷、在线艺术品拍卖、在线展览乃至线下文化商店以及文化艺术馆构建的文化科技巨头，实现了华丽的转身。

创客运动的兴起离不开技术支撑，不仅包括 3D 打印机的普及和桌面制造设备的诞生，也包括能够"按需修改"的开源软硬件的发展。创客空间多配备必要的制造工具，供创客们制造出原型。Fab Lab（微观装配实验室）是小型制造工厂的典范，为其分支机构提供工具清单以及布局指南；Fab Lab 从 1.0 到 2.0 的发展，即是要开启"智能机器"（机器生产机器）时代。

新的文化业态的培育和创新，主要依托技术革新，特别是先进适用性技术的普及。[②] 技术飞速发展背景下的文化创意产业与创客运动对先进技术有着共同的关注，如 VR、柔性材料、智能制造等。作为制造、改进工具和技术应用生力军的创客群体，以及以"DIY"及"DIWO"为内核精神的创客活动为文化创意产业带来更多新鲜的技术应用。许多创客项目已与文化创意产业产生了直接的联系，如创客汪滔于 2006 年成立的大疆创新，现已是全球领先的无人飞行器控制系统及无人机解决方案的研发和生产商，其产品被

① 邓向阳、荆亚萍：《中国文化产业新业态创新模式及其发展策略》，《中国出版》2015 年第 16 期，第 78~81 页。
② 郭鸿雁：《论文化业态创新的动因与形成机制》，《当代传播》2009 年第 4 期，第 57~60 页。

用于影视产品制作、体育赛事直播等方面，赋予了摄影师不一样的拍摄视角，激发了摄影师全新的创意。此外，大疆还鼓励用户利用大疆飞行器创作个性化内容，曾举办过"天地一体影像大赛""如影电影剧本创作大赛"等活动，并长期举办"大疆手持影像沙龙"，鼓励摄影爱好者交流共享。①

深圳大学建筑与城市规划学院毕业生、现深圳位形空间科技有限公司CEO彭俊熙及其团队，利用自研的"重定向行走算法"这一专利技术，对任意尺寸和形状的虚拟空间进行算法的转化，生成可以进行压缩的虚拟空间，让用户可以在有限的物理空间内通过真实行走体验完所有的虚拟空间。这一技术源于团队成员在海外留学时做过的一个研究项目，该项目致力于解决人在VR世界里行走和移动的问题，毕业回国后他们将自己的研究成果进行商业化落地，目前他们的技术被应用于游戏、影视等文化创意产业之中。2018年7月，位形空间在设计互联海上世界文化艺术中心策划了全国首个大空间可自由行走 AR/VR 沉浸式艺术展——"5×10：混合现实设计实验室"，展品包括"变形空间"、"空间森林"、"无限空间"、"拟象空间"和"人空间"等。其中拟象空间结合了 VR 与重定向行走算法，让参观者在5 米×10 米的空间内获得行走于无限大空间的体验，感受未来日常生活。此次展览也是位形空间对沉浸式娱乐方式的重要探索。②

3. 创客平台促进文化创意产业平台创新

传统的文化产业如新闻出版、广播电视、演艺业等借助于新科技的发展，拥有了更多样的表达形式和更丰富的感觉体验，使得传统文化产业通过多渠道、多平台的发展得以升级改造。如李凤亮等所论述的多元载体，即指文化产业新兴业态中，文化与内容的承载从一对多的影院、电视、报刊转向多对多、强调信息互动与共享的电脑、手机、iPad 等智能终端。③ 互联网特

---

① 大疆创新官网，http：//www.dji.com/cn/event？from = site_ brandsite_ event，最后访问日期：2016 年 4 月 26 日。

② 《5×10 混合实验室，全国首个大空间 ARVR 沉浸式艺术展开幕啦》，2018，位形空间官网，http：//www.configreality.com/zh/index/，最后访问日期：2019 年 3 月 31 日。

③ 李凤亮、宗祖盼：《科技背景下文化产业业态裂变与跨界融合》，《学术研究》2015 年第 1 期，第 137~141 页。

别是移动互联网成为游戏、影视等文化创意产业主要的应用与传播载体。

创客运动是互联网智慧应用于现实世界的运动,同时,也借助互联网时代人人、事事、处处互联互通,小微力量凸显等特质孕育并推动了新的资源平台和服务平台的发展,如众筹平台、在线交易平台和企业开放平台。这些平台不仅可以为文化创意产业聚集资源,提供新的生产和销售平台,还可能促进文化创意企业的内部创新,形成大企业引领、中小微企业繁荣的业态创新氛围。

(1)众筹平台

众筹(Crowdfunding)是一种大众通过互联网相互沟通联系,并汇集资金支持由其他组织或个人发起的活动的集体行动。[1] 众筹平台一般兼备融资和预售功能,而提供给赞助者的回报有股权、产品或服务。众筹平台是创客运动兴起的重要因素,它解决了创客在创新创业过程中遇到的资金短缺等问题:一方面,它集中社会闲散资金,支持创客完成其创意产品;另一方面,它能够帮助构建产品社区,使开发者在研发过程中能及时获取用户建议,促使产品完善并使产品顺利到达用户手中,而用户也因参与产品开发过程"付出了感情",从而增加了对产品的认可度与"黏性"。

文化创意产业具有高风险性,并且其资产多属于轻资产,难以估量抵押价值,所以文化创意产业常面临融资难题。众筹平台的出现,为文化创意产业项目的融资提供了新的途径。例如,Kickstarter 上的项目多以文化创意项目为主,包含美术、电影、出版、音乐、手工等门类。"行为艺术之母"玛丽娜·阿布拉莫维奇意图将一栋废弃大楼改造成表演性艺术中心,她在 Kickstarter 上筹集到了 66 万美元以支付艺术中心的设计费用,结构、灯光、声效等建筑费用以及初期的运营费用。[2] 不仅知名艺术家在众筹网站上获得大量支持,不知名的艺术家也能凭借其真诚的作品和态度打动人们,获得支

---

① 孟韬、张黎明、董大海:《众筹的发展及其商业模式研究》,《管理现代化》2014 年第 2 期,第 50~53 页。

② Kickstarter, https://www.kickstarter.com/projects/maihudson/marina-abramovic-institute-the-founders/description,最后访问日期:2019 年 8 月 25 日。

持，如城市先锋戏剧《致爱丽丝》即在京东完成了众筹。[①] 另外，还出现了一些针对文化创意产业单个部门的众筹网站，如香港的 ZAOZAO 是面向亚洲设计师的众筹平台，荷兰的 Gambitious 是针对游戏开发的众筹平台，美国的 ZIIBRA 及我国的乐童音乐则是针对音乐制作的众筹平台。[②]

不仅如此，众筹平台打通了制作者与消费者的沟通渠道，还可优化文化创意产业的内容生产。以常常被诟病"内容晦涩""排片少"的国产文艺电影为例，众筹平台的出现，不但可以使主创人员向观众阐释电影内容，形成观众心理预期，还可以通过预售票数量倒逼影院增加电影排片率，不失为促进国产文艺片发展的好方法。如国内首家独立电影（微电影）众筹平台淘梦网，迄今为止单个项目最高募集 153 万元，虽难与当今动辄上亿的大制作电影匹敌，但为诸多电影创客们提供了资源平台：主创人员在平台上发布拍摄计划、列出预算、展示团队、记录进度、沟通交流、寻求合作，最终完成作品创作，在此过程中吸引观众、投资方、广告主和发行方的资金或资源支持，并获得观看机会、电影海报、电影明信片等回报。淘梦网目前已累计支持创作者 1860 人，已累计支持项目 3579 部，累计支持金额超过 500 万元。[③]

（2）在线交易平台

在创客运动的推动下，也出现了文化创意产业在线交易平台。例如，Etsy 是创办于 2005 年的一家在线销售手工艺品的网站，聚集了超过 160 万名极富创意的手工达人和才华横溢的设计师出售他们制作的物品，吸引了 2400 万的活跃顾客购买他们在其他地方找不到的原创手工艺品，提供的五花八门的物品（如手机壳、服饰、木艺等）超过 3500 万种。此外，Etsy 还积极号召买家和卖家参与网络社区交流、进行线下聚会，促进了手工艺爱好

---

① "城市先锋戏剧《致爱丽丝》"，京东金融，http：//z. jd. com/project/details/44381. html? from = jr_ search&type = 0，最后访问日期：2016 年 4 月 18 日。

② 黄永林、朱娅阳：《互联网众筹对中国音乐产业发展的影响作用》，《深圳大学学报》（人文社会科学版）2016 年第 1 期，第 39～47 页。

③ "淘梦数据"，淘梦网，http：//www. tmeng. cn/，最后访问日期：2016 年 4 月 13 日。

者的联系。① 而我国第一家众筹网站"点名时间"，在 2014 年 8 月正式宣布转型为"智能新品限时预购平台"，② 从众筹到"电商"的迈进使其更专注于智能硬件产品的质量、品牌、用户体验以及销售；上线的产品少了，但单个产品的影响力得以提升。

（3）企业开放平台

传统文化创意企业常常进行封闭式内部创新，创新的主体限于研发人员，创新的方式固化、创新周期长，限制了创意力的喷发。创客运动所倡导的"开源创新""开放创新"，使得每个人都可以在他人的基础上进行创新创造，创意力呈现螺旋式上升。创客还将市场需求和产品研发结合在一起，投入少且具有灵活性。因而诸如英特尔、富士康、海尔等企业纷纷布局内部创客平台。近年来实施"泛娱乐"战略的腾讯，在创新平台方面设立的腾讯开放平台为创客们提供了一个大舞台。创客可利用平台提供的 OpenAPI 资源，开发出有意思的社交游戏以及各种工具类和生活类应用，这其中涌现出诸如春雨掌上医生、开心泡泡猫等热门应用，诞生了多款受欢迎的手机游戏。

4. 创客网络推动文化创意产业跨界融合

全球掀起的创客热潮，不仅在微观个人层面实现创客之间的跨界合作，经过多年的发展，也在宏观组织层面实现创客组织的相互联系，通过社区的力量获得各种资源及动力实现创意。借助创客网络，文化创意产业也可获得不少跨界融合突破。

从微观层面来看，创客文化宣扬的跨界合作精神，促进了创意的涌现。心理学家认为，人类的创新常常源于不同内容之间的相互勾连，联系的路径不同，创新的呈现也就不同。上海新车间是国内第一家创客空间，周三晚上是创客们每周一次聚会的时间，这个时候，大家既能展示自己的创意及想法，也能观摩大牛们现场制作，倾听他们的创意。曾有一个完全没有技术基

---

① Etsy 网站，https：//www.etsy.com/about/？ ref = ftr，最后访问日期：2016 年 4 月 26 日。

② 《点名时间告别众筹转型电商 变身限时预售平台》，2014，网易科技，http：//tech.163.com/14/0804/16/A2QNVS74000915BD.html，最后访问日期：2016 年 5 月 22 日。

础的音乐学院女生，在其他新车间创客的帮助下完成了自己的作品"树说"——她给每片叶子写了一段程序，与之互动时，它就会唱歌。①

从宏观层面来看，创客组织形成的跨地域网络，促进了文化创意产业的跨界沟通。第一届 Maker Faire 由 Dale Dougherty 发起于 2006 年，经过十余年发展，Maker Faire 已在全球开花，除南极洲外的六大洲都有其分支，形成了国际化网络。同时，每一场 Maker Faire 也都竭力营造多元共享的氛围，邀请不同背景的人们参与，形成集体狂欢，激发创意想象。如 2015 年深圳 Maker Faire 汇集了来自中国、美国、日本、瑞士等多个国家的 233 个展位，内容涵盖音乐演奏、手工制作、智能穿戴等多个领域，跨界融合的特征一览无余。Fab Lab 网络目前涵盖了超过 78 个国家的 1000 余家 Fab Lab 实验室，许多 Fab Lab 都针对当地的需求进行本土化发展。②

尹宏指出，新型文化业态具有系统性、开放性、跨业性、复杂性与广泛性，其发展需实现技术、人才、资金等创新要素的结构性融入。③ 正如文化产业博览会是海内外文化创意企业展示自身、提升自身的绝佳机会，借助 Maker Faire、Fab Lab 等国际化的创客网络，一方面，我国的文化创意企业、个人创客可将自身特色、自身资源展现给世界其他地区的人们；另一方面，通过参与这些国际化的活动，文化创意企业将扩大自身视野，汲取外界的资源和信息，网罗优秀人才，互通有无、互助合作，从而更好地发出"中国声音"。

四　创意经济的技术性未来

越来越多的学者将技术纳入创意经济学的研究范畴。约翰·哈特利等学

---

① 夏自钊：《创客："自时代"的造物者》，《决策》2013 年第 6 期，第 26～28 页。
② Fab Lab 官方网站，http：//www.fabfoundation.org/about－us/，最后访问日期：2016 年 4 月 26 日。
③ 尹宏：《我国文化产业转型的困境、路径和对策研究——基于文化和科技融合的视角》，《学术论坛》2014 年第 2 期，第 119～123 页。

者提出，创意产业"出现在技术快速变革的时期，随着互联网、数字化媒体和社交网络的出现，市场的全球化以及用户在创意创新领域面临着令人激动的新机遇"。[①] 同时，从技术公司获得文化也越来越困难。机器人、VR、无人机和可穿戴设备带来的数字变革成为文化产业研究的新趋势。

在世界经济论坛（World Economic Forum）和咨询公司麦肯锡联合发布的名为《创造性破坏：新兴技术对创意经济的影响》（Creative Disruption：The Impact of Emerging Technologies on the Creative Economy）的报告中也阐述了如下观点：（1）沉浸式体验科技进入市场的速度将影响娱乐产业的发展，AR/VR 等技术能为消费者带来颠覆性的体验，但目前高端的沉浸式体验设备售价较高，对软硬件的要求也较高，随着沉浸式体验科技的成熟，创意内容及文化消费将会发生变化；（2）数字平台将决定观众能看到的内容类型，随着创意经济与平台经济进一步融合，技术有能力改变内容的生产方式和消费方式；（3）数字平台塑造信息媒介环境，"虚假信息"（fake news）可以被快速地传播，这将影响舆论环境（如 Facebook 和美国总统特朗普选举事件）；（4）区块链技术可以解决创意内容中存在的数据和经济利益问题，创意工作者可以明明白白地看到自己对创意项目的贡献比例并取得合理的报酬。[②]

文化创意产业的发展经历了作为以文化和创意为生产要素的产业集合，到与科技的结合日益紧密，再到促进相关产业的升级，进而推动创意经济、创意社会形成的过程。在此过程中，文化创意产业发展的内在动力和跨界融合使得新兴业态层出不穷。创客运动因其所倡导的创意实现、技术应用以及互联网对现实世界的覆盖，与文化创意产业从多个层面发生交融，而创客运动或将成为文化创意产业新的动力，使其获得新的发展。

---

① John Hartley, Wen Wen, Henry Siling Li, *Creative Economy and Culture：Challenges, Changes and Futures for Creative Industries*（London：Sage Publications, 2015）.

② McKinsey&Company, "Creative Disruption：The Impact of Emerging Technologies on the Creative Economy," https：//www. mckinsey. com/industries/media – and – entertainment/our – insights/how – do – emerging – technologies – affect – the – creative – economy，最后访问日期：2019 年 3 月 31 日。

案例观察1　"连联小宇宙"：新设计、新材料、新智造

在创客时代，数字技术在人们的日常生活中扮演着越来越重要的角色，数字制造将成为未来的一大发展趋势。那么，数字制造将对人与人、人与物、物与物之间的关系产生什么样的影响？可持续发展的命题该如何在创客时代被阐述？Neuni 连联集团通过其在设计方面的实践或许可以给我们提供一些新的思路。

说起 Neuni 连联集团，不得不先说一说其创始人吴迪（Lyla Wu）。吴迪曾就读于新加坡国立大学等知名学府的建筑设计专业，毕业后曾供职于香港张志强事务所等建筑设计公司，是一位标准的建筑设计师。为了获取"设计自由"，提升传统的工作方式，开启行业的新可能，吴迪于 2013 年在香港创立 Neuni 连联集团，并于 2015 年在上海设立总部。

吴迪称自己为"连续创业者"，这并不是说她经历了多次创业失败，而是指她在追求"设计自由"的过程中，结合自身所遇到的困难点，接连创立了 8 家公司，包括 Neuni Form（连联设计）、Neuni Lab（连联智造）、Neuni MateriO（连联新材料）、Neuni Shop（连联商店）、Neuni Space（连联空间）、Neuni Du（连联教育）、Neuni Fund（连联基金）和 Neuni Partner（连联伙伴）等，构成了"连联小宇宙"（Neuniverse）。连联也由此成为一家新型的创意机构，拥有实现其核心价值主张的完整体系。

作为设计师，吴迪创立的第一家公司便是主打设计牌的 Neuni Form（连联设计），公司提供建筑、室内、产品、展会/艺术装置和品牌等设计服务，具有综合的设计力量。受数字革命启发，连联设计认为诸如 Photoshop 这样的软件使得各类设计师在图像处理方面有了相似的技能，设计师之间可以产生对话，实现跨学科的创新设计。连联设计结合内部创意策略以及新材料知识，推动技术在设计世界中产生积极影响。

来到上海后，吴迪成为同济大学的客座教授，主讲"参数化设计"，这也使得她长期走在中国数字设计和数字智造的研究和教育前沿。在创立

了连联设计后,吴迪成立了 Neuni Lab(连联智造)。连联智造为设计师和企业提供 CNC 数控机床、雕刻机、激光切割机、乙烯基切割机、3D 打印机、3D 扫描仪、虚拟现实装置、丝印机、电子电路工作台、铸造和喷漆设备等工具和技术,帮助他们实现快速原型化、小批量生产等数字化制造,加速产品创新。

在数字化制造的过程中,吴迪发现国内设计产业常常将材料放置于产业下游,在设计师完成设计后再去寻找匹配的材料,可国内整体新材料研发能力弱,现有材料难以满足某些设计需求,材料的缺乏限制了创新的程度。为何不在设计环节就融入对材料的理解和使用呢?基于这样的考量,2016 年10 月,Neuni MateriO(连联新材料)在上海 8 号桥创意产业园区开业。目前,连联新材料图书馆在线上线下收集了超过 1 万种材料,这都是由经验丰富的设计师和工程师在全球范围内精心挑选并实时更新的,连联新材料也成为国内唯一一家全球新材料服务平台。

如果说连联集团以连联设计为核心,那么连联新材料则是连联集团创新设计的基石。很多人了解到连联,是通过连联新材料。连联以"世间万物能被利用的即是材料"等理念循环利用和研制新材料。原有的设计形式是设计师选择市场已有的材料来完成自己的设计,而未来的趋势是设计师自己创造属于自己的独一无二的材料,以新材料的思维推动设计。在研发新材料的过程中,还需关注的是减少材料生产的碳排放、增加创造性以保证材料的美感和社会关联感。

Neuni Shop(连联商店)则是连联整合设计力量,以数字制造和新材料为依托的新零售店铺。例如,面对当今全球电子设备泛滥、大量的电子垃圾令人头疼的问题,连联商店联合"差评"(杭州麻瓜网络科技有限公司)推出了回收电路板冰箱贴,实现了资源的再利用。连联商店还利用阿尔卑斯山的花草、种子、木材、动植物纤维等原料,结合原料在颜色、香气、质感等方面的不同特质,按照比例混合压制,具有防潮、防霉、防虫蛀的功效,这种环保新材料被连联商店制成了手机壳。

与其说连联是一家设计公司,不如说它是一家设计驱动型公司:创始人以建筑师/设计师的身份创立了连联，旨在将设计和生活完美融合，但在追求"设计自由"的道路上发现了诸多行业痛点，于是采用创立新公司、整合资源的方式来弥补市场中的缺陷。通过在创客时代与全球材料库合作共享新材料信息和资源，以新材料思维推动原创设计；借助在新技术、新材料方面的优势，实践技术时代下最前沿的设计理念，激发创新灵感；采用数字制造的方式实现产品的快速原型化和小批量生产，从而加速产品创新——这三者构成了工业设计创新改革的完整体系。连联集团也成为当今中国数字创意时代具有特色的创新企业。

案例观察2　腾讯众创空间：开放生态与"新文创"[①]

腾讯众创空间（深圳）位于深圳湾创业广场深投控大厦的 1～9 层，总面积为 1 万平方米，入驻项目约 70 个，主要涉及人工智能、文化创意产业、互联网、智能硬件等领域。空间从 2016 年开始运营，是深圳的国家创新创业基地之一。

自 2014 年起，腾讯已在全国设立 36 家腾讯众创空间，以三方共建的模式设立运营，即政府出资源、腾讯出品牌、由当地的运营方进行管理。在不同的城市，空间有不同的产业重点，运营方的选择也以当地的优势产业为着眼点。例如，深圳即以智能硬件为主，目前已经培育成功的项目有电动单车、智能音响、智能装修等。

1. 请问空间的创客与其他创客空间的创客是否有差别？我们感觉这里空间的氛围比较不一样。

丹：首先是严格筛选，我们有一些标准：第一，最好是互联网类的项目，这样我们能更好地帮助它，也能有共同语言；第二，至少已经有一轮融资，这代表他的项目及团队都已经基本成型；第三，要求有行业的大咖或者

---

① 据 2018 年 12 月 12 日与腾讯开放平台部、腾讯众创空间深圳区域负责人赵丹女士和珊瑚群市场总监柯有剑先生的访谈整理（以下简称"丹"和"柯"）。

相关行业公司的高管出具的推荐信，而且这条很重要，这代表了这个创始团队在圈内的资源链接能力。以上是基本的条件，达到上述条件，还要进行项目评审。我们会请投资机构以及合作伙伴等专家进行评审，看是否符合入驻资格，经过层层筛选，最终才能决定是否能够入驻。这些项目也可能会存在共性。所以我们的空间不是传统意义上的众创空间，可以说是个加速器。

2. 入驻的这些项目有什么明显的共性或特征吗？

丹：这些项目的特点体现在团队积极向上，团队尤其是创始人对创业成功的欲望很强烈。当然这都是前期对创始人、团队和领域进行考察的内容，所以看起来会很像，有共性。空间进来的很多很优秀的项目，它们之间会形成一个闭环，有一些需求可以在内部进行消化。

3. 经过如此筛选后还会有不成功的案例吗？

丹：有，主要是由于近年的资本寒冬，或者是创业团队对自身的模式还不是很清晰，不好去商业化。有些项目会萎缩。创业是他们的事情，我们更多的是辅助，做不下去，可能会解散或者是被并购，就不做了。失败的案例还是有的，也有很多成功毕业的项目。

4. 项目孵化是多长时间一个周期？

丹：我们每半年会进行一次考核，通过评估看是否进行续约，也就是续约评审。

5. 请问空间的赢利模式是什么？

柯：我们这个空间也是三方共建的，物业由深投控提供，珊瑚帮做运营，腾讯输出品牌也参与管理。我们主要通过投资来获得收益，包括各种基金的投资，如深圳湾的投资基金、珊瑚群的华业天成基金、腾讯的双百计划等，如果只通过空间的收租，目前国内很少有能够获得很好利润的。收租金，是要转化为服务的，租金水平也不高。这里像一个苗圃，通过孵化他们长大，在他们中间找到一些比较好的苗子进行投资。在项目的成长培育过程中，我们能够比较好地了解这些项目，包括项目本身和团队的情况，一直伴随他们成长，才能挑选出好的投资项目，这才是长久的赢利模式。"双创"的环境下激发了很多项目，就像一些种子，我们提供土壤，陪伴他们成长，进行投资，这样可以获得更多的增值空间。

6. 珊瑚群自身也是一个加速器，请问与空间的业务是否有冲突？

柯：首先，我不认为会存在冲突。这个空间是腾讯提供品牌、资源和资金，珊瑚群更多是提供服务。第一，我们对项目入驻提供物理空间；第二，我们提供项目所需的各种服务，如工商财税、创业导师等；第三，对于创业者，他们更需要的是一个精英社区，一个能够找到合伙人、业务合作伙伴等志同道合之人的社区。我们会邀请行业内的大咖来进行分享，同时也鼓励空间内部的创始人及团队进行互动。其次，从投资的角度看，空间培养和投资所关注的赛道和阶段都不一样，对于优秀的项目国内各种优秀的资本都会比较关注，比如有一个项目就获得了红杉资本的投资。

丹：这个项目发展得比较好，特别有意思。一开始进来的时候比较单薄，就三个光杆司令，但也算是腾讯系的，其中一位创始人是微信海外的一个总监，一位是360的副总裁，一位是百度的高管。3个人都很强，半年多就发展到40多人，成长得很快，然后我们将它和园区的创业生态联系在一起，把他们引入深圳湾的其他场地继续经营，但他们比较有情怀，和腾讯比较像，一直还怀念初创的地方。目前空间还有他们的位置，继续在运营一些新的项目，当然也经过了评审。所以目前中心的生态已经形成了良性循环，以大带小，这种情况很多。还有一个例子是企鹅旅行网，当时也是只有两个人，2016年空间刚开始的时候引进的。当时项目要求更开放、门槛较低，但到现在项目已经孵化两年多，有30多人，年度销售额达到几千万元。这种例子很多，我们也很有成就感。

7. 请问要求大咖推荐会不会不合适？有些创业者尤其是海归可能对国内的大咖不太熟悉。

丹：他们可以找自己的老师或教授推荐。这只是一个要求，但并不是一定要求很高级别，比如企业高管并没有规定是什么级别的高管。这个要求的目的是对创始人有一个提醒，就是要进入空间，你要能够链接到这些人，如果没有，作为一个条件也会促使他想办法去链接这些人，这对他的成功也是一种帮助，而且这些大咖愿意给他背书，也是对项目的一个认可，或者抱着对他认可的态度。也有这样的情况，比如有个项目是海归创业，没有什么人脉，拿不到大咖的推荐信，最后我们评审觉得不错，就走了个特批，所以这个推荐不是一个很严格的要求。

在项目考察中，除了项目本身以外，还要考察团队的社会资源、创始人的性格特征等。现代社会单独创业成功的机会比较小，我们还是觉得团队比较重要，入驻评审时会要求介绍团队成员的背景。这实际上像做尽职调查，我们主要考虑团队成员的行业背景是否能够对项目有帮助。比如一个医生出来做了一个医疗器械的创业项目，他对智能硬件不熟悉，但他请了香港中文大学的人，还请了美国硅谷的一位医生教授做顾问，团队里还有曾经做医疗器械的人……所以我们主要是考察项目的完善程度，觉得能对项目有帮助，倒不一定非要是行业的大咖，也可以在某个行业有多年从业经验，只要能对团队有帮助。

8. 你们目前培养的很多项目都来自腾讯系和华为系，是因为它们更符合你们的要求吗？

丹：其实没有针对性，只是有一次统计，发现有这样背景的人很多。从另外一个角度看，本土的这些大企业，像黄埔军校一样培养了很多行业的人才，硅谷也是这样。

9. 腾讯做这个创客空间，也是基于腾讯的创业文化，但是生态闭环这种模式是不是会导致垄断或造成业态单一？同时对于小企业，它们也希望得到大企业的扶持，会不会形成派系的垄断如腾讯系、阿里系之类的？

丹：2011年以前腾讯比较封闭，后来经过3Q大战，觉得需要开放和合作。2011年腾讯成立了开放合作部，开始将更多资源对外开放，像您刚讲的小企业站队是一种情况，还有很多企业是不愿意也不敢站队的，怕被别人封杀，比如有的企业是做内容的，我们想投资，但他们明确说他们不愿意站队，尤其是大企业的队，因为平台比较分散，怕站了这个平台其他平台会封杀他，对他来说会有影响。当然也有很多企业是愿意的，但我们也要求投资和孵化的小企业不能过度宣传。比如入驻这里的企业，我们要求对外宣传就是在腾讯众创空间（深圳）的企业，不能说是腾讯众创空间投资企业，或者是腾讯投资企业，这样是不行的。当然不否认业内都是知道的。

从目前来看，腾讯愿意将更多的资源开放给企业，这里的企业也有阿里系、百度系的企业，我们注重的是它的模式，我们不会因为它是对手的企业而完全否决。

柯：这个很有趣，但这是市场自然形成的一种结果，我们只是有一次统计发现这样的现象。背后会有一个因素，或者叫吸引法则。每个创业者会找和他同样的人，就像我们的空间一样，他们会有一些共同的特质，这种特质的形成跟所有在深圳的创业者一样，他们都会认为这里聚集了一批和他一样或者比他更优秀的创业者，他非常愿意也非常努力地入驻我们空间，这也是口碑形成的一个过程。

很多创业者认为能够进入腾讯众创空间，首先获得的是品牌背书，能够得到腾讯的赋能，尽管不能说是腾讯直接投资企业，但作为空间孵化企业也会对自己的项目更自信，同时进入空间后可以获得很多资源，外部的关注会更多。

10. 您刚才提到的特质，能否总结一下企业个体的特质会体现在哪些方面？

柯：刚才提到为什么要去评估创业团队和他们的背景，实际上创业本身是一个资源整合过程。第一，创始人应该具有很强的资源整合能力；第二，他对所从事的行业有深刻的理解；第三，他的内心有非常强的改变欲望；第四，他有个人成长性不断的外扩延展；第五，创始人有非常强的资源链接能力，除了自己的资源外，还能不断地向外延伸。大家可能认为豪华团队很重要，但由于创始人之间沟通等问题，也会导致分道扬镳，导致一些我们非常看好的项目逐渐做不下去了。

下面再讲一下我们看项目的几个维度：第一，商业模式是否解决了行业的痛点；第二，市场是否足够大；第三，从事的事情是否有 BAT 企业已经介入，如果有，可能会面临巨大的竞争；第四，核心团队是否有相关领域的背景，成员之间分工是否明确，他们之间是否有很强的互动性，他们之间是否是朋友关系等，他们的商业变现能力是否"短平快"；创始人是否能专注于相关领域的创业——有些创始人同时在做几个项目，精力会分散，不够专注。

我们会比较综合地去考虑团队，不是简单地看是否豪华，我们会去评审，和他们聊，做尽职调查，看他们是否有这种成长基因。我们有很多并不被看好的项目后来跑得很快，也有的项目觉得很好，后来因为团队自身的原因，最后没有成功。

11. 您觉得政府扶持、三方运营的模式是否可以在国内进行复制？

丹：目前腾讯在全国有 36 个空间，它的模式都是一样的，就是政府扶持、三方共建。比如以这个空间为例，它是由南山科创委牵头，深投控提供场地，腾讯提供品牌，我们（珊瑚群）提供运营服务。这种模式的优势在于，可以很好地复制，可以形成强大的品牌辐射力；对创业者来讲，享受的服务和资源是一致的，如果服务不一致，会对品牌产生损耗。腾讯在开放战略的指导下做一个实体的创客空间，是希望做自己的互联网的生态布局，也希望通过这种清晰、简单、明了的方式，获得它的生态带的一些种子项目，未来进行投资或者使它变成生态的一部分。

我们在 2014 年底就做了尝试，当时国家还没有推出"双创"政策，我们叫腾讯创业基地；2015 年国家提出"双创"，我们就升级到了众创空间。2014 年我们就在全国很多城市进行了试点，当时一个空间大概只有 2000 平方米，面积很小，和政府一起尝试一下，我们投人和资源，政府投场地、补贴水电网络的费用，大家一起做，相当于公益性质。实际上腾讯也投了很多资源。这种模式经过验证，我们觉得还可行，各方优势都能得到发挥，所以 2015 年国家政策出台，各地都有对应的政策，我们就开始在全国铺开。

我们不要政府一砖一瓦，政府投的钱和场地都在空间里面，孵化期间的很多费用都是用在企业身上，腾讯是不拿这些费用的，我们是希望将企业孵化好，投一些好项目，对本地来说也有促进作用。

我们各地空间的产业特点都不一样，例如成都以软件为主，哈尔滨以机器人为主，上海以金融为主，北京的产业比较具有综合性，福建以企业服务为主，海南以生态产业为主。

12. 2015 年"双创"等政策提出以来，深圳的创业环境是否有什么变化？

柯：这是个良币淘汰劣币的过程，市场本身有自然淘汰的过程。珊瑚帮自身就是一家创业公司。我们是 2015 年成立的，创始人孙总本身是华为的前高管，他出来之后，有这样的情怀，希望推动年轻人创新创业，我们自己也在跟随这个市场进行更新迭代。比如 2015 年到 2017 年，算是野蛮生长阶段，政策也在变化和完善，这个过程中很多会被市场淘汰，我们 2016 年就获得了国家的认可。我们旗下有一个自己的空间，后来也逐渐地发现自己的核心能力，我们在资源链接和服务方面更强，所以才会和腾讯达成合作，建立创客空间。"双创"是一个非常好的契机，珊瑚帮是当时 2015 年李克强总理来的时候开业的，通过两年的运营获得了市场和腾讯的认可。

此外，我们还和很多大企业包括华润等都有联系，行业也已经有了"双创"2.0 版本。"双创"2.0 版本的方向更加清晰，它的核心要点就是大企业要赋能小企业，大企业要开放产业资源去帮扶小企业，推动创新创业，反过来利用小企业的创新能力帮助完善大企业的不足，包括完善生态链。比如上周我们去了美的中央研究院参观，美的这种企业是龙头企业，它也一直想做创新创业，但是由于大企业内部流程的问题，它很难从内部去自我突破，于是成立了一个中央研究院。它去找和它相关的一些非常小的团队，把刚刚萌芽的想法放到这个研究院，给予资金、资源，进行扶持，反过来不断地丰富整个产品，尤其是在智能家居、智能家电方面，做得非常成功。所以我们珊瑚群未来比较看好"双创"行业的发展，而且你会逐渐发现，未来"双创"的市场中不仅有 BAT，还会有很多龙头企业，甚至有很多以前不太可能出现的企业，也会加入"双创"。比如立白集团做日化＋，包括宇通客车、顺丰等都在做创新业务的尝试，所以我们是比较看好的。

13. 我们刚才参观展示的多数是硬件项目，请问空间内目前有没有文创项目？

丹：可能是因为硬件比较好展示，其实我们孵化了很多企业。这里主要都是和腾讯相关的，主要是科技、文创和互联网三条线。我们也很重视文化项目，去年下半年以来已经引入了一批文化项目，包括王自如的"ZEALER"（载乐网络科技）；同道大叔的联合创始人带了个团队在我们这里又重新创业，做数光科技；我们也跟国家博物馆有一些非常紧密的合作，包括有一家叫"go 好玩"的女性创业项目；还有原 36 氪签约作家南七道，现在开始做短视频；还有一个叫"闪剧"的初创企业，都是些文创项目。这里主要是孵化为主，但是如果需要拍摄等，未来就去深业上城。

14. 入驻企业的供应链是你们提供吗？你们如果定位为硬件，会不会与其他加速器如 HAX 形成竞争？

丹：我们会对接一部分供应链，但项目本身也会有，还有我们会对接一些业内的大咖给他们。

我们与其他加速器的关注点不一样，比如 HAX 可能会更加关注整个产业链。我们不算是竞争关系，我们尊重企业的选择，有的企业在我们这里，也在他们那边挂名，用他们的资源，在我们这里办公。我们这里像家一样，可能直接的产业比较少，但是邻居都非常优秀，平常我们引进的大咖资源等，对他们成长有益的资源会很多，所以企业愿意在这里。

15. 空间关注的是加速阶段，请问草根创业方面如何加强呢？

丹：我先讲一个层面吧，大企业带动小企业，如何帮助这些小企业，我们更多的是通过社群互动。我们有线上社群，平时有一些交流；还有线下的，平时会有一些公益性的分享交流会，让大家实实在在地走到这里听大咖分享，每周 2~3 场活动，非常频繁。我们希望让他们聚集，这里是一个线下的聚集地，能够链接到他们，我们会在这里放置一些宣传，让他们能够联系到我们，产生互动，后期想入驻的可以联系。当然线上也可以，线上平台很多，如腾讯创业平台、开放平台官网，还有 AI 的平台，我们希望能覆盖全部，但希望能找对我们有兴趣的。

16. 您作为腾讯的高管是如何看腾讯的科技＋文化转向的？

丹：刚好最近腾讯在进行新的架构调整，重点在两个方面。一个是基于文化消费互联网产业的，叫 PCG 内容化平台。马化腾先生这样认为，互联网的上半场是 2C——消费互联网，更新大家的生活方式，像生活中的水电一样，不可或缺。下半场应该是 2B——产业互联网，我们以前叫互联网＋，现在不这样叫。从公司的定位上看，它更像一个数字化助手，让产业＋互联网，希望通过互联网、移动支付等帮助小企业。

我们非常看好未来的产业互联网，因为 2B 未来的市场非常大，消费互联网我们还会继续。腾讯是从内容起家的，国家也在提文化崛起，我们也希望我们的资源能够帮助小企业，我们在社交、短视频上投入很多，如"有视频"；公司下一步会将文化方面的部分统一划到 PCG。

我们现在和故宫也合作了一些产品，如表情包、皮肤、数字博物馆等。西方对数字化比较抵制，中国愿意用一些新手段来呈现传统文化，会有一些 IP 的合作和数字化，如"古画会唱歌"项目。

17. 这个空间没有太多的原型制造设备，请问你们是否和其他空间合作？这里的人会不会去其他空间如柴火创客空间使用工具？

丹：我们最初是计划做一个实验室，让大家做原型，但是这些别的空间可以做。腾讯以软件为主，我们不擅长硬件。当然大家都可以去柴火，我们也有人会给大家提供一些硬件的支持。我们会和柴火、HAX 或者更综合性的空间如创展谷、赛格和中国科学院等合作。

第六章　创客手作与城市工匠精神

造物活动是我们解决问题、表达理念、塑造世界最有力的方式。我们制作什么以及怎样做，定义了我们是谁，教会我们要做怎样的人。对于很多人而言，造物活动是对生存状态的批判；对于其他人而言，它是一种选定的职业：一种思考、发明、创新的方式；对于另一些人而言，它仅仅是简单的愉悦，一种能够塑造一种材料，一种可以说"我做成了那个东西"的愉悦。造物的力量就在于它满足了上述每一种的人类需求与渴望。那些达到最尖端的工艺与机巧可以创造出奇妙的事物，但造物仍旧是每个人都可以从事的事情。怎样制作的知识——无论日常物品还是高度技巧性的创作——都是人类最宝贵的财富之一。

——丹尼尔·查宁①

在英文语境中，手工艺与创客有着天然的联系。手工艺是一种"制造"（making）的过程，在越来越多的情况下，对手工艺人的称呼从 craftman 变为 maker，前者指向沿袭传统技艺与方法的传统手工艺人，而后者则是使用现代技术进行手工艺创新的"艺术家"。我们在前文提到，Maker 在我国译作"创客"。狭义的创客是指运用工业技术将想法变为现实并与社群分享的人；而广义的创客则是任何参与手工制作的人，包括在厨房烹饪美味佳肴的主妇和在院子里修剪花草的园艺师，更包括编织毛衣的老奶奶和制作贺卡的

---

① Victoria and Albert Museum, "Power of Making", http：//www. vam. ac. uk/content/articles/p/powerofmaking/，最后访问日期：2019 年 8 月 25 日。

小朋友。① 如此，可以将创客看作新兴的手工艺人。中央电视台《乡土》栏目推出"手艺·创客"微纪录片，聚焦大胆创新传统手工技艺的青年"创客"，包括重塑破损瓷器的青年锔瓷匠、用传统折纸创作大型雕塑的折扇制作艺人和用传统雕漆技艺制作手机壳的非遗传人等，展示了民间传统技艺所蕴藏的现代价值。② 深圳的价值工厂、G&G 创意社区等文化创意空间也意图将文化创意、创客和手工艺三者结合，一方面为手工艺发展提供新的平台，另一方面也为空间植入传统文化和手作体验。

由此，本章从手工艺的角度探析创客文化的手工渊源和艺术表现。首先从技术、平台和文化三个角度，探讨创客运动为传统手工艺带来的跨界创新；其次探讨数字手工艺这一新兴艺术形态的艺术创新特征；最后探讨手工艺与创客运动的交织关系。

一　从工业革命到"设计师 – 创客"运动

走入伦敦设计博物馆，在大厅的二楼，一块色彩斑斓的广告牌上用黑色字体写着"DESIGNER"——不愧是设计博物馆。然而，10 秒钟后，"DESIGNER"渐变成"MAKER"，随后又渐变成"USER"，之后再回到"DESIGNER"，循环往复。原来，这是设计博物馆在 2016 年 11 月迁入肯辛顿主街新址后设置的一项永久性展览"Designer Maker User"。它以设计师、创客和用户三类相互交织的角色为视角回顾当代设计，也是整个博物馆的介绍展。展览展示了 20 世纪和 21 世纪近 1000 件体现三者关系的设计作品，以及一面从 25 个国家征集（或者说"众筹"）而来的囊括各类生活中重要物件的展示墙。展览也分为三个区域："设计师"部分展示了从勺子到城市的设计思维过程；"创客"部分追溯了制造从手工制作到机械臂、大规模定制和 3D 打印的演化；而"用户"部分探讨的是设计改变了人与人、人与物

---

① 〔美〕克里斯·安德森：《创客：新工业革命》，萧潇译，中信出版社，2015。
② CCTV 节目官网，http://tv.cctv.com/2016/12/07/VIDEkEBW1xl7pNyWtUgHSiwb161207.shtml，最后访问日期：2019 年 8 月 25 日。

之间的沟通，而这些互动形成了当代社会。① 面对设计过程中这三个最重要
的主体，展览意图启发人们的思考，如设计师如何应对创客及用户的需
求，用户如何消费并影响设计，以及技术与制造领域的革新如何改变我们
的世界。

从 18 世纪 60 年代至 20 世纪中叶的 200 年间，欧美工业革命从萌芽发
展至成熟的工业社会，现代工业技术开始介入手工艺领域，手工艺的发展伴
随着社会的发展与科学技术的进步，经历了艺术与手工艺运动、新艺术运
动、包豪斯运动、装饰派艺术运动等一系列西方工艺美术运动思潮。19 世
纪中后期，英国率先完成了以机器取代人力、以大规模工厂化生产取代个体
工场手工生产为特征的工业革命，形成了较为发达的工业文明。强调数量与
标准化的机器生产与强调质量与个性的手工制作形成激烈的冲突，做工低劣
且标准化的工业制品以其高效率与成本低廉的优势逐渐取代大部分手工艺市
场，手工艺由前工业社会的繁荣时期走向衰亡。面对机器大生产带来的设计
与制造的分离、劳动分工、工业生产的粗制滥造以及工艺生产美学低落等问
题，以约翰·罗金斯、威廉·莫里斯为代表的一批英国工艺理论家及手工艺
人开始反思工业生产所带来的弊端。约翰·罗金斯提出艺术与手工艺相结合
的主张；19 世纪晚期，作为约翰·罗金斯理念的践行者——威廉·莫里斯
发起英国艺术与手工艺运动（Arts & Crafts Movement），力图通过艺术家与
手工艺制作相结合来消除艺术与工艺的隔阂，恢复中世纪的手工艺传统。②
在这场艺术与手工艺运动中，威廉·莫里斯重新发掘出乡村手工作坊这座手
工技能的宝库，但极力反对机器的滥用及其对工人创造力的扼杀。对此，爱
德华·露西·史密斯在其著作《世界工艺史》一书中将其评价为"一种倒
退的理想主义"③。

① Design Museum, "Designer Maker User", https://designmuseum.org/exhibitions/designer-maker-user，最后访问日期：2019 年 8 月 25 日。
② 袁熙旸：《手工艺美术在工业社会的生存与发展》，《艺苑》（美术版）1995 年第 4 期，第 32 页。
③ 〔英〕爱德华·露西·史密斯：《世界工艺史》，朱淳译，中国美术学院出版社，1993，第 180 页。

在手工业生产与工业机器生产对立的工业社会背景下，通过恢复中世纪手工艺生产以复兴手工艺的尝试失败后，手工艺开始寻求与工业技术联姻，向现代主义工业美术演化，艺术、手工艺、工业之间建立起不同于以往的联系。1919 年建校的包豪斯在成立之初十分注重手工艺的发展，第一任校长瓦尔特·格罗皮乌斯在成立宣言中表明，"建筑师、雕刻家和画家们，我们都必须转向手工艺"①，并且学校教育以作坊式训练作为教学的基础，把手工艺训练视为大规模生产的准备阶段。虽然当时学校的编织工场与彩色玻璃等工艺仍是沿用传统的手工艺方式制作，但在陶瓷及家具领域，设计与制作已经有了分工。包豪斯教育下的新一代艺术家与设计师将艺术应用到可供大工业生产的产品设计中，从而使日常的工艺用品既具有美感又价格低廉，为艺术、手工艺与工业之间架起沟通的桥梁。

由此，工业革命以来，手工艺的发展一直存在着艺术手工艺与工业美术两派的分野。一派认为手工艺发展应该摒弃工业技术与工业化的生产方式，工艺生产应回归传统的手工制作，如英国艺术与手工艺运动时期所倡导的：手工艺应逐渐脱离日常生活，向纯艺术发展。另一派则认为应回应时代发展与技术进步的趋势，力图通过工业与手工艺的联姻来发展适应于工业社会生产要求的工业美术，如包豪斯运动所践行的：将手工艺融入大规模工业生产的设计之中，走向工业美术。然而，随着后工业社会的到来，电子科技信息技术在社会上取得广泛的应用，发轫于 20 世纪 80 年代的英国"设计师 - 创客"运动（Designer-Maker Movement）被视为介于艺术手工艺与工业美术之间的第三条路。设计师 - 创客是指在家具领域，集设计与加工于一身的新型设计师与工艺家。② 一方面，他们采用手工艺人的生产方式，以自行设计、单件制作、限量复制等作为制作形式，既希望全面掌握与控制从设计到制作的整个工艺生产过程，又期待制作出工业化生产难以实现的设计作品。另一

---

① 〔英〕爱德华·露西·史密斯：《世界工艺史》，朱淳译，中国美术学院出版社，1993，第 220 页。
② 袁熙旸：《"设计师 - 造物人"运动在英国》，《新疆艺术学院学报》2003 年第 2 期，第 41 页。

方面，他们强调先进技术与传统技艺的水乳交融，摆脱手工技艺的束缚，突出材料与工艺的实验性探索与创新应用，探索将地区性传统技艺转化为当代全球化语言的途径与可能。[①] 特别是 80 年代中期以来，数字化技术开始应用于手工艺领域，数字化设计与制造技术（CAD/CAM）在一定程度上改变了手工艺人从设计到制作完成的整个工艺流程，如绘图、构思、加工等环节；3D 打印技术的成熟与推广，使得手工艺的数字化生产成为可能。在艺术领域，首个现存的 3D 打印的艺术作品——"禁果"，就是东京艺术大学教授藤幡正树使用光固化机制成的。

二 创客运动与手工艺跨界创新

手工艺的发展具有悠久的历史，它不仅是一种基于手工制作的工艺美术及手工技艺，而且兼具当地特色和民族特色，是一种特殊的文化形态。从历史的发展来看，手工艺可分为较天然的原始手工艺、前工业时期的传统手工艺和与当代先进制造技术相结合的现代手工艺。原始和传统手工艺多源于生活中衣食住行的需求；随着技术的发展和人们物质生活水平的提高，工业制品大范围地涌入日常生活，传统手工艺品的社会需求越来越小，传统手工技艺生存的文化土壤遭受到一定的冲击与破坏。在此情况下，世界各国政府与社会团体多将传统手工艺作为人类历史的珍贵记忆，力求原汁原味地予以保护和留存；同时，也努力将传统手工艺进行创意开发，使之融入现代生活，并鼓励手工艺人在继承的基础上，在创作和生产中吸纳或发明新技术、新材料，甚至与其他产业结合，实现手工艺乃至与其他产业的跨界创新，从而焕发新的经济与文化活力。正如联合国教科文组织在其 2003 年的非物质文化遗产保护会议上所说，"一切致力于保护传统手工艺的努力必须不能聚焦于手工艺作品的留存——无论它们有多美丽、珍贵、稀有或重要——而应着力

---

① 袁熙旸：《后工艺时代是否已经到来？——当代西方手工艺的概念嬗变与定位调整》，《装饰》2009 年第 1 期，第 23 页。

创造条件，使得工匠（artisan）持续地产出各种手工艺作品，并将他们的技术与知识传授给其他人"①。

在多国政府及社会各界的推动下，创客运动在近几年获得了蓬勃的发展，并呈现三大特征，一是鼓励个人层面基于兴趣的科技 DIY 及知识分享；二是借助互联网平台改变传统商业模式、降低创业门槛，促进长尾经济的发展；三是推动面向解决现实问题的公众参与创新的进程。本节即从技术、平台和文化三个方面，探讨创客运动为中国手工艺传承创新所带来的新的路径。

（一）手工艺传承创新的发展趋势

手工艺的传承与创新受到了各国的关注。世界手工艺理事会于 1964 年成立，目的是保护和提高手工艺在世界文化中的重要地位，提升其现代价值，并促进各国手工艺者的交流。联合国教科文组织"创意城市网络"的第一大类即为"手工艺与民间艺术之都"，旨在鼓励城市以手工艺及民间艺术的保护与创新为文化发展的主题，目前全球已有 20 个城市加入，我国的杭州、苏州、景德镇位列其中。综观各国的手工艺振兴措施，主要涵盖三方面的内容。其一是政策法规的支持，如苏格兰政府出台《苏格兰威士忌条例》和《苏格兰格子注册法》，通过知识产权制度保护威士忌的工艺留存及苏格兰格子图案的使用；② 其二是支持成立行业组织，如英国的手工艺理事会通过资金支持、活动组织及行业研究等，为手工艺创新做出突出贡献；其三是将手工艺纳入经济范畴，如英国、南非、印度尼西亚等历史积淀较为丰厚的国家都将手工艺或非物质文化遗产开发作为文化创意产业的重要部分，并通过新技术的应用和跨界创新使其在工业社会与现代生活中焕发新生。③ 例如，英国

---

① The Heritage Crafts Association, "Intangible Cultural Heritage", http：//heritagecrafts. org. uk/intangible – cultural – heritage/，最后访问日期：2019 年 8 月 25 日。
② 郭玉军、司文：《英国非物质文化遗产保护特色及其启示》，《文化遗产》2015 年第 4 期，第 4 页。
③ John Hartley, Wen Wen, Henry Siling Li, *Creative Economy and Culture：Challenges, Changes and Futures for Creative Industries*（London：Sage Publications，2015）.

于 2016 年 7 月发布《手工艺与创新》研究报告,指出手工艺可以通过与制造业、工业技术、生物、航天等行业的结合,为社会带来巨大的经济价值。[①]

在我国,传统手工艺保护是振兴中华文化的重要工作。在 2006 年国务院公布的第一批 518 项国家级非物质文化遗产名录中,传统手工技艺达 89 项,包括绘画、雕塑、剪纸、染织、刺绣、服装、生活器用、戏具、编织、纸扎灯彩、玩具、食品等类别。2016 年 3 月,"振兴传统工艺"被正式写入国家"十三五"规划纲要,上升到国家战略的高度。2017 年 3 月,文化部、工业和信息化部、财政部联合制定并出台《中国传统工艺振兴计划》,明确了振兴传统工艺的总体要求,提出建立传统工艺振兴目录,扩大传承人队伍,加强学科建设与理论、技术研究,提高设计制作水平,拓宽展销商业渠道,加强文化生态保护以及促进社会普及教育等,并给予政策、金融等方面的保障措施。社团组织方面,中国科学院下设的中国传统文化和传统工艺发展工程手工艺术工作委员会是推动手工艺技术、文化及文化产业发展的专业平台。[②] 2017 年 1 月,中国民间文艺家协会手工艺发展促进会在长春揭牌,其成立旨在汇聚人才,搭建高层次交流平台,发展民间手工艺术产业,培育民间手工艺术市场,促进传统手工艺术与时代接轨并走向世界。[③] 手工艺也是我国文化创意产业的重要组成部分。我国的一些城市如深圳、杭州将高端工艺美术或艺术品纳入文化创意产业的行列中。依据中国产业信息网,2015 年中国民间手工艺行业产值为 5560 亿元,销售收入为 5527 亿元,是国民经济的重要组成部分。[④]

在学术界,手工艺及手工艺人的生存状态备受关注。学者普遍认为,传

---

① KPMG,"Innovation Through Craft: Opportunities for Growth: A Report for the Crafts Council",https://home.kpmg/xx/en/home.html,最后访问日期:2019 年 8 月 25 日。

② "中国手工艺术工作委员会简介",http://www.qgsgw.com,最后访问日期:2019 年 8 月 25 日。

③ 《中国民协手工艺发展促进会在长春揭牌》,2016,中国社会科学网,http://www.cssn.cn/ysx/ysx_ysqs/201601/t20160108_2817401.shtml,最后访问日期:2019 年 8 月 25 日。

④ 《2015 年我国民间手工艺品行业产值约 5560 亿元》,2016,中国产业信息网,http://www.chyxx.com/industry/201604/408514.html,最后访问日期:2019 年 8 月 25 日。

统手工艺的传承创新面临着以下困境。一是生存环境及市场消失，工业化生产的生活用品凭借大批量、高效率和低成本等优势逐渐被人们所接受，与自然经济生活息息相关的传统手工艺失去了生存的土壤。① 二是传承人才匮乏。传统手工艺的衰落使得手工艺人基本的物质生活无以为继，造成手工艺人放弃本行或另择他业，许多传统手工艺面临"青黄不接"乃至"断代"的尴尬境地：技艺精湛的手工艺人已经离世，而青年手工艺人还未成熟起来。② 三是传统商业模式难以维系。传统手工艺的在地属性使其市场范围较为狭小，且营销手段多依赖口耳相传，传播范围有限，因此需建立符合市场经济规律的现代企业制度。③ 四是一些需要特别材料的手工艺如牙雕受到原材料合法获取的限制。④ 同时，学者对当下传统手工艺的生产性、商业化或旅游化保护也提出问题及解决路径，如既不能以牺牲传统工艺的"精雕细琢"为代价一味追求产业化发展，也不能为追求"原生态"而主观地将传统工艺及手工艺人固化定格在特定的历史时空，阻碍其与现代生活的结合。⑤ 传承与创新，或者说保存与发展，是一对既相互牵制又相互依存的概念，高小康教授形象地将其比喻为"临终关怀"与"传宗接代"，并提出非遗保护应超越历史及个体的文化环境，在文化分享的基础上构建多样性文化生态，方能实现活态传承及世界文化的可持续发展。⑥ 对于手工艺技艺创新的实践，国内一些学者已关注到现代技术如快速成型技术（RPM）、计算机辅助设计（CAD）和3D打印对手工艺的作用；⑦ 非物质文化遗产的数字化

---

① 陈君：《传统手工艺的文化传承与当代"再设计"》，《文艺研究》2012年第5期，第137页。
② 赵农：《关中民间手工艺的生态现状》，《文艺研究》2003年第3期，第132页。
③ 谢良才、张焱、李亚平：《中国传统手工艺文化重建的路径分析》，《理论与现代化》2015年第2期，第113页。
④ 胡克非：《牙雕技艺将何去何从》，《中国文化报》2017年3月27日，第8版。
⑤ 赵农：《关中民间手工艺的生态现状》，《文艺研究》2003年第3期，第132~135页。陈华文：《论非物质文化遗产生产性保护的几个问题》，《广西民族大学学报》（哲学社会科学版）2010年第5期，第90页。
⑥ 高小康：《非遗活态传承的悖论：保存与发展》，《文化遗产》2016年第5期，第3页。
⑦ 颜永年、张人佶：《快速成形制造技术在工艺美术创作中的应用》，第五届全国快速成形与制造学术会议论文，西安，2011，第17页。

保护也已有较多的研究，主要集中在非遗数字化的概念、原则、主体、技术、形态及风险等方面。[①] 但总体而言，创新案例捕捉相对较少，对手工艺商业模式、文化传播的研究尚未形成体系。

任何一个时代下的新生事物终将成为历史，其创新也将成为传统；创新也需在继承传统的基础上进行。工业社会的发展使得许多传统手工艺失去了赖以生存的文化土壤和实用价值，然而，借助新技术的应用、互联网平台的使用以及开源共享的文化，手工艺或可搭乘创客运动的列车，重新获取审美价值、经济价值与"心流"价值，成为现代生活不可或缺的一部分。

（二）新技术应用推动手工艺跨界创新

手工艺是一种实用艺术。从艺术生产的角度看，手工艺人是创作主体，其艺术生产的成果或产品，是手工艺人利用特定的原材料，通过雕、刻、绣、磨、绘画等制作工艺将创作者的审美情感、文化思想等物化。工艺是实现艺术的具体手段，艺术是工艺追求的最高境界。[②] 一件优秀的手工艺作品必然既具有精湛的制作工艺又凝聚着手工艺人的创作情感，即手工艺品是艺术与技术的统一。现代技术融入艺术创作使得手工艺在继承传统的基础上，展现了有别于以往的新形式。

1. 新工艺

现代工业技术一般分为机械制造技术和数字化制造技术。机械制造技术的应用能够提高工艺品的生产效率，降低生产成本，有利于手工艺面向大众"收复"一定的市场"失地"。西藏吉曲文化发展有限公司推出的木雕唐卡，即是结合现代浮雕技术、传统唐卡绘画技巧和木工技术，制作出通过木板浮雕展现唐卡画面的新型手工艺品。其制作首先由专业的唐卡绘画师根据传统唐卡绘制出白描图并输入电脑制版，然后经由机器批量雕刻使之基本成型，

---

① 王明月：《非物质文化遗产保护的数字化风险与路径反思》，《文化遗产》2015 年第 3 期，第 32~40 页。周亚、许鑫：《非物质文化遗产数字化研究述评》，《图书情报工作》2017 年第 2 期，第 6~15 页。

② 陆涛：《浅论陶瓷艺术与陶瓷工艺的关系》，《中国陶瓷》2010 年第 6 期，第 69 页。

再由传统的木刻师进行细节完善，最后交由唐卡大师纯手工上色完成作品。木雕唐卡不仅保留了木刻师和唐卡大师手工制作的工艺美，而且通过与现代机械制造技术的结合，大大缩短了创作周期，降低了唐卡工艺品的消费成本。

以 3D 打印、激光切割和数控机床等为代表的数字制造技术则通过产品的数字化设计、数据化分析和数字化生产等形式参与手工艺创作及生产。作为增材制造的 3D 打印技术，不仅具有节约材料的优势，并且可以打印出人工难以完成的复杂结构，成本也不会因此而增加。[1] 在珠宝业，设计师可使用 CAD 软件进行造型设计，并使用 3D 打印机精确打印出蜡模，比人工铸模的效率提高 20 倍。3D 打印的珠宝工艺品已进入市场，并因能满足个性化定制需求而受到消费者的欢迎。例如，3D 界的亚马逊——美国的 Shapeways 网站上有一半以上的用户都通过它进行珠宝定制；网站也因此特别辟出 3D 打印珠宝首饰类目，不仅承接打印业务，还鼓励用户在这一平台上进行销售。[2]

由于 3D 打印机等工具设计的开源，未来或有更多的创客手工艺人自行制造工具来帮助实现想法。[3] 如德国创客 Steffen Hartwig 用自己设计的陶瓷 3D 打印机，创作了一组 3D 打印陶器。[4] Kniterate 数字纺织机也在伦敦东区的 Machines Room 创客空间诞生。当 Gerard Rubio 还是设计学院的一名学生，目睹服装系学生与旧式纺织机的挣扎时，便萌生了发明一台功能强大又相对便宜的数字纺织机的想法。2015 年 Gerard 组建了团队并入驻 HAX 孵化器，于 2016 年在美国湾区获得了种子轮融资，随后 Gerard 与团队在 Machines Room 夜以继日地工作，终于在 Kickstarter 上发布 Kniterate 数字纺织机项目，筹得 63.6 万美元，是目标资金的 6 倍多。Kniterate 的众筹定价不到 5000 美

---

① 黄德荃：《3D 打印技术与当代工艺美术》，《装饰》2015 年第 1 期，第 35 页。
② 《3D 打印珠宝：给你"独一无二"的珠宝》，2015，金投网，http：//zhubao.cngold.org/c/2015 - 7 - 31/c3453392.html，最后访问日期：2019 年 8 月 25 日。
③ 〔美〕阿密特·佐兰、朱橙：《混杂的手工制作：设计与手工技艺在物质实体和数字虚拟上的整合》，《世界美术》2016 年第 4 期，第 35 页。
④ 《陶瓷 3D 打印充满故意缺陷，自带手工痕迹诱人假象》，2016，智能制造网，http：//www.gkzhan.com/news/detail/85126.html，最后访问日期：2019 年 8 月 25 日。

元，是当前工业织机的 1/10，它能够处理六种颜色，体积小巧但打印速度快，一件长毛衣只需 5 个小时就能完成。Gerard 还专门开辟线上社区，使得设计师、创客、学生能够交流设计和制作，激荡创意。[①]

2. 新材料

创客们也通过材料创新促进了手工艺的发展。英国中央圣马丁艺术设计学院"织物未来"专业的七位女硕士毕业生共同建立了"后织物"网站（POSTextiles），其宗旨是"基于审美情感及织物设计的内在原理，在科学、技术、哲学与手工艺之间进行实践，使得一些关于社会、伦理、环境未来的最深刻又最鲜活的思考成为手中有形的织物"[②]。因此，这七位毕业生身兼多个身份，她们不仅是手工艺人，而且是批判思考者、未来主义者、设计研究者和造型师等。例如，Miriam Ribul 研究的是空气动力，将空气视为一种材料、一种工具或是一种设计过程，通过织物来使空气有形化，从而增强人们的空间意识，并改变对材料的通常看法。Marie Rouillon 的主题是日常力触觉[③]，其创作的背景是，在数字化生活中人们所使用的日常工具越来越缺乏情感和触感；因此，她设计了一系列独特的物质性作品，以唤醒人们除视觉以外的感知能力。

Laura Martinez 在时尚、艺术与织物领域中探索曲面设计的技术与材料创新。她将传统的针织技巧与 3D 打印及 CNC 铣削结合，激光烧结的尼龙和黄铜与天然的动物羽毛、角或骨并用，展现柔软与坚硬、自然与人工、手工与数字之间的奇妙碰撞。Amy Congdon 则探讨了生物技术与新材料的结合，例如，纳入生物元素后，织物不是被制造，而是在实验室"生长"出来的。Jenny Lee 在与增强现实技术领袖 Holition 的合作下进行"无形 | 未来的人类"的研究，从形态发生（morphogenesis）及矿物质结晶过程中获得灵感，

---

① "Kniterate: The Digital Knitting Machine"，https://www.kickstarter.com/projects/kniterate/kniterate-the-digital-knitting-machine，最后访问日期：2019 年 8 月 25 日。
② POSTextiles，"About"，http://postextiles.com/?page_id=10，最后访问日期：2019 年 8 月 25 日。
③ 人的力触觉包括肌肉运动觉（力、运动）和触觉（接触、刺激）。

图 6 - 1　日常力触觉：杯子系列

资料来源：POSTextiles，"Marie Rouillon"，http：//postextiles. com/？p＝317，最后访问日期：2019 年 8 月 25 日。

创作出数字皮肤系列。

英国伦敦大学学院成立的制造研究所（Institute of Making）也致力于收集并研发新材料。研究所设置了材料图书馆和创客空间，鼓励全校师生了解材料、使用材料乃至创造新的材料，进而应用到从机械工程到艺术设计的领域。

新技术和新材料给予了手工艺创作新的工具，甚至由此诞生了新的数字美学。荷兰设计师 Gorsel 将 3D 打印与 16 世纪荷兰的蓝色制陶工艺结合制作出的首饰系列，非常雅致特别。[1] 一些艺术家将做出的陶瓷工艺品打碎，再通过 3D 扫描及打印将部分碎片用其他材料制作出来，最后复原出起初工艺品的形状，但内涵却发生了本质的变化。[2]

---

[1] 《3D 打印珠宝：传统工艺与现代技术的碰撞》，2016，打印猫网站，http：//www. dayinmao. com/xinwen/show－2900. html，最后访问日期：2019 年 8 月 25 日。

[2] Amit Zoran, Leah Buechley, "Hybrid Reassemblage: An Exploration of Craft, Digital Fabrication and Artifact Uniqueness," Leonardo 46：5（2013）.

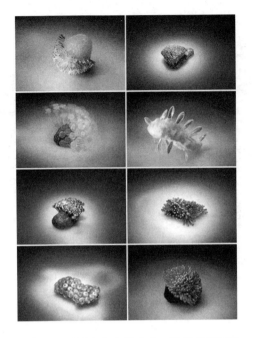

图 6 - 2　无形 | 未来的人类：数字皮肤系列

资料来源：POSTextiles，"Jenny Lee"，http：//postextiles.com/？p = 399，最后访问日期：2019 年 8 月 25 日。

（三）互联网平台促进手工艺商业发展

克里斯·安德森在其著作《创客：新工业革命》中提出 20 世纪实体货物的选择存在三个分销瓶颈，其中之一即是消费者难以在市场上找到。手工艺品的生产和消费多与当地生活密切相关，地域的因素限制了产品的流通和非本地人消费的可能。随着信息时代的来临，互联网展现了一个超越地域乃至国界限制的巨大空间。互联网平台不仅使消费者获得全球的商品目录，也使手工艺创业者获得新的商业平台，能够构建在线手工艺社区。

1. 线上销售平台

最知名的手工艺线上平台莫过于 Etsy。截至 2017 年 8 月，Etsy 已有 4500 万件作品在线售卖，在全球拥有 3060 万活跃客户和 180 万活跃卖家，在 2016 年创造了 28.4 亿美元的销售额。原创是 Etsy 最基本的门槛，Etsy 也因此凝聚了一批优秀的手工艺人，形成了手工艺人与爱好者的社区，并成为全球手工业经济的一个风向标。Etsy 还致力于打造 Etsy 经济生态，一方面聚焦于微小企业的发展，另一方面也希望通过"工匠精神"的弘扬，推动经济与社会可持续发展。[①]

Etsy 的成功带动了一些新平台的建立，它们依靠不同的侧重在手工电商市场中占据一席之地，如 Bonanza 因通过 Broadcaster 广告平台使得卖家的作品在谷歌购物或必应购物上同时发布、增加卖家的显示度而受到青睐;[②] Dawanda 的总部在德国，网站有英文、德文和法文三个版本，是地方与国际手工艺品和艺术家的全球社区;[③] 澳大利亚的 Zibbet 销售艺术品、相片、古董和工艺品材料等，并为卖家设立免费、入门和专业三种不同的会员计划，满足不同阶段的商业需求，帮助手工艺人的商业成长。亚马逊也于 2015 年 10 月开辟了"手工艺专区"（Amazon Handmade），因其庞大的客户积累对 Etsy 造成一定的威胁，但就社区营造和文艺氛围来看，Etsy 依旧是许多手工艺人及爱好者的精神家园。

近年来，国内也出现了一些手工电商平台。如中国原创设计师联盟发起的哇噻网上线于 2008 年，是我国领先的手工、原创设计、艺术品、传统工艺品的在线交易平台，力图打造一个 365 天不落幕的创意集市。哇噻网还推出手工客 App，提供手工教程、材料商店等，特别是"手工圈"，意在形成手工艺人的社交圈。手工客也设立了"非遗馆"专栏和传艺计划，前者将我国的非物质文化遗产手工艺品带入线上市场，后者则邀请手工艺人成为视频讲师，将手工制作的技术传授分享。[④] 2016 年 8 月，中国手工委在小笨鸟跨境电商平台成立"手工艺术品专区"，为我国传统手工艺品通过跨境电子商务走向全球提供了新的契机。

---

① Etsy 官方网站，https：//www. etsy. com/about? ref = ftr，最后访问日期：2019 年 8 月 25 日。

② 《Bonanza 平台存活 8 年的秘诀是什么?》，2016，雨果网，http：//www. cifnews. com/article/21049，最后访问日期：2019 年 8 月 25 日。

③ Dawanda 官方网站，https：//en. dawanda. com/，最后访问日期：2019 年 8 月 25 日。

④ 哇噻网官方网站，http：//www. wowsai. com/，最后访问日期：2019 年 8 月 25 日。

2. 众筹平台

众筹（Crowdfunding）是一种大众通过互联网相互沟通联系并汇集资金支持的集体行动。随着互联网经济时代的到来，众筹已然是互联网金融的重要模式之一，成为初创型企业、创客或个人项目融资的重要途径。① 首先，众筹可使创业者在研发期间获得关键的资金支持；其次，项目发布后创业者可及时获得潜在用户的反馈，甚至得到改进设计的有益建议；最后，众筹使研发者和用户形成社区，增强用户黏性，使其持续地参与到产品的迭代过程中。

众筹平台的始祖 Kickstarter 即开辟了手工艺专栏。除了手工制作的玩具、饰物等受到欢迎外，还有一些致力于传统手工艺保护的项目。一个手工制桨的团队发起了搬迁梅里马克独木舟公司的计划，以手工制作的独木舟预售来获取设立新工作室的费用。另有一些项目还兼具社会价值，如安卡合作社（Anka Cooperative）是一家传授叙利亚女性难民手工艺技能的社会企业，已在两个训练营中培训并雇用了 250 位地毯纺织手工艺人。当下，安卡发起了建立第三个训练营的众筹计划，Kickstarter 也将持续支持安卡的项目，直至完成到 2020 年帮助 2 万名难民目标计划的实现。② 国内的众筹网、京东众筹等也有不少手工艺众筹项目，包括传统工艺制作的美食、手工制作的饰品物件等手工技艺及工艺美术作品。例如，中恒实业在京东众筹发起杨家埠古版年画项目，在一个月内筹得 63347 元，是目标金额的 6 倍多；支持者获得了非常优惠的古版年画作品如《丹凤朝阳》（拓片）、清代古版年画《福禄寿三星》（卷轴）和《门神——神荼、郁垒》（卷轴）等。众筹网也发起一项筹建泥塑工作室的项目，回报则是手工捏制的"齐天小圣"与"如意福馗"泥塑。有意思的是大部分手工众筹项目都有作品预售数量的限制，

---

① 孟韬、张黎明、董大海：《众筹的发展及其商业模式研究》，《管理现代化》2014 年第 2 期，第 50 页。

② "Empowering Syrian Refugees With Handcrafted Heirloom Rugs", https://www. kickstarter.com/projects/ankacoop/empowering – syrian – refugees – with – handcrafted – heirlo? ref = category_ most_funded，最后访问日期：2019 年 8 月 25 日。

因为纯手工的制作是耗时耗力的。更多的手工艺人可以通过众筹平台募集所需的前期资金及获得市场反馈，将手工艺作品完成并实现其商业价值。

（四）创客运动促使开放的手工艺文化形成

传统手工艺多为工匠安身立命或振兴家业的技艺，其传承具有封闭性和限制性，且与宗族文化密切相关，甚至"传儿不传女"；若是招收家族以外的徒弟，通常也会有严格的限制条件和正规的拜师仪式。而如今随着传统手工艺行业的式微，许多手工艺面临着后继无人的困境。对此，手工艺的传承也应以一种开放的心态，来寻求在现代生活中的价值重塑。[①] 开放的手工艺文化的形成，应包括多个主体的参与、多种文化的交融以及民族性与世界性的结合。

1. 手工艺的现代传承与文化培育

当下，手工艺的传承已被纳入现代教育体系。高等教育一直以来都是手工艺保护传承中不可或缺的力量。大部分艺术院校都设置了工艺美术系，如清华大学美术学院工艺美术系即立足东西方文化的兼容并蓄、以人为本的手工文化与科技应用相结合，培养适应现代社会条件的新型手工艺专业型人才。[②] 2013 年教育部、文化部、国家民族事务委员会遴选确定了首批 100 个全国职业院校民族文化传承与创新示范专业点，为技艺的继承与创新提供保障，对文化创意管理进行知识的传授，为民族文化产业的发展培养人才，促进手工艺经济生态的健康生长。我国中小学教育也从兴趣培养的角度培育手工艺文化，近年来更是着力践行"非遗进校园"，以校园文化活动为载体，将非物质文化遗产融入学校教学内容，以培养中小学生对非物质文化遗产的兴趣及保护传承意识。[③]

---

① 张娜、高小康：《后工业时代手工艺的价值重估》，《学习与实践》2017 年第 1 期，第126～132 页。

② 清华大学美术学院工艺美术系，http://www.tsinghua.edu.cn/publish/ad/2858/index.html，最后访问日期：2019 年 8 月 25 日。

③ 秦毅：《陕西：非遗保护传承路越走越宽广》，《中国文化报》2017 年 3 月 27 日，第 2 版。

　　然而，手工艺的传承并不仅限于传承人的培育，更重要的是手工艺文化的培育，包括手工艺文化的现代传播、消费者的审美提升以及消费者的直接参与。创客运动所倡导的即是一种人人动手制作的社会风尚——人人都可能通过不同程度的参与制作而成为手工艺的传播者、传承人甚至是创新者。创客空间即是这些制作行为的重要载体。其一，创客空间提供了独立或共同创作以及知识分享的场所；其二，创客空间通过活动的举办成为创客文化的传播点；其三，创客空间提供不同程度的工作坊或教程设计，推动创客教育的发展。有别于正规教育体系中的通识教育和专业教育，创客教育是一种基于兴趣、通过项目和动手制作来完成的学习过程，鼓励知识的跨学科应用与探索。它的呈现形式包括系统的创客教程和个人自发的学习及向其他创客的讨教。

　　由此，创客运动可从空间和教育两个方面对手工艺的传承与文化培育产生影响。一方面，创客空间可吸纳手工艺项目，为其提供跨界交流与商业支持。2016 年 7 月，夸克仓库开始运营，成为长沙首个专为设计师和手工艺创业者提供服务的创客空间，其口号是"以匠人精神服务匠人创客"。① 另一方面，创客空间也为手工技艺的教学与体验提供新的场所。当下已有许多创客机构提供手工艺教育或体验课程。例如，青年创造力教育机构玩创工房便在空间里提供黏土、布料、木头、塑胶、金属、电子以及数字化工具，意图让孩子们从小接触不同的材料，鼓励孩子们使用实体或数字工具，将想象力变为作品；忘言手作则以音乐盒、吉他、盒－箱－柜、椅子、木马等为主题设置木作课程；2017 年暑期，忘言手作发起"城市搭建实践"项目，将城中村的平面和街道用木结构表达并在繁华的商场呈现，探索城中村给城市留下的深刻的集体记忆，参与项目者在获得木工建造理论和技艺学习的同时，也用这一新颖方式来思考城市共生的问题。手工艺人也可在创客空间设置传统技艺的教学，既可以获得更多的关注，也可为空间带来传统文化的研

---

① 《手工创业悄然兴起，白领女性爱上"穿针引线"？》，2016，腾讯新闻，http://xw. qq. com/hn/20161211003629/HNN2016121100362900，最后访问日期：2019 年 8 月 25 日。

习氛围。

2. 文化认同

从静态的角度来看，手工艺作为一种实用艺术，兼具实用价值与审美价值。在现代生活中，手工艺的实用价值逐渐淡化，但边缘、异质特性使它获得新的文化身份，其审美价值日益凸显。一方面，由精湛技艺所刻画的工艺美术品本身即具有极高的审美价值；另一方面，脱胎于日常生活需求的手工艺品，承载了历史的印记，具有浓厚的文化意涵；同时，"相较于工业产品的'去情景化'、空洞冷漠与整齐划一，手工艺品传递出人性的温度，交织着情感性、文化性、独特性、鲜活性等多重维度，演绎出工业产品所不具有的文化审美价值"①。而从动态的角度来看，手工艺在现代社会的价值，不仅在于对传统或现代艺术品的美的欣赏，更在于人们参与到手工制作过程中所获得的"心流"体验。过度的工业化使得人们转而追求个性化的生活用品，过度的信息化让人们开始反思人与人、人与自然间的原始联系。动手制作，使人与物之间亲密接触，在大脑的想象与双手的工作中，忘却外界环境，回归内心安宁，重新获得创造一件可见、可触、可感成果的愉悦。②

这"心流"便产生"认同"。一方面，是对手工艺文化的认同。雍琳等认为文化认同包括认知、情感和行为三个部分，③对手工艺的文化认同也需经过相应的三个步骤：先是对手工艺作品的了解与欣赏；随后是对手工艺所传递的文化意涵或价值观念的认可；最后则是对手工艺制作过程的知悉及参与。因此，"动手制作"是最好的传承方式。另一方面，手工艺文化的认同也带来对国家、民族及中华文化的认同。无论是作为"历史印记"还是"文化

---

① 张娜、高小康：《后工业时代手工艺的价值重估》，《学习与实践》2017 年第 1 期，第 128 页。

② 张黎：《个人想象与集体认同：手作设计的当代意涵》，《装饰》2016 年第 2 期，第 86 ~ 88 页。

③ 雍琳、万明刚：《影响藏族大学生藏、汉文化认同的因素研究》，《心理与行为研究》2003 年第 3 期，第 181 页。

标签",手工艺的传承创新都需找到新旧价值的结合处,[①] 在传统材料和工艺的传承中创造现代生活的新时尚,在与现代技术和理念的创新中构建新的民族文化认同。如杭州的品物流形工作室提出"From 余杭"计划,从纸伞开始对余杭的传统手工艺研究考察,以"融"为主题对五种传统材质竹、丝、土、铜、纸进行解构和再设计,使得以手工艺为基础的"中国设计"走向世界。

图 6 - 3　"融 - Handmade In Hangzhou【土】"米兰设计周展览现场

资料来源:《"融 - Handmade In Hangzhou【土】"米兰设计周展览现场》,2015,http://pinwustudio. lofter. com/post/3af6c2 _ 6b5bd9c,最后访问日期:2019 年 8 月 25 日。

三　数字时代的工匠精神

2016 年 3 月 5 日,李克强总理在做政府工作报告时提出:"鼓励企业开展个性化定制、柔性化生产,培育精益求精的工匠精神,增品种、提品质、

---

① 张黎:《个人想象与集体认同:手作设计的当代意涵》,《装饰》2016 年第 2 期,第 86 ~ 88 页。

创品牌。"① "工匠精神"首次正式出现在政府工作报告中,从国家意志的角度显示出工匠精神作为传统文化的精髓对当前中国产业发展的重要性,这也使得工匠精神成为国民关注的焦点并在各行各业备受推崇。

(一)"工匠精神"的国际语境

工匠精神作为传统农业社会的文化遗产,在今天如此高度工业化与信息化的现代社会仍然具有重要的社会价值与文化内涵。不论是东方国家抑或是西方国家,这种优秀的文化精髓在世界历史发展与文化演变的背景下,既受到外来文化的影响,又具有本土文化特质。本节即以德国和日本两国的工匠精神来观照我国的工匠传统。

1. 文化层面

工匠精神是工匠文化的理论核心,主要包括工匠心理与工匠意识形态,其形成与产生是一种持续的社会化心理活动行为。② 因此,从历史文化角度来看,工匠精神的形成与传承一定程度上是在特殊的民族文化基因的影响或熏陶下,将其内化为工匠自我的认知结构与价值态度,从而形成所处地位或职业的共同认知结构。德国的天职观、日本的职人文化以及中国的儒家文化分别为其工匠精神的形成与发展奠定了文化基础。

在德国,工匠精神的形成与其特殊的宗教文化密切相关。16 世纪,德国宗教改革者马丁·路德基于劳动领域,从宗教意义上重新审视职业的地位与价值,并将职业视为一种"天职"(Beruf),即每个人都要完成所在地位的义务,并且在上帝看来,每一种职业都具有同等的价值。③ 因此,马丁·路德把职业作为上帝的意志(天意)看待,认为人人应当永远谨守上帝所

---

① 《政府工作报告——2016 年 3 月 5 日在第十二届全国人民代表大会第四次会议上》,2016,中国政府网,http://www.gov.cn/guowuyuan/2016 - 03/17/content_ 5054901.htm,最后访问日期:2019 年 8 月 25 日。

② 李砚祖、潘天波:《工匠精神的社会化传承:一种文化心理学分析》,《南京艺术学院学报》(美术与设计版)2017 年第 6 期,第 1 页。

③ 〔德〕马克斯·韦伯:《新教伦理与资本主义精神》,黄晓京等译,四川人民出版社,1986,第 57~58 页。

赋予他的地位和职业，应当把他的尘世获得限制在其既定生活地位和所界定的范围之内。① 德国哲学家马克斯·韦伯就马丁·路德的天职观提出：天职观作为宗教改革的产物，将完成世俗事务的义务遵照一个人道德行为所能达到的最高形式，使得日常世俗行为具有了宗教的意义和道德的意义。② 从历史文化的角度来看，受基督教的影响，以天职观为核心的新教伦理在一定程度上改变了德国民众对职业的传统认知，使德国民众将此文化意识内化为个体的自我认知结构与价值态度，并在一定程度上演化为德国工匠精神的文化内核，如德国人奉行专注、持久的工作态度，以及将职业视为"天职"，作为终身所践行的使命的职业精神。

在日本，从事器物制作的人被称为"职人"，如制作食物的料理人、从事建筑工作的泥工、制作家具的木工，在概念理解上如同我国的手工艺人。日本职人往往一生只专注于一件事，在制作上注重品质与细节，对于从事的职业到了苛求完满的地步，在他们看来，手艺不仅仅是他们安身立命的本事与职业，更是自我价值实现的所在。例如，小野二郎被誉为日本第一寿司职人，即是一位将料理制作演绎到极致的职人，他在纪录片《寿司之神》中说道："我一直重复同样的事情以求精进，总是向往能够有所进步，我继续向上，努力达到巅峰，但没人知道巅峰在哪里。即使到我这年纪，工作了数十年，我依然不认为自己已臻至善，但我每天仍然感到欣喜。我爱自己的工作，并将一生投身其中。"③ 可以说，这种对待工作极其敬业的态度，并将之作为自己的终生事业的职人气质是日本工匠精神的重要显现。

2. 产业层面

现代制造业无疑是手工业在技术演进下的结果。先发的制造业强国依靠

① 〔德〕马克斯·韦伯：《新教伦理与资本主义精神》，黄晓京等译，四川人民出版社，1986，第61页。
② 〔德〕马克斯·韦伯：《新教伦理与资本主义精神》，黄晓京等译，四川人民出版社，1986，第56页。
③ 《寿司之神》，乐视纪录片频道，http://www.le.com/jilu/10000140.html，最后访问日期：2019年8月25日。

技术革命率先崛起，后发的国家大多遵循从模仿创新到自主创新的道路。近年来，发达国家意识到弱化工业结构导致以制造业为核心的实体经济的衰落，发展中国家则意识到单纯以低廉的生产成本优势及环境代价并不能换取经济的可持续发展。① 工匠精神作为制造业发展的内在动力，受到各国的重视，如德、日、中即在实体经济与制造业领域重提工匠精神，以制造业为核心提出了系列产业政策。

（1）德国的"工业4.0"战略

谈及德国的制造业，其工匠精神和"工业4.0"是两个紧密相关的议题。2013年，德国政府在汉诺威工业博览会上发布《保障德国制造业的未来：关于实施工业4.0战略的建议》，意在将传统工业生产与现代信息技术相结合，将集中式控制向分散式增强型控制的基本模式转变，并最终实现工厂智能化、生产智能化。② "德国制造"成为精益求精的代名词，与深植于德国企业血脉的工匠精神密不可分，在德国近370万家企业中，家族企业就占九成以上，③ 如我们耳熟能详的西门子、奔驰、博世等，每一家企业的成就都来自几代人的不懈努力。德国的职业技术教育体系，也为其工业不断地输送稳定的技工人才。对于德国现代制造业来说，"工业4.0"并非抽象的概念，而是德国企业以严谨、务实的工匠精神，将其融入现代化生产制造的过程。

（2）日本的"日本再兴战略"

自20世纪80年代以来，日本制造业从战争的废墟中快速恢复并崛起，其中固然有日本政府关于产业环境的营造之功，包括制度改革、财政支持以及法规建设等方面的因素，但更离不开日本民族文化对工匠精神的推崇。在日本拥有150年以上历史的企业达2万多家。完成工业化进程后，在经济发

---

① 张培培：《互联网时代工匠精神回归的内在逻辑》，《浙江社会科学》2017年第1期，第78页。
② 陈志文：《"工业4.0"在德国：从概念走向现实》，《世界科学》2014年第5期，第6页。
③ 李德富、廖益：《中德日之"工匠精神"的演进与启示》，《中国高校科技》2016年第7期，第47页。

展战略上学习美国的"去工业化"战略,使得日本面临泡沫经济、产业空心化以及产品质量等诸多问题,特别是在 2012 年,日本经济出现近 30 年来的首次贸易逆差。① 目前,日本制造业虽立于世界强国之列,但近年来仍出现大量产品质量问题,如三菱油耗造假事件、神户制钢数据造假事件、高田问题气囊事件等,使得日本制造跌落神坛。2012 年 6 月,日本政府为解决经济不平衡、产业空心化等问题正式出台"日本再兴战略",强调要将实体经济回归经济发展的主体,强化产业技术竞争力。由此观之,坚持以专注敬业、精益求精及毕生坚持为代表的职人特质是日本制造业重回世界领先水平的核心动力。

(二)中国工匠精神的历史渊源

"工匠精神"孕育于其技术主体——"工匠"。随着人类社会第二次社会大分工的大规模进行,手工业生产逐渐与农业生产相互分离,成为社会分工的专门化行业门类,工匠开始成为社会特殊的一类职业群体。工匠作为一个古已有之的词语,源于"百工",指从事各种工艺制作的手工艺人,如鞋匠、石匠、画匠等。据记载,百工最早见于《尚书》,《尧典》云:"允厘百工,庶绩咸熙。"此时,百工作百官之用,并非指工匠,后来百工才开始成为从事器具制作的工匠的称谓。② 如《论语·子张》云:"百工居肆,以成其事;君子学,以致其道。"百工已成为手工业者的通称。

中国自古以来在科学技术和手工业生产等方面非常发达,具有深厚的工匠文化积淀。春秋战国时期,手工业在中国古代经济生活中已经占据了非常重要的地位,并且掌握一门手工技艺成为大多数人谋求生计的重要方式之一。《考工记》中记载,"国有六职,百工与居一焉",古代中国将社会组成分为六类职别,工匠即为其中之一。根据专业技术与制作水平的程度,我国

---

① 孙丽:《日本的"去工业化"和"再工业化"政策研究》,《日本学刊》2018 年第 6 期,第 49 页。

② 刘成纪:《百工、工官及中国社会早期的匠作制度》,《郑州大学学报》(哲学社会科学版) 2015 年第 3 期,第 103 页。

传统工匠又可分为百工、机匠、哲匠三个不同的技术层次。[①]其中，层次最高的为哲匠，也称巧匠，相当于现代的技术专家，如工程师、建筑师等，以至于今天我们仍以"能工巧匠"来形容具有精湛技艺和艺术造诣的手工艺人或拥有极高技术水平的行业专家。其次是机匠，指各技艺门类职业化的匠人，相当于现代的技术工人。再次是百工，相当于现代工业领域的普通工人，如《墨子·节用中》云："凡天下群百工，轮车鞼鞄，陶冶梓匠，使各从事其所能。"从指称的对象来看，百工指从事陶木冶金、车马制造等各类手工业的普通工人。

到近代，我国工匠文化的发展深受西方文化思潮与日本方面的影响。中国工艺发展直到鸦片战争时期始终固守家内手工作业、雇作手工业等传统模式。清末民初，经历过闭关锁国、列强入侵及洋务运动的中国，深刻认识到学习西方先进科学技术及文化知识的重要性，开始大力兴办实业，推行新政以发展本国的工商业，工艺作为工商业的重要组成部分成为改革的重要内容之一。例如：光绪二十九年成立商部、设工艺局、开办工艺学堂等，通过学习西方的工业模式提高工艺技术，招收艺徒培养工业人才。学者许衍灼在其著作《中国工艺沿革史略》中认为："此时工艺可分新旧二种，旧工业云者，自有史以来至近百年前……新工业云者，即最近发生于欧洲，现时风靡于世界之新式机械工厂制是也。"[②]自此，"工艺"的内涵与外延发生了本质的变化，不仅包括具有实用功能与审美功能的日常生活器具的手工制作技艺，即现代意义上的手工艺，还涵盖化学、工业、机械制造等方面，工艺开始与科学技术、工业制造相联系，从事工艺生产的"工匠"角色定位也发生了深刻的变化，工匠及工匠精神作为历史发展的产物而被传承下来并被赋予了新的时代内涵。

由此，狭义上的工匠是指传统手工业时期从事工艺制作的职业手工艺人，而广义上的工匠则意指所有行业范围内从事专业性劳动的职业人。美国

①　余同元：《传统工匠及其现代转型界说》，《史林》2005年第4期，第63页。
②　许衍灼：《中国工艺沿革史略》，上海商务印书馆，1917，第13页。

学者理查德·桑内特在 2008 年出版的著作《匠人》（*The Craftsman*）中谈道，手工艺人不仅仅指有技术的手工匠人，程序员、医生、艺术家……任何人都可以进行手工制作……手工艺是一种做好本职工作的人类的内在动力。① 从这一角度来看，现代意义上的"工匠"不仅仅包含传统理念下的手工艺人，还应包含专注于个人工作的所有劳动者。"工匠精神"则是指凝结在工匠或所有人身上的，在制作或工作中追求精益求精的态度与品质。②

（三）"工匠精神"的意涵

在中华民族工艺美术发展的历史长河中，各种能工巧匠创造了无数精美绝伦的工艺品，遥看原始社会时期的制陶工艺与玉雕工艺，近看清代的景泰蓝与花丝工艺，无不显露出工匠们炉火纯青的精湛技艺以及道技合一的专业素养和精益求精的职业态度。

1. 炉火纯青的精湛技艺

在传统农业社会时期，手工生产是当时主要的社会生产方式之一，对于职业的手工艺人，掌握过硬的技艺本领是传统工匠得以安身立命的前提和基本要素。《荀子》中有言，"百工分事而劝"，即工匠都是以自身掌握的手工技艺进行专门化的生产。③ 与利润主导的现代工业生产不同，传统工艺制作更加注重产品本身的工艺水准及其质量问题，需要工匠数十年如一日地刻苦钻研以期技艺达到极致化的境界，精良的工艺作品离不开工匠精雕细琢的敬业态度和巧夺天工的精湛技艺。

2. 道技合一的专业素养

工匠之"技"不仅是制作器物的技巧或手段，或是出于生产实用产品的一种制作活动，更是一种技艺，是工匠通过自身掌握的器物制作技巧将其审美体验与艺术构思表达结合的结果。正如《考工记》中所记载："天有时，地有气，材有美，工有巧，合此四者，然后可以为良。"不论是技艺精湛的能

---

① 〔美〕理查德·桑内特：《匠人》，李继宏译，上海译文出版社，2015，第12页。
② 肖群忠、刘永春：《工匠精神及其当代价值》，《湖南社会科学》2015年第6期，第6页。
③ 余同元：《传统工匠及其现代转型界说》，《史林》2005年第4期，第59页。

工巧匠或是普通的手工业匠人，工匠作为具有技术专长的职业手工艺人，都要以掌握过硬的专业技术与创造性巧思为前提，制作精良的工艺品。正所谓"知者创物，巧者述之守之，世谓之工。百工之事，皆圣人之作也"。

3. 精益求精的职业态度

追求器物做工精良是中国传统工匠精神的突出表现，我国工匠历来就有追求"精工细作"的传统。《天工开物》中用"此塑匠最精，差之毫厘则无用"来表明铸造制模工艺需要非常精确的尺寸和严格的工艺流程；用"雕镂书文、物象，丝发成就"来描写铸造工艺之"工"，要求所铸的物象及图案，一丝一发都要认真做成，"差之毫厘，谬以千里"。此外，我国诸多典籍也对"精工"有相关记载，例如，《诗经·卫风·淇奥》中有言，"如切如磋，如琢如磨"，源于《诗经》中"切磋琢磨"的工匠精神最终被提炼概括为"精益求精"。[1]

2015 年 5 月，国务院正式发布《中国制造 2025》用以提高中国制造业质量，实现制造业转型升级。中国制造业经过近几十年的发展，已经从以资源优势和低成本换取经济增长的发展模式迈向求品质、求创新的产业发展模式，从重视数量转变为重视质量。目前，我国的制造业水平与制造业强国尚存在一定距离，在打造中国制造质量品牌以及寻求经济可持续发展的过程中，充分发挥工匠精神的文化引领作用，"以精益求精为出发点，以不懈创新为引擎，以笃实专注为内核"，打造中国制造的新优势。[2] 这也是中国从制造大国迈向制造强国的关键。

（四）工匠精神与创客文化

工匠精神落实到个人层面，就是每个人对自己的职业抱有一种认真、敬业并追求极致的态度。对于工匠精神的技术主体而言，均从事具有一定专业特长的行业，特别是传统工艺领域，有着更加严苛的技艺要求。随着数字技

---

① 薛栋：《中国工匠精神研究》，《职业技术教育》2016 年第 25 期，第 10 页。
② 苗圩：《弘扬工匠精神　打造中国制造新名片》，《中国经贸导刊》2016 年第 28 期，第 7 页。

术和创客运动的普及，造物的主体开始由以往的工匠转为大众，人人皆可创新，人人皆可制作。在当代手工艺领域，更是有一大批艺术家、设计师 – 创客等创作主体探索数字技术与传统手工技艺的融合，成为新一代的手工艺人。在数字时代的背景下，创客也被视为新工匠的代表，其体现的是一种永无止境的追求创新的精神。[①]

以创客文化为代表的新时代工匠精神，也在传统意义上增加了新的内涵。其一，传统工匠精神强调的是一生忠于一技或是一项事业，而创客精神则突破了一技或一事的局限，强调个人价值的实现。因此，许多创客以"斜杠"的身份出现，他们可以同时是艺术家、工程师和音乐人。一技和一事也不只是忠于一人，而更可能在跨界的合作或是众人的参与中实现。其二，传统工匠精神追求的是精益求精，这于进行个性化制作和消费的创客而言十分契合。但是，从社会创新的角度来看，在很多情况下创客追求的是"足够好"的创新，而不是"绝对好"的创新；此时他们的关注点不是一个好的产品，而是一个在有限条件下可行的解决方案。这些方案也可能在精益求精中在其他环境下获得市场，但其初衷是解决现实问题。

因此，数字时代的工匠精神不仅结合了数字技术和互联网平台的应用，更是一种个人与个人、个人与物/技术、个人与社会的互动；上至行业精英，下至普罗大众，每个人都可以在线上或线下的商业、文化或社会创新领域实现个人的价值。

综上所述，手工艺的传承与创新不仅关系到传统文化和历史记忆的保护，也是我国构建民族文化认同和文化自信的必须。传统手工艺的发展源于生活的需求，由能工巧匠就地取材、手工打造；而在工业生产满足大部分生活必需的现代社会，手工艺的实用功能逐渐消退，艺术性日益凸显。创客运动所倡导的新技术的应用、催生的新商业模式以及推动的动手制作文化的普及，都可能对当代手工艺的发展产生影响。创客运动对手工艺的最大启示是

---

① 郑刚、雷明田子：《"互联网 +"时代的新工匠精神与产品创新》，《清华管理评论》2016年第 10 期，第 41 页。

打破手工艺、设计、艺术、电子等门类的边界，获得手工艺的工艺、材料、艺术甚至跨产业的创新；除此之外，服务于创客的互联网销售及众筹平台可帮助手工艺获得更大的市场，不仅实现现代商业模式的转变，而且在线上构建新的社区；同时，基于创客运动所倡导的公众参与及开源创新的精神，手工艺的传承与文化普及也将推动一个开放的手工艺文化的形成。

手工艺与现代技术和商业模式的结合，并非大规模的复制，而是技与艺的协同创新；手工艺依托创客运动的发展，也并非否定过去、推倒重来，而是介入新的工具、新的平台和新的文化。这一过程或可称为新手工艺运动。不过，狭义的创客运动仍强调科技的推广和应用，手工艺的传承创新也有许多其他方法与路径。在新的经济、社会和生活环境中，鼓励具有多种不同技能背景的人参与手工艺的创新，方能使其焕发新的活力，进而奠定我国在现代手工艺领域的文化与艺术话语权。我国的现代化工业一方面需要手工艺所传递的"工匠精神"，生产精工细作且具有文化内涵的产品；另一方面也需要创客运动所彰显的新时代"工匠精神"，在"数字化生存"中，通过"动手制作"来中和高度信息化、数字化与碎片化的生活，实现个人创造，推动社会创新。

案例观察　忘言手作，心手合一[①]

2014 年 2 月，忘言手作的三位合伙人因为对木工的共同兴趣结缘，在深圳市石岩工业区租下一个空间，购置了一些设备，周末便来敲敲打打。几个月后，在"众筹"的支持下，空间搬到南山麻雀岭工业区，正式开始成为一个手作空间。几经风雨，忘言手作对自己的定位是：一家以木为主要研究与应用对象，结合传统木艺与现代精木细工，传播手作文化，孵化设计师独立品牌的平台型设计工作社。

---

① 据 2019 年 8 月 15 日与忘言手作创始人及 CEO Jen 老师的访谈整理。

◇创客文化研究

1. 请问您为什么从台湾来到深圳？能否请您简单介绍忘言手作的发展阶段？从南山搬迁到宝安的原因是什么？

最初来到深圳其实是我的大学同学在这边开公司请我来管理，他们公司在跟富士康做生意。那时候深圳整个都是电子行业，很多大公司都在这里。我在台湾已经会木工了，会自己做些东西，在深圳上网找这种空间，没有找到。后来发现我们那时候的一个合伙人涛子说他也有这种需求，在电话中他提议，"如果你有这种想法，我们直接每个人拿一些钱出来，租个地方，买一些设备，自己周六日可以当成一种休闲活动"。

刚开始是三个人，我、涛子和阿东，在石岩一个很偏的小工业区里租了一个空间。这样持续了半年到一年的时间，有人不断地来问我们，能不能教教他们或者来观看我们在做什么东西。他们很好奇，或许也有在寻找类似这样的空间。他们会聚集到我们租的场地，后来他们说倒不如找一个地方，对大家都比较方便的，可以更多地交流，是这样开始的。

从2014年到现在，其实公司是上上下下、起起伏伏的。事实上，2018年在南山时公司倒掉了，现金流整个断裂，另外两位合伙人也已经退出。我们原本都打算把公司关了，没有一个长期稳定的现金流在商业上是一个很大的问题。后来，我和当时的几位员工讨论，或许可以再继续尝试两年或一年，所以决定搬来这边（宝安沙井），先把整个成本降低，再看怎么做。

2. 请问忘言手作现在的运营团队、会员规模和主营业务是怎样的？

我们之前有30多位会员，有一个月的、三年的和半年的，会费不一样；现在的会员有7位，都是一年的。会费不是特别贵，所以光靠会费也不太够。我们要做很多项目，譬如定制和教育，光靠本身的形态不足以支撑一家公司的现金流。

我们现在的团队有6个人，做的事情很多。比如说我们现在做抖音，可能就会设计一些人家可以很容易理解的、不像产品的东西。比如说您看到的花架、零钱包等，主要的目的是要在抖音上让人家明白你的专业在哪里，这家公司是干什么的，简单易懂。我们根据这个目的开始设计一些东西，这些设计不一定会商业化，但是也不排除后期商业化的可能。

238

教育方面，我们正在与福田区的福强小学合作，他们早期想做一个木工坊和与木工相关的教育。我们帮他们设计课程和空间。其实这很像美劳课，但综合了多个学科，最后才落到木工。去年我们做了时钟项目。

以前也有其他学校找过我们，那时候他们把这类课程当成兴趣班或是"4点半课堂"这样的后续服务。可是现在做这件事，更像是一种探索类的教育思维。STEAM教育在2011年已经成为美国的国家战略，因为在数字时代，孩子们作为"数字原著民"，需要知道世界是怎样的。美国现在已经有大学本科在培养STEAM教育的老师，以及对上下游的产学结合、教具设计和这些人未来怎么进入教育业界的探索，都比较完善了。国内也很重视，但可能才刚开始探索。我们设计好的方案跟学校沟通落地并不简单，商业化的过程也很辛苦，因为学校对于整个的预算还不知道怎么去判定。

我们也不是只专注于木工这一块，现在是比较综合性的。比如说像英国有很多设计工作室，他们可以干很多事，可以去塑造品牌，或者是设计一个产品。我们比较像是佐藤大这种形态的设计工作室。

3. 您是否认为团队和工作坊的会员是创客？

我觉得算是吧，我们做的很多事情都是无中生有的事情。团队都是合伙人，每个人都是多面手，都懂木工、懂设计，有几位是建筑设计师，也有懂新媒体运营的人。分工其实挺模糊的，大概是项目制的管理方式。比如说一个项目进来，谁擅长这件事，就要自己安排，需要人协助的时候，他就找人加入。

4. 公司当时为什么会资金断裂？您如何从创客的角色转换成创业者的角色？

因为一开始没有想过要把忘言手作干成很商业的东西，所以心态还好，大不了把公司关掉罢了。后来和几个员工讨论这件事，他们还是想继续试着做下去。资金链会断是因为没有一个长期带来现金流的项目，它不稳定，教学生可能这个月有五个人，下个月有七八个人。其实涛子那时候有尝试一些不同的业务项目，只是失败了。

对我来讲，我愿意花一两年重新试试看。以前我是不参与管理的，只有涛子那时候是比较想把这个东西做成商业，他确实是有点像创业。阿东也像我一样只是需要空间，有时候来做做东西，公司经营和财务上的任何事也都不过问。我有自己的商业在做，我对商业有一定敏感度，所以早期的教学模式和技术模式是我做出来的，然后由涛子继续运营下去。

（作为创业者）现在压力更多来自怎么让这家公司活下去，持续地走得更远。基本上现在我们不存在"爱好"。我的意思是，在这个空间你干某些事是出于你的爱好，可是你会为了公司的生存去从商业性方面考虑这个爱好，而不是单纯说我喜欢，我造一个东西然后结束，会考虑到市场，我是喜欢这个东西，可我造这个东西是为了什么，我造这东西能不能推向市场，能不能产出利润或价值。现在团队每个人要想的这件事是你的爱好和公司的发展能不能重叠。如果你一直在干你的爱好，公司又不能因为你的爱好而产出价值，每个人如果都这样，公司一定崩掉。早期我们就比较像是这样的状况，没有理解到这件事情。

我们现在的 7 位会员，他们就是爱好者。有两位目的性很强，一位是飞机维修员，他就是想造飞机，需要一个空间来实现；另外一位想自己装修制造所有的家具，他有大把的时间，可能财务也自由了。他们没有考虑商业的问题。可是我们团队现在干事情都是商业优先的。如果没有商业性，那你告诉我这件事对于公司的价值在哪里？有可能短期你看不到，那你做这件事的背后是为了什么，是爱好吗？那爱好在此期间内公司能不能承担这些成本，这些是我考量的问题。

类似于制汇节等活动，我们以前经常参加，现在基本上不参加了，主要专注于自己的项目、公司的利润和价值的创造。对于一些付费较少的项目，我们的时间是固定的，公司的资源会慢慢导入更具有价值或利润更高的项目上面，这是一个商业自然淘汰的过程。

5. 手作是否代表了一种新兴的文化消费方式？您认为数字时代应具备哪些动手能力？

在 2015 年、2016 年李克强总理刚提出"大众创业"的时候这种感觉很强，现在倒没有，可能也是本身我们没有再做类似这样的事，所以我们已经感受不到了。

以前比如说为了推广，我们会开放体验课名额，每个月会办一场活动。

所以那时候感受很强烈，只要一开放免费的活动，很多很多人会来。深圳是一个很忙的城市，这种放松的免费的活动和朋友约一下、做一下，他们的目的我个人看来不是为了来干这件事，而是消磨时间和缓解压力。他们可能想知道这件事，可能同时尝试很多事，比如这个月尝试木工，下个月尝试厨艺，然后去下午茶，这些事是为了消除他们内心的压力，而不是说我真的对这个感兴趣。因为感兴趣的人通常是很明确的，想要系统性学习，询问我们有没有什么课程，在这边可以得到什么，他们的目标性会很强。其实我们有算过，这种开放免费体验名额转化率基本上是低到0。

当然，它可能会起到宣传的作用。也许木工不是这个城市的主流，那作为一个很小众的市场，我可以把它当成一个宣传入口，我最后要卖我设计的产品，比如说我卖一张桌子、一把小椅子，那可能这个就会很有用。我宣传的这个接口，可能可以衔接我的另外一个转化率，而不是在原本我的课程上面，而是我作为一个木工，人家说你做这个确实很专业，他可以透过体验这件事然后了解，做这件事可能不是一件简单的事，需要花很长时间；然后他可以看到你整个空间的环境，可能会变相地让他去认可你设计或制造的某个产品，这倒是比较合理的一种商业路径，倒不是把他引来，教他做木工。

6. 你们的定制是面向企业还是面向个人？

像与腾讯的项目那样面向企业的也有，不过定制比较麻烦的是沟通成本会很高。因为这个成型他很难看到，他可能只有一个想法，可是你要告诉他说，你这个想法可能我们要帮你修正一下，在他还没有看到成品之前，你很难叫他付费给你，所以你会花很多时间在跟他沟通上面，最后可能你的报价出来，他说太贵了。常常会发生这样的事，在定制这方面有很多这样的困扰，可是在国外我认为他们比较容易接受这种成本。就可能在你有一个idea时，要先付费给我，然后我开始画草稿画草图给你，这时你可能已经付了两成三成的钱。可是如果是中国公司对中国客户的话，很难这样做，他说你先来公司谈一谈，先讨论一下想法，问题是我过去不用成本吗？这就要向法国学习，打电话请水管工来，他一踏出门就开始收钱了。

面向个人的定制倒是有，像上海那把椅子就是一个艺术家联络我们，请我们帮他做的，可是这种定制大部分都是我们的朋友，已经认可我们的，也可能是他们周遭的朋友。这种通常就比较没有沟通成本上的问题，会比较高端。你应该这么想，本身如果这个东西需要定制，从一个概念到实物，你一定会付更高的成本，不然你到市面上去找一个产品就好了。

7. 忘言手作孵化设计师独立品牌的机制是什么？可否分享一些案例？

还没有孵化出来，不过今年应该会做一款跟设计师合作的产品，可是这个是因为我跟他们很熟，然后他们本身是很厉害的设计师，以前也是我的学生。其实一开始我们尝试过这种项目，可是后来发现很成熟的设计师他不需要你，很不成熟的你又要花很多时间，他们也不一定会听你的，就是你的沟通成本会非常高。很成熟的设计师他们会有相关的配套供应，他只是有可能在这个材料上没有你那么熟悉，可能前期需要帮助，所以这谈不上孵化，因为从产品设计到方案成型，再到市场上去卖掉产品，一个成熟设计师是有办法做到的；他可能只是不懂某种材料的加工或不了解供应商，他可能付费请你帮他解决，所以我们尝试过这种，后来发现这个是一个很难执行下去的东西。而大部分年轻的设计师还不够成熟，他们有很多想法，虽然是很天马行空的，可是在落地生产的时候会花很高的成本，他们在设计的时候没有考虑到整个的成本问题。比如我问"你这个成本200块，你觉得你这东西能卖到100块吗？"有点像是这样子的状态，然后就花很多时间教育他们，但是有可能这个东西又落不了地，这其实是一种很冲突很矛盾的东西。即使沟通成功，那么设计师又认为他的想法很珍贵，要拿走很大一部分利润，所以也很难在利益分配上达成共识。

8. 你们是否有申请深圳市的一些关于创客空间或创客个人项目的补贴？

我们一直没有去关注那些，我们本身是想办法自己运转，而不是靠补贴。我们现在也不会想去研究那些政策，我们更偏向商业，让市场去认可你，自己去造这个血，这样会比较长久。有另外一种，如果政府认可你，流程上很简单，当然也会考虑的，只是我们没有去关注这些。现在的流程需要公司一个专门的人来负责这件事，这个成本很高，而且它的不确定性也很大。所以我们一直没有往这个方向走，我们更多是从项目里面研究现金流的来源和赢利模式。

9. 您如何看待机械与手作之间的关系？

讲到机器跟手工的区别，我认为不管任何材质，手工制作的好处是更熟悉这个材料，但是设计师一定要懂数字化生产。

就比如说你用激光，用后面的 CNC 五轴加工，这本身是一种趋势。可是大部分逃不了前面这种手工制作的过程，因为如果没有经过这个过程，你对这些材质是很不熟悉的，你也做不好，怎么加工或者是用这种数字的方式你也做不好。像常常讲有一个美国的罗切斯特学校的艺术家，去年去世的叫 Wendell Castle，他只用手工做模型，任何的生产加工方式，他一定都是用你刚才看到的那台机器在做，可是他的东西很有名，基本上他的东西都是摆进大型国家美术馆的收藏品，他所有的东西都是机械生产，他只用手工去做他那个模型。可是早期他是一个手工很厉害的老头子，手工是认识材料的最快速的方式。

无论用什么方式做出来，想法是设计师的。可能他最初用的是手绘，然后用数字化工具做出来，到生产又是另一件事，工厂方面会有更低价的解决方案。所以未来的设计师一定要懂材质，然后一定要懂机械化，因为会遇到东西怎么落地、工厂怎么生产的问题，他必须得了解这个过程，所以手工和机械是一种相辅相成的关系，要很成熟的人才会做得很好。

10. 您认为在数字时代，孩子们需要具备哪些技能？

一是执行力，二是思考方式，就是说你必须理解各种不一样的思维，商业有商业的思维，设计师有设计师的思维，你必须去理解这些思维是怎么运作的，你必须去训练出拥有这些思维的能力。

最主要的可能还是维持人生的好奇心，还有一些品格如毅力、坚持不懈。未来机械、AI 可以解决很多事情，只有思维不可替代。好奇心我觉得挺重要，怎么搜寻资料、理解资料，然后再想办法思考怎么做出来、串起来，甚至可能形成商业。

11. 你们会做与可持续发展有关的项目吗？或者说在设计过程中考虑可持续因素？

当然也会关注这些东西。但是现在很现实的是我们处在一种生存阶段，我们看项目基本上是看能带给我们多少利润，这很现实。像国外其实有很多社会需求也可以转化成商业价值，但是在中国的市场上面，我认为很多事前期大家不太愿意付出这个成本。可持续发展只能在既有的体制内去植入，比如说我要创造可持续的未来、可持续的世界、可持续的资源，其实要在从小的教育里面就开始灌输，它是一种理念的东西，而不是商业化地去做。

12. 忘言手作传递的是工匠精神吗？您是否认为自己也参与到制造业的转型发展中？

算吧，至少我们做东西是有要求的。是的，我们也会参与到制造业的转型发展中。因为比如说我们有很多供应商，我们必须教育他说我这东西你该怎么做，他们就会学习到，就会慢慢接触到更多的东西。也会有一些有远见的老板可以预测到未来的制造业加工是数字方式，他就会开始慢慢自己转型。

13. 请问忘言手作所处的阶段和未来的愿景是什么？

其实我们现在就是在最低的成本下，迅速地去试我们能力所及的项目，然后去判断这些项目的价值，可以产出多少，然后我们再来决定要往哪一边去。有点像摸着石头过河，比如说有些项目需要资金，有些项目需要技术，需要判断可投入的成本和成功率，所以是在不断地前进，在可承受的成本下去试这件事。比如说我们会开抖音，是因为我跟我设计师的项目要推向市场。前期的这种设计生产制造，对我们来讲都已经没问题了，而对于这种2C的项目，我们是卡在到底要怎样才可以直接接触到终端客户。这些成本是我们可以承受的。为什么我会同时在干两三个项目，是因为一个创业公司在可承担的成本下，需要迅速去找出一个现金流，所以我必须得这么干。我现在明明就有其他的时间跟能力还有资源，可以去做其他项目，所以我才会去做类似教育的项目；教育的项目不一定是全部由我们几个人自己执行，我可能在某方面有欠缺，那就会寻找外面的资源一起合作。我们也在观望，具体哪一个会先给这家公司带来现金流，让这家公司活下来。

至于愿景，我认为这种愿景本身是你个人干这件事有没有成就感。除了自己的成就感之外，你能不能去帮助到别人。其实这家公司打从刚开始，你就可以把它看成一种类似教育的公司，它就是不断地在跟人交流，分享你的想法，然后可能在某方面把你的想法慢慢地渗透到另外一个人身上，包括做木工这件事也一样。所以我认为其实这家公司的愿景跟教育其实有点相同。首先我希望的是怎么维持你的好奇心，然后你要怎样从一个东西里面得到某些思维，比如说设计的思维，然后自我思考。就比如说我们在学校里，老师要怎样去设计这个教案，让学生可以去思考这些事情。其实这都还在尝试，可是愿景其实就是你可以帮助到一些人，他经过跟你的交流学习，可能会因此得到启发。比如说这个人来做飞机，可能他自己一个人没办法完成，可是他通过认识我们之后，有机会完成这个东西。然后我们会产生很多交流，会产生很多认识，可能从他身上，我也会学到新的东西，他会带给我新的认知，我也可以带给他新的认知。

转换过来在小孩子教育方面也是一样的。其实我们去做小孩子教育，也会看到很多——小孩子会怎样想事情？我们想要他怎样想事情？然后我们跟小孩子之间到底要用一种什么方式合作？我想通过这个课程带给他什么？其实是基于一个很简单的理念，就是能不能从交流中让双方得到成长。

从商业的角度考虑，如果我们在教育上立项，也找到一个确实可落地的方案，那接下来要考量的，当然是怎么去占市场份额。现在已经出现很多关于STEAM教育的公司，那么我们的产品到底比他们的优秀在哪里？要怎么让家长认可、学校认可，包括让自己认可？在商业化迅速占领市场这方面，我认为加盟是一条必然的路。

这些愿景都是一边做一边想的。因为我们也不是第一个，总会有对标公司。比如我们有乐高可以参考。乐高本来也是一个2C的玩具，为什么它可以挂牌交易，为什么它可以切入这个市场？这些都会在我的思考里面。乐高也是创客，它通过组装让小孩子发挥了想象力。我觉得乐高是一个很伟大的公司，因为它对小孩子的启发性是很大的。乐高把它设计好的产品卖到市场，市场认可，它又得到一定的回报，这是个很完整的闭环。它们就是一家很成熟的公司，在怎么遏制竞争、怎么去建立管理制度方面都做得挺好。

14. 可以说您是一位认认真真在考虑商业的设计师吗？

这是必须得考虑的。作为一家公司必须得考虑商业。你当然可以在家开心地做木工，这当然是人生的另外一种，这也挺好的，就看你现在坐在什么位置上。

我的目的还是做一个空间，或者说创客空间。这个空间，可以让人走进来，可以交流，在交流中产生出价值，这个价值可能是对你、对我、对社会的价值。创客空间里面所诞生的价值一定要能回馈到空间，才会有办法使其经营下去。这个空间需要一些比较成熟的人，这样比较好活下来。如果只是我单方面输出，你又很难认同，那么这个空间的生存就很困难。这个空间需要可以交流，大家都认同空间的或是共同的理念，这个理念本身又是可持续的和创造利润的，这样才能存续。

忘言手作这个项目本身是有价值的，我们还在摸索一个可支撑长期发展的商业模式。你可以把它想成与休闲娱乐或是与教育有关的一种未来的生活方式。在台湾的这种空间，成为会员的都是高级知识分子或退休的律师、医生等有社会地位的人，他们需要一个空间，需要与人交流，又可以安静地做些东西，想喝茶想聊天的时候可以坐下来单纯地谈谈话，然后有点火花，谈过后又回去做自己的东西。台湾有个空间做得非常好，叫怀德居，它也是单纯地做木艺，但是它的背景很好，是台北科技大学的教授创立的，里面的人文化素质也很高；他们的会费也是挺贵的，但是大家愿意付费，因为他们本来在社会上也是收入较高的人群。空间可以依靠会员的支撑不停地成长，从而创造更多不一样的模式，比如从欧洲带来实木家具的品牌，或者写书，从而创造更多的价值。我认为他们本身是一个创客空间，当一群比较有素养的人在一起讨论做东西的时候，那种效率和氛围都会好很多。

结语　创客文化：路径与未来

创客不仅仅在创造物品，他们也在重新考虑自身所处的系统环境。他们正在用"创客精神"来解决复杂的城市问题，如医疗、教育、食物甚至公民身份……创客将创造他们城市的未来。

——杰森·特斯特①

一　创客运动的公众参与

2015 年 3 月，国务院办公厅发布《关于发展众创空间推进大众创新创业的指导意见》，揭开了"双创"运动的帷幕。随后，国家发布了《关于大力推进大众创业万众创新若干政策措施的意见》《关于建设大众创业万众创新示范基地的实施意见》《关于强化实施创新驱动发展战略进一步推进大众创业万众创新深入发展的意见》等政策文件，从体制机制、基地平台、财税政策、人才激励、政府治理等方面推动"双创"的发展。2018 年 9 月，国务院发布《关于推动创新创业高质量发展打造"双创"升级版的意见》，主要目标包括：创新创业服务全面升级，创业带动就业能力明显提升，科技成果转化应用能力显著增强，高质量创新创业集聚区不断涌现，大中小企业创新创业价值链有机融合，国际国内创新创业资源深度融汇。截至 2018 年

---

① Jason Tester, "Citizens Will Make the Future of Cities", 2013, http://publicservicedigital. com/story/citizens – will – make – the – future – of – cities, 最后访问时间：2019 年 8 月 20 日。

底,我国创业孵化机构总数为 11808 家,众创空间数量已达 6959 家,与 2017 年底的 5739 家相比增长 21.3% ;[①] 科技企业孵化器为 4849 家;全国在孵企业和团队 62 万家,人数达到 395 万人。

2015～2018 年,全国大众创业万众创新活动周(简称"双创"活动周)分别在北京、深圳、上海和成都举办了主会场活动,并在其他城市开展分会场活动,形成"北有中关村,南有深圳湾,东有长阳谷,西有菁蓉汇"的"双创"品牌。[②] 2019 年 6 月,第五届"双创"活动周主会场活动在杭州举办。李克强总理在开幕式上指出,"双创"的实质是"通过改革解放和发展生产力,调动亿万市场主体积极性和社会创造活力,更大限度激发每个人的潜能潜质";"双创"是创新发展的重要抓手,一方面要提升质量,弘扬企业家精神、工匠精神和专业精神,另一方面要为更多的"草根"创业者提供发展机会和平台。[③]

可以说,"双创"是公众参与创客运动的重要方式之一。总体而言,公众参与创客运动的方式包括在创客或与创客相关的行业中(如创客空间、创客教育、众筹平台等)的从业行为,在其他行业从事创新型工作的实践,以及在业余时间 DIY、接受或购买创客教育服务、参加或组织创客活动的行为。其参与的驱动因素可分为内部驱动和外部驱动。兴趣爱好、能力提升、社会交往、就业规划等构成了内部驱动因素。在职业环境中,个人从事的工作不一定能完全受意愿和情感支配,但参与的创客项目或活动则基本以个人的兴趣和爱好为基础。这些实践活动可以使参与者掌握与工作相关或不相关的技能,还可以结识志同道合的伙伴,思想的交流可以激发创造灵感,而技能的互补可以使想法变为现实。

---

① 《"双创周"科技创新创业高峰论坛成功举办》,2019,中华人民共和国科学技术部官网,http://www.most.gov.cn/kjbgz/201906/t20190628_ 147329.htm,最后访问日期:2019 年 8 月 20 日。

② 《2019 年全国双创活动周:汇聚双创活力、澎湃发展动力》,2019,新华网,http://www.xinhuanet.com/2019 - 06/13/c_ 1210158498.htm,最后访问日期:2019 年 8 月 20 日。

③ 《李克强出席全国大众创业万众创新活动周》,2019,中国政府网,http://www.gov.cn/xinwen/2019 - 06/13/content_ 5400015.htm,最后访问日期:2019 年 8 月 20 日。

政策支持、奖励收益、业余时间的自由支配、成熟的平台和资源等构成了外部驱动因素。例如，社区为吸引居民参与到创客运动中所进行的招募与宣传，国家或政府相关政策和资金对创客空间和项目的支持与保障等条件都对参与者起到不同程度的吸引力。[①] 外部驱动因素为创客活动的参与者提供资源和条件，获得外在奖励的参与者会促使自己努力完成任务、提高产出、避免失误，期望获得更多奖励或表彰。

研究显示以兴趣爱好、个人能力提升、追求成就感为维度的内部动机的提及频率（39.88%）高于以资金奖励、工作方式、自由吸引为维度的外部动机提及频率（14.28%）。[②] 例如，大学生参与创客运动的主要驱动因素为兴趣爱好、相互信任、归属感和成就感几个方面。[③] 也有学者研究发现，外部驱动因素并不会对产出成果的创造性和新颖性产生影响。[④] 可见，内部驱动因素是公众参与创客运动的主要动力机制，内部动力越强，其参与的能动性和感知力就越突出，具体表现为愿意投入更多的时间和精力体验新项目、激发新潜能、创造新作品。外部驱动因素应与内部驱动因素相互作用、协同影响，才能使公众有效地参与到创客运动中发挥创造的价值和力量。

二 创客城市的发展路径

在美国未来研究所对创客城市的研究中，每个创客城市呈现不同的特

---

① 明均仁、张玄玄、张俊、郭财强：《大学生参与高校图书馆创客空间意愿的影响因素研究》，《图书情报工作》2017 年第 14 期，第 70～77 页。田剑、赵蕾、尹祥信：《众创空间中创客参与动机与创业行为关系的实证研究》，《科技管理研究》2018 年第 10 期，第 140～145 页。

② 冯小亮、黄敏学：《众包模式中问题解决者参与动机机制研究》，《商业经济与管理》2013 年第 4 期，第 25～33 页。

③ 刘晓敏：《中国大学生参与创客运动的关键驱动因素》，《开放教育研究》2016 年第 6 期，第 93～101 页。

④ 田剑、赵蕾、尹祥信：《众创空间中创客参与动机与创业行为关系的实证研究》，《科技管理研究》2018 年第 10 期，第 140～145 页。邬舒欣：《众包模式下接包方参与动机对创造力的影响研究》，硕士学位论文，武汉理工大学，2017，第 28 页。

点：纽约是智慧城市创新的前沿阵地；伦敦有许多艺术家和设计师正在最新的可穿戴技术与 DIY 生物技术平台上进行实验；堪萨斯城已引入谷歌千兆光纤，吸引了大量急需超速宽带的初创企业，并成为公民服务和研究项目的孵化基地；而巴塞罗那正计划在各个城区安置"Fab Lab 迷你工厂"，使居民可以创造出服务于本地社群需求的有意义的产品。① 我国的许多城市也因地制宜地提出了他们的创客发展目标。例如，北京的目标是成为"全国科技创新中心"，上海意图成为"全球创客最佳实践城市"，青岛在调研深圳等地后提出打响创新、创业、创客的"三创战役"，成都将打造"创业天府"，而苏州要成为"创客天堂"。

综观国内外创客城市的发展，它们既要有本土特色的创客实践，同时也应具备与国际接轨的创客理念、设施与实践；其创客精神不仅带动了市民的动手制作和创意实现，还需影响国内乃至国际其他城市的创客发展。观照国外创客运动，我国创客文化的发展还存在一些问题。例如，创客群体相对小众，尚未形成人人动手制作的局面；除创新创业孵化器、加速器及联合办公空间以外，致力于培养创客文化的创客空间还占少数；创客教育尚未形成体系，师资较为短缺；区域发展不平衡，资源主要集中在经济发达的一二线城市等。

为构建全民参与的创客城市，可尝试以下路径。

（1）建设线上线下创客平台。作为创客文化的重要载体，城市可通过以下途径设立创客空间。一是鼓励文化创意产业园区和科技园区设置创客空间，使之成为园区的知识交流中心、跨界合作中心和项目孵化中心。二是支持图书馆、博物馆、美术馆设置创客空间，促进书本、展品和画作与现代科技碰撞出火花，一方面推动用户的深度参与，另一方面鼓励用户创造为馆藏赋予更多价值。三是推动企业在内部或独立设置创客空间，从而有效推动内部创新或整合外界资源，形成开放创新生态。四是推动社区建设创客空间，

---

① Jason Tester, "Citizens Will Make the Future of Cities", 2013, http://publicservicedigital.com/story/citizens - will - make - the - future - of - cities, 最后访问时间：2019 年 8 月 20 日。

收集社区的闲散工具，召集社区的"能工巧匠"，如工程师、程序员、设计师、手艺人等，激励其在闲暇时间参与空间的技术指导、小型赛事或开设工作坊，鼓励社区民众参与创新活动，与其他专业型创客空间合作建设交流、成长与孵化机制。创客空间的定位、设计和容量可以不同，但是鼓励创新与分享的核心需要坚持。通过各类创客空间的建设使创客文化融入社会的各个角落，推动全民创客时代的发展进程。

我国已建成"大众创业，万众创新"政策汇集发布解读平台和"中国双创在线"网站及"双创"周公众号——打造永不落幕的"双创"周，但还未有专门的创客栏目或创客平台。许多城市出台了创客相关的政策，因此或可在城市层面建设线上创客平台，包含创客政策发布解读、创客空间建设经验、创客教育供需信息、创客项目展览展示、创客活动征集招募和创新创业一站服务等内容，凝聚城市的创客力量。

（2）发展体制内外创客教育。目前，教育部已在高中学科课程标准、教育信息化和网络安全工作、教育装备研究与发展工作中纳入 3D 设计、开源硬件、人工智能、跨学科学习、STEAM 教育和创客教育等内容，许多省份也出台了创客教育相关的政策。总体而言，创客教育主要归口教育部门，其他部门参与较少，缺乏国家层面的重大工程，建议教育部联合科技部、文化和旅游部等部门，推出 STEAM 教育、创客教育或教育融合工程，不仅借助其他部门的技术与文化力量使创客教育获得规范、长远的发展，也使科技与文化以更多方式渗入中小学学生的学习生活。面临创客师资短缺问题，教育部门可加大力度推动创客师资的培育和培训，在大专及本科专业中设置创客教育专业；此外，在鼓励现有创客教育机构发展的基础上，鼓励社会各界人才参与到创客教育中。

在高等教育层面，建议高校和科研机构鼓励跨学科课程设置及研究，建设艺术、文化和科技相结合的创客空间，鼓励学生通过合作实现创意想法；加强创新创业教育，培养复合型人才，推动学生项目的商业化发展。

（3）融合多种大众创新模式。在宏观层面，依照《国家创新驱动发展战略纲要》，主动设置关于我国可持续发展的创新议题，同时面向全球性问题和挑战提出解决方案。在中观层面，推动创新型城市将可持续发展纳入指标体系，使之成为各项创新活动的基础和当下以及长远的发展目标。在微观层面，鼓励各类企业践行朴素式创新理念；提升民间草根创新的显示度，对现有的奖项、赛事进行总结，构建草根创新和社会创新的数据库及网络，推广优秀经验；重视大学生、退伍军人、返乡农民工、小微企业的创新能力，通过为乡村制造更多的学习和就业机会来促进城乡的均衡发展；加快高校及科研院所技术转移、创新扩散以及市场转化的进程。

（4）构建多方跨界联动机制。发挥企业、公共文化机构以及行业协会等多主体的作用，实现跨界联动。一是发挥企业的作用。首先，鼓励大型企业设置开放创新平台，为创客个人及团队的创新、创业活动提供软硬件资源、资金及辅导，从而打造大型企业引领、中小微企业活跃的产业生态圈，增强产业创新力。其次，鼓励企业进行业务创新和管理创新。一方面，发掘电子产业、信息技术产业、生物产业、互联网产业和新材料产业中的新创意新发现；另一方面，在企业内部进行人事、绩效评估等方面的管理创新，如海尔通过项目组制使员工"变身"为创客。二是推动机构合作，如政府与企业合作发起以城市建设为主题的创客大赛，政府与科技馆、企业与博物馆等发起文化创意大赛；推动企业与创客空间合作，如购买创客空间的科技服务，鼓励企业员工在工作之余的创新活动，并帮助其实现产品化甚至成立初创企业。

（5）联结国际创客创新网络。一是成立国际创客研究中心，主要研究领域包括全球创客发展的动态与趋势、促进创客发展的政策与措施、创客载体发展的新模式、智能制造与开源创新、互联网金融、创客教育、创客与城市发展等，每年出版《全球创客发展报告》和《中国创客发展报告》，成为国家创客发展的高端智库。二是发起"粤港澳大湾区"和"一带一路"创客城市网络，着眼于当地的科技文化资源，加强在特定区域范围内城市之间的资源共享与流通，促进城市协同发展。三是推动创客项目的"走出去"与"引进来"。如推广 HAX 硬件创业孵化器的"深圳 - 硅谷"两地孵化模式，促进创客项目进行国际交流、获得全球资源、进入全球市场；通过 Fab

City 网络探索具有创客开放创新发展的路径；在制汇节的举办和海外创客嘉年华活动的参与中，一方面，邀请优秀的创客个人及团队来交流、参展，甚至落地发展；另一方面，选取具有代表性、影响力的创客团队和项目赴海外参展，将中国创客推向国际舞台。

三　创客文化的未来趋势

中国的创客文化在 2010 年萌芽，2015 年搭乘创新创业的列车迅速发展。其间虽然出现了一些跟风而起的空间和项目，但在市场的作用下，创客文化的发展逐渐平稳。在政府部门、学校与科研院所、公共文化机构和创客组织等的共同努力下，创客文化在未来将呈现以下趋势。

（1）创客文化将进一步推动我国"创新驱动发展战略""互联网＋""中国制造 2025"等政策在大众层面的落实。其一，创客文化将推动科技创新与文化创新的结合，深度参与"以智能、绿色、泛在为特征的群体性技术革命"[1]，并与"双创"运动一起鼓励人人创新、小微创新，激发全社会创造活力。其二，互联网技术和平台将进一步赋能个人的内容创作，出现更多的个人或团队创业；同时，人们通过大规模定制更多地参与到消费产品的生产过程中，推动个性化生产和消费的发展。其三，创客文化对现代工业技术的应用实践将推动"智能制造"的发展，重塑新时代的"工匠精神"。

（2）创客文化将与教育体系进一步融合。深圳市教育局在 2018 年 4 月发布《深圳市中小学学科教育与创客教育融合指南（试行）》[2]，率先提出从创客教育向创客式教育转变的"创客教育 2.0"版本，即"推动各个学科广泛开展'创客式学习'"；高校创客文化也将从跨学科课程设置、创新创

---

[1] 《中共中央国务院印发〈国家创新驱动发展战略纲要〉》，2016，新华网，http://www.xinhuanet.com//politics/2016－05/19/c_1118898033.htm，最后访问日期：2019 年 8 月 20 日。

[2] 《深圳市教育局关于印发深圳市中小学学科教育与创客教育融合指南（试行）的通知》，2018，深圳教育网，http://www.sz.gov.cn/jyj/home/xxgk/flzy/wjtz/201805/t20180516_11914163.htm，最后访问日期：2019 年 8 月 20 日。

业教育、创客大赛参与和创客空间建设等方面进一步发展。"数字移民"和"数字原生代"的数字素养将得到整体提升，他们不仅具备数字读写能力，也具备创造新作品、新技术的能力，并且通过线上和线下的创新资源利用实现自主学习、社区学习和终身学习，推动学习型社会的发展。

（3）创客文化将进一步促进城市创新。一方面，创客文化将推动文化和科技创新的深度融合，推动艺术家、设计师和手工艺人与程序员、工程师的跨界合作，推动传统文化的数字化发展。另一方面，创客文化将进一步扩大城市的创新基数，"人人皆是创新者"的理念更为深入人心；创新空间进入社区，创新工具和技能指导更为可及；创新方式更为多元，朴素式创新、草根创新和社会创新获得更多实践，自由职业、创办企业和非营利组织成为就业的常态，城市形成欣欣向荣的创新氛围。

（4）创客文化将进一步提升我国在全球创新网络中的地位。创客文化本身即具有全球性。它既体现人类最原始的创造本能，也展现人类最前沿的科学技术；既体现"精工细作"的传统文化，也融合"斜杠""跨界"的现代文明；既是个人或群体的兴趣爱好，也是面向可持续社会的责任担当。因此，创客文化在全球掀起创造的共识。创客文化将帮助缔结区域性的创新网络，也将帮助凝聚全球的科技力量，共同应对贫穷、饥饿、环境、能源、气候等全球性挑战。我国的创客文化也将与现有的国家创新体系和"双创"运动一同推动创新型国家的建设，使我国成为创新强国。最后，呼应本书第一章开头所引费尔普斯的论断——国家的繁荣来自大众的繁荣。

附录1 国内外创客城市概览

一 国外创客城市概览

（一）旧金山湾区（San Francisco Bay Area）——科技创新与社区共创

旧金山湾区（San Francisco Bay Area）位于美国西海岸，是加利福尼亚州北部的一个大都会区，共有9个县、101个城镇，最主要的城市包括旧金山（San Francisco）、奥克兰（Oakland）、圣何塞（San Jose）和圣马特奥（San Mateo）等，著名的硅谷位于湾区南部。作为全球著名的湾区，旧金山湾区的城市定位清晰，协同效应明显——旧金山是金融和历史文化中心，奥克兰是主要的工业基地，硅谷则是高科技企业的云集之地。

产学研资的无缝对接，在旧金山湾区创新创业方面发挥了重要的作用。[①] 例如斯坦福大学早期建立的科技园，把办公场地和实验室租给科技型企业，逐渐形成了硅谷的雏形。目前，斯坦福大学既提供创业课程，培养学生的"商业直觉"，也以核心技术转移服务为中心，将师生的研究发明授权给最适合的企业进行转化，或授权给师生创办的企业。不断涌现的新技术、新发明和人才成为旧金山湾区发展的动力。与此同时，在湾区成长起来的企业也源源不断地向大学提供资金和设备，风险资本则为创业企业保驾护航，

---

① 《旧金山湾区发展启示：从淘金胜地到科技硅谷的涅槃之路》，2017，第一财经，https：//www. yicai. com/news/5321467. html，最后访问日期：2018 年 12 月 24 日。

产学研资的互动促成了湾区创新创业的正向循环。

　　乐于创新的氛围也深刻地影响了旧金山湾区的创客运动。2006 年，《爱上制作》杂志创始人戴尔·多尔蒂（Dale Dougherty）创办了首届（旧金山）湾区制汇节（Maker Faire Bay Area），创客可以在此展示自己的作品，并与其他人交流经验。这种开放、有趣的聚会获得创客们的热烈欢迎，并在全球遍地开花。① 根据 Maker Faire 官网统计，旧金山湾区的制汇节主要包括三类，即旗舰类的湾区制汇节、迷你类的圣何塞迷你制汇节等，以及在霍桑（Hawthorn）等地举办的校园制汇节。② 除了制汇节，旧金山湾区还有数量众多的创客空间供普罗大众动手制作，在 Yelp（美国最大点评网站）上搜索 "San Francisco Bay Area" 附近的 "makerspace"，结果显示有 145 家创客空间。③ 在创客空间维基站点上搜索，旧金山市有 9 家创客空间，包括著名的 "噪音桥"（Noisebridge）；④ 奥克兰市和伯克利市则分别有 11 家和 3 家创客空间⑤。

　　旧金山湾区的创客教育十分发达。目前，旧金山在册的青年创客俱乐部超过 100 个，活跃在各种不同的场所设施，如家庭车库、学校、社区中心或图书馆创客空间。⑥ 其中，图书馆创客空间做了很多有益的实践。以旧金山公共图书馆（San Francisco Public Library）为例，该馆由 1 个主馆和 27 个分馆构成，其创客空间在 2015 年 5 月创建，有馆内创客空间、移动创客空间

---

① 目前制汇节（Maker Faire）已形成四个类别，包括旗舰类（Flagship，由《爱上制作》团队策划并运营的大型制汇节）、特色类（Featured，较大区域活动）、迷你类（Mini，社区活动）和校园类（School，K－12 高中及以下校园活动）。

② Maker Faire 官网，https：//makerfaire.com/map/，最后访问日期：2018 年 12 月 21 日。

③ Yelp 官网，https：//www.yelp.com/search? find_ desc＝maker% 20space&find_ loc＝San% 20Francisco% 20Bay% 20Area% 2C% 20CA&start＝140，最后访问日期：2018 年 12 月 21 日。

④ 旧金山市具体名单见创客空间维基站点，https：//wiki.hackerspaces.org/San_ Francisco，最后访问日期：2018 年 12 月 21 日。

⑤ 奥克兰市具体名单详见创客空间维基站点，https：//wiki.hackerspaces.org/Oakland，最后访问日期：2018 年 12 月 21 日。伯克利具体名单详见创客空间维基站点，https：//wiki.hackerspaces.org/Berkeley，最后访问日期：2018 年 12 月 21 日。

⑥ 《美国中学生也 "创客"》，2015，新华网，http：//www.xinhuanet.com/world/2015－05/31/c_ 1115463285.htm，最后访问日期：2018 年 12 月 20 日。

和协作创客空间三种形式。^① 馆内创客空间指依托图书馆自身的物理空间，在此开展各类创客教育活动；馆外移动创客空间指旧金山公共图书馆将人员和设备定期输出到馆外空间（如社区、公园等）进行创客服务，丰富市民的文化活动；^② 协作创客空间指旧金山公共图书馆长期与其他机构部门合作，共建图书馆创客空间。这些创客教育活动的特点包括：（1）服务覆盖人群广，既为 16 个月的幼儿及其照顾者提供儿歌服务，也为盲人和残疾人提供阅读服务；（2）活动类型多样，提供缝纫、烹饪、编程、游戏等课程；（3）服务提供主体多样，比如有来自科学院、音乐学院的专家，还有来自微软、推特等企业的志愿者团队；^③（4）合作机构多元，旧金山公共图书馆创客教育服务的合作机构包括 Bank America 等基金会，旧金山自行车联盟等社会团体，Woodside 等学习中心，以及少年缓刑部等政府部门，可谓共治共享共建的重要渠道。

（二）首尔（Seoul）——政企合作搭建新平台，城市更新创造新机遇

2013 年 2 月，为摆脱经济疲软态势，重新为经济发展注入活力，韩国政府提出了发展"创意经济"的策略。2013 年时任韩国副总理玄旿锡曾表示："比起尖端技术的开发，创意经济的核心更在于新技术与服务的商品化，推动活性化创业，实现经济增长。"从 2014 年 9 月起，韩国政府在全国 17 个省级行政区共设立 19 家"创意经济革新中心"（Creative Economy Innovation Center），以推动"创客经济"（Maker Economy）的发展。^④ 每一

---

① 方婷：《旧金山公共图书馆创客空间实践研究》，《图书馆建设》2017 年第 4 期，第 10～15 页。

② 袁荃：《面向美国 5 所图书馆移动创客空间的构建研究》，《图书馆学研究》2018 年第 3 期，第 96～101 页。

③ 刘锦山：《路易斯·赫雷拉：图书馆创客空间新构想》，《图书馆建设》2017 年第 6 期，第 100～101 页。

④ 《创造经济革新中心韩国人的"造梦工厂"》，2015，人民网，http://world.people.com.cn/n/2015/1103/c1002-27772646.html，最后访问日期：2018 年 12 月 13 日。

家此类机构都由中央和地方两级政府与至少一家韩国大型企业合作设立，政府出政策、企业出资金和技术，共同为创业者搭建创新创业平台。除了线下实体"创造经济革新中心"，韩国政府也设立了在线的"创意经济和创新中心"（Center for Creative Economy and Innovation），与"创造经济革新中心"形成互动，并成为人才、投融资等信息和服务平台。①

除了这些由政府主导设立的"创客空间"，韩国民办创客空间多由大企业财团运营，以其中较为成熟的民办创客空间 Maru180 为例，它由韩国峨山基金会成立，出资财团不仅对创客的创意、市场前景等内容进行审查，还会提供对接投资人、法律知识培训等服务，入驻的初创公司每人每月仅需缴纳 10 万韩元（约为人民币 550 元）的进驻费。

首尔作为韩国的超级城市，在发展"创意经济"方面也走在了前列，突出表现在对创客空间和孵化器的支持上。例如，既有供普通市民使用的创客空间"数字铁匠"（Digital Blacksmith）；② 也有主要服务创业公司的孵化器等机构，包括首尔市政府运营的 8 家独立的创业咖啡（Start-up cafe），以及首尔全球创业中心（Seoul Global Startup Center）③、首尔创业中心（Seoul Startup Hub）④ 等。太库是受到首尔市政府资助的中国加速器，2017 年，太库与韩国文化产业振兴院合作，创办了"太库韩国文化产业专业加速器"，加速中韩两国在内容产业方面的交流与合作。

同时，面临经济成长停滞、城市发展空间急剧减少等问题，首尔市政府将"创意经济"发展策略与城市更新结合，以期在数字时代获得新的发展机遇。世运（Sewoon）商业街⑤是首尔市集产业、居住和文化于一体的关键

① 创造型经济和创新中心官网，https：//ccei. creativekorea. or. kr/eng/，最后访问日期：2018 年 12 月 23 日。
② 《数字铁匠为韩国 N15 孵化器与首尔市政府共建》，2018，搜狐网，http：//www. sohu. com/ a/239036685_ 324617，最后访问日期：2018 年 12 月 23 日。
③ 首尔全球创业中心官网，http：//seoulgsc. com/，最后访问日期：2018 年 12 月 23 日。
④ 首尔创业中心官网，http：//seoulstartuphub. com/eng/，最后访问日期：2018 年 12 月 23 日。
⑤ 关于"世运商业街"城市更新的资料，见《世運商業街一带 44 萬平方公尺，以「製造業 +新技術」引領第四次工業革命》，2017，首尔大都会政府官网繁体版，http：// tchinese. seoul. go. kr/，最后访问日期：2018 年 12 月 13 日。

项目"maker city"（创客城市）。世运商业街集群（全长 1 公里，共 7 栋建筑）诞生于 1960 年代，是韩国最早的商住两用建筑。1970～1980 年代因电子产业兴盛而快速发展，但此后进入了低潮时期。首尔市政府计划将此处打造成为引领第四次工业革命的战略据点，使青年可以在此处从事物联网（IoT）等领域的创新创业。"重生·世运"项目分三个阶段进行，第一阶段为战略机构入驻空间：为支援青年企业和制造商的创业成长，首尔市引入首尔市立大学、首尔市社会经济支援中心、（社）种子［seed：s］和 Fab Lab Seoul 四大战略机构入驻空间；第二阶段为创业、制造商入驻空间进行创作、研发，具体措施为建造 29 个创业空间，并命名为"世运创作方块间"，这里将设置无人机开发室、智慧医疗器材开发室等，青年创业入驻后可进行创作、开发等活动；第三阶段为修建市民文化空间以方便步行和社区文化养成，并将在汉阳都城内首次建造展示馆，就地保存并展示在地下施工时出土的朝鲜时代中部官衙遗址和遗迹。

（三）东京（Tokyo）——传统造物理念与现代创客形态的融合

创客运动的发展与其所处的社会环境密不可分。[①] 日本文化推崇"造物"（monozukuri），认为只有深入探讨问题的本源、客观耐心地观察环境（genchi）与作业对象（genbutsu），才能洞悉全貌、成就创新。这种造物理念深深地影响了日本的制作传统。

2010 年，Fab Lab 进入日本，目前日本境内共有 18 家 Fab Lab，此外九州大学、宫城大学和庆应义塾大学等院校机构也加入了 FabLab Japan 网络。[②] 2010 年，在东京设计周期间，FabLab Japan 萌生了设立 FabCafe 的想法；2011 年，FabLab Japan 与主业为网站企划的 Loftwork 公司合作，举办了为期两天的工作营活动，进一步将之前的想法付诸实践；2012 年，FabCafe Tokyo 成立。FabCafe Tokyo 是一家以"Fab"精神为主题，不仅提供美味的

---

① 温雯：《"创客文化"的历史图景与未来路径》，《福建论坛》（人文社会科学版）2015 年第 8 期，第 55～61 页。

② FabLab Japan 官网，http：//fablabjapan.org/english/，最后访问日期：2018 年 12 月 24 日。

食物，而且还可以使用数字工具去创造小玩意的"物品制作咖啡厅"。之所以选择以咖啡厅的形式经营，Loftwork 表示希望让没有接触过数字制造的人们可以以喝咖啡为名聚集到此处，在轻松愉快的气氛下交流创造。除了提供诸如激光切割机等工具外，FabCafe Tokyo 开设了各种工作坊，初学者也能找到适合自己的工作坊；同时定期举办 Fab Meetup 讲座，邀请的分享嘉宾来自科技、设计、工艺等不同领域，让参与的创客能从更多面向思考创意发展的过程；每年举办 YouFab 国际竞赛，鼓励大家展示自己的创意。各地认同 FabCafe 理念的人们可以加入 FabCafe 网络，并在当地自行经营 FabCafe。[①]目前，全球有 13 个城市也开办了 FabCafe，其中包括西班牙的巴塞罗那、中国的北京和香港等。

日本知名的电子商务网站 DMM.com 观察到制造的门槛在逐渐降低，越来越多的人加入创客群体，从而成立了——DMM.make 事业群，为创客提供3D 打印、云端外包等服务。目睹个人制造空间的缺乏、一般工具难以满足创客需求以及知识传递上所面临的多种障碍等问题，DMM.com 与家电制造商 Cerevo 株式会社、创投企业 ABBA Lab 合作，意图打造一个为创客提供创新创作所需要的资源与设备、支持从原型制作到产品开发的创客空间。2014年 11 月，DMM.make AKIBA 诞生在东京秋叶原的一栋商业大楼内，占地 3层楼，是日本最大的创客工坊。DMM.make AKIBA 的 10 楼是硬件事业综合部 Hub，不论是零件的选购、加工厂的选择，还是原型开发与创业时的资金筹措问题，都可以在此层进行咨询；11 楼是硬件制作开发据点 Studio，这里有齐全的设备，包括 3D 打印机、恒温恒湿机、防水测试机等，帮助创客开发原型；12 楼是非固定办公空间 Base，适合工作、讲座、工作坊等各种活动，是创客们彼此交流、脑力激荡的空间。

在日本，创客教育也逐渐受到人们的重视。1990 年代，日本逐步确立了 IT 立国的战略，2001 年制定并实施《e-Japan 战略》，帮助日本互联网及通信设施快速发展。2015 年日本推出《i-Japan 战略 2015》，是《e-Japan 战

---

① FabCafe 官网，https://fabcafe.com/tokyo/，最后访问日期：2018 年 12 月 15 日。

略》在新的发展情况下的延续。《i-Japan 战略 2015》在教育和人才培养领域提出了战略举措，其中包括提高孩子们利用信息的能力；建立产业界和教育界相结合的实践体制，进行数字化教育教材、课程的开发和推广。[①] 日本文部科学省决定在 2020 年将 STEAM 编程教育列入中小学生的必修课。除了政府外，日本的企业也在积极开拓创客教育市场。2018 年，来自中国的 STEAM 教育解决方案提供商 Makeblock 与日本软银 C&S 和 Kenis 株式会社合作，计划借助各方优势将 Makeblock 软硬件一体化的 STEAM 教育产品进一步推广到日本教育市场。[②]

（四）柏林（Berlin）——创新创业与公民科学共生

在 2011 年的汉诺威工业博览会上，德国首次提出了"工业 4.0"（Industry4.0）概念；2013 年，德国政府将"工业 4.0"纳入"德国 2020 高科技战略"（2020 High - tech Strategy for German：Idea，Innovation，Growth），强调技术变革为人类利益服务。"工业 4.0"概念的提出，为产业界带来了新的方向：如一度濒临破产的施莱西尔电气以"工业 4.0"订制服务为新的业务方向，为创业者提供办公场地，以及与自身主业（自动化、继电器等）相关的设施和技术服务，已有 10 多家创业企业入驻施莱西尔电气的办公楼。[③]

除了类似的孵化器增多，德国的创业投资也在增加。2000 年的互联网泡沫，使得很多德国创投倒闭，仅存的创投也不敢投资网络新科技产业，这就产生了恶性循环，没有风险资金进入产业内部冒险，没有足够的资金让团队规模化，产业也就难以积累足够的专业知识。这样的情况在 2013 年有所改善，种子期和 A 轮募资困难的状况有所缓解，其中最重要的资金来源是

---

① 中国教育信息化网，http：//www. ict. edu. cn/world/w3/n20140804_ 16112. shtml，最后访问日期：2018 年 12 月 24 日。

② Makeblock 官网，https：//www. makeblock. com/cn/news - center/official - news/211356. html，最后访问日期：2018 年 12 月 24 日。

③ 《柏林打造欧洲"创业之都"》，2017，http：//paper. people. com. cn/rmrb/html/2017 - 01/08/nw. D110000renmrb_ 20170108_ 1 - 03. htm，最后访问日期：2018 年 12 月 24 日。

高科技创业家基金（High-Tech Gründerfonds）、德国创业家组织（German Startups Group）、早鸟资本（Earlybird Venture Capital）等。高科技创业家基金（High-Tech Gründerfonds）是公私合作的风险基金，由大企业领投、政府跟投，出资人包括联邦经济与技术部、KfW 银行团以及德国邮政（DHL）、博朗（Braun）、博世（Bosch）、思爱普（SAP）等 39 家企业，专注于种子轮的投资。最前端的早期资金有政府资金支持，中后端有美国、英国、法国等国际创投接棒，创新创业生态圈由此渐趋完善。[①]

与德国创新创业生态圈共同成长的是德国创客。德国联邦教育和研究部（德语：Bundesministerium für Bildung und Forschung，BMBF）意识到创客空间对于德国作为经济和科技强国具有长远意义，从而开始帮助企业和新一代发明者展开交流合作。德国的研究人员对富有创意和活力的自由发明者也寄予了很大期望，这种方法被称为"公民科学"——公民可以直接参与科学研究和产品开发。[②]

柏林被喻为欧洲的"创业之都"，同时也拥有完善的创新创业系统。第一，服务创客的实体空间广布。创客空间维基站点上显示，柏林有 20 家在此注册的创客空间，其中最著名的即世界上第一家创客空间——"混沌电脑俱乐部"（Chaos Computer Club Berlin）。[③] Berlin Business Location Center（柏林商业定位中心）网站显示，柏林有超过 100 家的联合办公空间。[④] betahaus 是其中较为著名的一家，betahaus 将自身定位为大企业与自由职业

[①] 根据数位时代 2015 年 6 月 16 日的报道《柏林，因创业重生》和维基百科 "High-Tech Gründerfonds" 词条整理而成，详见 https：//www. bnext. com. tw/article/36477/BN‐2015‐06‐08‐180243‐36 及 https：//en. wikipedia. org/wiki/High‐Tech_ Gr% C3% BCnderfonds，最后访问日期：2018 年 12 月 19 日。

[②] 歌德学院官网，https：//www. goethe. de/ins/cn/zh/kul/mag/20880235. html，最后访问日期：2018 年 12 月 19 日。

[③] 柏林创客空间具体名单详见创客空间维基站点，https：//wiki. hackerspaces. org/Berlin，最后访问日期：2018 年 12 月 21 日。

[④] Berlin Business Location Center Menu，https：//www. businesslocationcenter. de/en/business‐location/commercial‐real‐estate/office‐space/coworking‐spaces，最后访问日期：2018 年 12 月 24 日。

者之间的协调者，既为创意产业如设计、建筑等从业者提供基础设施、社群等服务，也为NGO（非政府组织）、初创企业以及博士生助一臂之力。① 此外，谷歌、微软、德国电信等企业均在柏林设立了创新孵化中心。第二，柏林拥有良好的人才环境，房租和物业成本低，移民政策开放，人口国际化程度高，因而吸引了大量的外来人口，其中不乏高素质的科技研发人员。柏林曾提出"柏林穷，但性感"的口号，把文化创意产业作为柏林发展的抓手。现在的柏林，近1/10的城市人口从事文化艺术产业，于创新创业人才更具魅力。

（五）阿姆斯特丹（Amsterdam）——数字时代科技与艺术的结合

在康奈尔大学、欧洲工商管理学院和世界知识产权组织联合发布的全球创新指数（GII）排行榜上，荷兰名列2018年全球创新指数第二名。② 荷兰强大的创新能力的形成与政府的相关政策密不可分，值得一提的是其中的两个政策："荷兰钻石"策略（Dutch Diamond Approach）和顶尖行业发展战略（Top Sector Approach）。"荷兰钻石"策略倡导公私合作，政府整合商业公司的高效、市场的敏锐、社会机构的地方网络和高校研究机构的知识生产，通过相关投资使各方相互合作，既增强各方的影响力，也为社会谋福利。③ 荷兰的顶尖行业包括创意产业、高科技、生命健康与科学、园艺等九大行业，政府不仅通过税收减免、创新积分奖励等方式鼓励这些领域里的创新创业，还与私营部门、大学和研究机构组成顶尖行业知识和创新联盟（Top Sector Alliance for Knowledge and Innovation，TKI），并组织各类大赛、

① "An Interview with Betahaus：A Platform for Crazy Ideas"，2009，Harvest官网，https：//www.getharvest.com/blog/2009/10/an-interview-with-betahaus-a-platform-for-crazy-ideas/，最后访问日期：2018年12月24日。
② 世界知识产权组织官网，https：//www.wipo.int/pressroom/zh/articles/2018/article_0005.html，最后访问日期：2018年12月15日。
③ 荷兰政府官网，https：//www.government.nl/topics/development-cooperation/development-cooperation-partners-and-partnerships/public-private-partnerships，最后访问日期：2018年12月28日。

博览会，建立数据库和信息网络，鼓励尖端 IT 技术等智慧产业发展，这些更是为荷兰的持续创新注入强心剂。[1]

荷兰的阿姆斯特丹是欧洲的创客中心，并且是中小型创业企业的聚集地。当地政府利用商业网站的大数据，借助互联网 GIS 技术提供互联网化的创新与创业服务，打造了"虚拟众创空间"——阿姆斯特丹创业平台（Start-up Amsterdam），[2] 在这个网络平台上，可以查询到创业企业、政府或者民间孵化器、行业投资者的信息。这种虚拟平台使市场信息更加公开透明，也促使阿姆斯特丹成为全球最互联的城市之一。

Waag 协会（Waag society）是受到荷兰创意产业基金（Creative Industries Fund NL）资助的公益组织。其前身是 1994 年成立的旨在利用互联网技术连接城市居民和公共机构的网络社区运动——"数字城市"（the Digital City）项目，该项目聚集了一批黑客、艺术团体和技术人员，大家一起尝试创造更加可持续的环境。之后"数字城市"的两位创始人又创办了"新旧媒体协会"（Society for Old and New Media），希望在赛博空间之外的实体空间促进人与人之间的真实互动。现在的 Waag 协会，是一家在科学、技术和艺术的交叉处运转的机构，既涵盖草根初创人员，也涵盖欧洲大陆的机构伙伴。

Makerversity（创造大学）2013 年始建于伦敦，目前在伦敦和阿姆斯特丹有两家校区，其导师专长多在创意产业领域，包括时尚、电影、家具设计等，也涉及编程、工程等领域。Makerversity 一方面为创客提供空间、工具和机器，另一方面为年轻一代提供学习的课程，以培养学习者的创造和实操能力。除了较为传统的通过付费成为会员的方式来使用各种资源外，Makerversity 还推出了两项特殊计划，一是 25 岁以下青年计划（Under 25 Membership），以 3 个月免会费的方式资助青年开创自己的创意事业；二是

① 荷兰政府官网，https：//www. government. nl/topics/enterprise - and - innovation/encouraging - innovation，最后访问日期：2018 年 12 月 28 日。

② Cookies on Iamsterdam，https：//www. iamsterdam. com/en/business/startupamsterdam，最后访问日期：2018 年 12 月 15 日。

Maker 使命行动（Makers with a Mission），这一计划不设年龄限制，最核心的要求是申请者应当受价值驱动，试图为人类社会做出有益的贡献，获选者可获得 6 个月的免费入驻资格。①

（六）巴塞罗那（Barcelona）——数制城市先行者，STEAM 教育倡导者

2014 年，第十届 Fab Lab 年会（Fab10）在西班牙的巴塞罗那举办，本届年会的主题为"从微观装配实验室到数制城市"（From Fab Labs to Fab Cities）。② 在此次年会中，巴塞罗那做出的重要贡献之一便是发起了"数制城市全球计划"③（Fab City Global Initiative），该计划旨在于 2054 年建成城市发展的新样板——商品生产本地化、知识共享全球化的"数制城市"。计划指出，到 2054 年，全球大约 70% 的人口会居住在城市：快速的城市化既带来了挑战，也带来了城市发展模式转型的机遇。现在的城市大量地生产商品，也大量地制造垃圾。结合循环经济的理念，"数制城市"利用数字化科技和数据信息，实现智慧生产和消费（data in，data out），从而高效利用资源，更新城市发展的模式。目前，全球已有 18 个城市加入了这项计划，其中包括中国深圳。

巴塞罗那市政府随后制定了《巴塞罗那数字城市 2017～2020》（*Barcelona Digital City 2017-2020*），④ 提倡数字转型、数字创新和数字赋能。其中的一项特色活动便是在巴塞罗那市 Poblenou 区举办的"创客街区"⑤（Maker District）活动。创客街区以数制城市、知识经济的理念为基础，通过工作坊、创客空间、Fab Labs、大学、研究机构、餐厅、公司等机

---

① Makerversity 官网，https://makerversity.org/，最后访问日期：2018 年 12 月 25 日。

② Fab10 官网，https://www.fab10.org/en/home，最后访问日期：2018 年 12 月 15 日。

③ "数制城市全球计划"，https://fab.city/，最后访问日期：2018 年 12 月 15 日。

④ Barcelona，https://ajuntament.barcelona.cat/digital/en，最后访问日期：2018 年 12 月 25 日。

⑤ 创客街区，https://ajuntament.barcelona.cat/digital/en/digital-innovation/make-in-bcn/maker-district，最后访问日期：2018 年 12 月 25 日。

构的互动打造融合社区，共同进行数字社会创新，进而实现城市的再工业化，打造高效、可延展的城市。

此外，巴塞罗那市在创客教育方面也有突出表现。在西班牙教育部（Departamentd Educacion）、巴塞罗那市政府（Ajuntament de Barcelona）和巴塞罗那科学博物馆（Cosmo Caixa Barcelona）的合作下，巴塞罗那市从2015 年开始，每年举办一次 STEAM 教育论坛（SteamConf）。① 2017 年第 3 届 SteamConf 集聚了 STEAM 教育领域的专家学者，讨论 STEAM 教育的研究和应用方法，并首次开设 EdCamp STEAM Barcelona 活动，该活动为 STEAM 教育领域的老师倡导设立，参与者全部为相关老师，大家互相分享经验和工作中遇到的问题，讨论解决方法和完善举措。② 2018 年第 4 届 SteamConf 聚焦数字鸿沟（digital gap）和性别不平等（gender imbalance），试图通过一些项目和资源帮助人们创造更平等的机会，此次会议则通过演讲活动、工作坊搭建大众交流平台。除了上述主办机构外，SOKO 科技、巴塞罗那当代艺术中心（Centre de Cultura Contemporània de Barcelona）、罗维拉－威尔吉利大学（Universitat Rovirai Virgili）、赫罗纳大学（Universitat de Girona）、QUO ARTiS 艺术和科学基金会、FUNDACiOCOLLSEROLA 基金会等机构也积极支持和参与 SteamConf 的举办。

（七）内罗毕（Nairobi）——利用数字技术解决社区实际问题

非洲在数字时代也经历着快速的发展，如 2005 年，南非科学技术部（Department of Science & Technology，DST）将 Fab Lab 的概念引入南非；③ 作为南非最重要的工业城市之一，艾古莱尼（City of Ekurhuleni）加入了"数制城市"（Fab City）全球网络。④ 与此同时，肯尼亚的表现也非常亮眼。

---

① SteamConf，https：//2018. steamconf. com/en/，最后访问日期：2018 年 12 月 25 日。
② Generalitat de Catalunya gencat，http：//punttic. gencat. cat/en/esdeveniment/steamconf － barcelona － 2017 － 3rd － international，最后访问日期：2019 年 1 月 1 日。
③ FabLab 南非官网，http：//www. fablab. co. za/，最后访问日期：2019 年 1 月 1 日。
④ 《Fab City 数制城市网络名单》，https：//fab. city/，最后访问日期：2019 年 1 月 1 日。

2015 年 7 月 25～26 日，第六届全球创业峰会（Global Entrepreneurship Summit）在肯尼亚首都内罗毕召开，这是该峰会首次在非洲撒哈拉以南地区召开，表明肯尼亚在经济发展及创新创业领域已取得一定的成就。与美国的高科技中心硅谷类似，肯尼亚的别称为"硅萨凡纳"（Silion Savannah），这一别称的由来是基于肯尼亚近些年在信息、通信和技术产业（ICT）的卓越表现，以及随着数字技术发展释放的创新创业活力。2007 年，转账 App M-PESA 和众包平台 Ushahidi①出现在了肯尼亚；2009 年，政府斥资修建了 TEAMS 海底光纤电缆，为肯尼亚人提供廉价可靠的宽带，其平均速度比美国宽带还快；2010 年，孵化器和联合空间 iHub 建立并催生了数十家公司，大量的孵化器、加速器和风险投资基金出现，帮助很多创业公司实现发展。②

不同于美国等互联网先发国家中人们最初多通过个人电脑上网，肯尼亚大部分的人通过移动设备上网，人们擅长用技术手段解决实际生活中出现的问题。比如创办于 2007 年的社会企业 Bridge International Academies（国际桥梁学院），信奉每个孩子都有权享有高质量的教育，因而致力于教育革新，数字技术在此过程中发挥了巨大的作用。Bridge 的官网中介绍它们是"数据驱动"（data driven）并"证据依托"（evidence based），它们根据各处不一样的情况，"重新设计"了教育系统中的每个部分，包括教师培训、课程输送、财务管理等。如，2009 年，它们实现移动支付使更多家庭能依据实际情况灵活支付孩子们的学费；2011 年，它们试点利用定制的智能手机软件管理学生学习进度；2012 年，智能手机学院管理系统（Smartphone Academy Manager Application）正式在所有 Bridge 的学校使用；2013 年，方便教师备课、检查出勤率等的平板电脑应用出现在了 Bridge 的学校中。学生们在考试中也取得了不错的成绩。③

---

① Ushahidi 原本是为追踪选举暴力而发起的，此后被用于监测从海地到叙利亚各地的灾难和冲突。

② "The Techies Turning Kenya Into a Silicon Savannah"，https：//www. wired. com/story/kenya - silicon - savannah - photo - gallery/，最后访问日期：2018 年 12 月 28 日。

③ Bridge，https：//www. bridgeinternationalacademies. com/，最后访问日期：2018 年 12 月 28 日。

当 iHub 的创始人 Erik Hersman 和他的团队试图将一项名为 "BRCK"
的项目原型化出来时，他们遇到了很多困难，该项目计划通过太阳能路由器
和平板电脑将离网学校连接到互联网上，但是在原型化的过程中，他们无法
找到本地可用的解决办法，于是 Erik 推动建立了 Gearbox——肯尼亚内罗毕
的第一个快速原型开放制造空间，Gearbox 帮助人们学习硬件并制造东西，
为创新创业者提供孵化和加速的服务。① 目前，Gearbox 专注于三大领域：
技术支持——人们可以使用 Gearbox 里的工具，并且与 Gearbox 里的工程师、
艺术家等交流；培训——指导人们使用 3D 打印机、激光切割机等工具；创
客空间——Gearbox 位于内罗毕的工业区，周围集聚了各类工厂和专业人员，
人们可以在 Gearbox 里面造物。Gearbox 认为 STEM 教育在未来将会发挥非
常大的作用，于是创办了 Gearbox 学院（Gearbox Academy），为小学和初中
学生提供动手制作的培训课程。在第一阶段，学生们将完成个人项目，即通
过利用 VR、AI 等技术动手解决他们自己遇到的问题；进入第二阶段，
Gearbox 学院则会采用 "人本设计法"（Human Centered Design，HCD），将
受训的学生沉浸在真实的社区之中，他们通过与社区居民交流，发现社区里
面临的问题并合作解决，"从始至终" 地参与到社区项目中来。②

二 国内创客城市概览

（一）北京——全国科技创新中心

北京市是全国的科技创新中心，作为我国政治、经济、文化最为发达的
城市之一，北京汇聚了海量的各领域创客，在中国创客文化的发展中颇具大
家风范。

作为最易接受新观念、新思想的一线城市，北京早在 2011 年就成立了

---

① Dignited，https：//www.dignited.com/5270/kenyas – first – open – makerspace – design – rapid
– prototyping – gearbox/，最后访问日期：2018 年 12 月 30 日。
② Gearbox 官网，http：//www.gearbox.co.ke/，最后访问日期：2018 年 12 月 30 日。

第一家创客空间——北京创客空间，对我国创客文化的传播起到了十分重要的作用。2012 年，北京创客空间创办了"创客嘉年华"活动；2015 年，率先提出创客 3.0 概念，打造"互联网 + 创客 + 产业"的创客生态；同年，联手三一重工共同打造全球首个工业 4.0 孵化器，蚁视 VR、雷神科技等创新项目就诞生于此。[①] 在政策带动下，北京的创客空间蓬勃发展，据不完全统计，2017 年北京市共有众创空间 130 余家，其中 65 家被授予市级众创空间。在此基础上北京还拥有各种类型的创客孵化器、大学科技园等创客服务机构 150 余家，为 1.3 万多家企业和团队提供支持和服务。作为中国教育高地，北京市在基础教育和高等教育方面都对创客教育给予了重点关注，各学校自主或联合创建的创客空间、众创空间、创客实验室等成为北京市创客教育发展的一道亮丽风景线。由于北京市创新创业活动十分活跃，以造物为目的的创客空间数量与深圳、上海相比数量偏少，而更多是以创业服务为主要功能的空间模式，如中关村创业大街上的诸多众创空间，2014 年开街后，车库咖啡、联想之星、3W 咖啡等数十家创客服务机构先后入驻中关村创业大街，累计孵化 2921 个团队，举办创新创业活动 4899 场，[②] 诞生了 36 氪、旷视科技这样的独角兽企业，成为全国"双创"风向标。

北京市的创客活动内容十分丰富，其中最有名的当属"Maker Faire Beijing 北京创客盛会"，自 2015 年举办以来就受到人们的认可和赞赏，涉及的内容既多元又紧跟时代需要，是目前我国最受欢迎的创客盛典之一。该盛会通过设置展演舞台，为展示具有专业性、科技性、趣味性的创客作品提供平台，受到广大观众喜爱。同时，展演推荐这一形式也为创客通过融资促进创新成果转化提供了机会。此外，北京市定期举办包括全国青年创意大奖赛、中关村数字设计创业大赛、北京市"创计划"创客挑战赛、中美创客大赛、联想创客节之创客马拉松等在内的各类创新创客创业赛事。

---

① 北京创客空间官网，http://www.bjmakerspace.com/gywm，最后访问日期：2019 年 2 月 10 日。

② 钱瑜、冯硕：《中关村创业大街加速构建"双创"升级版》，《北京商报》2018 年 11 月 5 日，第 03 版。

北京市不仅是中国创客运动发源地之一，也是国内创客教育发源地之一。自 2015 年开始举办的北京市中小学生科技创客节成为北京市创客教育发展的注脚。2018 年，该活动吸引了来自全市 16 个区的 300 余所学校，有近 2 万名学生参与，约 1600 名师生来到活动主会场。[①] 北京雄厚的科技、教育资源为中小学创客活动的开展创造了优越的条件，全市、各区、各校以青少年未来工程师博览与竞赛、学生机器人智能大赛、中小学生电子与信息创意实践活动等大大小小各类创客实践活动，为北京市小创客们交流、训练建立了完善的平台。在高等教育方面，北京大学、清华大学等高校也都逐渐形成了独特的创客教育模式。其中，清华大学 iCenter 创客空间对原有的基础工业训练中心进行升级改造，通过提供技术培训、产品开发、加工制作等服务，成为学校各个学科的创客爱好者进行创客实践的重要场所。在社会创客教育方面，以北京青橙创客教育为例，其成立的教育创新研究院通过与清华大学创客教育实验室及 iCenter 创客空间合作研发了创客赋能课程体系，同时，还主要面向学校提供标准化、定制化课程服务产品、赛事运营以及创客空间顶层设计。此外，文创与创客的结合同样引人注目，荣宝斋作为书画圈的百年老字号近些年积极开辟新的业务，其中以木版水印、自制线装书、旗袍设计等手工艺创客教育为代表，在进行非遗活化传承的同时也培育了一批手工创客小达人。

（二）上海——全球创客最佳实践城市

上海的创客发展得益于其发达的经济体以及较高的国际化程度，其独特的创客文化在加快打造具有全球影响力的科技创新中心这一过程中逐渐形成。

2008 年，DFROBOT 成立于北京，2010 年上海总部成立，被称为"开源硬件及机器人的梦工厂"；2012 年参与举办首届上海创客嘉年华，2013 年

---

① 《2018 北京市中小学生科技创客活动开幕　近 2 万学生参与》，2018，千龙网，http：//edu. qianlong. com/2018/0608/2625863. shtml，最后访问日期：2018 年 6 月 8 日。

旗下的蘑菇云创客空间开放。其首席执行官叶琛曾提到创客运动的落脚点是创业和教育，创业是整个创客运动金字塔的顶端，而多数人转而投向教育事业，培养更广泛的创客文化受众。[①] 之后，DFROBOT 将创客与教育相结合，打造以线上社区线下创客空间为核心，开源硬件产品为工具，课程与教程为软实力支撑的新型服务体系，目前已经跻身全球前五大创客服务公司之列。[②] 2010 年，源于一些早期创客们对 DIY、开源硬件的兴趣，李大维创立了国内第一家真正意义的创客空间"新车间"。新车间作为创客空间中"物理化制造空间"的典型代表，是非营利性空间，旨在为爱好创客活动的人士提供一个将想法实现的平台。在创新创业浪潮背景下，上海创智空间等创业苗圃、孵化器、加速器这样的众创空间则更侧重"人际化共享"与"社会化服务"。据统计，2017 年末，上海拥有创业苗圃、孵化器、加速器、创客空间等各类众创空间超过 500 家，其中创客空间 200 余家。[③] 针对众创空间正处于从量变到质变的关键阶段，上海市科委提出了众创空间建设的三个面向：专业化、国际化、品牌化。

为助力上海创客创新创业，上海市先后出台了《上海众创空间培育支持试行办法》《关于本市发展众创空间推进大众创新创业的指导意见》《上海市科技创新"十三五"规划》等文件，对激发大众创新创业、营造良好的文化氛围、加强财税扶持等方面做出大力支持。静安、浦东、杨浦、张江等地先后成立了区级众创空间联盟或创客联盟，营造创新创业创客生态。目前，上海市创客活动丰富，上海创客嘉年华已经连续举办 7 届，2018 年的活动分为创客秀场、创客教育、格斗机器人、无人机竞赛、海外专区、创客论坛等六大板块，带来人工智能引领科技、教育与艺术的跨界盛宴。[④] 此外

① 梁森山：《中国创客教育蓝皮书（基础教育版）》，人民邮电出版社，2016，第 30 页。
② DFROBOT 官网，http://www.dfrobot.cn/? page_ id = 734，最后访问日期：2019 年 8 月 25 日。
③ 刘昕璐：《上海全市众创空间超 500 家　引导优质众创空间"向品牌化专业化国际化"发展》，《青年报》2018 年 1 月 11 日，第 A03 版。
④ 《2018 上海创客嘉年华点亮创智天地》，2018，新华网，http://www.sh.xinhuanet.com/2018 - 10/16/c_ 137536514.htm，最后访问日期：2019 年 8 月 25 日。

还有上海高中生创客马拉松、上海设计之都"创客新秀"活动、上海创客新星大赛、上海国际创客大赛、上海国际青少年科技博览会、上海青少年科技创新大赛、"明日科技之星"评选及拓展活动、创新屋创意制作大赛、上海市大学生创客大赛等创客相关的赛事活动。

在创客教育方面，上海市教育局从中小学生抓起，进行科技创新的探索，从政策层面对创客教育给予积极推进，上海格致中学、张江中学等学校都是中国早期创客教育的探索者。2015 年，由同济大学设计创意学院、上海交通大学工程训练中心、杨浦区青少年科技站、静安区青少年活动中心等14 家教育机构共同组成的上海创客教育联盟成立。截至 2017 年，上海已在656 所中小学建设了 1141 个创新实验室，覆盖 41% 的小学、55% 的初中和83% 的高中，2020 年将实现创新实验室中小学校全覆盖。[1] 2018 年初，《少年爱迪生》第五季播出，这是一档由上海市教育局、科技局和广播电视台联手打造的青少年科学梦想秀。这一节目吸引了来自 32 个国家的数千名少年创客，他们在 24 小时内完成了涉及人工智能、航天科技等多个领域的发明创造，在师生及家长群体中引起热烈反响。在高等教育阶段，上海市主要高校在创客空间运营上各有特色，如同济大学 Fablab O 数制工坊、交大－京东创客空间、复旦科技园、华东师范大学教育创客空间和上海师范大学创新创业孵化园创客空间等。此外，华东师范大学、上海交通大学等上海高校在对创客教育的理论探索与实践推进方面起到了重要作用。

（三）深圳——国际创客中心

城市实践决定了城市文化，深圳市作为具有独特区位、资源优势的创新型城市，在创客空间、创客活动、创客教育、创客政策、参与主体、创客产业链延伸等方面做出了具有一定先导意义的突破，国际创客中心之称名副其实。

作为国内最早引进 MIT 的微观装配实验室（Fab lab）和 HAX 国际硬创

---

① 董少校：《上海：创新实验室 2020 年全覆盖》，《中国教育报》2017 年 4 月 27 日，第 3 版。

加速器创客空间的城市，深圳创客空间的发展具有一定借鉴意义。从深圳市近4年创客专项资金资助计划中的创客空间、孵化器以及服务平台项目来看，其数量多、范围广、载体主题性、国际性的特点日益凸显。整体来看，深圳市积极推动龙头高新企业建立专业的众创空间平台，如华强北国际创客中心、深圳赛格创客中心、富士康科技集团"云之咖啡"创客大本营等；依托高校科研机构，深圳构建了深圳大学创业园、清华大学深研院i-Space创业空间以及深圳职业技术学院创客创业园等创客空间体系；而以柴火空间、南荔工坊为代表的相对纯粹的创客空间也不断开拓发展。这些创客空间在一定程度上体现了深圳高新技术产业的基础与电子硬件产业的实力，同时彰显深圳市创客制造的魅力。

深圳市政府坚持把创新作为城市发展的主导战略，强化创新、创业、创投、创客"四创联动"，全面激发创新创业活力。深圳市在政策、资金、服务等方面对创客给予大力支持。市政府在《深圳市科技创新"十三五"规划》中对创客发展给予宏观指示；接连出台的《深圳市促进创客发展三年行动计划（2015~2017年）》和《深圳市关于促进创客发展的若干措施（试行）》、《关于加强创业导师服务工作的通知》、《关于促进科技创新的若干措施》等一系列政策文件共同为本地创客发展构建了比较完善的政策体系。

深圳的创新创业活动由来已久，2009年起开始举办中国（深圳）创新创业大赛；2015年起开始举办国际创客周，2016年举办了全国"双创"周主会场活动，定期组织有中国深圳海外创新人才大赛、全国"创客马拉松"挑战赛等系列"双创"活动。此外，每年还有各类专为大学生以及中小学生设立的创客相关赛事活动。高交会、文博会、电子信息博览会等知名展会对创客文化的传播也起到了一定的积极影响。

深圳的创客教育处于全国领先水平，为建设国际创客中心及国际创新之都提供了后备力量支持。在基础教育方面，《深圳市中小学科技创新教育三年行动计划》《深圳市创客教育与学科教学融合指南》等文件出台，将创客教育与学科教育进行深度融合，对创客空间、导师、课程、环境进行指导建设，不仅使学生能够接触到最前沿的软件、电子、机械、新能源等科学技术，还能以创客式学习方式进行各个学科的学习。深圳市目前已经创建了200个中小学创客实践室和200个学生优秀科技社团，重点资助了近150门创客教育课程，资助了13000名（项）学生探究性的小课题，开发了近1000门好课程，连续3年举办深圳学生创客节。① 各区也在积极举办创客赛事，对优秀的创客项目给予财政资助，不断激发学生创新热情。以深圳市福田区为例，该区不仅成立青少年创客学院，每年举办青少年科技节，还在全市率先提出开展科技创新"五个一"工程②。创新实践方面，深圳中学已经与科大讯飞、腾讯等10家企业及科研院所合建了创新体验中心，并与中科大、港中文（深圳）等高校共建了3个创新实验室。在高等教育方面，深圳市以深职院、深大、深圳大学城高校为主，依托深圳资源，大力发展创客与创新创业教育。2018年，深圳大学共计12项个人创客项目获得深圳市创客专项资金资助。同年末，在教育部公布的国家级教学成果奖名单中，深职院获得了多个奖项，其中一等奖是其多年来联合深圳柴火创客深度合作培养创新创业人才所形成的核心成果。③

（四）杭州——创新创业新天堂

自古素有"人间天堂"美誉的杭州在近十几年的发展中以黑马之势成为可与北上广深并驾齐驱的一线城市。2015年以来，为建设具有全球影响力的"互联网＋"创新创业中心，杭州不断推进创新型城市建设。2017年，杭州第三产业比重超过62%，成为中国十大创新城市、十大智慧城市以及十大最具国际影响力城市之一，人才流入率和海归人才净流入率居全国城市

---

① 《改革点燃深圳教育发展引擎，实现教育跨越式发展的时代新篇》，深圳教育局网站，http://szeb.sz.gov.cn/jyxw/jyxw/201812/t20181226_14949972.htm，最后访问日期：2019年8月17日。
② "五个一"工程即指每所学校开发一门STEM课程、建设一个STEM实验室、聘任一位STEM导师、每年组织一次STEM展示活动和要求每位学生每年完成一个STEM项目。
③ 程玉珂：《深职院获粤首个职教国家级教学成果特等奖》，《南方教育时报》2019年1月4日，第1版。

首位。①

作为全国的"双创"高地，2017 年杭州市创业项目增长率为 4.09%，连续四年位居全国第一，② 这背后离不开政府政策的大力支持。近些年，杭州市陆续出台了《杭州"创新创业新天堂"行动实施方案》《关于深化改革加强科技创新加快创新活力之城建设的若干意见》《关于加强众创空间建设进一步推进大众创业万众创新的实施意见》等政策文件。在针对人才引进、中小型企业发展、重大科技项目发展、融资环境、资金扶持、组织形态创新、知识产权保护以及大学生创新创业等具体领域都有相关政策。③

2015 年，杭州市成立众创空间联盟。杭州围绕创新创业生态体系，将市场与政策有机融合形成"风险补偿机制"，推动众创空间专业化、国际化发展，推进"众创空间－孵化器"孵化体系建设，形成了良好的发展势态。目前，杭州市级以上众创空间和孵化器分别为 105 家和 113 家，其中省级优秀众创空间 23 家，国家级众创空间 55 家，国家级孵化器 32 家，④ 已经形成了主体多元、模式多样、资本参与孵化、线上线下结合、活动品牌化等特点。其中，成立于 2012 年的洋葱胶囊是国内首个由大学生发起建立的创客空间，由于发起人是中国美术学院跨媒体艺术学院的学生，因此也更突出艺术与技术的互补。而楼友会创客咖啡在 4 年的发展中也已经形成了涵盖"双创"孵化平台、人力资源服务平台、数据云平台、创新创业赛事服务在内的四大创新模式。⑤

在创客活动方面，近两年，杭州市为创客爱好者举办了一些相关比

---

① "走进杭州"，杭州市政府官网，http://www.hangzhou.gov.cn/col/col805740/index.html，最后访问日期：2019 年 8 月 17 日。

② 叶凤：《在杭州的创业雨林里撒下独角兽的种子　2018 杭州孵化器、众创空间发展论坛成功举办》，《杭州日报》2018 年 4 月 3 日，第 A01 版。

③ 李祖平等：《国家自主创新示范区创新政策在杭州先行先试的对策研究》，《今日科技》2016 年第 12 期，第 40～43 页。

④ 《杭州市科技创新工作 2017 年总结及 2018 年思路举措》，2018，杭州市科技局官网，http://www.hzst.gov.cn/index.aspx? newsId = 48069&CatalogID = 843&PageGuid = 4A3B6524 - 953E - 4CA2 - A5C4 - 0DC81BDEF4CC，最后访问日期：2019 年 8 月 17 日。

⑤ 楼友会官网，http://www.looyoo.com，最后访问日期：2019 年 8 月 17 日。

赛，比如 2017 年首届杭州 Mini Maker Faire，在众多"码农"的支持下举办的 2018 年首届 Navigate 创客节。此外，杭州市"双创"赛事更为活跃，如 2018 年浙江省首届"大创杯"创客大赛、杭州市大学生互联网科技创新大赛、杭州市海外高层次人才创新创业大赛、钱塘之星创新创业大赛、"市长杯"创意中国·杭州工业设计大赛。除了相关赛事外，展会、论坛等各类相关交流活动也促进了杭州市创客、创新创业的发展。杭州国际众创大会、云栖大会、云创大会、西湖国际博览会、中国（杭州）人工智能博览会、中国（杭州）智能制造大会、中国（杭州）国际电子商务博览会、中国（杭州）移动互联网大会、中国（杭州）工业大数据产业发展高峰论坛、杭州文化创意产业博览会、工业设计大会等"双创"活动，吸引了全国乃至全球的目光，极大促进了杭州"双创"的发展。

在创客教育方面，杭州教育局、科技局等多部门的协同推进以及杭州市良好的创客生态，有效地推动了基础教育中创客教育的发展。杭州市在课程建设方面逐渐形成了自身特色，通过与阿里巴巴的云平台相结合，实现了在线编译、学习、分享、评价的互联网＋模式，除了 3D 打印以外的所有创客教育课程全部用 Scratch 打通，[①] 实现了资源的无缝对接。杭州市青少年创客教育联盟、STEAM 创客教育联盟先后成立，杭州市胜利实验学校、长江实验小学、卖鱼桥小学、保俶塔实验学校、大关实验中学等一批学校成为创客教育发展的种子学校，其中，胜利实验学校在 2015 年就率先将"创客教育"纳入五、六年级必修课，后又集结 20 多位来自各学科的骨干教师成立STEM 教研组。在中小学创客赛事活动方面，杭州航空模型、车辆模型以及机器人竞赛、青少年创客大赛、信息学竞赛（Scratch 语言趣味编程挑战赛及 Android 手机应用程序开发竞赛）、电子设计创意大赛、DI 青少年创新思维大赛、青少年科技创新大赛等在内的中小学科技节中的一系列层出不穷的

---

① 《青少年"创客"教育工作探索——江浙地区中小学创客教育工作调研报告》，江苏公众科技网，http://www.jskx.org.cn/art/2017/1/11/art_ 513 _ 768557. html，最后访问日期：2019 年 8 月 17 日。

赛事活动极大地促进了杭州中小学创客教育的繁荣发展。在高校层面，创客教育更直观地体现在创客空间的建设以及与创业的紧密结合上。早在2008年杭州市就已先行开启了一系列扶持大学生创业的工作，良好的氛围在一定程度上对创客、创客教育的发展起到了积极影响。就高校创客空间来看，浙江大学e-WORKS创业实验室自2014年建立以来已经被认定为国家级众创空间，杭州电子科技大学、杭州师范大学等高校也先后依托自己的学校特点，建立了HD-PARK众创空间、I·STAR众创空间等。

（五）武汉——创业之城

武汉市作为中部地区的特大中心城市，有着雄厚的科教资源，在青年群体开展创客运动方面有着独特的优势。

2015年以来，武汉市陆续出台了《关于加快发展众创空间支持大众创新创业的实施意见》《关于加快推进全面创新改革建设国家创新型城市的意见》《关于加快实施"创谷计划"的通知》等政策文件，为武汉创客、"双创"的发展创造了良好的条件。

据了解，目前武汉市科技企业孵化器总数为230家，众创空间总数为158家，其中，国家级众创空间55家，省级众创空间59家。依托于区域内丰富的科教资源优势，武汉东湖高新区的众创空间数量居全市之首，助力创客、"双创"服务模式的多元化。如光谷创业咖啡，以咖啡厅为载体，打造"交流平台＋创业培训＋孵化器＋天使投资"的"双创"服务平台；华中科技大学启明星空众创空间将创客实践平台与"双创"培训相结合，着力培养复合型创新人才。

在创客活动方面，除了自2015年以来在武汉国际创业周期间举办的创客嘉年华，各区也在积极举办相关活动，如东湖高新区东湖创客汇，江岸区岱家山科技城举办的创客文化节暨创客迷你马拉松，汉阳区"知音创客"创新创业大赛暨"百万大学生留汉"创客嘉年华活动，江汉区创业松鼠54小时创客大赛等活动。值得一提的是，位于东湖高新区烽火创新谷的武汉国际创客中心每年举办"烽火杯"创新创业大赛、"创客说"沙龙、项目路演、机器人操作系统等专业化培训等近百场活动。

针对创客教育，武汉在政策指导、环境建设、区域协同、师资培育、课程建设、活动开展等各方面对中小学创客教育有序推进，目前呈现良好的发展态势。在政策方面，武汉先后印发了《推进中小学创客教育工作方案》《关于开展武汉市中小学"创客教育直通车"系列活动的通知》《关于举办2016年武汉中小学创客教育导师高级研修班的通知》等系列文件，为学校开展创客教育工作提供政策依据；在空间建设方面，2015年，武汉市鼓励有条件的区校建设标准化的创客空间，截至目前部分区每所学校都建有创客空间。在创客联盟及活动方面，2016年，长春街小学、三道街小学等30所单位联合成立了武汉市青少年创客教育联盟。武汉每年定期举办中小学创客节，"创客教育直通车"系列活动开展三年多以来也已经进行到第六站。在师资和课程方面，目前武汉已经形成800余人的创客教师队伍，以骨干创客教师为主体，借助创客教育相关企业技术优势，引入STEAM教育模式，以木工加工、3D建模与打印、Scratch等图形化编程软件、Arduino等开源硬件、智能机器人、物联网、无人机等为主要内容，基于项目学习的形式开发创客教育课程。在高等教育阶段，武汉市的高校创客教育强调创业，在知识创新、科技创新上相对活跃。由于武汉高校科研院所众多，科教资源雄厚，加之近些年来武汉市政府积极营造良好的创新创业氛围，在政策层面上对大学生群体给予引导、支持，大力实施人才战略，加强青年科技人才培养，为众多大学生创客脱颖而出奠定了坚实的基础。

（六）西安——"一带一路"创新创业之都

作为我国西北部的经济中心，西安市在近年来着力打造"一带一路"创新创业之都、"硬科技"之都，在"双创"、科技创新上取得一定成绩。

2015年以来，西安市推出了《关于推进大众创业万众创新的指导意见》《"创业西安"行动计划（2017~2021）》《西安市推进"5552"众创载体建设实施方案》《西安市加快推进特色小镇建设指导意见》等一系列政策文件，致力于打造西安市创新发展新格局。其中，首批科技类特色小镇如长安梦想小镇、硬科技小镇、碑林环大学数据智能小镇等，部分已经建成，吸引了数百家"双创"公司入驻。

据了解，2017年末，西安市众创空间达422个，面积达1389万平方米，市级众创空间96家，不过在2018年度考核中，7家市级众创空间被取消认定资格。① 西安市众创空间主要集中在高新、曲江、碑林、经开等区域。以碑林区为例，它是西安市科研机构和高校的富集之地，拥有西安电子科技大学、西安交通大学、西北大学在内的17所高校以及131家科研机构，为科技创新提供了丰厚的土壤。2016年，位于碑林区环大学创新产业带上的西安创新设计中心开园，吸引了腾讯众创空间（西安）、中科创星&万科云众创社区FabLab Xi'an实验室、泥巴创客空间等多家创业企业、服务机构入驻。FabLab Xi'an以及泥巴创客空间都获得了MIT认证，在对接国际创客资源、引进MIT相关课程上具备了条件。其中，成立于2014年的泥巴创客空间采取社群形式，每年举办200多场活动，有开放夜、工作坊和会员专属活动等常规活动以及包括Startup Weekend、西安国际创客节、全球创业周等在内的季度大活动。此外，西安市也积极推进创客、"双创"大街建设。2017年，曲江创客大街、西安咖啡主题街区等先后开街，成为"展示双创成果、汇聚双创资源、引领双创文化"的重要平台。其中，曲江创客大街定位为时尚活力、文化创意、创客文化的创客生态示范街区，大力发展音乐、文创、设计三大产业集群。②

在活动方面，西安举办了创客嘉年华、国际创业节、"一带一路"国际创客论坛、全球硬科技创新大会、世界西商大会、全球程序员节、西安国际创业大赛、"创业西安行"、"创业大西安"等活动。其中，2017年首届西安国际创客嘉年华（Maker Faire Xi'an）在曲江创客大街成功举办，短

---

① 《西安市科学技术局关于公布2017年度市级众创空间考核结果的通知》，2018，西安市科学技术局官网，http：//xakj. xa. gov. cn/admin/class. asp？id=18507，最后访问日期：2019年8月17日。
② 《曲江创客大街今日隆重开街 2017首届西安国际创客嘉年华精彩上演》，2017，华商网，http：//news. hsw. cn/system/2017/0715/833502. shtml，最后访问日期：2019年8月27日。

短两天举办了4场创客论坛，邀请了20多位国内外知名创客发表演讲，搭建了西安与全球创客的交流平台。此外，在会场既有机器人格斗大赛、无人机竞速比赛，也有3D打印笔、人形相机对视拍照等体验项目，还有西安本地传统工匠的皮影雕刻、古法造纸、制造木轮大车等，融合了古今中外创意项目，共吸引了5万余名观众。西安市在创客文化传播方面也进行诸多尝试，如音频节目《创客西安》从创业者、投资人到众创空间全方位展示西安创客群体。

在创客教育方面，西安市中小学创客教育自2016年逐步发展起来。其中，凤景小学在创客空间构建、创客课程引进、校本课程研发、举办科技节等创客活动等方面做出了先行努力，西安航天城第一小学的STEAM教育也在2018年先后被评为陕西以及全国STEM教育领航学校。2017年起，打造"创客"教育学校被列入西安市教育局工作重点，同年末举办了首届西安市中小学创客创意大赛。在高等教育阶段，西安市培华学院的创客教育成为民办高校开展创客教育的范本，以西安电子科技大学为首的高校在促进创新创业发展中也逐渐形成了自身特色。

（七）成都——创业之城、圆梦之都

作为西南地区唯一的副省级城市，成都市综合实力位居全国十强，其产业基础、人才基础、社会包容氛围都为创客、创新、创业的发展提供了良好的条件。

2015年2月，成都市启动实施"创业天府"行动计划，提出未来10年着力打造"成都创业、创业都成"城市名片，建成全国领先、国际知名的"创业之城、圆梦之都"。时隔一年，成都推出"创业天府计划"2.0版，在原有行动计划的基础上，针对体制机制改革、创业力量培育、载体孵化能力升级、融资渠道、要素聚集及品牌活动等方面给予重点关注，以进一步营造一流的创新创业生态环境。此外，《关于实施创新驱动发展战略加快创新型城市建设的意见》《成都市推进双创平台提能增效实施方案（2018）》等政策对成都的创新创业生态建设也起到了重要作用。

　　2012 年，西南地区的首家创客空间成都创客坊成立。而代表成都茶馆文化与"双创"服务于一体的蓉创茶馆作为成都首批众创空间之一，形成了北有创业咖啡，南有蓉创茶馆的奇景。据了解，目前成都市拥有市级及以上孵化器及众创空间 200 家，其中国家级孵化器 16 家，国家大学科技园 4 家，国家级众创空间 45 家。[①] 此外，成都提出 "3 + M + N" 众创空间建设体系，以高新区"菁蓉国际广场"、天府新区"天府菁蓉中心"和郫都区"菁蓉小镇"这三个众创空间为引领区，打造出 M 个集聚区及 N 个专业特色区，这无疑对成都"双创"发展起到了良好支撑作用。作为 2018 年中国城市新文创活力指数排行榜第一名，成都市文化艺术行业与创客的结合同样引人注目。以 317 艺术众创空间为例，该空间专注于为艺术创业者和爱好者提供空间服务，以其专业化服务成功入选 2018 年中国百家特色空间。目前该空间入驻文创团队 25 家、艺术家 40 余人，以艺术创作、交流传播、融资转化为主线，整合文创资源优势，通过培训辅导、活动沙龙、融资对接促进跨界资源共享，帮助文创行业的大学生创客、创业团队快速成长。

　　当下城市的竞争从根源上来看可以说是人才的竞争。理查德·佛罗里达曾提出著名的 3T 理论，指出城市想要发展创新型经济必须具备技术、人才和包容。近些年来成都之所以能在创意产业、高新技术产业上取得丰硕的成果究其原因正是因为其包容的城市文化、极具吸引力的人才政策、强调创新创意的社会氛围。就城市活动来看，成都持续开展了"创业天府·菁蓉汇"、"蓉漂"嘉年华、全球创新创业交易会等大型活动，"菁蓉汇""创交会"已然成为成都"双创"特色品牌，自 2015 年以来累计举办系列活动 500 余场，吸引了近 700 家（次）创投机构、14500 家创业企业及团队，62 万余人以多种方式参与，[②] 累计交易额超过 750 亿元。2018 年全国"双创"

① 杨彩华、宋妍妍：《"双创"升级潮涌蓉城——成都深入推进大众创业、万众创新综述（下）》，《成都日报》2018 年 10 月 9 日，第 2 版。
② 杨彩华、宋妍妍：《"双创"升级潮涌蓉城——成都深入推进大众创业、万众创新综述（下）》，《成都日报》2018 年 10 月 9 日，第 2 版。

周在成都举办，使成都成为继北京、深圳、上海之后的"双创"第四城，也在一定程度上显示出成都在人才吸引、空间体系建设、投融资服务等方面的创新创业平台要素聚合的日益完善。

随着创客运动的蓬勃发展，政府对创客教育也越来越重视。2018年，四川省教育厅下发了推进创客教育发展的通知，要求将创客教育纳入中小学综合实践课程并切实保障课时数，在省内全面普及创客教育。成都中小学创客教育开展得虽晚一些，但已逐渐探索出适合自己的教育模式，其中郫都区表现亮眼。为深入推进创客教育落地生根，郫都区成立了中小学创客教育领导小组，率先规划、建设创客教育体系，在政策上给予规范、支持。2017年初，郫都区在15所学校进行试点，其中，从2015年就开始尝试创客教育的成都石室蜀都中学最具代表性。学校以项目为依托，学习先进经验，整合多方资源，构建了适合本校的创客教育体系，在2017年成功获得世界机器人大会初中组冠军。2018年，该区所有中小学都开展了创客教育课程。整体来看，郫都区以创客教育、STEM教育为抓手，一个中心、两大平台、三种方式、四个创新、五大目标的"12345"教育模式基本形成。[①] 在高等教育阶段，成都科教资源丰富，拥有四川大学、电子科技大学、西南交通大学等高校53所，每年有20多万在校学生，以西南交通大学创客中心、电子科技大学创客空间、成都大学CC空间等为代表的创客空间为高校创客教育提供了载体。以西南交大创客空间为例，其在本校工程训练中心的基础上进行空间与服务的升级改造，探索出了集创新教育、创客实践、创业孵化于一体的培育模式。

（八）苏州——创客天堂

与杭州同有"人间天堂"美誉的苏州自2015年以来致力于打造"创客天堂"，营造了良好的创新创业生态系统，打造了苏州经济发展新引擎。

[①] 《成都市郫都区深入实施"创客教育"》，2017，四川教育网，http：//bgs. scedu. net/p/13/? StId = st_ app_ news_ i_ x636456604540212598，最后访问日期：2019年8月10日。

　　2015 年以来，苏州市出台了《关于实施姑苏科技创业天使计划的意见的通知》《苏州市关于实施创客天堂行动发展众创空间的若干政策意见》《关于加快众创空间发展服务实体经济转型升级的指导意见》《关于构建一流创新生态建设创新创业名城的若干政策措施》等相关政策文件，在建设众创空间、优化创业机制、培育创客文化、扶持青年及大学生创新创业等各方面都起到了积极有效的引导和推动作用。

　　自 2009 年开始，开源软件社区、极客俱乐部、创客活动已经在苏州开展并于 2014 年初逐渐汇聚形成苏州创客空间这一创客自发组建的非营利组织。另外，Fab Lab O Suzhou "数制" 工坊作为苏州市区首家获得 MIT 认证的开放创新实验室拥有良好的硬件设备基础，通过定期举办研讨会、公开课、工作坊、竞赛等活动以及与苏州诚创客合作组织起一支创业导师为创客项目提供创业指导、培训，为创客们造物、创业提供一个优质的平台。2016 年 2 月，苏州市在全省率先成立了众创空间协会，现有包括启点咖啡、昆山启迪众创工社、36 氪、e 帮创、腾讯众创空间等在内的会员单位 180 个。截止到 2018 年底，苏州市拥有市级众创空间 174 家、省级 190 家、国家级 52 家，并培育了苏州工业园区云计算众创社区等 5 个省级众创社区。① 目前，众创空间已经在苏州各区实现全覆盖，其中工业园区和高新区具有明显的集聚效益，其建设运营主体也逐渐由政府主导扩展到由企业、高校、投融资机构等社会力量多元共建，已经形成了包括飞鸟村、太湖众创、玉山创客驿站、西安交通大学汾湖创客空间、苏州小样创咖等一批重点突出、资源集聚、服务专业、特色鲜明的众创空间，并已成为承载区域创新创业、新兴产业培育等功能的核心载体，服务成效已逐步显现。

　　为助力 "双创" 工作更好发展，2017 年以来苏州市先后举办了苏州 "创客天堂" 创业大赛、创客大赛，吸引了海内外数百个项目参与报名。为大力吸引人才，苏州市连续 10 年举办国际精英创业周，各区也在积极开展

---

① 《苏州拥有国家级众创空间 52 家》，2019，苏州新闻网，http://www.subaonet.com/2019/0126/2397808.shtml，最后访问日期：2019 年 1 月 26 日。

相关活动引进高层次人才，推动区域创新发展。以相城区为例，3 年来举办了 7 届阳澄湖创客大赛，吸引了来自 30 多个国家 2000 多个高层次人才（团队）项目参赛。其中，进入决赛的选手已有 37 人落户相城创业，21 人入选各级科技领军人才计划。①

在创客教育方面，2016 年，苏州市启动了 STEAM 创客空间建设工程，构建创客教育的立体生态体系。苏州市对高职高专创客发展十分重视，并给予积极引导，2016 年以来举办了苏州高职高专大学生创客大赛、创客马拉松比赛等。针对中小学，苏州也先后举办了青少年科技节、学生创客项目展示、江苏省青少年编程创新挑战赛等赛事活动。2017 年，在考察深圳、广州等地学校创客实验室建设经验的基础上，苏州于 2018 年出台《苏州市中小学创客实验室建设指南》，召开 STEM 教育推进会，并成立 STEM 教育协同创新中心，探索建构适合中小学 STEM 课程和创客课程的实施范式与评价标准。同年，苏州市建成了首批 78 所中小学创客实验室，其中，23 所入选省级 STEM 实验学校，41 所入选中国首批 STEM 教育领航学校与种子学校。在高等教育阶段，苏州市在相关政策上积极鼓励支持青年及大学生在苏州创新创业，要求大力开展创业教育和创业培训，支持苏州大学等高校创办"创客学院"。值得一提的是，苏州独墅湖科教区是苏州工业园区转型发展的核心项目，汇集 4000 余家科技型企业，作为全国首个"高等教育国际化示范区"，独墅湖科教区入驻了 29 所中外知名院校，在校生近 8 万人，每年来苏学习的留学生近 6000 人。自 2014 年起，该区面向全国高校开展青年创客公益夏令营；2015 年，独墅湖创业大学成立，为本区高校学生创新创业提供课程、资金、资源、服务等多方面的支持；2018 年，获得教育部首批中美青年创客交流中心称号，并成立了青年创新创业港。目前，该区已经形成创业人才、创客空间、创业孵化器、创业企业和创业服务集聚的科创生态系统，吸引了越来越多的青年创客自动向苏州集聚。仅 2017 年，园区新增

---

① 《2018 年（第八届）阳澄湖创客大赛深圳选拔赛成功举办》，2018，苏州市人民政府官网，http://www.suzhou.gov.cn/news/sxqdt/201809/t20180913_1004335.shtml，最后访问日期：2018 年 9 月 13 日。

青年创业项目1200多个，带动就业1.6万余人，使得中外一大批青年创客脱颖而出。①

（九）广州——创客之城

作为粤港澳大湾区、泛珠江三角洲经济区以及海上丝绸之路的枢纽城市，近些年，广州市在全国"双创"热潮中逐渐形成了拥有本土特色的创新创客创业文化。

2015年以来，广州市先后出台了《关于加快实施创新驱动发展战略的决定》《广州市支持众创空间建设发展的若干办法》《关于科技企业孵化器、众创空间后补助试行办法（修订）》《广州市建设国际科技产业创新中心三年行动计划（2018～2020年)》等政策文件，在支持众创空间建设、创客创新创业、资金扶持等方面发挥了重要意义。

近些年来，广州创客空间数量快速增长。2018年末，广州市拥有国家备案、省市级众创空间共计206家，科技企业孵化器335家。② 目前，广州市已经形成了以TOPS众创、六矽科技（6CIT）众创空间、中大创新谷、广州创元素、CCIC联合文创等为代表的具有一定鲜明特色的众创空间。其中，广州创元素成立于广州大学城，以创客群体为服务对象，为创客提供开源硬件平台、加工车间等场地、工具材料以及指导；六矽科技打出"助力草根初创者"口号，旨在为初创者提供创业导师指导、投融资对接、专业技术服务平台、市场资源等支持，助力项目成长；中大创新谷以产业园为载体，产业孵化为基础，科技金融为纽带，产业集聚为目的，加速创新企业成长。

在创客活动方面，广州相比隔壁的深圳来说稍显不足，不过在"双创"热潮之下广州市也在大力推进创客运动及各类"双创"活动的开展。2016

---

① 李仲勋：《苏州独墅湖科教创新区打造国际化创业教育体系"创业生态圈"贴身服务青年创客》，《新华日报》2018年12月28日，第43版。

② 《广州科技企业孵化器清单》，广州科技企业孵化协会官网，http://www.gsbia.org.cn/index.php? s=/Home/Map/index.html，最后访问日期：2018年12月30日。

年以来，广州联合佛山举办了包括广佛大学生创客交流会、创新创业大赛等多项活动在内的广佛创客节；2017年，广州首届国际创客节启幕，4个不同主题的工作坊容纳了来自全球的创客和硬件从业者带来的60余个创客集市。此外，还有广州女性创客（创新创业）大赛、中国创新创业成果交易会、小蛮腰科技大会、广州创投周等相关活动。

基于广州市拥有着华南地区最雄厚的科教资源，经济高度活跃带来新思想传播力度及接受度强，广州市中小学及高校创客教育走在了全国的前列。在中小学阶段，2017年，广州市在广东实验中学、执信中学等155所中小学校进行STEM教育课程试点，对168项课题予以立项。2018年，广州市教育局下发关于推进青少年科技教育工作的意见，提出要开展创客教学软、硬件平台建设，在全市建成约100个学生创客活动基地，培养100名创客骨干教师。目前，广州市各类创意、创新、创客相关赛事活动层出不穷，如青少年科技创意与发明大赛、青少年3D打印创意设计大赛、中小学智能服务机器人竞赛、青少年建筑模型教育竞赛、中小学工业机器人（智能生产装备）科技创新体验夏令营等。以流动形式进行的创客教育直通车也先后开进部分中小学，这些定期或不定期开展的活动都为本地中小学生提供了交流与锻炼平台。在师资培训方面，广州已经开展了6期中小学创客教育种子教师培训。此外，广州也积极利用高校资源、社会资源推动中小学创客教育发展，广州大学创新创业学院创客教研团队研发本地中小学创客教育教材与课程，并与广州市创客协会联合开展多项中小学创客教育活动。在高校层面，2016年以来广州市举办了广州大学城创客节，成立了广州大学城创客联盟，搭建了广州大学城创客文化平台。以中山大学、华南理工大学、暨南大学等为代表的广东高校在创新创业教育方面走在了全省前列，分别设立创业学院或创新创业教育学院，并通过学校自身或与社会机构合作成立众创空间，积极开展创客创新创业活动。

（十）青岛——创新之城、创业之都、创客之岛

青岛市在近些年的发展中，积极建设创新型城市，提出打造"创新之

城、创业之都、创客之岛"的发展战略，以弯道超车之势将这座城市的发展驶入了新的航程，城市的创新、创业氛围浓厚，创客群体激增，已然形成自身发展特色。

2015 年以来，青岛市出台了《关于加快众创空间建设支持创客发展的实施意见》《创业青岛千帆启航工程实施方案》《关于推进科技创新发展的意见》等系列政策措施，大力推动本地创新创业创客发展。据了解，2017年末，青岛市累计认定各级孵化器、众创空间 320 家，国家级创业孵化载体 129 家。① 此外，青岛市还打造了以盘古创客空间、青岛创客大街、西海岸创新创业中心为代表的 12 个创新创业集聚街区。其中，成立于 2015 年的青岛创业大街是继中关村创业大街之外清控科创打造的第二条创业街区，现有 Binggo 咖啡、i 创创客空间等机构入驻。而西海岸创新创业中心则是黄岛区区政府与同济大学联合打造的全方位垂直孵化平台，将同济大学 Fab Lab开放创新实验室、021 科技孵化器的运作经验融入其中，目前已建有黑马空间、"1 号平台"等特色众创空间。②

2015 年，伴随着首届"青岛创客节"在高新区盘古创客空间的开幕，蓝贝创客计划也随即启动。该计划由"青苹果计划"、"红苹果计划"和"金苹果计划"三部分组成，分别对应初创期、成长期、加速期的团队和企业，③ 在具体操作上，通过成立天使基金，开展创业训练营以及举办系列创业大赛等"双创"活动，推动青岛市创新创业创客活动水平不断攀升至新高度。此外，青岛市依据城市海洋特色，还积极举办了中国（青岛）国际海洋科技展览会及国际海洋创新创业大赛；青岛市在创客发展中也比较重视文创领域，2015 年由市文化广电新闻出版局带头发起文化创客大赛。此外，

---

① 参见青岛市 2018 年统计年鉴。
② 《全省首个区域高校联合创新创业基地正式启用》，2016，青岛政务网，http：//www. qingdao. gov. cn/n172/n24624151/n24625555/n24625569/n24625597/160503104928628813. html，最后访问日期：2018 年 8 月 30 日。
③ 《青岛高新区蓝贝创客计划》，2015，青岛政务网，http：//www. qingdao. gov. cn/n172/n24624151/n24673760/n24673774/n24676204/151117203856787016. html，最后访问日期：2018 年 8 月 30 日。

还有创客中国青岛赛区举办的小微企业创新大赛等活动。

青岛市在三创宣传方面也取得了良好的成绩。青岛创客 TOP 榜作为本地创客圈年度盛典已经成功举办 3 届，2018 年评选了十大明星创客、投资人、孵化品牌、创新产品、校园创客以及年度创客卓越贡献奖、服务奖与创客团队等榜单。该活动主办方之一青岛创客联盟成立于 2015 年，海尔集团首席执行官张瑞敏任理事长，现有 50 余家成员单位，短短三年多牵头组织了数百场活动，累计服务创客达 50 万人次，已经成长为青岛市影响力最大的创客组织。青岛日报/青报网作为另一主办方在青岛市创客文化传播中发挥了重要作用。2015 年，面对不断升温的创客创新创业氛围以及纸媒的没落局面，青岛日报/青报网审时度势，进行创新性转型，成立"青岛创客"全媒体平台。该平台通过媒体融合形成了线上线下于一体的传播矩阵，为促进青岛创新创业创客信息互通，开展各类相关活动，营造良好的创新氛围、创客文化做出了巨大贡献。

在创客教育方面，2015 年，青岛市教育局提出开展青岛市中学生"创客校园"主题实践活动，包括组建创客导师团，建立创客教育实践基地，开展中学生"创客训练营"，构建创客教育课程体系以及广泛开展创客赛事活动。这一主题活动对于推进中学创客教育，促使创新活力在校园充分迸发具有非常重要的意义。2016 年，青岛市创客教育专业委员会成立，也就是从这一年开始，青岛市采取了中小学科技节与创客嘉年华相结合的形式，并于 2016 年和 2018 年两次被评选为"全国科技创新示范竞赛项目"。在科技节和嘉年华之外，同期还举行了头脑奥林匹克、中小学生创客大赛等活动。2018 年，青岛市教育局出台了针对加强本市中小学科技教育的政策意见，要求推动各个中小学广泛开展创客教育，中小学创客教育在青岛进入新的阶段。在高等教育层面，2015 年来，青岛市政府与山东大学共建中美国际大学科技创新园，开展中美创新创业大赛等活动。青岛市大学生创业孵化中心以及高校自建或合作建设的创客空间也都为创客创新创业提供了实践、交流、孵化平台。

三　国内主要城市扶持创客政策概览

城市	定位	政策	主要内容
北京	全国科技创新中心	《"创业中国"中关村引领工程（2015～2020 年）》（2015 年 2 月）	实施七大工程,包括高校院所育苗工程、领军企业摇篮工程、创客组织筑梦工程、创业人才集聚工程、创业金融升级工程、创业服务提升工程和创业文化示范工程
		《北京市人民政府关于大力推进大众创业万众创新的实施意见》（2015 年 10 月）	积极构建创新创业服务体系,如强化人才、金融、公共平台及知识产权服务;着力培育创新创业发展形态,如推动众创空间集约发展、推动高精尖领域创新创业、推动科技文化融合创新、推动提升国际化发展水平;全面优化创新创业空间布局,如打造高端创新创业核心区、南北创新创业发展带、郊区县创新创业特色园区及京津冀协同创新创业体系;不断完善创新创业保障机制,如公平竞争市场机制、政府创新服务机制、科技成果转化机制、财税政策扶持机制
		《北京市"十三五"时期科学技术普及发展规划》（2016 年 6 月）	实施科普惠及民生、科学素质提升、科普设施优化、"互联网＋科普"、创新精神培育、科普助力创新、科普协同发展等八大工程
		《北京加强全国科技创新中心建设总体方案》（2016 年 9 月）	强化原始创新,打造世界知名科学中心,包括推进三大科技城建设、超前部署基础前沿研究、加强基础研究人才队伍建设、建设世界一流高等学校和科研院所;实施技术创新跨越工程,加快构建"高精尖"经济结构,包括促进科技创新成果全面共享;推进京津冀协同创新,培育世界级创新型城市群;加强全球合作,构筑开放创新高地;推进全面创新改革,优化创新创业环境
上海	全球创客最佳实践城市	《"创业浦江"行动计划（2015～2020 年）》（2015 年 3 月）	实施八大"重大行动",包括:"全城创客"行动,打造全球创客最佳实践城市;"创业启明"行动,发展建设一批创业学院;"便捷创业"行动,优化全市各类众创空间的空间布局和平台服务;"安心创业"行动,强化科技金融对创业的支持力量;"专精创业"行动,大力扶持以技术转移为代表的科技服务业创业;"巅峰创业"行动,支持创业企业的持续创新发展;"点赞创业"行动,大力弘扬勇于创新、无惧失败的创业文化;"创业共治"行动,优化城市创业生态系统

城市	定位	政策	主要内容
上海	全球创客最佳实践城市	《上海众创空间培育支持试行办法》（2015年3月）	支持方式:对众创空间开展的科技服务活动提供帮助、指导和宣传,对开展科技创新创业服务活动的情况进行年度评估并给予后补贴支持,但已经享受过其他创业服务补贴的机构除外
		《关于加快建设具有全球影响力的科技创新中心的意见》（2015年5月）	大力扶持众创空间发展。鼓励发展混合所有制的孵化机构,引导协同创新。扶持发展创业苗圃、孵化器、加速器等创业服务机构,支持创建创业大学、创客学院,鼓励存量商业商务楼宇、旧厂房等资源改造,促进市区联动、社会力量参与,提供开放的创新创业载体。鼓励支持创造创意活动,培养具有创造发明兴趣、创新思维和动手能力的年轻创客,扶持更多创新创业社区
		《关于本市发展众创空间推进大众创新创业的指导意见》（2015年8月）	大力发展市场化、专业化、集成化、网络化的众创空间。鼓励社会力量建设众创空间。盘活存量资源建立形式多样、主题鲜明的众创空间。促进众创空间行业组织健康发展,积极开展小微企业创新创业基地示范城市创建工作
		《上海市科技创新"十三五"规划》（2016年8月）	培育良好创新生态,激发全社会创新创业活力,引导多元主体共生发展,构建创新要素集聚和活力迸发的良好环境,建设创新功能型平台体系,提升科技创新开放协同水平,加强科学普及,弘扬创新文化。夯实科技基础,建设张江综合性国家科学中心。迈向世界级创新重镇,推进战略方向重大突破,鼓励科学研究自由探索。打造发展新动能,形成高端产业策源,构筑智能制造与高端装备高地,支持智慧服务发展,培育发展绿色产业
		《上海市公民科学素质行动计划纲要实施方案（2016~2020年）》（2016年10月）	重点实施青少年、城镇劳动者、领导干部和公务员、社区居民、农民等五大人群科学素质行动,以及实施科技教育与培训基础、科普信息化、科普基础设施、科普产业助力、科普人才建设等五大工程
广州	国际创业之都	《关于加快实施创新驱动发展战略的决定》（2015年5月）	建设科技创业社区和众创空间。在科教资源丰富和配套服务设施相对齐全的社区和街道,建设一批以特定科技基础设施、行政服务体系、人居环境为支撑的科技创业社区。发挥高等学校、科技园区、行业协会、科技社团等的作用,推广创客空间、创业咖啡、创新工场等孵化模式,建设若干广州国际创新驿站、创业实训基地,有效组织人才、技术、资本、市场等要素,实现创新与创业相结合、线上与线下相结合、孵化与投资相结合,构建一批低成本、便利化、全要素、开放式的众创空间。市科技计划项目对个人创业、个体创新活动予以支持

城市	定位	政策	主要内容
广州	国际创业之都	《广州市支持众创空间建设发展的若干办法》(2015 年 11 月至 2018 年 12 月)	鼓励众创空间多元化发展;建设一批特色示范众创空间;支持众创空间减免租金为创客提供创新创业场所;支持众创空间公共技术平台建设;支持众创空间开展创业辅导;支持众创空间为大学生创新创业提供服务;开展众创空间绩效评价工作;对创客创新创业成本予以补贴;对创客担保费用予以补贴;对创客购买服务予以补贴;资助创客创新创业项目;鼓励创客项目引入社会资本;鼓励众创空间、科技企业孵化器、科技中介服务机构、国内外创客组织等为创客开展创新创业交流及培训活动等
		《广州市人民政府关于加快科技创新若干政策的意见》(2015 年)	支持个人创新创业活动。设立学生创业项目支持资金,支持在校学生到众创空间、科技创业社区、市级以上科技企业孵化器等创新创业载体创业;鼓励高等学校教师作为天使投资人投资学生创业项目,支持资金可按照教师实际投资额度的 50% 作为学生的股权给予配套支持,单个创业项目最高配套资金为 50 万元
		《羊城创新创业领军人才支持计划实施办法》(2016 年 2 月)	目标:自 2016 年起,5 年内支持约 500 名创新创业领军人才(含团队成员),包括 50 个创业领军团队、50 个创新领军团队、100 名创新领军人才和 50 名创新创业服务领军人才
		《广州市科技创新第十三个五年规划(2016~2020 年)》(2017 年 3 月)	提升自主创新能力、拓展科技创新发展空间、培育经济社会发展新动能、建设国际创业之都、促进科技金融创新发展、推动科技体制机制创新、培育和集聚创新创业人才、优化创新创业生态
		《广州市鼓励创业投资促进创新创业发展若干政策规定》(2018 年 8 月)	对投资进行奖励;鼓励创业投资"引进来"和"走出去";促进创业投资类管理企业与产学研协同创新联盟和新型研发机构合租发展;给予科技信贷支持;给予财政科技经费支持
		《广州市科技企业孵化器和众创空间后补助试行办法》(2018 年 9 月)	新认定的广东省众创空间试点单位、国家级备案众创空间,分别给予 20 万元、40 万元的一次性奖励,逐级获得认定的,奖励差额部分。每个众创空间认定奖励金额累计不超过 40 万元。新认定的广东省粤港澳台科技企业孵化器、广东省粤港澳台众创空间,分别给予 30 万元、20 万元的一次性奖励;新认定的广东省国际科技企业孵化器、广东省国际众创空间,分别给予 30 万元、20 万元的一次性奖励。新认定的国家专业化众创空间,给予 50 万元的一次性奖励

城市	定位	政策	主要内容
广州	国际创业之都	《广州市建设国际科技产业创新中心三年行动计划（2018～2020年）》（2018年9月）	综合性国家科学中心创建行动。集中力量把体现国家战略的大科学装置、大科学研究中心、各类公共服务平台和各方面创新资源聚集到广州，争取建设能够代表国家水平参与国际竞争与合作的国家实验室，加快创建综合性国家科学中心，争取在基础研究、应用基础研究领域取得一批并跑、领跑核心关键技术突破。科技产业创新主体培育行动。紧紧抓住高新技术企业"牛鼻子"不放松，培育扶持企业创新主体快速做大做优做强，企业创新能力和核心竞争能力大幅提升。创新产业新支柱构筑行动。推动到2020年末，全市战略性新兴产业增加值达4000亿元，占GDP比重超过15%。综合性国家新兴产业创新中心共建共享行动。充分利用广州高校、大院大所集中优势，强化产学研协同创新，争取创建综合性国家新兴产业创新中心，鼓励和引导企业实施重大科技专项，大幅提升技术创新输出能力。开放创新新格局拓展行动。充分发挥粤港澳大湾区创新资源优势，推进"一带一路"创新合作，深度融入全球创新体系，协同打造湾区科技产业创新生态体系和全球化创新利益共同体
		《广州市人民政府关于进一步促进就业的实施意见》（2018年12月）	促进以创业带动就业方面，深入贯彻乡村振兴战略，将返乡创业的创业者（经营主体）纳入一次性创业自主、租金补贴和创业带动就业补贴等扶持政策范围；以穗港澳青年为重点对象，加强粤港澳（国际）青年创新工场等面向穗港澳创业者的创业孵化平台建设；通过政府购买服务方式，在高校建立广州市高校毕业生就业创业服务站；面向符合条件的建档立卡贫困户家庭、农村家庭、城市困难家庭开展技能培训攻坚行动；深化"就业携行计划"
深圳	国际创客中心	《深圳市促进创客发展三年行动计划（2015～2017年）》（2015年6月）	重点行动计划包括：创客空间拓展、创客服务提升、创客活动品牌打造和创客人才培养
		《深圳市关于促进创客发展的若干措施（试行）》（2015年6月）	建立完善创客空间、培育创客人才队伍、强化创客公共服务、营造创客文化环境、拓宽创客融资渠道、加强财政资金引导
		《众创空间知识产权服务标准指引（2015版）》（2015年10月）	由深圳市国新南方知识产权研究院会同全国22家知名众创空间、机构共同研究制定，详细说明了从众创空间创建、创客进驻、创客孵化到创客毕业等各个过程阶段所分别对应的知识产权服务项目体系

城市	定位	政策	主要内容
深圳	国际创客中心	《深圳市人民政府关于印发加快深圳国际科技产业创新中心建设总体方案和十大行动计划建设实施方案的通知》（2017年）	布局十大重大科技基础设施；设立十大基础研究机构；组建十大诺贝尔科学实验室；实施十大重大科技产业专项；打造十大海外创新中心；建设十大制造业创新中心；规划建设十大未来产业集聚区；搭建十大生产性服务业公共服务平台；打造十大"双创"示范基地；推进十大人才工程
		《深圳市科技创新"十三五"规划》（2017年4月）	重点在5G移动通信、石墨烯、虚拟现实与增强现实、机器人与智能装备、微纳米材料与器件、精准医疗、智能无人系统、新能源汽车、金融科技等方向，开展前沿科学探索、关键技术研发，集中资源全链条着力突破，掌握一批核心共性关键技术，提升城市的核心竞争力。到2020年，实施国家、省、市重大科学技术攻关1000项以上。面向经济建设主战场，面向民生建设大领域，围绕打造国际科技、产业创新中心，建成国家自主创新示范区的总目标，对接国家科技重大专项，推进实施"十大行动计划"，加速驱动创新，引领创新驱动，实施创新基础提升、人才高地建设、协同创新促进、重大科技应用和创新生态优化等五大工程
成都	新兴的国际创新创业中心、创业之城、圆梦之都	《成都"创业天府"行动计划（2015～2025年）》（2015年4月）	支持高校开展科技成果处置权和收益分配权改革试点，成立海内外高端人才创新创业基金，鼓励有条件区域打造"创业社区"，支持在蓉高校院所与所在区（市）县利用高校院所周边存量土地和楼宇联合建设创新创业载体；鼓励有条件的区（市）县设立天使投资引导资金，青年创业信用贷款最高50万元；与高校、知名机构、大企业联合共建"创业天府"学院，打造创业指导平台
		《四川省人民政府关于全面推进大众创业、万众创新的意见》（2015年5月）	下放科技成果使用、处置和收益权，鼓励科技人员离岗创办企业，提高科研人员成果转化收益比例，允许科技人员兼职取酬，放宽科技计划项目经费使用范围，允许在校大学生休学开展创新创业活动，加大对大学生创新创业的补贴力度，加大对青年创新创业的扶持力度，吸引海外高层次创新创业人才，强化对大学生创新创业载体的支持，加大孵化器建设支持力度，探索先照后证工商登记模式，开展创新券补助政策试点，鼓励单位和个人依法采取专利入股、质押、转让、许可等方式促进专利实施获得收益
		《成都"创业天府"行动计划2.0版》（2016年4月）	鼓励高校院所科技人员在岗创业，鼓励妇女、农民工等创新创业，支持"僵尸企业"的闲置厂房建众创空间，与四川大学共设高端人才引进基金

续表

城市	定位	政策	主要内容
成都	新兴的国际创新创业中心、创业之城、圆梦之都	《成都市推进双创平台提能增效实施方案》(2018年7月)	重塑创新创业生态,构建校院企地合作平台。赋能创新创业载体,构建"双创"产业孵化平台,包括聚焦重点产业园区搭建孵化共享平台,整合闲置产业资产招引全球运营机构,打造"众创集聚区+国际合作平台"创新格局,优化"中心城区+郊区新城"孵化空间布局。优化创新创业资源,构建"双创"公共服务平台,包括深入推进"双创"示范基地建设,构建"蓉创e平台",提质优化"科创通"平台。释放资本市场效能,构建"双创"金融支撑平台。打造城市文化品牌,构建"双创"活动组织平台,包括开展"双创"周活动、"创交会"活动、"菁蓉汇"活动、"每月一对接"活动。面向多元主体需求,构建"双创"成果服务平台
青岛	创新之城、创业之都、创客之岛	《创业青岛千帆启航工程实施方案》(2015年4月)	实施创业主体培育工程,支持包括青年学生、高校院所科技人员和海内外高层次人才等在内的创业主体创新创业,支持领军企业衍生连续创业者,支持创客群体发展。实施创业载体提质工程,推广创新型孵化器(如"创客空间站")和专业孵化器建设,鼓励建设海洋新材料、生物医药、机器人等专业孵化器以及文化与科技融合的创意设计孵化群落;鼓励企业、高校院所衍生创业群落,建设新型创业社区。实施创业金融升级工程。实施服务体系网络工程。培养高素质创业队伍、培育创业服务市场、完善公共服务平台、建立平台资源开放共享机制。实施创业文化示范工程
		《关于大力实施创新驱动发展战略的意见》(2015年6月)	营造鼓励创新的公平竞争环境,健全技术创新市场导向机制,激发高等院校和科研院所创新活力,完善科技成果转化激励机制,打造大众创业生态体系,推动创客群体蓬勃发展,强化金融对创新创业的支持,构建深度融合的开放创新机制,推进产业模式创新,营造有利于创新创业的良好氛围
		《山东省深入实施知识产权战略行动计划(2015~2020年)》(2015年9月)	主要任务:一是加强知识产权运用,助推经济转型升级,积极实施"优势企业培育、专利运用促进、商标战略推进、版权兴业和软件正版化、知识产权兴农"五大工程;二是加强知识产权保护,护航创新驱动发展,通过加大行政执法力度、加强知识产权司法保护、强化知识产权维权援助,营造良好市场环境;三是强化知识产权管理,提高行政效能,深化知识产权管理体制改革,促进知识产权区域协调发展,拓展知识产权国际合作,推进知识产权文化建设;四是加快知识产权人才培养,提升服务水平,加强知识产权人才培养,加快知识产权公共服务平台建设,提升知识产权中介服务水平

续表

城市	定位	政策	主要内容
青岛	创新之城、创业之都、创客之岛	《青岛市关于推动大众创业万众创新示范基地建设的实施意见》（2018年4月）	深入推进"放管服"改革；优化营商环境；支持新兴业态发展；加强知识产权保护；加快科技成果转化应用；推进"双创"支撑平台专业化、国际化发展；加大创新平台建设；加快发展创业投融资；完善创新创业人才激励政策；支持农民工返乡创业；支持海外人才来青创业；营造创新创业浓厚氛围；高标准建设国家、省"双创"示范基地；稳步开展市级"双创"示范基地建设
		《关于助推新旧动能转换进一步明确就业创业政策有关问题的通知》（2018年5月）	出台促进就业创业42条新政，包括扩大一次性创业补贴范围（包括大中专毕业生、高级技工学校和技师学校毕业生、登记失业人员、返乡农民工等）、扩大一次性小微企业创业补贴范围、扩大一次性创业岗位开发补贴申领范围、扩大创业担保贷款范围延长贷款贴息期限等
		《关于进一步提升人力资源支撑能力推动新旧动能转换重大工程的实施意见》（2018年6月）	总体目标是到2022年基本形成引领支撑新旧动能转换的人力资源新格局；以"956"产业新体系为核心，新集聚100万各类人才；人力资源服务业产值达到300亿元；人力资源社会保障公共服务标准化、信息化和一体化建设成效显著打造大众创业工程升级版。创建国内一流的青岛创业总部和国内首家博士创业总部，加快建设集网上创业大集、孵化空间、投融资平台、人才超市和创业社群五位一体的"青岛创业云平台"
苏州	创客天堂	《苏州市关于实施创客天堂行动发展众创空间的若干政策意见》（2015年5月）	支持众创空间建设、突出市场运营导向、集聚创新创业主体、健全创业激励机制、完善公共服务体系、强化科技金融支撑、落实税收扶持政策、降低市场准入门槛、营造创新创业氛围、加大统筹协调力度
		《关于构建一流创新生态建设创新创业名城的若干政策措施》（2018年6月）	培育更多更强创新型企业。充分发挥企业创新主体作用，打造一批强大的具有自主知识产权和核心竞争力的创新型企业。抢占先导产业创新制高点。强化应用基础研究，着力突破先导产业核心关键技术，支撑产业高质量创新发展。持续深化科技金融有机融合。科学应用风险补偿、奖励补贴、投资引导等科技金融方式，全面支撑企业技术创新和科技成果产业化。全面厚植创新创业人才优势。高标准、宽视野引进培育创新创业人才，全面打造国际化创新创业人才高地。加速科技研发和成果转化。充分发挥新型研发组织的新机制、新功能、新模式作用，有效促进技术创新成果涌现、提升科技成果转移转化效率。推动开放创新迈上新台阶。更加主动融入全球创新网络，坚持全球视野、国际标准，大力促进创新要素跨境流动和全球配置。加快形成创新创业孵化新格局。完善创业孵化链条，激发全社会创新创业活力，加快打造大众创业万众创新升级版。营造更加优良的创新创业氛围。强化创新导向，健全创新机制，倡导创新文化，激励创新成效，积极构建具有国际吸引力和竞争力的创新创业生态环境

城市	定位	政策	主要内容
武汉	创业之城	《市人民政府办公厅关于加快发展众创空间支持大众创新创业的实施意见》(2015年9月)	加快构建众创空间。按照市场化原则,支持鼓励企业、投资机构、行业组织等社会力量投资建设或管理运营创客空间、创业咖啡、创新工场等创新型孵化载体。降低创新创业门槛。深化商事制度改革,鼓励各类人才创新创业。以青年大学生、高校院所科技人员、大企业高管及连续创业者、留学归国创业者为重点,不断完善人才发展机制,加快构建创新创业人才高地。积极推进实施"青桐计划"、大企业高管创新创业试点、成果转化"三权"改革试点等计划。提供创新创业公共服务,加强财政资金引导,完善创业投融资机制,创新金融支持方式,丰富创新创业活动,营造创新创业文化氛围。积极倡导敢为人先、宽容失败的创新文化
		《中共武汉市委武汉市人民政府关于加快推进全面创新改革建设国家创新型城市的意见》(2015年9月)	完善以企业为主体、市场为导向的创新体制机制。优化重大科技创新布局,打造国家级产业创新中心。推进大众创业、万众创新,激发全社会创新潜能和创业活力
		《中共武汉市委武汉市人民政府关于加快实施"创谷计划"的通知》(2016年)	用3年左右时间,在符合条件的区,建成10个以上"创谷"。围绕构建"现有支柱产业—战略性新兴产业—未来产业"有机更新的"迭代产业体系",重点聚焦信息技术、生命健康、智能制造三大产业。每个"创谷"按照市级及以上标准,建有众创空间、大学生创业特区、孵化器、加速器等链条化的众创孵化载体。为入驻企业和团队提供专业的工商、财务、税务、法务、知识产权、智慧物管等"保姆式"服务 打造"1公里生活圈",配备餐厅、超市和必要的室内外活动设施,建设创新公寓
		《武汉市科技创新发展"十三五"规划》(2016年12月)	创新成果转化体制机制,推进科技成果分配体制机制改革,建设科技成果转化收集交流机制。完善科技人才评价机制,包括改革科技人才评价制度,推进高校院所人才流动机制改革。创新财政科技投入方式,包括改革财政科技资金管理体制机制,建立政府科技投入稳定增长机制,探索完善支持风险投资发展的体制机制,建立支持科技金融创新的体制机制。推动科技资源开放共享,建设武汉市科技资源共享平台,积极融入长江经济带等国家战略。实施产业创新能力倍增计划,实施"创谷"计划,打造"世界光谷",建设知识产权强市,建设全球研发网络重点节点城市,营造创新创业生态环境

城市	定位	政策	主要内容
西安	"一带一路"创新创业之都、硬科技之都	《西安市人民政府关于推进大众创业万众创新的指导意见》(2015 年 7 月)	构建多层次创业创新空间,加大创业空间建设的支持力度。重点推广创客空间、创业咖啡、创新工场等新型孵化模式,建设低成本、便利化、全要素、开放式的众创空间;加强科技孵化器建设,完善"创业苗圃 + 孵化器 + 加速器 + 园区"全过程的孵化服务链条。提升公共服务,扶持大学生创业创新,支持高校院所、企业科技人员创业创新以及引进国际高端人才和团队回国创业。降低创业创新成本,加强对创业创新的技术支撑、加大创业空间使用的优惠补贴、加大落实税费减免等优惠政策。拓宽创业投融资渠道,培育创新创业文化
		《西安市推进小微企业创业创新基地城市示范工作方案(2016～2018)》(2016 年 11 月)	建设创业创新空间载体,其中,建设众创空间和孵化器。2016～2018 年,以奖励和后补助形式支持众创空间和孵化器的房屋改造和环境配套,三年新增 100 个众创空间和科技企业孵化器,共建成 200 家众创空间和科技企业孵化器,地上建筑面积共计新增 26 万平方米
		《西安市关于依法保障和促进科技创新的实施意见》(2017 年 3 月)	建立鼓励机制,支持科技创新主体的创新探索;建立容错机制,宽容科技创新主体的创新失误;建立保护机制,保障科技创新主体的创新成果;建立服务机制,提升服务科技创新的能力水平;建立协调机制,形成保障科技创新的工作合力
		《西安市推进"5552"众创载体建设实施方案》(2017 年 7 月)	构建"5552"成长格局(即以高新、曲江、碑林、长安、雁塔五区为主阵地,以校区、院区、园区、街区、社区五区联动为主要途径,到 2021 年全市建成 500 个以上众创空间聚集区和特色区,众创空间面积达到 2000 万平方米以上)
		《"创业西安"行动计划(2017～2021)》(2017 年 7 月)	实施载体建设行动,构建"5552"成长格局。加快众创载体区域布局、建设众创空间聚集区和特色区、建设产业优势突出的特色小镇。实施创新改革行动,激发科技资源活动。推动高校院所创新改革全覆盖,推进军民融合创新创业。实施人才创业行动,形成创业新潮流。培育创业新力量,打造科技创业主力军,汇聚海内外高层次创业人才。实施资本助力行动,拓宽多元化融资渠道。完善多层次资本市场,完善科技金融综合服务体系,完善科技金融风险补偿机制。实施创业引凤行动,加快全球创新资源的落户聚集。加强科技招商引资,举办国际创新创业大赛。实施科研带动行动,培育产业发展新动能。建设"双创"支撑平台,实施重点科技专项。实施创业社群建设行动,提高资源对接效率。打造一站式创业门户,培育"创业园丁",设立"创新创业券"。实施环境建设行动,营造创新创业良好氛围,大力开展"创业西安"系列活动及服务,加强创新创业表彰与宣传

续表

城市	定位	政策	主要内容
杭州	"互联网+"创新创业中心、创新创业新天堂	《关于发展众创空间推进大众创业万众创新的实施意见》(2015年9月)	将创新与创业相结合、线上与线下相结合、孵化与投资相结合,强化开放共享,创新服务模式,加快推进众创空间建设,构建一批低成本、便利化、全要素、开放式的新型创业服务平台,为创业者提供良好的工作空间、网络空间、社交空间和资源共享空间,打造杭州创新创业新天堂
		《杭州"创新创业新天堂"行动实施方案》(2015年11月)	以提升自主创新能力、完善创新创业政策和制度为重点,以建设"互联网+"创新创业中心为目标,以完善创新创业生态为抓手,以大力发展众创空间和开放式综合服务平台为突破口,深入实施创新驱动发展战略,向创新要红利,向改革要动力,向人才要后劲,激发全社会创新活力和创造潜能,将杭州建设成为"创业者的天堂"
		《杭州市高层次人才、创新创业人才及团队引进培养工作的若干意见》(2015年11月)	建立科学规范的人才分类机制。大力引进我市信息经济、智慧经济发展急需的高、精、尖等紧缺实用人才和团队。支持人才创业和项目研发。对海外高层次留学人才在杭创新创业的重点项目、优秀项目和启动项目,经评审分别给予100万元、50万元和3万~20万元资助,特别项目给予100万~500万元资助。加大人才创业融资扶持。扩大创业投资引导基金、转贷引导基金、政策性担保、风险池资金等融资扶持资金总量,引导社会资本投资人才项目和企业,逐步提高财政资金间接扶持比例。鼓励人才带高新技术研发成果、专利技术等自主知识产权项目在我市企业实现成果转化和产业化。完善人才税收优惠政策,鼓励大学生创业
		《培育"杭州工匠"行动计划(2016~2020年)》(2016年4月)	培育"杭州工匠"行动计划,简称"5123"行动计划,即连续5年,杭州每年培育以市级以上技能大师工作室领衔人、技师工作站领衔人、首席技师、技术能手为主体的领军层级高端技能人才100名左右;每年培育面向杭州"1+6"产业集群的骨干层级技师、高级技师和部分紧缺职业(工种)高级工2000名左右;每年培育高级工以上基础层级高技能人才3.5万名左右。杭州以基地孵化、"直通车"体系、政策激励、市场服务等构建高技能人才四大体系。打破学历、资历、身份等限制,对在生产经营实践中具有绝技绝活、业绩突出、贡献较大的技能劳动者,予以高级或技师职业资格的直接认定
		《关于深化改革加强科技创新加快创新活力之城建设的若干意见》(2016年12月)	突出企业技术创新主体地位,包括试行中小微企业研发活动补助制度、加大对企业承担重大科技创新项目的支持力度、支持企业建设高层次重大创新载体、完善支持企业科技创新的"三券"服务制度等。此外,还有促进科技成果转化与产业化、大力建设创新创业载体、落实激励创新的财政和税收政策、推进制造业高端化创新发展、强化金融、文化与知识产权支撑、健全科技创新发展保障机制等意见

城市	定位	政策	主要内容
杭州	"互联网+"创新创业中心、创新创业新天堂	《杭州市成长型大学生创业企业投资引导基金管理办法（试行）》（2017年10月）	大创引导基金的投资范围为杭州市行政区域内注册设立的大创企业，其中对留学人员创业企业投资总额不高于受托管理机构管理的大创引导基金总额的50%。大创引导基金重点投向从事信息产业、文化创意、金融服务、旅游休闲、健康产业、高端装备等符合杭州市经济与社会发展规划以及产业发展导向的大创企业
		《杭州市大学生创业三年行动计划（2017~2019年）》（2017年11月）	不断优化大学生创业环境，建设最优创业生态，继续保持大学生创业工作走在全国前列。加大高层次项目培育力度，整合优质创新创业资源，持续打造人才项目服务对接平台，形成项目和资本间良性循环。在资助力度、融资渠道、教育培训、平台建设、支持体系建设、社保补贴、营造氛围等各方面对大学生创业给予大力推进。如按照合理布局、适度集中的原则建立大学生创业园、发挥中国杭州大学生创业大赛品牌效应，聚集创业人才、举办"大学生创业服务周"活动、推进"智汇杭州"招才引智平台建设等手段
		《关于加强众创空间建设进一步推进大众创业万众创新的实施意见》（2018年2月）	通过进一步推进众创空间孵化体系建设，提升众创空间对接人才和资本能力，发挥其引领和示范作用。加快推进全市众创空间向专业化、国际化发展，鼓励区、县（市）结合区域产业定位和规划布局建设垂直孵化生态体系，提升"众创空间－孵化器"孵化体系的核心竞争力，实现差异化、高端化发展

附录 2   英国创客文化调研札记

2017 年 3 月 1 日   爱丁堡黑客空间 Hack Lab

Hack Lab 是爱丁堡的第一家 makerspace。Lab 的常客、Maker Bee 的创始人 Costa 热情地接待了大家，带大家参观了 Lab 的各种工具，介绍自己与他人参加的一些有趣的项目，并回答大家的问题。同时，他也希望来自深圳的创客小伙伴们帮他找到一种模块。

附图 1   英国 Hack Lab 内景一

　　让人印象深刻的主要有两点。其一，Hack Lab 是典型的社区创客空间。会员自治，会员费每月 25 英镑，工具使用费另算，价格应是非常低廉的。这些费用是否足以支持空间的运营呢？Costa 回答："这里没有赢利目标啊……大家就是分摊一下房租，有些工具是捐赠的，若是购买的也可以从使用费收回……几乎就没有别的大支出了。"

附图 2　英国 Hack Lab 内景二

　　其二，项目以兴趣为主。Costa 眉飞色舞地向大家介绍每年 6 月举行的爱丁堡划艇赛，要求自制划艇，而获奖的将是"the most ridiculous raft"（设计最疯狂的划艇）！去年 Hack Lab 以空间的吉祥物为外形做了一艘四人脚踏划艇，屈居第二。因此，今年他们摩拳擦掌，力图再创几年前勇夺冠军的辉煌。当然，也有商业性的项目，例如空间所使用的门禁系统便为创客所制，并正在进行商业推广；也有一些上众筹的项目。但是，Costa 问及中国是否也有这类荒诞的竞赛，恐怕不多见呢。这大概是外国人特有的幽默，也不失为 making for fun 的例证。

2017 年 3 月 2 日　"你好，深圳"项目介绍会

　　英国之行的第二天，37 位小伙伴齐聚由爱丁堡海关大楼改造的设计与制造中心，参加"创客西游 2.0——你好，深圳"项目介绍会。

　　在英国文化协会（British Council）、东道主爱丁堡设计与制造中心负责人的简短开场白以及所有小伙伴们的简短自我介绍后，是大会的第一项议

附图3　爱丁堡设计与制造中心

程——来自深圳的创客们与驻地机构商议入驻期间的活动、任务及目标。我的驻地是布莱顿的 Lighthouse，其间也会参与布莱顿大学 Fab Lab 的筹建工作。此前已与 Lighthouse 的 Andrew Sleigh 先生和布莱顿大学的 Kelly Snook 教授有过邮件联系，并共同起草了一个文档，包括三方的期望以及一些活动计划。因此，见面后我们讨论并增加了一些活动安排，包括 3 月 8 日晚上的 Meetup，参访周边的创客空间以及有关英国工业历史及艺术与手工艺运动的博物馆。这对我的研究非常有帮助。更让我开心的是，Andrew 也希望通过参访来勾画布莱顿的创客生态。所以，我们的成果将是一张布莱顿创客生态视觉效果图以及一些文字或视频参访记录。当然，入驻期间我也会向布莱顿的创客社群介绍深圳的文化发展、创客生态以及我的有关创客文化的研究。

　　此后，来自英国文化咨询机构 BOP 的 Lucy 介绍了对"创客西游 2.0——你好，深圳"项目的评估方法；另有来自皇家艺术学院（RCA）与诺丁汉大学的两位研究人员 Hannah 与 Daniel 介绍自己的研究课题——前者专注于创客运动中的伦理问题即创客行为的动机和创客空间的角色，后者主要关心草根设计以及数字制造。我恰巧正与香港中文大学的王珺老师合作一个有关创客工作流动性的项目，也关注伦理问题；同时我也正在研究节俭式创新，因为我认为节俭式创新是创客实现创新的重要途径。因此，我也希望能够与两位研究者保持联系，了解英国研究人员的关注点及研究方法，应有许多值得学习的地方。

　　下午，几位小伙伴一同参观了爱丁堡一家小有名气的社会企业——Remakery。空间不大，约 100 平方米，包括缝纫及电子工作区、木工房和售卖区。Remakery 通过举办工作坊，教会人们修理修补家具、电器、衣物等，并将修补后的物品低价出售。其宗旨是在社区中"分享技能、遏止浪费、节约金钱、创造就业"。我们看见清洁修理后的笔记本电脑售价为 30~89 英镑，鼠标 3 镑一个；还有一些看起来非常漂亮的家具，譬如摇椅，售价仅为40 镑。但是，墙上所写的 2~4 月的工作坊活动，价格却相对贵一些，特别是一些木工项目，5~5.5 小时需要 65 镑，是 Hack Lab 每月会员费的两倍多。当然，与深圳的一些木工坊活动标价相比这还是不值一提的（也许是Hack Lab 的会员费太便宜了）。总体而言，Remakery 为"一次性消费"社会提供另一个选项、关注社区构建的理念，还是非常有意义的。

附图 4　Remakery 创客空间外景及内景

2017 年 3 月 3 日　BEYOND THE MAKING！

今天的 Maker Assembly 依旧在 Custom Lane 举行。来到签到台，发现有

NESTA 与 BC 发布的 MADE IN CHINA 研究报告可以带走。以前常以它作为中国创客文化影响力的证明，这回终于看到实物了。

附图 5　Maker Assembly 会议材料展示

　　Maker Assembly 是一个将创客们聚在一起研讨创客文化的集会，此前已经在谢菲尔德及曼彻斯特举办过。此次集会据说规模最大，有 100 多位创客参加。集会包括四项议程，分别是"网络"、"设计 - 创客工作坊"、"开放制造"以及最后由两位演讲者共同完成的"造物在 21 世纪所扮演的角色"主题演讲。比较有意思的是"网络"，三位演讲者分别介绍了一个连接苏格兰制造商的在线社区、"智慧城市"倡议下布里斯托市的创客项目实践以及创客图书馆网络（Maker Library Network）。而在最后的主题演讲中，Alice 列举了 3 个例子来阐述造物的意义：一是作为一种生活技能（以 Girl Garage 项目为例），二是为了大众的造物（以 Nike 为例），三是造物与行动主义（activism）。所以，今天的讨论有很强的社会导向及意涵，正如 Andrew 所说，这不仅仅是造物，我们还希望能改变世界的一小部分，或是具备一定的社会价值。

　　国外小伙伴对视觉呈现的重视也是值得学习的。大家的演讲 PPT 都很漂亮，文字简洁清晰，图片丰富，主办方还请了一位艺术家实时"绘制"会议记录。另外，贴在会议室外的"英国创客发展史"也让我们大开眼界。图表将英国创客文化的起源定位于 1880 年的艺术与手工艺运动，列出从当时到现在发生的影响英国创客文化发展的几百项重要事件。不少参会的创客们又在现有的图表上加了一些内容，譬如深圳的一些创客事件（不能放过宣传深圳的好机会）。图表还在不断完善中，这也是个有趣的"众包"项目呢！

附图 6 Maker Assembly 会议记录员与记录图

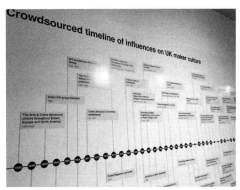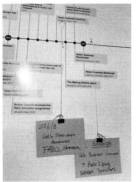

附图 7 英国创客发展时间线

2017 年 3 月 7 日 伦敦创客空间之旅

第一站：Makerversity

虽然之前就见过图片，但亲眼见到位于泰晤士河畔的 Somerset House（萨默塞特宫）时，还是忍不住惊叹。Somerset House 的历史可追溯到 15 世纪的都铎王朝，18 世纪起逐渐与皇室脱离关系，成为各类文化教育机构的家园，它也是英国海军的摇篮。20 世纪晚期，Somerset House 成为伦敦视觉艺术文化的殿堂，凡·高割伤耳朵后的自画像即展出于此。我们今天要探访的第一家创客空间，就是位于其地下室的 Makerversity。

附图 8　泰晤士河及萨默塞特宫

Makerversity 始建于 2013 年。正当四位设计师创客对伦敦中心缺乏制造空间感到沮丧时，他们找到了 Somerset House 地下几层的 2000 平方米废弃空间。Somerset House 为空间免去第一年的租金。由此，经过 9 个月的艰苦翻修，Makerversity 正式于 2014 年初向公众开放，并成为一个可容纳 200 名会员及 60 个创客团队的创意中心。Marc 与 Beccy 带着我们再次见到 Liza，我们一同在 Autodesk 赞助的 "classroom"（The Fusion Lab）坐下。Liza 简单介绍了教室的功能后，邀请两位入驻的会员介绍他们的项目。

随后，我们参观了办公空间、3D 打印工作室、激光切割机、木工坊等，另外还有供成长起来的团队使用的两层 loft 空间。透过玻璃可以看到里面正进行各种有趣的项目，有生物医药、服装设计和游戏开发各种类别。

我以为这样的空间一定是有政府或企业伙伴资助，然而 Liza 解释说完全依靠会员费支持。一个不固定工位每月 200 镑，固定工位每月 325 镑，而两层小楼每月大约需要 2000 镑。这个价位乘以 200 名会员，应该是够了，

附图 9　Makerversity 会员介绍项目

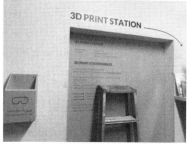

附图 10　Makerversity 内景

况且 Somerset House 也持续为空间提供优惠的房租。

第二站：Maker Miles

从地铁口出来，便感觉到与伦敦市中心不同的氛围，甚至有些凋敝与破败。一路走到东伦敦的传奇 Machines Room。个人会员 5 镑一月，还有专为小型企业、初创公司和组织机构设置的会员，100 镑可供最多 20 个个人会员使用。当然，使用工具会收一定的费用，但是这比爱丁堡 Hack Lab 还要 frugal（节俭）；走进木工坊，我们可以看到储存物料的架子租金也是非常便宜的。有些会员正在从事严肃的创新项目，所以比较介意被拍照。

随后，Machines Room 的 Gareth 带我们去了周边的几家合作伙伴。两家是做儿童科技教育的，分别是 Sam Lab 和 Technology will save us。有意思的是一位酷阿姨运营的 Lime Wharf，创始人还写了一本有趣的书，希望能够买

附图 11　Machines Room 内景

到。大家在此谈及 gentrification 的问题，也就是艺术家们让空间变得更有意思，随即却又不得不因房价上涨而离开。最后一家是 Open desk，它构建了一个数字化办公室家具制作的在线平台。

附图 12　Lime Wharf 外景及内景

因此，这一块 1 平方英里之地内的工作坊、艺术家及设计师工作室、艺廊、小型工厂等便构成 Maker Miles。除了上面提及的机构，周边还有 East London Printmakers、The Carpentry Club、伦敦 Fab Lab、Make Works（在爱丁堡的 Maker Assembly 见到过）、The Cocktail Factory、Bike Works 以及 RCA Design Products 等。

附图 13　Sam Lab 及 Open desk 内景

第三站：The Design Museum

下午 4 点钟吃过午饭后，我们匆匆赶往今天的最后一站，位于荷兰花园的设计博物馆。起初并未太以为然，但在拍照过程中惊奇地发现 Maker 一词，再拍时变成 Designer——原来是一块滚动显示牌。最后一个词是 User——他们被看作设计过程中的三个最重要的主体。展览意图启发人们的思考，如设计师如何应对创客及用户的需求，用户如何消费并影响设计，以及技术与制造领域的革新如何改变我们的世界。可惜只有不到一小时就要下班了，我只有抓紧拍照记录。

附图 14　The Design Museum 内景一

而其他小伙伴们更感兴趣的是展出的经典设计作品。大家各种摆拍、鉴赏，久久不愿离去，最后被工作人员温柔地慢慢赶出来。据说这个展览会

last forever。这无疑是工业设计、互动设计的绝佳展示，那么这也意味着 makers 将在历史上烙下深刻的印记吗？

附图 15　The Design Museum 内景二

2017 年 3 月 9 日　大学的使命

在小伙伴们的护送和 Andrew 无比详细的指引下，我顺利地搭乘火车来到布莱顿。第二天起床工作一会儿，Kelly 已经开着她的"silly boxy car"来接我去布莱顿大学的 Fab Lab。Kelly 花了一年多的时间，在学校内部走了无数的程序，才有了现在这个不大的空间和几台机器，家具是学生亲手做的，

附图 16　布莱顿大学 Fab Lab 内景

还有些机器正在漂洋过海来到这儿。Kelly 是我见过的最酷的创客。她在斯坦福大学获得航空航天博士学位,在 NASA 工作 19 年,因为酷爱音乐而成为一名自由职业者,在自己的 It's Not Rocket Science Studios 创作音乐作品。现在,她有 40% 的时间在布莱顿大学教授 Digital Music and Sound Art 课程。Kelly 向我们演示了她所参与研发的 Mi. Mu 音乐手套。手套融合了传统的布料和先进的动作追踪电子及算法;通过手势检测和映射,手套可以在空中随意发挥,从而发出各种音效。想象一个魔术师,在看不见的钢琴或是架子鼓上演奏出美妙的乐曲,对,这就是手套的功能!而用户对手套的使用更是超越想象,譬如将控制手势编入舞蹈、控制灯光及音效,甚至将歌者的独唱变为合唱,从而进行一场一个人的电子音乐表演。①

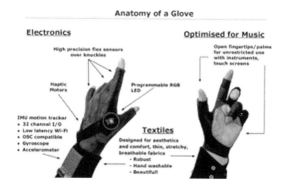

附图 17　Mi. Mu 音乐手套构造

资料来源：https：//www. kickstarter. com/projects/mimu/mimu – glove – for – music。

手套现在的造价约 5000 英镑,已经有不少音乐人欣喜地通过它们进行音乐实验。团队也在努力地降低造价,希望有更多的人能够使用手套。

从 Fab Lab 去艺术与人文学院的路上,我们经过 Brighton Waste House,一幢使用了 500 个音乐磁带、2000 个磁盘、4000 个录像带、近 2 万把牙刷

---

①　YouTube,"Performing Electronic Music with Gesture",https：//www. youtube. com/watch？v = OE361wobkiE,最后访问日期：2019 年 8 月 27 日。

等废弃物料建成的房子。它不仅是个展示品,而且是一个切切实实能展览、能上课的地方。房子所要传达的理念是废弃物与建造中体现的循环经济,换句话说:"世界上没有垃圾,它们只是放错了地方。"

附图 18　Brighton Waste House 外观及内景

　　最后,我们来到艺术与人文学院。这里不仅有各种数字音乐、艺术、陶瓷工作室,还有一个中型木工坊,包括一台大型 CNC 切割机。Kelly 已经订购一台小型 CNC 切割机,苦于没有地方容纳一台大的,正巧工坊的负责老师更希望用一台小型机器。我想 Fab Lab 的建设将会促成学校一些机构的合作,更好地启发学生的想象力及动手能力。

　　看到眼前的一幕幕,不禁为布莱顿大学师生的社会实践默默点赞。谈话

附图 19　布莱顿大学艺术与人文学院内景

中 Kelly 也提及正在向学校申请经费，以支持 15～17 位学生参加 MIT 的 "How to make almost anything" 的课程。每位 5000 美元，这可不是一笔小费用，整个深圳目前恐怕也只有开放实验室及南荔工坊等少数机构支持员工参加此项培训。然而，曾经也上过这个课程的 Kelly 说："我非常希望这些极有天赋的学生参加这个项目，即便他们毕业后不再直接参与 Fab Lab 的事务，但我相信他们会受益终身。"

2017 年 3 月 11 日　"你好，深圳；你好，Fab Lab" 研讨会

Andrew 和 Kelly 策划的 "Hello Shenzhen Hello Fab Lab" 研讨会如期而至。事先通过 Eventbrite 发布，最后来的小伙伴约 30 多位。Kelly 首先介绍了在布莱顿大学筹建 Fab Lab 的初心、进展及使命，Andrew 接着介绍了 Hello Shenzhen 项目的概要，最后便是我的演示。反响还不错，我们仨都得到许多积极有用的反馈。Andrew 还在墙上贴了两张白纸，鼓励大家在上面写下"我能如何参与（入驻研究及创客社群）"的答案。

附图20 "Hello Shenzhen Hello Fab Lab" 研讨会现场

因此，便有了我们第二天的入驻计划讨论。到办公室时，Andrew 已经在墙上画出日程表，写下我们未来两周要进行的系列活动；同时，各种邮件沟通确定行程，我收到的转发的邮件便有 10 来封，真是辛苦他了。前几天他随手在几张纸上画下布莱顿创客生态系统示意图，今天又尝试用 Graph Commons 作图，外国人真是好学呀。

把这些点线面理理，布莱顿创客生态体系初体验大致如下。

·研究：布莱顿大学/数字媒体与声音艺术专业（Digital Media Sound Art）/Fab Lab，苏赛克斯大学/SPR/Innovation Centre；

·创客社群：Build Brighton、Eagle Lab、New England House、Maker Club、Curiosity Hub 等；

·加速器/房地产：FieldCRL（U＋I 地产）/银行地产；

·公共机构：Arts Council England/lighthouse；博物馆/艺术与手工艺运动/工业遗产；

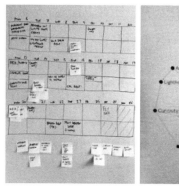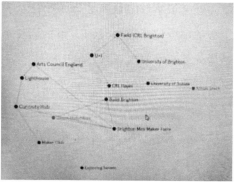

附图 21　参访工作图及布莱顿创客生态体系初稿

·活动：Mini Brighton Makerfaire。

期待每一个小点的展开。

2017 年 3 月 13 日　中心研究实验室（CRL）：WORK HARD，HAVE FUN，MAKE HISTORY

周五的清晨，我从布莱顿来到伦敦，一路追寻闻名已久的 Central Research Laboratory（CRL）。果然有点远，直到看见一座巨型工厂——The Old Vinyl Factory，入驻的小伙伴 Michael 出来接我进厂。

附图 22　改造后的 The Old Vinyl Factory（旧唱片厂）

CRL 成立于 2015 年，是一家硬件加速器＋联合办公空间，拥有原型工坊及专业的咨询服务。空间布局十分鲜明，除孵化、办公、工坊三大空间外，还有一些会谈室和会议室，以及一个公共演示区，配有一个以 The Big Idea 为中心的市场化路径示意图，包括商业战略及模式、品牌营销等内容。工坊包括激光切割、3D 打印以及 PCB 三个区，基本用的是技术伙伴 Roland 的机器（据说 Roland 也是 Fab Lab 的标配）。此外，Autodesk 也是 CRL 的技术伙伴，大概如在 Makerversity 一样提供了软件支持。

附图 23　Central Research Laboratory 内景

CRL 的特别之处即在于它是一个地产、大学及政府通力合作的好例子，是一家由 U＋I 地产公司创立，与附近的布鲁纳尔大学及英格兰高等教育基金会（HEFCE）建立合作伙伴关系，并受欧盟欧洲区域发展基金会支持的机构。U＋I 自称是"城市复兴与地产开发专家"，在伦敦做了不少建筑更新的项目；而大学和基金会的主要目的在于教育以及孵化学生初创企业。

中午与 Michael、书洋、Mat 和 Kristen 一同在"人家的"食堂午餐。Mat 谈及他近期回母校去评审 service design 专业毕业生的作品。正当大家对这种与实践相结合的教学方法给予高度评价时，Mat 也表示其实高等艺术学院面临两难境地：一方面，希望教学能够接地气，学生能了解客户及市场需求；另一方面，作为艺术又需维持作品的独立性。此外，Mat 也聊起 design thinking 理念的兴起导致很多设计师去做企业战略咨询服务。Mat 笑称咨询就是画圈圈、画箭头还有连线，几百镑一小时的收入还是很不错的。问：如何能获得用户呢？答：要善问问题，让你的潜在客户觉得，"天呐，我从来没有想过这个，怎么办？"咨询机构便可以顺水推舟地说："交给我们吧。"然而，咨询的效果并不都是立竿见影的，Mat 也因此厌倦了圈圈箭头的生活，又因为有个创立了 Machines Room 的姐姐，便出来打理 U＋I 的 CRL 项目，以期看到真正的改变，从而"创造未来"。

关于 CRL 是否可以赢利，也就是说，CRL 是一家公司还是社会企业的问题，Mat 答道"No&Yes"。U＋I 并不期待 CRL 能够赚取大量的租金，而是希望通过这个技术先锋社区的营造，使得周边的办公或住宅物业费用上涨（与创意产业园区的发展如出一辙）。但是，能赚到钱再回馈到社区，也不错啊。CRL 还准备在布莱顿和谢菲尔德的 U＋I 房产中成立新的分支。就布莱顿而言，是否有这个创业氛围，如何与当地政府、大学及创客社群合作，也是正在探索的问题。

CRL 的工位从 190 镑一月起算，细看会员权利，租用固定工位可享受 30 分钟的咨询服务，租用 studio 的有 60 分钟的咨询服务可用，还真是 valuable 呢。CRL 去年入驻两个项目；今年在孵的 6 个项目中，有 3 个此前都来过深圳碰过面。一个是儿童教育套件 DoItKits；一个是为 Airbnb 设计的 Ping，帮助入驻者获取房主录下的视频或语音指南，还可以一键拨通房主电话；还有一个是 KOSKI，一种可用磁片连接且载入 AR 显示的积木，都是有趣的软硬件相结合的项目。

2017 年 3 月 14 日　小小动画师工作坊

今天下午在 Lighthouse 楼下的 Digital Lounge 参加了一个 Curiosity Hub 主办的儿童动画制作工作坊毕业展映。不到 4 点就陆陆续续有家长带着学员小朋友来了，进教室时已坐得满满当当，只好与 Lighthouse 的小伙伴坐在最后。

Curiosity Hub 的创始人 Jessica 首先欢迎大家的到来，然后稍微介绍了一下工作坊的内容。工作坊进行了 8 周。在每周一下午 4：00～5：30 的课堂上，小朋友们从了解动画最基本的原理开始，到创作自己的剧本，到用彩色黏土、纸张等材料创造布景及角色，再到用摄像头捕捉角色的动作，最后加上音乐及音效。每个作品大概 1 分钟，但是，1 秒钟的动画需要 8 张图片来合成，所以工作量（特别是对于小朋友来说）还是很大的。话不多说，Jessica 开始放映动漫作品。

附图 24　小小动画师剧本创作及角色布景

第一个作品讲述了一只两只小狗来到马戏团被喂了西蓝花后进行各种表演；第二个作品……没看懂；第三个、第四个、第五个……也都没有看得很懂；最后一个还是看明白了：皮卡丘大战小怪兽。每个作品展示前 Jessica 会先问小朋友影片的名字，有些小朋友想好了，有些还没想好。放第一遍后 Jessica 会问制作过程中最开心的经历是什么，遇到过什么样的困难，又是怎样克服困难的；然后再放第二遍。

所有的影片放映后是展示时间，也就是小朋友现场操作，告诉观众们是如何制作动画的，也可以随意去看看别人的作品。有些小朋友很爱说话，讲了一大通，然后我与另一位 local 的女士相视一笑……原来不只是我听不懂啊！有些小朋友就比较害羞。但是，这些都不影响他们创造力的发挥；孩子内心的丰富也是我们难以一一探悉的。

最后是颁发证书。Jessica 也顺便做了个小广告：Curiosity Hub 是一家专

附图 25　小小动画师工作坊教具及工具

注于创意 STEAM 教育的机构，专为 6～16 岁的学生设计课外课程，领域除了动画制作还有乐高机器人、Minecraft、数字音乐、电脑游戏开发、网页与手机 App 开发以及户外搭建。这一次的活动收费每位 120 镑，算下来每 45 分钟 7.5 镑，应该算能接受吧？此次 Lighthouse 为活动提供场地，也算是一个试验性合作，看看合作效果再决定下一步的计划。

　　想想现在的小朋友也挺幸福的。随着 STEAM 及创客教育的发展，也许以后他们就不用硬啃数学、物理课本，而是更多地从动手实践中去学习、去构建自己对世界的理解，也明白自己的兴趣与特长所在。

2017 年 3 月 17 日　创客研究的 Q 方法

　　与 Andrew 头脑风暴一上午，简单午餐后，苏塞克斯大学科技政策研究所（SPRU）的 Adrian Smith 教授与 Cian O'Donovan 博士如约来到 Lighthouse。Andrew 和我将参与其课题"数字制造技术背景下手工艺及编码行为研究"的方法论实验。

　　他们用的是 Q 方法。Andrew 和我既非匠人也非码农，所以我们的数据不会被纳入最终的分析中，而是测试方法设计是否有效及如何完善。之前，Cian 已把项目介绍链接发给我。Adrian 简单介绍了一下自己及项目，我也表达了对 SPRU 的久慕、对创客研究的兴趣来源以及当下关注的节俭创新、社会创新。Adrian 听后表示我们的研究有许多交叉之处，希望实验后能详谈。

　　实验开始。我们四人分为两组。Andrew 和我被分别给予 42 张卡片，每

**附图 26　Adrian Smith 教授（左）与 Cian O'Donovan 博士（右）
介绍并准备实验材料**

张上面都有一句意见陈述，如附图 27 所示的"与其他创客合作使用数字制造技术让我更具生产力"，另外还有"我认为数字制造技术将会让手工艺消失"、"我认为政府必须大力支持提供数字制造技术实践的空间"、"就我的经验，我认为数字制造技术将振兴英国的制造业"、"将我的作品在线发布能带来更大的受益"、"爱好者与创业者在一起工作对双方都有利"以及"爱好者与创业者在一起工作会产生矛盾"等。

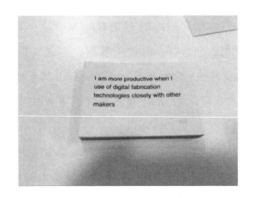

附图 27　创客研究实验卡片

　　第一步，Andrew 和我分别将卡片分为三叠：同意，不同意或中立（不确定）。这倒不难，我们很快就分好了。Adrian 和 Cian 也询问了我们对卡片有什么意见。第二步，Adrian 和 Cian 分别拿出 9 张计量卡，从 -4 强烈不同意到 +4 强烈同意，请我们将三类卡片再分成 9 类。一番"艰难"抉择后终于完成，Cian 也追问了一些意见。以为游戏结束，结果 Cian 拿出第三步解释图：我们必须把现有的卡片整理成梯形，这个阶段就不是判断是否同意，而是考量什么最重要了。我们在 10 分钟后完成了排列。

附图 28　创客研究实验结果呈现

在实验过程中我感受到研究方法论的严谨性。百度搜索了 Q 方法，也发现有些争议，譬如我们只能通过对现有意见的归类来获得我们自己观点；当然除归类外我们也被鼓励指出卡片未能涉及的内容或是陈述模糊指出，或可弥补上一缺陷。但是还是可以多了解这个方法，甚至试验一番。

2017 年 3 月 23 日　参访新英格兰大厦

New England House（简称 NEH）是一栋建于 20 世纪 60 年代的 8 层工业建筑，可出租面积超过 12 万平方英尺（约 1.1 万平方米）。作为市政府的房产，目前已有 60% 的区域出租给创意产业（尤其是数字媒体产业）、餐饮、零售、建筑及营销企业等。正是这种有趣的商业组合，加上廉价的房租及弹性租约，使其特别受到初创及成长中的企业的欢迎。

9 点 15 分，在 Spacemaker 负责人 Mat 的带领下，我们开始比走马观花好一点但也没充裕到能坐下来谈（除了 Fusebox）的参访，每家 15 分钟。第一家是面包厂 Real Patisserie。简单寒暄后，负责人 Alex 请我们穿戴上防尘衣帽，一同去参观生产车间。首先映入眼帘的是成袋的面粉、巨型的面包架及烤房。这个

附图 29　New England House 电梯口

点大部分面包都已经生产出来被送到 5 ~ 6 家自营面包店及一些咖啡馆。工人看起来并不多，揉面、切面、卷面都是自动化，不过卷好的面团需要人工放进烤箱。Andrew 问了一个有意思的问题："这些工人是直接按照指南操作机器的，还是也需要个人的经验决策？" Alex 说，经验还是很重要的。譬如室温控制一直是个问题，此时就需要工人依据经验来决定面团是否发酵完成。

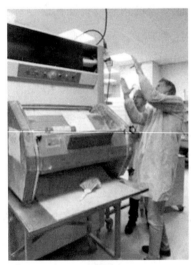

附图 30　Real Patisserie 面包厂

第二家 Reilly Cycleworks/frame school 是一家高端自行车定制工作室，有时也举办一些工作坊。一台单车价格大约 5000 镑，看得出主人非常自豪，因为他认为"很多不懂自行车的人在生产自行车……"

附图 31　Reilly Cycleworks/frame school 自行车定制工作室

第三家 Aerostrop 是一家设计咨询公司，业务包括航空、能源以及艺术项目。很有幸在这里见到两位热情的中国小伙伴，因此第二天一起吃饭时听到很多老板的八卦。主人 Chris 一看就是艺术家（员工评价还是话痨），以为他是法国人，不想是公司唯一的英国人。公司成立已有 10 来年，搬到 NEH 也有 9 年，具体项目有风力发电机扇叶设计、艺术装置技术支持以及一些纯属爱好的风力火箭帆船制造。据说最痛苦的就是艺术项目：艺术家们灵机一动，工程师们就得重新建模改图纸。另外，法国人和德国人的办事风格也被比较了一番。据说法国合作伙伴有点随意，而德国人则非常较真，要确定一切细节再动手。公司在 NEH 另有一间实验室。当时 Andrew 说我们想去看看；Chris 赶紧说啥也没有啊。出来时 Mat 说那间实验室肯定有 topsecret（最高机密），因为有看到他们公司的人穿着白大褂进进出出。向中国小伙伴求证：机密还真的有。

第四家是 Fusebox 加速器，与 Wired Sussex 及布莱顿大学共同致力于数字中小企业的成长，小有名气的创客教育机构 MakerClub 就是从这里走出去

附图 32　Aerostrop 设计咨询公司

的。隔壁另有个空间也已被租下，正在两边打通，一边是固定工位，另一边是活动区，这样就不用一有活动就要挪桌子了。

附图 33　Fusebox 加速器

　　第五家是 Jenny King 刺绣工作室。主人低调地向我们展示了她们为大牌设计如 Vivienen Westwood 提供的刺绣作品。小小空间放着四台人力刺绣机，另有一台数字刺绣机正在工作。Jenny 说她们的作品大多是单件或是小量生产，数字刺绣机只能承担 20% 的工作，其他就要人工完成。人工刺绣会有更大的发挥空间，也更受客户欢迎。

　　途中，我们还经过几家聚在一起的木工坊，为聚会和活动设计艺术科技装置的 Harvey and John/Guineapig，提供各类绘画工作坊的 Draw，以及一些

附图 34　Jenny King 刺绣工作室

摄影、动漫工作室。一开始我很惊讶创客空间/创客工作室也可以以聚集的
形式存在，但参观后感觉这倒比较像国内的创意产业园区。他们自己也说是
a mixture of creative business 和 workshop。大概英国的创客文化早就与创意产
业交织在一起，如 crafts、fashion、software design 等。

附图 35　New England House 内景

最后，我们来到 Mat 的 Spacemaker，这是一家空间再生策划机构，在 NEH 也策划过"电梯的一天""空间的延伸"等项目。近期他正在向市政府建议成立一个非营利机构来将 NEH 重塑为公共的、社区运营的形象，也包括设置餐厅、公共生产空间等。感觉国外比较纯粹的创客确实挺 counterculture 的。

附图 36　Spacemaker 再生策划机构

参考文献

一　著作

中文

〔美〕埃德蒙·菲尔普斯：《大繁荣——大众创新如何带来国家繁荣》，余江译，中信出版社，2013。

〔美〕埃里克·施密特：《重新定义公司：谷歌是如何运营的》，靳婷婷、陈序、何晔译，中信出版社，2015。

〔英〕爱德华·卢西·史密斯：《世界工艺史》，朱淳译，中国美术学院出版社，1993。

〔美〕德鲁·博迪、雅各布·戈登堡：《微创新》，钟莉婷译，中信出版社，2014。

黄昌勇：《中国城市文化报告2017》，同济大学出版社，2017。

〔美〕克里斯·安德森：《创客：新工业革命》，萧潇译，中信出版社，2012。

〔美〕理查德·佛罗里达：《创意阶层的崛起》，司徒爱勤译，中信出版社，2010。

〔美〕理查德·桑内特：《匠人》，李继宏译，上海译文出版社，2015。

联合国教科文组织国际教育发展委员：《学会生存》，华东师范大学比较教育研究所译，教育科学出版社，1996。

梁森山：《中国创客教育蓝皮书（基础教育版）》，人民邮电出版社，2015。

〔美〕刘易斯·芒福德：《城市发展史——起源、演变与前景》，倪文彦、束峻峰译，中国工业建筑出版社，2005。

〔美〕马克·哈奇：《创客运动——互联网＋与工业4.0时代的创新法则》，杨宁译，机械工业出版社，2015。

〔德〕马克思·韦伯：《新教伦理与资本主义精神》，黄晓京等译，四川人民出版社，1986。

〔印〕纳维·拉德友、贾德普·普拉胡、西蒙·阿胡亚：《朴素式创新：节俭、灵活与突破式增长》，陈劲译，清华大学出版社，2015。

王京生、陶一桃：《"双创"何以深圳强？》，海天出版社，2017。

〔美〕文卡特·拉马斯瓦米、弗朗西斯·高哈特：《众包2：群体创造的力量》，王虎译，中信出版社，2011。

向勇：《文化产业导论》，北京大学出版社，2015。

许衍灼：《中国工艺沿革史略》，上海商务印书馆，1917。

〔澳〕约翰·哈特利：《数字时代的文化》，李士林、黄晓波译，浙江大学出版社，2014。

〔澳〕约翰·哈特利编著《创意产业读本》，曹书乐、包建女、李慧译，清华大学出版社，2007。

郑建海：《教育改革在温州》，浙江教育出版社，2019。

中国科学技术发展战略研究院：《国家创新指数报告：2014》，科学技术文献出版社，2015。

外文

Anderson C., *Makers: The New Industrial Revolution*, Crown Business, 2012.

Andersson et al., *Kreativitet: Stor Stadens Framtid*, Stockholm: Prisma

Regionplankontoret, 1985.

Caves R. E. , *Creative Industries: Contracts between Art and Commerce*, Cambridge: Harvard University Press, 2000.

Cooke P. et al. , *Regional Innovation Systems: the Role of Governances in the Globalized World*, London: UCL Press, 1996.

Drucker P. , *The Frontiers of Management: Where Tomorrow's Decisions Are Being Shaped Today*, New York: Truman Talley Booka/Plume, 1999.

Florida R. , *The Flight of the Creative Class: The New Global Competition for Talent*, Harper Business, 2005.

Florida R. , *The Rise of the Creative Class: And How It's Transforming Work, Leisure, Community and Everyday Life*, New York: Basic Books, 2002.

Freeman C. , *Technology Policy and Economic Performance: Lessons from Japan*, London: Frances Printer, 1987.

Hall P. , *Cities in Civilization*, New York: Pantheon Books, 1998.

Hartley J. et al. , *Creative Economy and Culture: Challenges, Changes and Futures for Creative Industries*, London: Sage Publications, 2015.

Hartley J. , *Key Concepts in Communication, Media & Cultural Studies*, 4th edn. , London: Routledge, 2011.

Keane M. , *China's New Creative Clusters: Governance, Human Capital and Investment*, London: Routledge, 2011.

Landry C. et al. , *The Creative City*, London: Demos, 1995.

Landry C. , *Glasgow: The Creative City & Its Cultural Economy*, Glasgow Development Agency.

Leadbeater C. et al. , *The Independents: Britain's New Cultural Entrepreneurs*, London: Demos, 1999.

Leadbeater C. , *The Frugal Innovator: Creating Change on a Shoestring Budget*, New York: Palgrave Macmillan, 2014.

Levy S. , *Hackers: Heroes of the Computer Revolution* (Vol. 4), New York:

Penguin Books, 2001.

Mokyr J. , *The Enlightened Economy*: *Britain and the Industrial Revolution*, *1700 -1850*, London: Penguin, 2009.

Montgomery J. , *The New Wealth of Cities*: *City Dynamics and the Fifth Wave*, Aldershot: Ashgate, 2007.

Nelson R. , *National Innovation System*: *A Comparative Analysis*, Oxford: Oxford University Press, 1993.

Phelps E. , *Mass Flourishing*: *How Grassroots Innovation Created Jobs*, *Challenge*, *and Change*, Princeton University Press, 2013.

Radjou N. et al. , *Jugaad Innovation*: *Think Frugal*, *Be Flexible*, *Generate Breakthrough Growth*, San Francisco, CA: Jossey-Bass, 2012.

Schoonhoven C. B. et al. , *The Entrepreneurship Dynamic*: *Origins of Entrepreneurship and the Evolution of Industries*, Stanford, CA: Stanford Business Books, 2001.

Sennet R. , *The Craftsman*, London: Yale University Press, 2008.

Shirky C. , *Here Comes Everybody*: *The Power of Organizing Without Organizations*, Penguin Press, 2008.

Sleigh A. et al. , *Open Dataset of UK Makerspaces*: *A User's Guide*, London: NESTA, 2015.

Smith A. et al. , *Grassroots Innovation & Democracy*, STEPS Working Paper 89, Brighton: STEPS Centre, 2016.

Smith A. et al. , *Grassroots Innovation Movements*, London and New York: Routledge, 2017.

Smith A. et al. , *Grassroots Innovation Movement* , London and New York: Routledge, 2017.

Standing G. , *The Precariat*: *The New Dangerous Class*, London and New York: Bloomsbury, 2011.

二　论文

中文

〔美〕阿密特·佐兰、朱橙：《混杂的手工制作：设计与手工技艺在物质实体和数字虚拟上的整合》，《世界美术》2016 年第 4 期。

安树伟、倪君：《"3T"理论与"3S"理论的比较研究》，《区域经济评论》2016 年第 2 期。

白烨：《新变中的异动与思索——2008 年文化热点综述》，《南方文坛》2009 年第 3 期。

陈华文：《论非物质文化遗产生产性保护的几个问题》，《广西民族大学学报》（哲学社会科学版）2010 年第 5 期。

陈劲、王锟、Hang Chang Chieh：《朴素式创新：正在崛起的创新范式》，《技术经济》2014 年第 1 期。

陈君：《传统手工艺的文化传承与当代"再设计"》，《文艺研究》2012 年第 5 期。

陈敏：《从消费主义看 DIY 一族的文化实践》，《中国青年社会科学》2017 年第 5 期。

陈珊、韩芳：《美国创客教育的内涵与特征》，《教育探索》2016 年第 9 期。

陈夙、项丽瑶、俞荣建：《众创空间创业生态系统：特征、结构、机制与策略——以杭州梦想小镇为例》，《商业经济与管理》2015 年第 11 期。

陈昭、刘珊珊、邬惠婷、唐根年：《创新空间崛起、创新城市引领与全球创新驱动发展差序格局研究》，《经济地理》2017 年第 1 期。

陈志文：《"工业 4.0"在德国：从概念走向现实》，《世界科学》2014 年第 5 期。

代明、王颖贤：《创新型城市研究综述》，《城市问题》2009 年第 1 期。

戴亦舒、叶丽莎、董小英：《创新生态系统的价值共创机制——基于腾讯众创空间的案例研究》，《研究与发展管理》2018年第4期。

邓向阳、荆亚萍：《中国文化产业新业态创新模式及其发展策略》，《中国出版》2015年第16期。

邓智团、屠启宇：《特大城市创新能力评价模型的建构与应用——基于我国14个特大城市的实证研究》，《科技管理研究》2016年第12期。

丁大琴：《创客及其文化历史基因探源》，《北京社会科学》2015年第8期。

方恩升：《法律视角中的山寨现象》，《河北法学》2009年第11期。

方婷：《旧金山公共图书馆创客空间实践研究》，《图书馆建设》2017年第4期。

冯小亮、黄敏学：《众包模式中问题解决者参与动机机制研究》，《商业经济与管理》2013年第4期。

付志勇：《面向创客教育的众创空间与生态建构》，《现代教育技术》2015年第5期。

傅骞、郑娅峰：《创客教育区域推进策略》，《中国电化教育》2018年第5期。

傅骞、郑娅峰：《创客教育区域推进策略研究》，《中国电化教育》2018年第5期。

高小康：《非遗活态传承的悖论：保存与发展》，《文化遗产》2016年第5期。

龚花萍、张愚、蒋雨婷：《图书馆创客空间与学习型社会的契合性分析》，《南昌大学学报》（人文社会科学版）2016年第4期。

郭鸿雁：《论文化业态创新的动因与形成机制》，《当代传播》2009年第4期。

郭玉军、司文：《英国非物质文化遗产保护特色及其启示》，《文化遗产》2015年第4期。

韩芳、陈珊：《卡内基梅隆大学创客教育的课程开发：机构、途径与特征》，《电化教育研究》2017 年第 7 期。

韩芳、陈珊：《美国 K‒12 学校〈创客承诺〉的解读及启示》，《现代教育技术》2017 年第 10 期。

何哲、孙林岩、朱春燕：《服务型制造的产生和政府管制的作用——对山寨机产业发展的思考》，《管理评论》2011 年第 1 期。

胡钰：《创新型城市建设的内涵、经验和途径》，《中国软科学》2007 年第 4 期。

花建：《城市空间的再造与文化产业的集聚》，《探索与争鸣》2007 年第 8 期。

花建：《互联互通背景下的文化产业新业态》，《北京联合大学学报》（人文社会科学版）2015 年第 2 期。

黄德荃：《3D 打印技术与当代工艺美术》，《装饰》2015 年第 1 期，第 35 页。

黄飞、柳礼泉：《"双创"视域下高校创客文化及其培育路径研究》，《江淮论坛》2017 年第 5 期。

黄静静、张志娟、李富强：《全球科技创新中心评价分析及对北京市建设启示》，《全球科技经济瞭望》2018 年第 6 期。

黄亮、杜德斌：《创新型城市研究的理论演进与反思》，《地理科学》2014 年第 7 期。

黄永林、朱娅阳：《互联网众筹对中国音乐产业发展的影响作用》，《深圳大学学报》（社会科学版）2016 年第 1 期。

黄玉蓉、郝云慧：《中国创客生态培育研究》，《福建论坛》（人文社会科学版）2016 年第 10 期。

纪光欣、岳琳琳：《德鲁克社会创新思想及其价值探析》，《外国经济与管理》2014 年第 9 期。

简兆权、伍紫莹：《价值活动重组与垂直联盟——山寨模式下的创新启示》，《科学管理研究》2015 年第 2 期。

〔英〕杰夫·摩根、马瑞：《社会创新理论：理论能否赶超实践?》，《国外理论动态》2015 年第 7 期。

〔英〕杰夫·摩根、张晓扬等：《社会硅谷：社会创新的发生与发展》，《经济社会体制比较》2006 年第 5 期。

金慧、胡盈滢：《以 STEM 教育创新引领教育未来——美国〈STEM 202：STEM 教育创新愿景〉报告的解读与启示》，《远程教育杂志》2017 年第 1 期。

荆玲玲、刘庚：《创客教育的内涵要素、问题反思及发展路径》，《教学与管理》2018 年第 3 期。

黎敏：《海尔开放式创新对新型研发机构发展的启示》，《科技管理研究》2017 年第 17 期。

李德富、廖益：《中德日之"工匠精神"的演进与启示》，《中国高校科技》2016 年第 7 期。

李凤亮、谢仁敏：《文化科技融合：现状·业态·路径——2013 年中国文化科技创新发展报告》，《福建论坛》（人文社会科学版）2014 年第 12 期。

李凤亮、宗祖盼：《科技背景下文化产业业态裂变与跨界融合》，《学术研究》2015 年第 1 期。

李凤亮、宗祖盼：《文化与科技融合创新：模式与类型》，《山东大学学报》（哲学社会科学版）2016 年第 1 期。

李凤亮、宗祖盼：《文化与科技融合创新：演进机理与历史语境》，《中国人民大学学报》2016 年第 4 期。

李凤亮、宗祖盼：《中国文化产业发展：趋势与对策》，《同济大学学报》（社会科学版）2015 年第 1 期。

李砚祖、潘天波：《工匠精神的社会化传承：一种文化心理学分析》，《南京艺术学院学报》（美术与设计版）2017 年第 6 期。

李英武：《国外构建创新型城市的实践及启示》，《前线》2006 年第 2 期。

李祖平等：《国家自主创新示范区创新政策在杭州先行先试的对策研

究》,《今日科技》2016 年第 12 期。

〔美〕理查德·勒盖茨、张庭伟:《为中国规划师的西方城市规划文献导读》,《城市规划学刊》2007 第 4 期。

刘成纪:《百工、工官及中国社会早期的匠作制度》,《郑州大学学报》(哲学社会科学版) 2015 年第 3 期。

刘锦山:《路易斯·赫雷拉:图书馆创客空间新构想》,《图书馆建设》2017 年第 6 期。

刘诗海:《创客教育——基于创造的教学方式》,《教育与装备研究》2016 年第 3 期。

刘晓敏:《中国大学生参与创客运动的关键驱动因素》,《开放教育研究》2016 年第 6 期。

刘旭、柳卸林、韩燕妮:《海尔的组织创新:无边界企业行动》,《科学学与科学技术管理》2015 年第 6 期。

刘宜萍:《创客教育中培养"数字化学习与创新"素养》,《中小学数字化教学》2018 年第 5 期。

娄永琪:《NICE 2035:一个设计驱动的社区支持型社会创新实验》,《装饰》2018 年第 5 期。

鲁元平、王品超、朱晓盼:《城市化、空间溢出与技术创新——基于中国 264 个地级市的经验证据》,《财经科学》2017 年第 11 期。

陆涛:《浅论陶瓷艺术与陶瓷工艺的关系》,《中国陶瓷》2010 年第 6 期。

马芳:《矽递科技获得 1 亿元 B 轮融资》,《信息技术与信息化》2015 年第 8 期。

孟韬、张黎明、董大海:《众筹的发展及其商业模式研究》,《管理现代化》2014 年第 2 期。

苗圩:《弘扬工匠精神打造中国制造新名片》,《中国经贸导刊》2016 年第 28 期。

明均仁、张玄玄、张俊、郭财强:《大学生参与高校图书馆创客空间意愿的影响因素研究》,《图书情报工作》2017年第14期。

庞敬文、唐烨伟、钟绍春、王晓晗:《创客教育支持学生核心素养发展模型研究》,《中国电化教育》2018年第5期。

祁述裕:《新兴文化产业的地位和文化产业发展趋势》,《马克思主义与现实》2006年第4期。

钱颖一:《硅谷的故事(上)》,《管理与财富》2002年第4期。

芮正云、方聪龙:《互联网嵌入与农村创业者节俭式创新:双元机会开发的协同与平衡》,《中国农村经济》2018年第7期。

沈于、王宇:《中间产品"品牌化"与最终产品"山寨化"》,《产业经济研究》2015年第2期。

石忆邵、卜海燕:《创新型城市评价指标体系及其比较分析》,《中国科技论坛》2008年第1期。

〔加〕司徒·康格、赖海榕:《社会创新》,《马克思主义与现实》2000年第4期。

宋卫国、朱迎春、徐光耀、陈钰:《国家创新指数与国际同类评价量化比较》,《中国科技论坛》2014年第7期。

苏娟:《近年来国家文化安全热点问题分析》,《江南社会学院学报》2009年第4期。

苏琼:《创新创业背景下文化产业管理专业实践教学体系优化探析》,《大庆社会科学》2019年第1期。

苏晓华、徐云、陈云君、刘莉:《非正规经济中组织场域形成及其制度创业研究——以中国山寨手机产业为例》,《管理案例研究与评论》2017年第1期。

孙丽:《日本的"去工业化"和"再工业化"政策研究》,《日本学刊》2018年第6期。

陶厚永、李燕萍、骆振心:《山寨模式的形成机理及其对组织创新的启示》,《中国软科学》2010年第11期。

陶蕾:《创客空间——创客运动下的图书馆新模式探索及规划研究》,

《现代情报》2014 年第 2 期。

陶蕾：《图书馆创客空间建设研究》，《图书情报工作》2013 年第 14 期。

田剑、赵蕾、尹祥信：《众创空间中创客参与动机与创业行为关系的实证研究》，《科技管理研究》2018 年第 10 期。

王晨筱、周洋、陆露、张庆普：《颠覆性创新四阶段扩散过程模型——基于液晶电视机与山寨手机案例》，《科技进步与对策》2018 年第 22 期。

王丹迪：《网络时代的数字公民素养教育》，《中小学信息技术教育》2014 年第 6 期。

王凤彬、王骁鹏、张驰：《超模块平台组织结构与客制化创业支持——基于海尔向平台组织转型的嵌入式案例研究》，《管理世界》2019 年第 2 期。

王海燕、张钢：《国家创新系统理论研究的回顾与展望》，《经济学动态》2000 年第 11 期。

王丽平、李忠华：《高校创客文化的发展模式及培育路径》，《江苏高教》2016 年第 1 期。

王明月：《非物质文化遗产保护的数字化风险与路径反思》，《文化遗产》，2015 年第 3 期。

王小栋、王璐、孙河川：《从 STEM 到 STEAM：英国教育创新之路》，《比较教育研究》2017 年第 10 期。

王佑镁：《当前我国高校创客教育实践的理性认识综述》，《现代远程教育研究》2017 年第 4 期。

王佑镁等：《触摸真实的学习：迈向一种新的创客教育文化——国内外创客教育研究述评》，《电化教育研究》2017 年第 2 期。

温雯：《"创客文化"的历史图景与未来路径》，《福建论坛》（人文社会科学版）2015 年第 8 期。

温雯：《创客运动与深圳创客之城建设路径》，《深圳大学学报》（人文社会科学版）2016 年第 6 期。

温雯：《数字化制造、草根创新与可持续发展——英国创客发展特征及启示》,《文艺理论研究》2018 年第 4 期。

邬舒欣:《众包模式下接包方参与动机对创造力的影响研究》,硕士学位论文,武汉理工大学,2017。

吴俊杰等:《创客教育:开创教育新路》,《中小学信息技术教育》2013 年第 4 期。

夏自钊:《创客:"自时代"的造物者》,《决策》2013 年第 6 期。

肖群忠、刘永春:《工匠精神及其当代价值》,《湖南社会科学》2015 年第 6 期。

肖荣莲,《新兴文化业态与文化的多元化发展》,《学术交流》2010 年第 3 期。

谢淳子、李平:《创新民主化:特拉维夫的创新型城市建设》,《特区实践与理论》2015 年第 5 期。

谢丹丹:《柴火空间:中国创客的"网络社区"》,《中外管理》2015 年第 1 期。

谢良才、张焱、李亚平:《中国传统手工艺文化重建的路径分析》,《理论与现代化》2015 年第 2 期。

谢莹、童昕、蔡一帆:《制造业创新与转型:深圳创客空间调查》,《科技进步与对策》2015 年第 2 期。

徐思彦、李正风:《公众参与创新的社会网络:创客运动与创客空间》,《科学学研究》2014 年第 12 期。

许爱萍:《创新型城市发展模式演化过程研究——基于生态位理论视角》,《开发研究》2013 年第 6 期。

许庆瑞、吴志岩、陈力田:《智慧城市的愿景与架构》,《管理工程学报》2012 年第 4 期。

薛栋:《中国工匠精神研究》,《职业技术教育》2016 年第 25 期。

薛红:《DIY 精神和现代社会》,《青年研究》2001 年第 5 期。

闫德利:《数字英国:打造世界数字之都》,《新经济导刊》2018 年第 10 期。

闫振坤、潘凤：《广东发展"创客经济"的 SWOT 分析及政策导向研究》，《科技管理研究》2016 年第 8 期。

严大龙：《科创中心建设背景下高校创新创业人才培养模式探析——以上海高校为例》，《思想理论教育》2018 年第 6 期。

严若森、钱晶晶：《网络治理模式创新研究——阿里"合伙人"与海尔"小微创客"》，《科学学与科学技术管理》2017 年第 1 期。

颜永年、张人佶：《快速成形技术在工艺美术创作中的应用》，第五届全国快速成形与制造学术会议论文，西安，2011。

杨冬梅：《创新型城市的理论与实证研究》，博士学位论文，天津大学，2006。

杨冬梅、赵黎明、闫凌州：《创新型城市：概念模型与发展模式》，《科学学与科学技术管理》2006 年第 8 期。

杨华峰、邱丹、余艳：《创新型城市的评价指标体系》，《统计与决策》2007 年第 11 期。

杨现民、李冀红：《创客教育的价值潜能及其争议》，《现代远程教育研究》2015 年第 2 期。

杨晓哲、任友群：《数字化时代的 STEM 教育与创客教育》，《开放教育研究》2015 年第 5 期。

杨雪、高伟丽：《基于区域创新系统的城市创新评价研究》，《天津科技》2018 年第 6 期。

尹宏：《我国文化产业转型的困境、路径和对策研究——基于文化和科技融合的视角》，《学术论坛》2014 年第 2 期。

雍琳、万明刚：《影响藏族大学生藏、汉文化认同的因素研究》，《心理与行为研究》2003 年第 3 期。

余同元：《传统工匠及其现代转型界说》，《史林》2005 年第 4 期。

袁荃：《面向美国 5 所图书馆移动创客空间的构建研究》，《图书馆学研究》2018 年第 3 期。

袁熙旸：《"设计师－造物人"运动在英国》，《新疆艺术学院学报》

2003 年第 2 期。

　　袁熙旸:《后工艺时代是否已经到来?——当代西方手工艺的概念嬗变与定位调整》,《装饰》2009 年第 1 期。

　　袁熙旸:《手工艺美术在工业社会的生存与发展》,《艺苑》(美术版)1995 年第 4 期。

　　曾军、曾丽君:《来自文化深层的回响——2008 年人文学术热点扫描》,《探索与争鸣》2009 年第 1 期。

　　曾韦靖、刘敏榕:《高校图书馆创客空间定位与服务研究》,《数字图书馆论坛》2018 年第 4 期。

　　张国超、唐培:《文化产业管理专业人才培养模式改革》,《北京教育学院学报》2015 年第 5 期。

　　张际平、陈向东:《黑客文化及其网络学习模式》,《中国电化教育》2006 年第 6 期。

　　张黎:《个人想象与集体认同:手作设计的当代意涵》,《装饰》2016 年第 2 期。

　　张娜、高小康:《后工业时代手工艺的价值重估》,《学习与实践》2017 年第 1 期。

　　张培培:《互联网时代工匠精神回归的内在逻辑》,《浙江社会科学》2017 年第 1 期。

　　章超:《开放而理性:创意产业在中国的思考》,《同济大学学报》(社会科学版)2008 年第 1 期。

　　赵建昌:《高校创新创业教育与文化产业管理专业发展融合机制》,《大学教育》2019 年第 1 期。

　　赵农:《关中民间手工艺的生态现状》,《文艺研究》2003 年第 3 期。

　　郑刚、雷明田子:《"互联网 +"时代的新工匠精神与产品创新》,《清华管理评论》2016 年第 10 期。

　　郑昊:《创客经济:制造业经济转型与发展的创新驱动》,《现代经济信息》2017 年第 15 期。

郑士贵:《城市创新角色的研究》,《管理科学文摘》1997 年第 6 期。

周江华、仝允桓、李纪珍:《基于金字塔底层（BoP）市场的破坏性创新——针对山寨手机行业的案例研究》,《管理世界》2012 年第 2 期。

周晓虹:《产业转型与文化再造:特色小镇的创建路径》,《南京社会科学》2017 年第 4 期。

周亚、许鑫:《非物质文化遗产数字化研究述评》,《图书情报工作》2017 年第 2 期。

周志强、夏光富:《论数字创意产业》,《新闻爱好者》（理论版）2007 年第 12 期。

朱成晨:《学习型社会与终身教育体系建设:信息化时代的省思》,《电化教育研究》2018 年第 10 期。

祝智庭、单俊豪、闫寒冰:《面向人工智能创客教育的国际考察和发展策略》,《开放教育研究》2019 年第 1 期。

祝智庭、雒亮:《从创客运动到创客教育:培植众创文化》,《电化教育研究》2015 年第 7 期。

祝智庭、孙妍妍:《创客教育:信息技术使能的创新教育实践场》,《中国电化教育》2015 年第 1 期。

外文

Aktas and Alaca, "The Co-knitting Project: a Proposal to Revive Traditional Handmade Socks in Turkey," *The Journal of Modern Craft* 10 (2017): 237 – 256.

Aschmoneit M. , Janevska D. , Closing the Gap between Frugal and Reverse Innovation: Lessons Learned from the Case of the Tata Nano (Ph. D. diss. , Linkopings University, 2013).

Cunningham S. , Higgs P. , "Creative Industries Mapping: Where Have We Come from and Where Are We Going?" *Creative Industries Journal* 1 (1): 7 – 30.

Elisabeth Unterfrauner & Christian Voigt, "Makers' Ambitions to Do Socially Valuable Things," *The Design Journal* 20 (2017): sup1, S3317 – S3325.

Eric Joseph Van Holm, "Makerspaces and Contributions to Entrepreneurship," *Procedia – Social and Behavioral Sciences* 195 (2015): 24 – 31.

Fields D., Vasudevan V., Kafai Y. B., "The Programmers' Collective: Fostering Participatory Culture by Making Music Videos in a High School Scratch Coding Workshop, Interactive Learn," *Environ* 23 (2015): 613 – 633.

Franca C. G., Alves R. A. daS., "Maker Culture: Articulation between Art and Technology?" In Chova L. G.; Martinez A. L., Torres I. C., *Duleam 16: 8th International Conference on Education and New Learning technologies*, Barcelona, Spain, 7 (2016): 4 – 6.

Hielscher S., Adrian S., "Community-based Digital Fabrication Workshops: A Review of the Research Literature," *SPRU Working Paper Series* (2014): 26 – 44.

Kahle H. N., Dubiel A., Ernst H., "The Democratizing Effects of Frugal Innovation: Implications for Inclusive Growth and State-building," *Journal of Indian Business Research* 5 (2013): 220 – 234.

Kang I., "Exploring the Evaluation Framework of Maker Education," *The Journal of the Korea Contents Association* 11 (2017): 541 – 553.

Kang I., "Fostering Entrepreneurship by Maker Education: A Case Study in Higher Education," *Journal of the Korea Convergence Society* 7 (2017): 253 – 264.

Katterfeldt S., Dittert N., Schelhowe H., "Designing Digital Fabrication Learning Environments for Bildung: Implications from Ten Years of Physical Computing Workshops," *Int. J. Child-Comput. Interact.* 5 (2015): 3 – 10.

Kera D., "Hackerspaces and DIYbio in Asia: Connecting Science and Community with Open Data, Kits and Protocols," *Journal of Peer Production* 2 (2012): 1 – 8.

Lindtner S., "Hackerspaces and the Internet of Things in China: How

Makers Are Reinventing Industrial Production, Innovation and the Self," *China Information* 28 (2014): 145 - 167.

Litts B. , Making Learning: Makerspaces as Learning Environments (Ph. D. diss. , University of Wisconsin-Madison, 2015) .

Mauroner O. , "Makers, hackers, DIY-innovation, and the Strive for Entrepreneurial Opportunities," *International Journal of Entrepreneurship and Small Business* 31 (2017): 32 - 46.

Montgomery L. , Potts J. , "Does Weaker Copyright Mean Stronger Creative Industries? Some lessons from China," *Creative Industries Journal* 1 (2009): 245 - 261.

Nascimento S. , Polvora A. , "Maker Cultures and the Prospects for Technological Action," *Sci Eng Ethics* 24 (2018): 927 - 946.

Papavlasopoulou, S. , Michail N. G. , Letizia J. , "Empirical studies on the Maker Movement, a Promising Approach to Learning: A Literature Review," *Entertainment Computing* 18 (2017): 57 - 78.

Patel P. , Pavitti K. , "National Innovation Systems: Why They Are Important, and How They Might Be Measured and Compared," *Economics of Innovation and New Technology* 3 (1994): 77 - 95.

Rao B. C. , "How Disruptive is Frugal?" *Technology in Society* 35 (2013): 65 - 73.

Scott A. J. , "The Other Hollywood: the Organizational and Geographic Bases of Elevision-program Production," *Media, Culture & Society* 26 (2004): 183.

Smith A. , Light A. , "Cultivating Sustainable Developments with Makerspaces," *Liinc em revista* 13 (2017): 162 - 174.

Snake-Beings E. , "Maker Culture and DiY technologies: Re-functioning as a Techno-Animist Practice," *Continuum: Journal of Media & Cultural Studies* 32 (2018), 121 - 136.

Tiwari R. , Herstatt C. , " 'Too Good' to Succeed? Why Not just Try 'Good Enough!' Some Delibrations on the Prospects of Frugal Innovations, Working Paper, Technology and Innovation Management," Technische Universititat Hamburg-Harburg, 2013.

von Hippel E. , "Democratizing Innovation: The Evolving Phenomenon of User Innovation," *Journal für Betrieb-swirtschaft* 55 (2005): 63 – 78.

Wen W. , "Scenes, Quarters and Clusters: The Formation and Governance of Creative Places in Urban China," *Cultural Science Journal* 5 (2012): 8 – 27.

Yoram Eshet-Alkalai, "Digital Literacy: A Conceptual Framework for Survival Skills in the Digital Era," *Journal of Educational Multimedia and Hypermedia* 13 (2004): 93 – 106.

Zoran A. , Buechley L. , "Hybrid Reassemblage: An Exploration of Craft," *Digital Fabrication and Artifact Uniqueness Leonardo* 46 (2013): 5.

三　报纸与网站

报纸

程玉珂:《深职院获粤首个职教国家级教学成果特等奖》,《南方教育时报》2019年1月4日,第1版。

戴丽昕:《众创空间服务规范服务标准出炉》,《上海科技报》2017年9月19日,第A1版。

董少校:《上海:创新实验室2020年全覆盖》,《中国教育报》2017年4月27日,第3版。

胡克非:《牙雕技艺将何去何从》,《中国文化报》2017年3月27日,第8版。

金元浦:《我国文化产业发展的历程与趋势》,《中国国门时报》2018年10月29日,第3版。

李仲勋：《苏州独墅湖科教创新区打造国际化创业教育体系"创业生态圈"贴身服务青年创客》，《新华日报》2018 年 12 月 28 日，第 43 版。

刘昕璐：《上海全市众创空间超 500 家引导优质众创空间"向品牌化专业化国际化"发展》，《青年报》2018 年 1 月 11 日，第 A3 版。

毛信慧、叶佳琦：《〈2016 众创空间发展报告〉发布》，《杨浦时报》2016 年 11 月 22 日，第 02 版。

钱瑜、冯硕：《中关村创业大街加速构建"双创"升级版》，《北京商报》2018 年 11 月 5 日，第 03 版。

秦毅：《陕西：非遗保护传承路越走越宽广》，《中国文化报》2017 年 3 月 27 日，第 2 版。

佟艳婷：《第二届中国 STEM 教育发展大会福田举行福田力争成引领全国教育改革发展教育强区》，《深圳晚报》2018 年 7 月 3 日，第 3 版。

杨彩华、宋妍妍：《"双创"升级潮涌蓉城——成都深入推进大众创业、万众创新综述（下）》，《成都日报》2018 年 10 月 9 日，第 2 版。

叶凤：《在杭州的创业雨林里撒下独角兽的种子 2018 杭州孵化器、众创空间发展论坛成功举办》，《杭州日报》2018 年 4 月 3 日，第 A01 版。

张京成：《文化科技融合助推产业升级——2012 文化科技论坛专家观点摘编》，《中国文化报》2012 年 12 月 4 日，第 11 版。

张晓明：《从"文化工业"到"文化产业"》，《光明日报》2013 年 8 月 1 日，第 2 版。

网站

《2015 年我国民间手工艺品行业产值约 5560 亿元》，中国产业信息网，2016，http：//www. chyxx. com/industry/201604/408514. html。

《2016 深圳 Maker Faire 10 月 21 日在海上世界举办》，动点科技，2016，http：//cn. technode. com/2016maker – faire/。

《2018 ~ 2019 年度项目小额资助计划评审结果》，罗湖社会创新空间微信公众号，2018，https：//mp. weixin. qq. com/s/UOiYxi03edQZOR5O8s6wkQ。

《2018 北京市中小学生科技创客活动开幕近 2 万学生参与》，千龙网，2018，http：//edu. qianlong. com/2018/0608/2625863. shtml。

《2018 年（第八届）阳澄湖创客大赛深圳选拔赛成功举办》，苏州市人民政府官网，2018，http：//www. suzhou. gov. cn/news/sxqdt/201809/t20180913_1004335. shtml。

《2018 上海创客嘉年华点亮创智天地》，新华网，2018，http：//www. sh. xinhuanet. com/2018 - 10/16/c_ 137536514. htm。

《2019 年全国双创活动周：汇聚双创活力，澎湃发展动力》，新华网，2019，http：//www. xinhuanet. com/2019 - 06/13/c_ 1210158498. htm。

《3D 打印珠宝：传统工艺与现代技术的碰撞》，打印猫网站，2016，http：//www. dayinmao. com/xinwen/show - 2900. html。

《3D 打印珠宝：给你"独一无二"的珠宝》，金投网，2015，http：//zhubao. cngold. org/c/2015 - 7 - 31/c3453392. html。

《5×10 混合实验室，全国首个大空间 ARVR 沉浸式艺术展开幕啦》，位形空间官网，2018，http：//www. configreality. com/zh/index/。

阿童木创想家：《2018 第四届全国创客教育高峰论坛——创客教育点亮未来》，2018，http：//www. sohu. com/a/260068412_ 100134151。

《百万"双创"大军汇聚青春梦想"互联网+"大赛致力打造全球创客平台》，人民网，2018，http：//edu. people. com. cn/n1/2018/1016/c1006 - 30345107. html。

北京创客空间官网，http：//www. bjmakerspace. com/gywm。

《柏林打造欧洲"创业之都"》，《人民日报》，2017，http：//paper. people. com. cn/rmrb/html/2017 - 01/08/nw. D110000renmrb_ 20170108_ 1 - 03. htm。

柴火创客空间：《联合国可持续发展目标项目工作坊 & 分享会 United Nations SDG Workshop & Presentation》，2018，http：//www. sohu. com/a/217723091_ 183156。

《陈家祠不再只有"陈家祠"》，一起开工社区微信公众号，2015，

https：//mp. weixin. qq. com/s/FU7a－1ll7VHM05C3u9No7A。

《成都市郫都区深入实施"创客教育"》，四川省教育厅四川省教育网，2017，http：//bgs. scedu. net/p/13/？StId＝st＿app＿news＿i＿x636456604540212598。

"城市先锋戏剧《致爱丽丝》"，京东金融，http：//z. jd. com/project/details/44381. html？from＝jr＿search&type＝0。

《创客｜"创客教育直通车"进校园科技发明渐成武汉学生必修课》，武汉教视，2018，http：//www. sohu. com/a/259814209＿459959。

创客街区，https：//ajuntament. barcelona. cat/digital/en/digital－innovation/make－in－bcn/maker－district。

"创客空间介绍"，柴火创客空间官网，http：//www. chaihuo. org。

《创造经济革新中心韩国人的"造梦工厂"》，人民网，2015，http：//world. people. com. cn/n/2015/1103/c1002－27772646. html。

创造型经济和创新中心官网，https：//ccei. creativekorea. or. kr/eng/。

《从1到0：汕头大学在高校双创教育的新探索》，一起开工社区微信公众号，2018，https：//mp. weixin. qq. com/s/rIN3vR3wmmG6＿I4VoMTBOg。

大疆创新官网，http：//www. dji. com/cn/event？from＝site＿brandsite＿event。

"大众创业，万众创新"政策汇集发布解读平台，http：//www. gov. cn/zhengce/zhuti/shuangchuang/index. htm。

《点名时间告别众筹转型电商变身限时预售平台》，网易科技，2014，http：//tech. 163. com/14/0804/16/A2QNVS74000915BD. html。

豆瓣一起开工小站，https：//www. douban. com/people/78825883/。

《对未来的善意——设计可持续案例》，深圳设计周官网，2019，https：//sz. design/events/weixingzhan/125. html。

《发改委发布〈2016年中国大众创业万众创新发展报告〉》，中宏网，2017，http：//finance. china. com/domestic/11173294/20170919/31473024. html。

《改革点燃深圳教育发展引擎，实现教育跨越式发展的时代新篇章》，深圳教育局网站，2018，http：//szeb. sz. gov. cn/jyxw/jyxw/201812/t20181226＿

14949972. htm。

歌德学院官网，https：//www. goethe. de/ins/cn/zh/kul/mag/20880235. html。

"公司介绍"，深圳矽递科技有限公司官网，2017，http：//seeed. hirede. com。

《关于MaD》，香港MaD创不同，http：//www. mad. asia/about? lang = cn。

《关于彳亍光年》，香港MaD创不同，http：//madfestival. mad. asia/zh - hans/about - grounded - odyssey/。

《广州科技企业孵化器清单》，广州科技企业孵化协会官网，http：// www. gsbia. org. cn/index. php? s =/Home/Map/index. html。

国家统计局：《2018年前三季度全国规模以上文化及相关产业企业营业收入增长9.3%》，2018，http：//www. stats. gov. cn/tjsj/zxfb/201810/ t20181031_ 1630608. html。

国务院：《国务院关于大力推进大众创业万众创新若干政策措施的意见》（国发〔2015〕32号），2015，http：//www. gov. cn/zhengce/content/ 2015 - 06/16/content_ 9855. htm。

国务院：《国务院关于印发"十二五"国家自主创新能力建设规划的通知》（国发〔2013〕4号），2013，http：//www. gov. cn/zwgk/2013 - 05/ 29/content_ 2414100. htm。

国务院：《国务院关于印发"十三五"国家科技创新规划的通知》（国发〔2016〕43号），2016，http：//www. gov. cn/zhengce/content/2016 - 08/08/content_ 5098072. htm。

国务院：《国务院关于印发〈北京加强全国科技创新中心建设〉总体方案的通知》（国发〔2016〕52号），2016，http：//www. gov. cn/zhengce/ content/2016 - 09/18/content_ 5109049. htm。

国务院：《国务院关于印发全国主体功能区规划的通知》（国发〔2010〕 46号），2011，http：//www. gov. cn/zwgk/2011 - 06/08/content_ 1879180.

htm。

国务院：《国务院关于支持山西省进一步深化改革促进资源型经济转型发展的意见》（国发〔2017〕42 号），2017，http：//www. gov. cn/zhengce/content/2017 - 09/11/content_ 5224274. htm。

国务院：《政府工作报告——2016 年 3 月 5 日在第十二届全国人民代表大会第四次会议上》，2016，http：//www. gov. cn/guowuyuan/2016 - 03/17/content_ 5054901. htm。

国务院办公厅：《关于发展众创空间推进大众创新创业的指导意见》（国办发〔2015〕9 号），中国政府网，2015，http：//www. gov. cn/zhengce/content/2015 - 03/11/content_ 9519. htm。

《国务院关于印发"十三五"国家战略性新兴产业发展规划的通知》，中国政府网，2016，http：//www. gov. cn/zhengce/content/2016 - 12/19/content_ 5150090. htm。

《海尔集团在"互联网 +"时代的创业转型之路》，新华网，2015，http：//news. xinhuanet. com/local/2015 - 05/29/c_ 1115443790_ 4. htm。

韩国文化产业振兴院官网，https：//www. kocca. kr/ch/main. do#。

《杭州市科技创新工作 2017 年总结及 2018 年思路举措》，杭州市科技局官网，2018，http：//www. hzst. gov. cn/index. aspx? newsId = 48069&CatalogID = 843&PageGuid = 4A3B6524 - 953E - 4CA2 - A5C4 - 0DC81BDEF4CC。

荷兰政府官网，https：//www. government. nl/topics/enterprise - and - innovation/encouraging - innovation。

《火遍整个创客教育圈的 micro：bit 到底是什么？》，中华教育网，2017，http：//www. edu - gov. cn/news/88758. html。

"简介"，中国手工艺术工作委员会官网，http：//www. qgsgw. com。

《旧金山湾区发展启示：从淘金圣地到科技硅谷的涅槃之路》，第一财经，2017，https：//www. yicai. com/news/5321467. html。

科技部：《对十三届全国人大一次会议第 6618 号建议的答复》，2018，http：//www. most. gov. cn/mostinfo/xinxifenlei/jyta/201811/t20181101 _ 142510.

htm。

《可持续发展特别奖获得者丹·罗斯加德：深圳环球设计大奖推动我们畅想未来》，深圳设计周官网，2019，https：//sz. design/news/238. html。

《空间搭建柴火创客教育》，柴火创客空间官网，http：//www. chaihuo. org。

《空间搭建社会化创客空间》，柴火创客空间官网，http：//www. chaihuo. org.

《李克强出席全国大众创业万众创新活动周》，中国政府网，2019，http：//www. gov. cn/xinwen/2019 - 06/13/content_ 5400015. htm。

《联合国〈创意经济展望〉报告出炉，我们先替你读了读》，言之有范微信公众号，2019，http：//www. sohu. com/a/291506255_ 182272。

楼友会官网，http：//www. looyoo. com。

《罗湖懿米阳光启动 2.0 版布衣女匠项目：家庭女创客新阵容粉墨登场》，《深圳晚报》，2019，http：//mini. eastday. com/a/190312200503533. html。

《马化腾两会议案：推动"科技＋文化"融合，打造数字文化中国》，腾讯网，2018，https：//xw. qq. com/cmsid/20180304A0L51M00。

《美国中学生也"创客"》，新华网，2015，http：//www. xinhuanet. com/world/2015 - 05/31/c_ 1115463285. htm。

"品牌简介"，海尔集团官网，https：//www. haier. com/cn/about_ haier/。

《青岛高新区蓝贝创客计划》，青岛政务网，2015，http：//www. qingdao. gov. cn/n172/n24624151/n24673760/n24673774/n24676204/151117203856787016. html。

《青少年"创客"教育工作探索——江浙地区中小学创客教育工作调研报告》，江苏公众科技网，2017，http：//www. jskx. org. cn/art/2017/1/11/art_ 513_ 768557. html。

《曲江创客大街今日隆重开街 2017 首届西安国际创客嘉年华精彩上演》，

华商网，2017，http：//news. hsw. cn/system/2017/0715/833502. shtml。

《全省首个区域高校联合创新创业基地正式启用》，青岛政务网，2016，http：//www. qingdao. gov. cn/n172/n24624151/n24625555/n24625569/n24625597/160503104928628813. html。

《"融 – Handmade In Hangzhou【土】"米兰设计周展览现场》，品物流形，2015，http：//pinwustudio. lofter. com/post/3af6c2_ 6b5bd9c。

《赛马会"创不同"社会创新实验室—公园实验室@荔枝角公园》，香港 MaD 创不同，2017，http：//www. mad. asia/programmes/mad – social – lab/96。

《深圳设计周：对未来的善意——设计可持续案例》，南山博物馆微信公众号，2019，https：//mp. weixin. qq. com/s/ZFGYpLcXrptFurt091zLpA。

《深圳市教育局关于印发深圳市中小学学科教育与创客教育融合指南（试行）的通知》，深圳教育网，2018，http：//www. sz. gov. cn/jyj/home/xxgk/flzy/wjtz/201805/t20180516_ 11914163. htm。

深圳市人民政府：《中共深圳市委深圳市人民政府关于实施自主创新战略建设国家创新型城市的决定》（深发〔2006〕1 号），2006，http：//www. gov. cn/zhengce/2006 – 01/04/content_ 5042973. htm。

深圳市人民政府办公厅：《2015 年深圳市人民政府工作报告》，2016，http：//www. sz. gov. cn/zfbgt/zfgzbg/201611/t20161116_ 5315081. htm。

世界知识产权组织官网，https：//www. wipo. int/pressroom/zh/articles/2018/article_ 0005. html。

《手工创业悄然兴起，白领女性爱上"穿针引线"？》，腾讯新闻，2016，http：//xw. qq. com/hn/20161211003629/HNN2016121100362900。

首尔创业中心官网，http：//seoulstartuphub. com/eng/。

首尔全球创业中心官网，http：//seoulgsc. com/。

《寿司之神》，乐视纪录片频道，http：//www. le. com/jilu/10000140. html。

《数制城市全球计划》，Fab10 官网，https：//fab. city/。

《数字铁匠为韩国 N15 孵化器与首尔市政府共建》，搜狐网，2018，http：//www. sohu. com/a/239036685_ 324617。

《苏州拥有国家级众创空间 52 家》，苏州新闻网，2019，http：//www. subaonet. com/2019/0126/2397808. shtml。

《探访美国创客空间之 Noisebridge：无为而治的黑客俱乐部》，雷锋网，https：//www. leiphone. com/news/201406/us－hackerspace－tour－noisebridge. html。

《陶瓷 3D 打印充满故意缺陷，自带手工痕迹诱人假象》，工控网，2016，http：//www. gkzhan. com/news/detail/85126. html。

《淘梦数据》，淘梦网网站，http：//www. tmeng. cn/。

《天津财大历经 10 年绘制的中国民间创新"活地图"出炉》，城市吧，2012，http：//cxcy. tjufe. edu. cn/info/1103/1229. htm。

哇噻网，http：//www. wowsai. com/。

《文化｜法国：文化政策紧随数字变革》，文木微信公众号，2017，http：//www. sohu. com/a/124562357_ 534379。

《西安市科学技术局关于公布 2017 年度市级众创空间考核结果的通知》，西安市科学技术局官网，2018，http：//xakj. xa. gov. cn/admin/class. asp？ id＝18507。

《［乡土］手艺·创客》，CCTV 节目官网，2016，http：//tv. cctv. com/2016/12/07/VIDEkEBW1xl7pNyWtUgHSiwb161207. shtml。

《一场关于"全职妈妈与社工"的讨论会》，罗湖社会创新空间微信公众号，2018，https：//mp. weixin. qq. com/s/T43SULV26lzKOH3JRa9X5Q。

一起开工官网，https：//www. yitopia. co/join_ us. html。

《一起开瓶·创变者计划：专注社会创新的创业孵化项目，寻找 40 位好青年》，豆瓣，2014，https：//www. douban. com/event/21657302/。

《英国创意产业纲领文件》，GOV. UK，https：//www. gov. uk/government/publications/creative－industries－mapping－documents－1998。

《英国政府将为 3D 打印项目投资 1470 万英镑》，中国新闻网，2013，

http：//www. chinanews. com/mil/2013/06－07/4907575. shtml. 2013－6－7。

张达：《从"泛娱乐"到"新文创"，是腾讯开放生态的延伸》，2018，https：//36kr. com/p/5130776。

《召集全国 1500 名会员共建一起开工社区》，追梦网，2014，http：//www. dreamore. com/projects/13879. html。

《中共中央国务院印发〈国家创新驱动发展战略纲要〉》，新华网，2016，http：//www. xinhuanet. com//politics/2016－05/19/c_ 1118898033. htm。

《中共中央国务院印发〈粤港澳大湾区发展规划纲要〉》，新华网，2019，http：//www. xinhuanet. com/politics/2019－02/18/c_ 1124131474. htm。

中国创新社会公益项目，http：//www. ricedonate. com/news_ 108. html。

《中国海大 2019 年度 SRDP－创新引导专项启动暨首期 iOcean 创新班开班》，http：//xinwen. ouc. edu. cn/Article/Class3/xwlb/2019/01/10/85335. html。

《中国海洋大学 O－Lab 学生创新创业实验室揭牌》，华禹教育网，2016，http：//www. huaue. com/unews2014/2016420164719. htm。

中国教育信息化网，http：//www. ict. edu. cn/world/w3/n20140804_ 16112. shtml。

《中国民协手工艺发展促进会在长春揭牌》，中国社会科学网，2016，http：//www. cssn. cn/ysx/ysx_ ysqs/201601/t20160108_ 2817401. shtml。

中华人民共和国教育部：《激昂青春梦想第四届"互联网＋"大学生创新创业大赛完美收官》，2018，http：//www. moe. gov. cn/jyb_ xwfb/xw_ zt/moe_ 357/jyzt_ 2018n/2018_ zt21/18zt21_ mtbd/201810/t20181018_ 351984. html。

中华人民共和国科技部：《"双创周"科技创新创业高峰论坛成功举办》，2019，http：//www. most. gov. cn/kjbgz/201906/t20190628_ 147329.

htm。

中华人民共和国中央人民政府：《科技部等六部门印发〈关于促进文化和科技深度融合的指导意见〉的通知》，2019，http：//www. gov. cn/xinwen/2019 - 08/27/content_ 5424912. htm。

中华人民共和国教育部：《国家中长期教育改革和发展规划纲要（2010～2020 年）》，2010，http：//old. moe. gov. cn/publicfiles/business/htmlfiles/moe/info_ list/201407/xxgk_ 171904. html。

《〈中小学创客教育区域推进的策略与实践研究〉国家级课题中期验收活动举行》，温州教育信息化，2018，http：//edu. wenzhou. gov. cn/art/2018/6/20/art_ 1330235_ 18720570. html。

周祝瑛：《前沿｜全球创客教育新进展》，2018，https：//mp. weixin. qq. com/s/ZxIp1cnjOx - DhzzkE2i_ 8A。

《走进杭州》，杭州市政府官网，http：//www. hangzhou. gov. cn/col/col805740/index. html。

《做好嘢实验室 2015（盛夏物语）》，香港 MaD 创不同，2015，http：//www. mad. asia/programmes/mad - good - lab/124。

"A Year of 100 Maker Faires"，《爱上制作》杂志官方网站，2014，http：//makezine. com/2014/01/01/the - year - of - 100 - maker - faires/。

Abell John C. , "Rules of the Garage", https：//www. wired. com/2009/01/rules - of - the - ga/.

"About", POSTextiles, http：//postextiles. com/? page_ id = 10.

Access Space, http：//access - space. org/about/.

"An Interview with Betahaus: A Platform for Crazy Ideas", Harvest, 2009, https：//www. getharvest. com/blog/2009/10/an - interview - with - betahaus - a - platform - for - crazy - ideas/.

Barcelona, https：//ajuntament. barcelona. cat/digital/en.

Berlin Business Location Center Menu, https：//www. businesslocationcenter. de/en/business - location/commercial - real - estate/office - space/coworking -

spaces.

《Bonanza 平台存活 8 年的秘诀是什么?》，雨果网，2016，http：//www. cifnews. com/article/21049。

Bridge，https：//www. bridgeinternationalacademies. com/.

Cavalcanti，Gui，"Making Makerspaces：Creating a Business Model"，2013，https：//makezine. com/2013/06/04/making – makerspaces – creating – a – business – model/.

"Creative Economy Outlookand Country Profiles"，UNCTAD，2018，https：//unctad. org/en/PublicationsLibrary/ditcted2018d3_ en. pdf.

Dawanda 官网，https：//www. iamsterdam. com/en/business/startupamsterdam。

"Designer Maker User"，Design Museum，https：//designmuseum. org/exhibitions/designer – maker – user.

DFROBOT 官网，http：//www. dfrobot. cn/? page_ id = 734。

"Digital Makers"，Nesta，http：//www. nesta. org. uk/project/digital – makers.

Dignited，https：//www. dignited. com/5270/kenyas – first – open – makerspace – design – rapid – prototyping – gearbox/.

Etsy 网站，https：//www. etsy. com/about/? ref = ftr。

《Fab City 数制城市网络名单》，Fab Lab 官网，https：//fab. city/。

Fab Lab 官网，http：//www. fabfoundation. org/about – us/。

Fab10 官网，https：//www. fab10. org/en/home。

FabCafe 官网，https：//fabcafe. com/tokyo/。

FabioLab 官网，http：//fablabjapan. org/english/。

"Final Report of Sir Gareth Roberts' Review"，HM Treasury，2002，http：//webarchive. nationalarchives. gov. uk/ + /http：//www. hm – treasury. gov. uk/ent_ res_ roberts. htm.

Fixperts 官网，http：//fixperts. org/。

FuturePlus：《新光村，一个走向国际的开源村 Xinguang，an international

Open Source Village 》, 2017, http://www. sohu. com/a/142699652 _ 742704。

Gearbox 官网, http://www. gearbox. co. ke/。

Generalitat de Catalunya gencat, http://punttic. gencat. cat/en/esdeveniment/ steamconf – barcelona – 2017 – 3rd – international.

"Intangible Cultural Heritage", The Heritage Crafts Association, http:// heritagecrafts. org. uk/intangible – cultural – heritage/.

Jane Chen:《一个曾经的课堂作业成就了拯救 20 万新生儿的创业》, http://dy. 163. com/v2/article/detail/DBU3NSKN05198R53. html。

JANPAN TRENDS 官网, http://www. japantrends. com/maker – culture – spaces – fab – labs – hackerspaces – tokyo/。

Jason Tester, "Citizens Will Make the Future of Cities", 2013, http:// publicservicedigital. com/story/citizens – will – make – the – future – of – cities.

《KAB 创业教育（中国）项目推广计划》, 创业教育网, 2011, http://chuangye. cyol. com/content/2011 – 09/15/content_ 4894576. htm。

Kickstarter, "Empowering Syrian Refugees With Handcrafted Heirloom Rugs", https://www. kickstarter. com/projects/ankacoop/empowering – syrian – refugees – with – handcrafted – heirlo? ref = category_ most_ funded.

Kickstarter, https://www. kickstarter. com/projects/maihudson/marina – abramovic – institute – the – founders/description.

Kniterate, "The Digital Knitting Machine", https://www. kickstarter. com/projects/kniterate/kniterate – the – digital – knitting – machine.

KPMG, "Innovation Through Craft: Opportunities for Growth: A report for the Crafts Council", https://home. kpmg/xx/en/home. html.

Lanyon, Charley, At HackJam, Great Minds Tinker Alike, South China Morning Post, 2013, www. scmp. com/lifestyle/technology/article/1262979/ hackjam – great – minds – tinker – alike.

"List of Hacker Spaces", Hackerspaces 官网, 2011, https://wiki.

hackerspaces. org/List_ of_ hackerspaces。

Littlelotus, https：//littlelotusbaby. com/pages/about – us.

Loftwork 官网, http：//www. loftwork. jp/tw/news/2016/10/20161007 _
singapore. aspx。

"Make（magazine）" 词条, Wikipedia, http：//en. wikipedia. org/wiki/
Make_ （magazine）。

Makeblock 官网, https：//www. makeblock. com/cn/news – center/official –
news/211356. html。

Maker Ed 官网, https：//makered. org/about/history/。

Maker Faire 官网, https：//makerfaire. com/map/。

"Maker Library Network", British Council, http：//design. britishcouncil.
org/projects/makerlibraries/.

Makerversity 官网, https：//makerversity. org/。

MakeZine 官网, https：//makezine. com/。

McCall L. , "What is maker culture? DIY Roots", 2012, http：//voices.
yahoo. com/what – maker – culture – diy – roots – 2810966. html.

"Noisebridge" 词条, Wikipedia, https：//en. wikipedia. org/wiki/Noisebridge。

Noisebridge 官网, https：//www. noisebridge. net/wiki/About。

Performing Electronic Music with Gesture, You To Be, https：//
www. youtube. com/watch? v = OE361wobkiE.

"Power of Making – Victoria and Albert Museum", Victoria and Albert
Museum, http：//www. vam. ac. uk/content/articles/p/powerofmaking/.

Steamconf, https：//2018. steamconf. com/en/.

Sustainable Development Goals Knowledge Platform, https：//sustainable
development. un. org/.

SZDIY, http：//szdiy. org/intro.

"The Steam Cohesion Programme：Final Report", GOV. UK, 2011,
https：//www. gov. uk/government/organisations/department – for – education.

The Techies Turning Kenya Into a Silicon Savannah., https：//www. wired. com/story/kenya – silicon – savannah – photo – gallery/.

"Touché! Choi, CMU Leaders Make Trek to National Maker Faire", Carnegie Mellon University, 2016, https：//www. cmu. edu/news/stories/archives/2016/june/maker – faire. html.

Yelp 官 网, https：//www. yelp. com/search? find _ desc = maker% 20space&find_ loc = San% 20Francisco% 20Bay% 20Area% 2C% 20CA&start = 140。

ZenHack 官网, http：//www. zenhack. jp/about. html。

后 记

2012 年 9 月，我幸运地在深圳大学文化产业研究院开启我的职业生涯。当时，文产院每半月出版电子刊《深港文化创意参考》，我负责"文化科技"栏目的编撰，开始接触到 Kickstarter、Indiegogo 等众筹网站上富有文化色彩和故事意味且"脑洞大开"的科技产品，惊讶于这种先销售后制造的项目形式。这大约是我对"创客文化"的初体验。

2014 年 2 月，我应博士生导师约翰·哈特利教授的邀请来到他新任职的科廷大学文化科技研究中心进行为期 7 周的访问，以完成我们合著的 *Creative Economy and Culture: Challenges, Changes and Futures for the Creative Industries*（《创意经济与文化：创意产业的挑战、变革与未来》）。在该书对创意产业的"人人、事事、处处"的架构下，我延续博士课题中的"scene"（文化场景）的研究，发现了都市中的新兴文化现象——"创客运动"。"创客"，不正是个人创造力的彰显吗？他们不再局限于"创意产业"领域，而是出现在技术领域，并与创意产业紧密交织。我对"创客文化"这一极具个人色彩又体现文化和科技跨界创新的社会运动产生了浓厚的兴趣，并在合著中用一章的篇幅完成对它的初探索。

随后，我以"中国建设创新型城市中'创客文化'的发展路径研究"为题申报了 2015 年国家社科基金艺术学青年项目，有幸获得立项，开始对"创客文化"进行系统研究。历经四年多的文献研究和实地调研，在创新型城市建设的背景下，从文化基因、创客空间、创客教育、创客创新、创客经济和创客手作等方面构建了"创客文化"研究的体系。本书即是项目的结项成果。

◇ 创客文化研究

本书的撰写得到了项目团队的大力支持，部分章节与他们合作完成。他们的贡献包括但不仅限于：引论第一节，侯玉洁；第一章第一、三节，宗祖盼；第三章第二、三节，赵梦笛；第六章第三节，杨庆；附录1，王青、赵梦笛；章节梳理，戴俊骋。诚挚感谢大家的辛勤付出！

书中涉及不少访谈和案例，深切感谢深圳柴火创客空间、深圳开放创新实验室、深圳市教育科学研究院、深圳中科创客学院、中国海洋大学"海创Lab"、深圳大学创业学院、腾讯众创空间（深圳）、南荔工坊、香港启新书院、香港Maker Bay、忘言手作、华强北"创吧咖啡"、大公坊等创客机构在多次调研中给予的无私帮助。最重要的一次调研经历是2017年3月作为深圳的十位创客代表之一，参加由深圳市国际交流合作基金会、深圳开放创新实验室和英国文化教育协会共同举办的"创客西游2.0——深圳创客游学助长计划"。在英国的四周考察中，我入驻布莱顿艺术慈善机构"Lighthouse"和布莱顿大学Fab Lab，与国内外的创客代表们一起走访了爱丁堡、伦敦和剑桥的创客组织，并参加了相关活动，获得极为重要的一手资料。感谢活动的主办方和一同参与活动的"小伙伴们"，他们无论是在当时的调研还是后来的回顾、讨论和展望中都给予我深刻的启发。

感谢我的两位博士生导师约翰·哈特利教授和金迈克教授。即便是毕业之后，他们也时常关心我的研究方向，给予我思想启迪。事实上，我的"创客文化"研究受到约翰·哈特利教授有关"DIY文化"和"创意公民"研究的启发。同时，本书的成稿也离不开文产院诸位良师益友的帮助，特别感谢李凤亮教授、周建新教授对书稿提出的中肯建议，以及胡鹏林老师对章节标题的润色；文产院曾鼓励我们成立一个"创客研究中心"，虽然中心没有挂牌，但跨校、跨院、跨界的"创客研究小组"还在不时地组织讨论、讲座和参访，延续着对创客文化研究的热忱。此外，也真诚感谢李心峰教授、花建教授、黄昌勇教授、李天铎教授、向勇教授和王为理研究员等学识渊博的学者在学术道路上给予我的指导与关心。

感谢本书的编辑赵晨老师、柳杨老师和石志杭老师细致认真的编校工作。书中部分内容曾在《文艺理论研究》、《福建论坛》、《同济大学学报》、

《暨南学报》《广西民族大学学报》、《深圳大学学报》以及 *International Journal of Cultural Studies*（《国际文化研究杂志》）等期刊上发表，部分文章被人大《复印报刊资料》等转载，衷心感谢各位编辑老师的厚爱与鼓励！

最后，感谢家人给我的永恒的爱。

温　雯
2019 年 12 月于文山湖畔

图书在版编目（CIP）数据

创客文化研究／温雯著. -- 北京：社会科学文献
出版社，2019.12
　（深圳大学艺术学理论丛书）
　ISBN 978 - 7 - 5201 - 0221 - 6

　Ⅰ.①创… 　Ⅱ.①温… 　Ⅲ.①创业 - 文化研究 - 中国
Ⅳ.①F249.214

　中国版本图书馆 CIP 数据核字（2019）第 300426 号

深圳大学艺术学理论丛书
创客文化研究

著　　者／温　雯

出 版 人／谢寿光
责任编辑／赵　晨
文稿编辑／石志杭

出　　版／社会科学文献出版社
　　　　　地址：北京市北三环中路甲 29 号院华龙大厦　邮编：100029
　　　　　网址：www.ssap.com.cn
发　　行／市场营销中心（010）59367081　59367083
印　　装／三河市龙林印务有限公司

规　　格／开 本：787mm × 1092mm　1/16
　　　　　印 张：23.25　字 数：355 千字
版　　次／2019 年 12 月第 1 版　2019 年 12 月第 1 次印刷
书　　号／ISBN 978 - 7 - 5201 - 0221 - 6
定　　价／118.00 元